U0062783

西安外国语大学学术著作出版专项资助

西方神话学：
叙事、观念与学术

文明起源的神话学研究丛书

THEORIZING MYTH:
Narrative, Ideology, and Scholarship

〔美〕布鲁斯·林肯　著

（Bruce Lincoln）

苏永前　译

社会科学文献出版社
SOCIAL SCIENCES ACADEMIC PRESS (CHINA)

Theorizing Myth: Narrative, Ideology, and Scholarship

Bruce Lincoln

Licensed by The University of Chicago Press,Chicago,Illinois,U.S.A.

© 1999 by The University of Chicago.All rights reserved.

‖ 目 录 ‖

‖ 前 言 ‖

在开篇部分，若能为"神话"（myth）下一个清晰、简明的定义该多好，但遗憾的是，这项工作无法完成。的确，以任何形式的定义开始都是令人愉快的，但如此一来不仅会产生误导，还会破坏、歪曲我即将从事的研究。因为在下面的章节中，我不想尝试说明神话"是"什么，而是希望阐明这个词、概念和范畴如何以不同的方式被使用，进而说明在这一过程中其地位、用法所发生的戏剧性变化。

与定义相反，请允许我列举两个初步的观察，可能有助于为本书的讨论确定方向。首先，与作为其词源的古希腊语"秘索斯"（mythos）一样，"神话"一词通常指一种话语方式及相应的叙事实践。其次，相对于其他类型的话语，当有人称某个对象为"神话"时，也在对其可信性与权威性做出有力而间接的论断。此外，这种论断可能十分正面（比如，神话等于"原始真理"或"神圣故事"），也可能十分负面（神话等于"谎言"或"陈旧的世界观"），还可能介于两者之间（比如，秉持温和、宽容的观点，认为神话等于"引人入胜的消遣"、"诗性幻想"或"儿童故事"）。

不言而喻，人们对上述词语的使用以及如何使用，其关系非同小可；同样，人们对这些故事的讲述以及如何讲述，其意义不容小觑。因此在后面的章节中，我的首要目标是讲述一则关于另外一些故事的故事，前一种故事又涉及其他一些故事。① 我的立场是，我们应当非常小心谨慎地应对所有这些叙事与元叙事。

西方世界对被命名、归类为"神话"的这些故事，主流态度经历了两次起伏与逆转。在本书开端部分，我要考察的是其中第一次，这便是众所周知的说法：在希腊黄金时代（Golden Age），"秘索斯"如何屈从于"逻各斯"（logos）。对此我提出一些新的思考。首先，在第一章中，我考察了有关这两个术语最早的一些证据，说明在《荷马史诗》中，逻各斯表示的不是理性的论述，而是诸如蛊惑、欺骗、诡辩等可疑的言语行为，通过这些行为，结构性弱者（structural inferiors）用智谋战胜强势的一方。与之相对，秘索斯则是杰出人物（尤其是诗人、国王）的言语。与他们一样，这是一种拥有很高权威的话语类型，能够提出基于事实的强硬主张，且以身体力量为后盾。第二章接着说明，秘索斯所拥有的权威远远超出通常所认为的时间，一直持续到公元前 5 世纪甚至是前 4 世纪。其权威地位的失落，并非人类思想缓慢进步或所谓（神话般）"希腊奇迹"（Greek Miracle）② 的结果，而是同时兴起的围绕政治、语言、认识论问题的激烈辩论的结果。这些都与雅典民主制的巩固（及辩护）、文字的传播以及散文对诗歌的取代有关。

神话范畴变得如此低微，以至于罗马人对借用这个术语毫无兴趣，而是用一个自己的词来指称希腊人称作"秘索斯"的故事类型：传说（fabulae）。相比之下，后一词在核心上没有大的歧义，但体现了人们看待这些故事时严肃性的缺乏。直到文艺复兴时期，随着古希腊文化、文献的重新发现，"神话"一词重新被使用。此后的一系列事件为这一文类的复兴奠定了基础，至 18 世纪末和 19 世纪，这一文类达到巅峰。本书第二部分（第三到第六章）回溯了上述发展。与古希腊的情形类似，神话命运的这种

① 这里所说的三种故事分别指：原初的民间叙事；不同时代的研究者对这些叙事的阐释；布鲁斯·林肯在本书中对这些阐释的再阐释。——译者注

② 据考证，这一概念最早可能是由 19 世纪法国史学家提出的，其内涵大致指古风时代（公元前6世纪）希腊自然哲学的横空出世，以及逻各斯对于秘索斯的突然超越。参见陈中梅《希腊奇迹的观念基础：荷马史诗与西方认知史的开源研究》，上海文艺出版社，2018。——译者注

逆转与更为广泛的社会、文化、历史和政治进程息息相关。在这一过程中，值得大书特书的是民族主义的出现（尤其是它与浪漫主义的关联），还有对新兴民族国家据以建立的一种语言和一套故事的探寻。为此，地方性语言取代了教会与宫廷的国际性语言，而神话（一定程度上包括民歌）则被视作真正的、原初的民众声音。

第三章是对这些过程的总体考察，时间跨度很长，本书的论述则十分简短。为简明起见，我认为有必要忽略一些重要人物〔如海涅（Heyne）、克罗伊策（Creuzer）、谢林（Schelling）、K. O. 缪勒（K. O. Müller）、布尔芬奇（Bulfinch）〕，对其他人物则仅做概述或只是顺便提及。在某些情况下，这一章本身差点成为一本书，甚至是一部百科全书。我的目标是使它保持适当的规模而不致流于浮泛。为此，我选择几位代表性人物做较为充分的讨论。因此第四到第六章对这一时期提出大胆理论构想的三位知识巨匠进行了更为详细的论述：威廉·琼斯爵士（Sir William Jones），他在 1786~1792 年提出一种假说，认为曾经存在一种原初语言与共同体，这种语言与共同体被其他学者命名为"雅利安语（人）"（Aryan）或"印欧语（人）"（Indo-European）；弗里德里希·尼采（Friedrich Nietzsche），他在《论道德的谱系》（*On the Genealogy of Morals*）一书首篇构想出一群"金发野兽"（blond beasts），这是他依据《摩奴法论》（*Laws of Manu*）于 1886~1888 年扩充出来的一种观点；乔治·杜梅齐尔（Georges Dumézil），他在 1936~1940 年首次提出三重功能划分（tripartite division of functions）与二元主权形式（dual form of sovereignty）是印欧神话与宗教的标志。这些章节旨在超越上述人物的个人兴趣、将其作为一组案例阅读，以探究一个多世纪以来的神话学研究如何倾向于将"雅利安语（人）"〔或"印欧语（人）"〕置于优先位置。在这一过程中，神话学在一种假想甚至虚构的"种族"、"民众"或"文明"的话语建构中发挥了重要作用，在世界历史上产生了严重后果。

前六章既关注理论的神话化，也关注神话的理论化。在某些方面，这些章节扩展了由诸如以下令人钦佩的著作发端的讨论：伊万·斯特伦斯基（Ivan Strenski）《20 世纪的四种神话理论》（*Four Theories of Myth in*

Twentieth-Century History）、丹尼埃尔·迪比松（Daniel Dubuisson）《20 世纪神话学》（*Mythologies du XXᵉ siècle*）。[1] 两部著作对当代神话研究中影响最为深远的几种方法，尤其是那些与克洛德·列维－斯特劳斯（Claude Lévi-Strauss）、米尔恰·伊利亚德（Mircea Eliade）相关的方法，进行了十分出色的讨论。不过遗憾的是，两部著作既未追溯当代理论的深层谱系，也未充分讨论杜梅齐尔：斯特伦斯基忽略了杜梅齐尔，迪比松（他是杜梅齐尔的学生）的论述则缺乏批判性。由于斯特伦斯基、迪比松及其他人所做的工作，我认为没有必要详细讨论列维－斯特劳斯与伊利亚德的著作，尽管我想将他们的神话理论与杜梅齐尔的神话理论联系起来，进而超越三个人的所有理论。因此，本书第三部分开篇，即第七章属过渡性质，总结最近的批判性论述。在这一章中，我还注意到涂尔干（Durkheim）与莫斯（Mauss）所著《原始分类》（*Primitive Classification*）中一句意味深长的话，认为杜梅齐尔与列维－斯特劳斯理论中最具启发、最少争议的部分来源于此。[2] 根据涂尔干、莫斯等法国社会学派（école sociologique）中老一辈大师的观察，神话是对原始分类的重新编码。我要提出的则是另一种观点：神话是叙事形式的意识形态（ideology in narrative form）。第八到第十一章提供了一些不同类型的个案研究，对上述观点做了检验和阐述。除非另有说明，所有翻译均系笔者所为。

学术是否真的不同于神话？最后一章通过对这一问题的思考来结束全书。鉴于前述神话研究尤其是雅利安或印欧神话研究中令人不快的一面，我们是否不得不做出结论：学术话语只不过是另一种叙事形式的意识形态？这个话题很痛苦，但对我而言十分重要，因为我一直想摆脱一种方法、范式和话语的束缚——在我的学术生涯早期，我毫无反顾地采用了上述方法、范式和话语。[3] 在某种程度上，写作此书是弥补、修正我早期警惕性不足的一种尝试。

虽然可以将天真视为一种自然或与生俱来的状态，但我倾向于认为，我的天真是各种特定的选择、动因、力量和环境积极作用的结果。回想过去，我的记忆驻留在 1955 年前后的某个时刻，当时我才 7 岁，父亲是我心目中的英雄。我知道他曾参过军，在北非和意大利服过役，经历过从凯塞林山口战役（Battle of Kasserine Pass）到欧洲胜利日（V-E Day）的一系列事件。然而，他从不多谈自己的经历，这让我有些沮丧。有一天，我试图了解更多，于是说："你真勇敢！你和德国人打过仗，他们很强硬。"他停了片刻，然后说出令我诧异的话："不是这样，他们像我们一样，也是一群恐惧的孩童。"显然，他不想进一步谈论这个问题，印象中我们再也没有回到这个话题上。不过我仍能得到一些启示：我们与德国人没有什么不同；恐惧是不成熟的标志；英雄主义很难找到。

还有其他一些很少提及的话题。在我十几岁的时候，我得知父亲曾在麦卡锡时期（McCarthy period）被列入黑名单。直到后来，我才听说我的亲属参与过激进事业。宗教也极少被提及。尽管名义上信仰犹太教，但我的父母和祖父母完全是世俗主义者，我们都致力于文化同化的事业。偶尔，我从外曾祖母那里听说她在 19 世纪 90 年代离开俄国前所知道的大屠杀的故事。不过这类谈话很少，而且每当话题转到这个方向时，我往往被赶出房间。

尽管我所描述的画面沉默而压抑，但这并非我的家庭生活的基调。相反，我们是一群畅所欲言甚至喋喋不休的人。书籍、音乐、电影、选举政治、国际关系、弗洛伊德（Freudian）理论、历史和科学知识，都是我们热衷的话题。我们的家庭氛围是：大家可以谈论任何事情，即使年龄最小的也有充分的话语权。沉默的情形极为少见，因而有些反常。

直到现在我才意识到，这些沉默源于保护我们姐弟的愿望，以免我们受到任何恐惧的伤害。因此，第二次世界大战是令我困惑的，就像那些有可能使我们与美国主流社会疏离并使我们容易（感觉）受到伤害的家族历史一样。我的前辈中许多都是左派：有些是无政府主义者，有些是共产主义者，还有些是左派同道。他们都是犹太人。从历史来看，其他类型的人——那些在不远的过去自称雅利安人的人——对我们这样的人来说十分危险。在我出生的 1948 年，一切都结束了，至少我的父母希望如此。他们培养一个无所畏惧的儿子的决心，很大程度上使我受益良多，我很感激他们，但他们原则性的沉默也使我天真得有些羞愧。

　　1971 年 9 月，我来到芝加哥大学，决心在宗教史系从事神话研究——这里也是我现在有幸执教的地方。在此之前，我从未意识到自己如此天真。我的大多数同学想主攻世界上某些特定的传统或区域研究，比如印度教或中国古代文化。与他们不同的是，我将自己的兴趣限定在主题术语（thematic terms）上，并对所有人的建议广采博收。尤其值得一提的是伊利亚德，我正是冲着他来到了芝加哥大学。在我进校的前一年，乔治·杜梅齐尔曾是这里的杰出访问学者，其做的哈斯克尔讲座（Haskell Lectures）成为《神话与史诗》（*Mythe et épopée*）一书的第 2 卷。[4] 此前一年，斯蒂格·维堪德（Stig Wikander）做过另一个系列的哈斯克尔讲座，主题同样是关于印欧神话。两位学者均受伊利亚德的邀请，在其访问结束之后，伊利亚德的大部分教学工作都致力于印欧宗教，而这恰好是我开始自己学业的时候。这是一个我此前一无所知的领域，我被他的热情所吸引，决定先学习梵文，然后学习阿维斯塔语（Avestan），其间发现自己有一种意想不到的语言天赋，于是继续学习希腊语、拉丁语、古诺尔斯语（Old Norse）和巴列维语（Pahlavi），此外还学会一点赫梯语（Hittite）、古爱尔兰语和俄语，以完善我的历史语言学研究。

　　作为宗教史领域的一名学生，我受到的教育是：弗里德里希·麦克斯·缪勒（Friedrich Max Müller）开创了我们的学科，但他在"比较神话学"方面的工作因能力不足而陷入困境，詹姆斯·乔治·弗雷泽爵士（Sir James George Frazer）后来的努力同样功亏一篑；按照这种叙述，是杜梅齐尔，他在维坎德、奥托·霍夫勒（Otto Höfler）、扬·德·弗里斯（Jan de Vries）以及埃米尔·邦弗尼斯特（Emile Benveniste）等一批才华横溢的同人的支持下，挽救了这门学科。[5] 一些年长的学者也引起了我的注意：赫尔曼·京特尔特（Hermann Güntert）、赫尔曼·隆梅尔（Herman Lommel）、瓦尔特·维斯特（Walter Wüst）、鲁道夫·穆赫（Rudolf Much）、弗朗茨·阿尔特海姆（Franz Altheim）、里夏德·赖岑施泰因（Richard Reitzenstein）和汉斯·海因里希·舍德尔（Hans Heinrich Schaeder），他们中间的许多人与纳粹运动有着深刻的关联。但这并不是我要特别关注的一面，我更多的是将他们视为天才的语言学家、渊博的东方学家（这是一个仍未受到怀疑的词）和富有开拓精神的神话学者。我提出的任何问题——这些问题并不多——都被巧妙地转移了方向。我被告知，"雅利安理论"从根本上讲是合理的，尽管希特勒（Hitler）及其同伙滥用了这一学说。但是，再也没有人提起"雅利安人"，也没有人在斯堪的纳维亚（Scandinavia）、德国或北极（North Pole）找到他们（假想中）的原初家园（Urheimat）。相反，二战后对于印欧人的讨论略去了种族问题并对其做了粉饰，同时将其起源地置于东方的俄罗斯大草原。在下面的章节中，我想说明事情并非如此简单，伴随这一话语与学科的道德和知识问题并不是轻易可以解决的。

1993 年夏，在东塞斯特里（Sestri Levante）的湖光山色中，我与克里斯蒂亚诺·格罗塔内利（Cristiano Grottanelli）进行了广泛对话，本书的写作即发端于此。当时，我们希望一起写作这样一本书，不过由于时间上的冲突以及维持远程合作的困难，计划最终未能实现。我敢肯定，如果我们的计划付诸实施，那将是一部更为出色的著作。不过这些年来，我还是从格罗塔内利的建议和批评中获益良多。最值得一提的是 1996 年春芝加哥大学的布劳尔研讨班（Brauer Seminar），主题为"朝向一种神话史"（Toward a History of Myth），我们与温迪·多尼格（Wendy Doniger）一起授课。尽管我们三人在许多问题上存在分歧，但讨论十分坦诚且富有成效，在此谨向这些杰出的同人以及马丁·里泽布罗特（Martin Riesebrodt）致以诚挚的谢意！我也深深感谢哥本哈根大学（University of Copenhagen）的朋友和同事，1998 年秋天，我在这里开设过一门名为"神话解读"（Interpretation of Myth）的课程；与此同时，我还在斯堪的纳维亚半岛的其他大学讲授过本书的部分章节。在此期间，我受到了友好热情的接待，也收到了十分宝贵的建议。尤其需要感谢的有：埃里克·雷恩伯格·桑德（Erik Reenberg Sand）、斯蒂芬·阿维德森（Stefan Arvidsson）、佩尔－阿尔内·贝里利（Per-Arne Berglie）、彼得·布莱德（Peter Bryder）、乌尔夫·德罗宾（Ulf Drobin）、埃里克·埃德霍尔姆（Erik af Edholm）、阿明·格尔茨

（Armin Geertz）、安德斯·胡尔特加德（Anders Hultgard）、彼得·杰克逊（Peter Jackson）、蒂姆·詹森（Tim Jensen）、奥洛夫·永斯特伦（Olof Ljungström）、托德·奥尔森（Tord Olsson）、凯瑟琳娜·劳德维尔（Catherina Raudvere）、米凯尔·罗斯坦（Mikael Rothstein）、加尔比·施密特（Garbi Schmidt）、约恩·波德曼·索伦森（Jørgen Podemann Sørensen）、托芙·蒂比约（Tove Tybjerg）、玛格丽特·沃伯格（Margrit Warburg）、莫滕·瓦敏德（Morten Warmind）、大卫·韦斯特隆德（David Westerlund）。

其他同人也提出了建议、批评、邀请和鼓励，为本书做出了重要贡献。尤其感谢路易丝（Louise）、玛尔塔（Martha）和丽贝卡·林肯（Rebecca Lincoln），她们给予我关爱、支持和鞭策。此外需要感谢的有：戴比·安德森（Debbie Anderson）、弗朗索瓦丝·巴德（Françoise Bader）、毛里齐奥·贝蒂尼（Maurizio Bettini）、西诺薇·德布夫里（Synnøve des Bouvrie）、约翰·科林斯（John Collins）、阿德拉·柯林斯（Adela Collins）、伊莲娜·奇拉西·科伦坡（Ileana Chirassi Colombo）、彼得罗·克莱门特（Pietro Clemente）、普拉森吉特·杜阿拉（Prasenjit Duara）、克里斯·法拉奥内（Chris Faraone）、罗杰·弗里德兰（Roger Friedland）、桑德尔·吉尔曼（Sander Gilman）、劳拉·吉布斯（Laura Gibbs）、克拉克·吉尔平（Clark Gilpin）、弗里茨·格拉夫（Fritz Graf）、詹尼·瓜斯泰利（Gianni Guastelli）、威廉·马兰德拉（William Malandra）、罗素·麦卡琴（Russell McCutcheon）、格伦·莫斯特（Glenn Most）、格雷戈里·纳吉（Gregory Nagy）、穆罕默德·恩达乌（Mohamed N'daou）、帕特里齐亚·皮诺蒂（Patrizia Pinotti）、谢尔顿·波洛克（Sheldon Pollock）、吉安娜·波玛塔（Gianna Pomata）、杰米·雷德菲尔德（Jamie Redfield）、玛丽亚·迈克尔拉·萨西（Maria Michaela Sassi）、大卫·西克（David Sick）、布莱恩·史密斯（Brian Smith）、乔纳森·Z.史密斯（Jonathan Z. Smith）、皮尔·乔治·索利纳斯（Pier Giorgio Solinas）、伊万·斯特伦斯基、杰斯珀·斯文布罗（Jesper Svenbro）、休·厄本（Hugh Urban）、史蒂文·瓦瑟斯特罗姆（Steven Wasserstrom）、余国藩（Anthony Yu）、安德烈·扎波

罗琴科（Andrej Zaporogchenko）以及已故的玛丽莲·瓦尔德曼（Marilyn Waldman）。

注 释

[1] Ivan Strenski, *Four Theories of Myth in Twentieth-Century History: Cassirer, Eliade, Lévi-Strauss, and Malinowski* (Iowa City: University of Iowa Press, 1987); Daniel Dubuisson, *Mythologies du XXᵉ siècle* (Lille: Presses universitaires de Lille, 1993).

[2] Emile Durkheim and Marcel Mauss, *Primitive Classification*, trans. Rodney Needham (Chicago: University of Chicago Press, 1963; French original, 1901–2), pp. 77–78.

[3] 我对于这种困境的初步认识，体现在以下著作中：Bruce Lincoln, *Myth, Cosmos, and Society: Indo-European Themes of Creation and Destruction* (Cambridge, MA: Harvard University Press, 1986), p. 173n2；更为深入的反思，参见以下著作：*Death, War, and Sacrifice: Studies in Ideology and Practice* (Chicago: University of Chicago Press, 1991), pp. xv–xix, 119–127。

[4] Georges Dumézil, *Mythe et épopée*, Vol. 2: *Types épiques indo-européens: un héros, un sorcier, un roi* (Paris: Gallimard, 1971).

[5] 这种叙事可以在许多概论性著作中找到，例如：C. Scott Littleton, *The New Comparative Mythology*, 3d ed., rev. (Berkeley: University of California Press, 1966, 1982)。

第一部分

希腊语境中的秘索斯

第一章　秘索斯与逻各斯的史前史 [1]

每当讲述深受青睐的希腊奇迹时，对于进步与文明进程的阐述往往有些虚夸：从荷马（Homer）、赫西俄德（Hesiod）的秘索斯到赫拉克利特（Heraclitus）、柏拉图（Plato）的逻各斯，其间所发生的话语、思想转变经常被大书特书。与这一转变相关的，还有从象征性话语到理性话语、从拟人到抽象、从宗教到哲学的变化。[2] 在这些过程中确实发生过某些变化——有些变化甚至颇为剧烈，不过故事并不像人们通常认为的那么简单。对于最早文献的细读，会引出一些严肃的问题，还会带来许多令人惊奇的发现。

一

我们从一个易受忽略的细节开始：赫西俄德《神谱》（*Theogony*）中有两行十分有名的诗，这两行诗还有一种手稿异文（variation）。在这个地方，缪斯直接向赫西俄德发话。多数校订者认为这两行诗应当读作：

> 我们知道如何讲述许多貌似真实的谎言，
> 只要我们愿意，我们也知道如何宣示真理。[3]

这里，两种内容与相应的说话方式形成对比。对于缪斯和那些受其启示的人来说，两种方式均得心应手（见表 1-1）。

表 1-1 《神谱》第 27~28 行结构对比

	言说方式	言说内容
第 27 行	"讲述" （legein）	"貌似真实的谎言" （pseudea ... etymoisin homoia）
第 28 行	"宣示" （gērusasthai）	"真理" （alēthea）

在对上述谎言行为的描述中，文中使用了动词"讲述"（legein）并采用了一行程式化语句。在其他地方，这个程式化语句标志着奥德修斯（Odysseus）最为娴熟（也是道德上最有争议）的骗局之一。[4] 而对于告知真理，文中选用了另一个动词——在《工作与时日》（*Works and Days*）中，这个动词表示正义女神黛克（Dikē）对那些做伪证者和贪赃枉法的王公们的谴责。[5]

尽管现代校订者确信不疑地将第 28 行的这个词读作 gērusasthai（宣示），不过在许多手稿中，这个地方用的是更为常见的动词 mythēsasthai（讲述、告诉）。[6] 这种用法转而与《工作与时日》"序诗"中的最后一行相对应，赫西俄德在此呼吁宙斯确保法律诉讼的公平（truth）与正义，并承诺自己会对任性的兄弟珀耳塞斯（Perses）讲述类似的话：

> 高贵的雷霆之神宙斯，你高居巍峨的宫殿之中，
>
> 洞察一切的你，听我诉说：请秉持正义，厘清是非！
>
> 我也会将真话告诉（mythēsasthai）珀耳塞斯。[7]

我不是想证明《神谱》第 28 行的这个词读作 mythēsasthai 更可取，或者证明 mythēsasthai 代表"初始的"文本。我只是注意到，这个已被充分证实的异文的存在表明，许多希腊人发现 mytheomai 与 legein 的并列是形成以下多重对比的最易懂、最有效的方式：真话与欺骗（或者至少是模棱两可）、正直与狡诈、浮浅虚饰与坦率准确，此外还有诗歌表演与严肃的法庭辩论。[8] 不过在现代人看来，这个等式中的前后项似乎是颠倒的，因为

与我们的预期相反，其中与真理联系在一起的是 mytheomai（秘索斯话语），
与谎言、虚假、伪装联系在一起的则是 legein（逻各斯话语）！

除上述我们已经讨论过的段落（《神谱》第27~28行，《工作与时日》
第10行），这两个动词在赫西俄德的其他著作中从未出现。不过，如果我
们将目光转向相应的名词形式，情况会变得更加复杂，也更为有趣。

二

我们先从"逻各斯"一词谈起，这个词出现了五次，但仅有一次是单
数形式[9]，这便是在赫西俄德讲到人类时代（world ages）的划分时。赫西
俄德在这里对珀耳塞斯进行谆谆教诲，他的叙述从头至尾详细描述了人类
的堕落，即从最初完美的黄金种族（Golden Race）（长生不老、对神虔敬、
没有劳役之苦），到现今邪恶、卑贱的黑铁种族（Race of Iron）。然而，按
照现代读者的预期，恰好应当被称作"秘索斯"的这种难以置信的话语，
在赫西俄德那里措辞却有些不同，他使用的是"逻各斯"这一术语。[10]

在其他地方，逻各斯总是以复数形式出现。[11]其中三次受形容词
haimulios（"魅惑的"）修饰，三次与名词"pseudea"（"谎言"）一起出现。
例如，有关创世过程的这段文字：

> 可怕的不和女神厄里斯（Eris）生下痛苦的劳役之神、
> 遗忘之神、饥饿之神、悲痛之神、
> 格斗之神、战争之神、谋杀之神、屠戮之神、
> 争吵之神、谎言之神、蛊惑（Logoi）① 之神、纠纷之神。[12]

除去这几行诗总体上呈现的不祥色彩外，我们还可以发现一些更为微
妙的地方。例如，"逻各斯"不仅与"谎言"，而且与"纠纷"（逻各斯的

---

① logoi 为 logos 的复数形式。该词具有多义性，译者的处理方式是：凡在引文中出现，参
考多条引文相关中译本，根据上下文灵活翻译并附原文；凡在本书作者的论述中出现，一
般音译为"逻各斯"。——译者注

对立面）、"争吵"相联结，从而形成一组集合：女性较为擅长的言语冲突形式。反过来，这些形态又与前一行详细陈述的更有男性特质的身体冲突形式（格斗、战争、谋杀、屠戮）形成对立（见图1-1）。

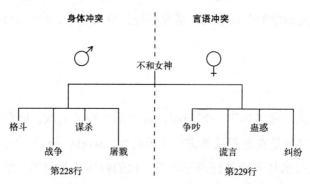

图 1-1 《神谱》第 228~229 行中的逻辑关系与家族关系

为不和女神家族刻下这些密码之后，赫西俄德在对潘多拉（人类第一位女性，也是原型意义上的女性）的描述中又把它扩展到了人类：赫尔默斯（Hermes）正是将"谎言、花言巧语（seductive logoi）以及狡猾的性格"置于潘多拉的胸中。[13]与其他地方一样，这里的形容词 haimulios 标志着上述言语（以及潘多拉本人）所具有的欺骗、诱惑等情色力量。[14]尽管其词源尚不清楚，它的意思在下面的段落中却十分明显：

> 别让一个淫荡的女人蒙骗了你，
>
> 她盯着你的粮仓，怀藏魅惑（haimula）与诱骗：
>
> 信任女人与信任小偷没有什么两样。[15]

虽然父权制以一种毫不信任、居高临下的姿态，将所谓的"女人气"与它所定义的"谎言、花言巧语"等话语联结在一起，不过这并不意味着上述话语是女性的专利。[16]某些男性也可能使用这些类型的言语，但也因此，他们往往被认为男人气多少有些不足。以《工作与时日》中的一个复杂段落为例，赫西俄德在这里讲述历法知识：

> 每月第十六日非常不利于植物,
> 但有利于男孩出生。它不利于女孩,
> 无论出生还是出嫁。
> 每月第六日也不利于女孩出生,
> 不过是阉割山羊和绵羊的好日子,
> 也是修建羊群围栏的好日子。
> 这一天也适宜男孩的出生,他喜欢恶作剧、
> 说谎、花言巧语和窃窃私语。[17]

对这些诗句做形式上的分析,可以发现其中所隐含的种种法则,赫西俄德在诗中所说的两个时日,借助这些法则与三种范畴相互作用,每一种范畴均被处理成一组二元对立。这些范畴是:(a)运势(吉或凶);(b)人类(男性和女性);(c)其他生物(动物和植物)(见表1-2)。

表1-2 《工作与时日》第782~789行吉凶对照

	男性	女性	动物	植物
第16日(第782~784行)	+	-	[+]	-
第6日(第785~789行)	+	-	+	[-]

注:吉日为"+",凶日为"-"。[①]

尽管这几行诗的前后两个部分密切相关,不过它们在某些方面还是有所不同。最明显的是,第一部分(第782~784行)谈到男性、女性和植物,但未提及动物;第二部分(第785~789行),谈到男性、女性和动物,却未提到植物。我们由此可以推导出下面的类比式,以填补其中的空缺:

男性:女性::动物:植物

男性:动物::女性:植物

---

① 加方括号,表示诗中未明说,但由上下文可推断出来。——译者注

这些空缺也使我们将注意力集中到下面的问题上：上述文本中的两个部分，对于植物和动物实际要说的是什么？这里我们又遇到另一个差异。作者对于植物的评论是模糊而笼统的："非常不利于植物。"[18] 对于动物的评论却并非如此："它是阉割山羊和绵羊的好日子。"[19] 这是一个相当精确、重要的建议，却仅限于一种性别的动物。其中有一个逻辑上的微妙之处：这些畜类被选中是由于其性别上的特点，而这里所建议的行为，恰恰是要有效地消除这一特点——或者用列维－斯特劳斯的话说，在设定男女两性的对立之后，文本又试图对这两种对立的范畴进行调停，这便是中性动物及阉割手术的发现。

一旦我们发现这一天"也适宜男孩的出生，他喜欢恶作剧、说谎、花言巧语和窃窃私语"[20]，这些问题的重要性就变得更加明显。这样的个体在人类中所处的位置，正如被阉割的牲畜在动物界所处的位置一样暧昧不明。虽然是男性，但他更长于口舌而非武力，更崇尚言语而非行动。此外，他所热衷的种种话语都与"女人气"有关联；也就是说，他们俏皮迷人甚至卖弄风情，却寡廉鲜耻、工于心计。这样的话语，对于言说者而言可以达到预期效果，不过对于听者来说是相当危险的，因为凭借这些话语，那些较为弱小的人——尤其是女性，但也有其他人——屡屡战胜那些在体力上更占优势的人。

凭借这种诡诈，弱者战胜强者，或者更准确地说，那些依靠狡猾和言语力量的人战胜拥有强大武器和军队的人。古希腊人称这种诡诈为 mētis，马塞尔·德蒂恩内（Marcel Detienne）和让－皮埃尔·韦尔南（Jean-Pierre Vernant）对此已做过权威性的论述。[21] 在《神谱》中，这种阴谋诡计被人格化为智慧女神墨提斯（Mētis），宙斯在登上王位后立即与她结婚，希望借此驯服她并将其力量置于自己的控制之下。[22]

然而，这场婚姻远未消除宙斯的麻烦，而是让问题变得更为严重。婚后，墨提斯怀上了孩子，宙斯开始有些担心，他的不安是对一个抽象问题的叙事编码：力量与诡诈更为充分、完整的结合（比如，在这场婚姻的产物中所能预料到的），将胜过二者更早的、不够完备的结合形态（比如，这场联姻本身所体现的）。因此，当神谕告知墨提斯会生下一个女儿，然

后生下一个儿子，而这个儿子将推翻其父时，宙斯选择吞下墨提斯。也就是说，宙斯完全拥有了墨提斯的力量，将她置于自己的绝对控制之下。此后每当遇到危险，便会有女性诡诈的声音从宙斯身体深处（确切地说，从宙斯的 nēdus，即"子宫"或"腹部"）发出警告并提出对策，宙斯得以平安脱险。[23] 借此手段，宙斯的统治最终得以保全。

这段文字仍有一个问题需要解决：它必须向我们做出解释，作为"诸神与凡人中最有先见之明"[24] 的女神，墨提斯为什么未能预见到宙斯的袭击？答案简单而巧妙：为了战胜墨提斯，这位最强大的男性做出了最出乎预料的举动。他不是凭借自己的力量，而是凭借已经拥有的这种"女性的"诡诈，即以其人之道还治其人之身：

> 宙斯用胸中的诡计将她欺骗之后
> 又用花言巧语将她置于腹中。[25]

三

在荷马诗歌（包括史诗和颂诗）中，"逻各斯"一词所涵盖的语义范围与赫西俄德的著作大致相同，尽管也有一些细微差异或意义不明之处。最显著的是，荷马诗歌中的逻各斯总是与一些暴力场景或暴力威胁相对立。在所有例子中，这个词均表示下述言语行为（大多是安抚性的，有时是欺骗性的）：劝说人们或在战争中临阵脱逃、放弃武力，或在战争的间隙苟且偷安。不过按照正统的道德观，使用这种言语或受这种言语影响的人，本质上是不负责任的、女人气的或幼稚的。例如，《奥德赛》（Odyssey）第一卷中的这几行诗，不仅指责卡吕普索（Calypso），而且指责奥德修斯——后者此时被卡吕普索的甜言蜜语（logoi）所迷惑，放弃了英雄使命：

> 阿特拉斯（Atlas）的女儿卡吕普索使他停止了痛苦和悲伤；

> 她用温柔迷人的甜言蜜语（logoi）
>
> 哄骗他，以致他忘记了伊萨卡（Ithaca）。[26]

在《赫尔墨斯颂诗》（*Homeric Hymn to Hermes*）中又有一个场景：阿波罗（Apollo）面对出生不久的赫尔墨斯，（"不无道理地"）指控他的这位弟弟偷走了他的牛。[27] 与其他地方一样，这段文本将阿波罗与赫尔墨斯进行了多方面对比：年长／年幼，强壮／弱小，诚实／奸诈，可靠／虚假，品行端正／诡计多端。自出生那一刻起，赫尔墨斯便"机灵狡黠"（haimulo-mētis）、诡计多端。[28] 面对阿波罗的指控，他知道如何应对：

> 凭借他的诡计和花言巧语（logoi），
>
> 他想欺骗这位银弓之神。[29]

在《伊利亚特》（*Iliad*）的一个片段中，也出现了花言巧语（wily speech）和临阵脱逃等类似主题。当时的情形是：几乎所有希腊军队都投入战斗，只有克法勒涅斯人（Cephallenians）是例外，他们不知什么原因未响应战斗的召唤。从史诗的描述来看，这不过是战争泥淖中的一个小失误，但向来鲁钝的阿伽门农（Agamemnon）误解了局面，因而严厉地斥责克法勒涅斯人的首领墨涅斯透斯（Menestheus）：

> 还有你，最擅长邪恶的诡计、狡猾的人，
>
> 你们为什么退缩，站在远处等别人？[30]

在阿伽门农看来，墨涅斯透斯不仅是一个懦夫，而且是一个骗子——这从他所选用的辱骂性言辞中可得到判断，"狡猾的人"与"最擅长邪恶的诡计"均为形容墨提斯的语汇。不过最有趣的是，人们在一份莎草纸中发现了后一短语的异文："还有你，最擅长邪恶的花言巧语（logoi）。"[31] "花言巧语"（logoi）在这里取代了"诡计"，因为计谋和言语作为手段在功能上能够互换，精明者可以通过这些手段使自己从战争中安然脱险。

"逻各斯"最后一次出现于《荷马史诗》，是在《伊利亚特》一个极其悲痛的场景中，整部史诗在这里发生了转向。场景的开端是，奥美尼亚（Ormenian）英雄欧律皮洛斯（Eurypylus）负伤，阿喀琉斯（Achilles）派帕特罗克洛斯（Patroclus）前去探望，这一行动被叙述人称为"罪恶的开始"（第11章604行）。[32] 然而，在与涅斯托耳（Nestor）商议后，帕特罗克洛斯停下来为欧律皮洛斯疗伤（第11章809~848行）。当他从欧律皮洛斯大腿上切除箭杆并用草药为他止血时，第11章结束了。史诗随后终止了这条叙事线索，转而详述赫克托耳（Hector）的猛烈进攻。直到第15章中间部分，又回到帕特罗克洛斯与欧律皮洛斯：

> 当阿开奥斯人和特洛伊人在壁垒边激战，
> 帕特罗克洛斯一直在远离快船的地方。
> 他坐在受人尊重的欧律皮洛斯的营帐里，
> 一面用言语（logoi）抚慰他，一面把草药
> 敷上他那沉重的伤口，把伤痛消减。
> 当他看见特洛伊人已经越过壁垒，
> 达那奥斯人大声喧嚷着纷纷溃退，
> 他不禁放声长叹，双手拍打大腿，
> 满怀悲痛地对欧律皮洛斯这样大声说：
> "欧律皮洛斯，我不能继续在这里陪伴你，
> 尽管你很需要我：大战已经临头。"[33]

开始的时候，我们看到的是一种宁静而友好的醉人场面，其中帕特罗克洛斯用言语（logoi）抚慰欧律皮洛斯的心灵，正如他用药草减轻欧律皮洛斯身体的痛楚那样。但当特洛伊军队攻破希腊人的防卫，对希腊联军造成毁灭性威胁时，这种平静场面便难以为继，文本陡然转变。帕特罗克洛斯的双手刚刚还在为欧律皮洛斯的腿部伤口涂抹药膏，现在却狠狠地拍打着自己。帕特罗克洛斯抚慰的（entertained）[34] 声音，也突然变成尖厉而务

实的讲话（文中称之为 epos[①]）："欧律皮洛斯，我不能继续在这里陪伴你，尽管你很需要我：大战已经临头。" [35] 从这里开始，故事急转直下。帕特罗克洛斯急忙离开欧律皮洛斯，回到阿喀琉斯身边并投入战斗。医者变成了战士，他会在一个我们熟知的残酷故事中杀人、被杀，带领其他人前赴后继。

四

以上分析足以说明，在最古老的文本中，"逻各斯"一词始终表示女性、弱者、年幼的人和机巧圆滑之辈的言辞。这种言辞往往柔和悦耳、十分迷人，但也可能潜藏着欺骗和误导。尽管在许多地方和语境中可以听到这种言语，但在战争和集会场合极少听到，因为这种话语的性质（确切地说是天然优势），便是胜过或抵消对方在身体、政治和物质上的优势——对方通常正是凭借这些方面的优势获胜（见表 1-3）。

表 1-3　荷马与赫西俄德作品中"逻各斯"的运用

	用复数形式	用 haimulios（迷人的）修饰	与谎言相关	与狡猾、奸诈相关	弱者的话语	明显具有"女人气"	与武力或法律冲突对立
《神谱》第27行：缪斯女神			+	+	+	+	+
《神谱》第229行：厄里斯的孩子	+		+	+	+	+	+
《神谱》第890行：宙斯、墨提斯	+	+				+	+
《工作与时日》第78行：潘多拉	+	+	+	+	+	+	+

① 据一些学者考察，在《荷马史诗》中，epos 是与秘索斯相对的另一种言语行为，这种言语往往简明扼要并伴有身体动作，其重点在于信息本身而非言说者的口头表演。参见 Richard P. Martin, *The Language of Heroes: Speech and Performance in the Iliad* (Ithaca: Cornell University Press, 1989, p.12)——译者注

续表

	用复数形式	用 haimulios（迷人的）修饰	与谎言相关	与狡猾、奸诈相关	弱者的话语	明显具有"女人气"	与武力或法律冲突对立
《工作与时日》第106行：人类时代				?	+		+
《工作与时日》第789行：每月第六日出生的男孩	+	+	+	+	+	+	+
《奥德赛》第1卷56行：卡吕普索	+	+			+	+	+
《赫尔墨斯颂诗》第4卷317行：赫尔墨斯	+	+	+		+		+
《伊利亚特》第4卷339行：墨涅斯透斯	+		+	+			+
《伊利亚特》第15卷392行：帕特罗克洛斯	+					?	+

作为弱者的一种武器，逻各斯可以从各种角度来解读，这些解读或隐或显地反映了听者与评论者的兴趣或喜好。作者声音与权威声音往往将逻各斯描述为不道德的和不可信任的。不过它也可以是一种有效的手段，借助这一手段，受同情的人克服重重障碍，实现合理甚至值得赞扬的目标，比如幼小的赫尔墨斯借此战胜强大的阿波罗，或者帕特罗克洛斯借此竭力安抚欧律皮洛斯、缓解他的痛苦。

对于逻各斯的讨论到此为止。接下来的问题是：古典文献中与之相对的术语通常是什么？在最早的文本中秘索斯表示何种类型的言语？在赫西俄德的著作中，这个词出现了六次，除一次例外（这个问题我们将在后文讨论），其他均表示刚愎自用的男性的鲁莽言论，他们以自己的力量为傲，为了胜利一意孤行。

例如，宙斯有一次请求奥拉尼德斯神①（Ouranids，武力的化身）用他

---

① 又称"赫卡同克瑞斯"（Hecatonchires）或"百臂巨人"，共三位，系盖亚（Gaia）与乌拉诺斯（Uranus）所生，每位巨人长有一百双手、五十只头。——译者注

们"强大的力量和难以抵御的手臂"对抗提坦神（Titans），帮助他为"胜利和权力"而战。[36] 尽管提坦神是自己的兄弟，奥拉尼德斯神还是同意了，承诺予以帮助，他们的言语被称作"秘索斯"。[37] 与此类似，当盖亚提议孩子们拿起她新制的金刚镰刀阉割暴虐的父亲时，一开始这些年幼的天神吓得沉默不语：

> 她这样说，所有的孩子都吓得发抖，
> 不敢出声，只有狡猾强大的克洛诺斯
> 有勇气用这些话（mythoi）① 回答可敬的母亲：
> "妈妈，我答应你去做这件事，
> 我瞧不起咱们那该诅咒的父亲，
> 谁让他先做出这些无耻的行径来。"[38]

在这两个例子中，说话者均置身于暴力斗争之中，更重要的是，斗争的对象是自己的近亲。面对血淋淋的残酷现实，他们发誓作战并取胜，对自己的身体力量充满信心。此外，他们在行动上完全履行了自己的承诺：虽然言语粗陋，却能一言九鼎。在这方面，如同在身体力量上一样，他们与赫西俄德故事中的老鹰极其相似。赫西俄德向珀耳塞斯讲完"人类时代"的"逻各斯"后，紧接着讲述了这则故事：

> 现在，我要给心里明白的王公们讲一个故事。
> 一只老鹰用利爪生擒了一只脖颈布满斑纹的夜莺，
> 高高飞翔到云层之中，
> 夜莺因鹰爪的刺戳而痛苦呻吟。
> 他轻蔑地对她说出以下的话（mythos）：
> "不幸的人啊！你干吗尖叫呢？你落入了比你强得多的人之手。

---

① mythoi 为 mythos 的复数形式。该词同样具有多义性，译者的处理方案是：凡在引文中出现，参考各引文相关中译本，根据上下文灵活翻译并附原文；凡在本书作者的论述中出现，一般音译为"秘索斯"。——译者注

你得去我带你去的任何地方，尽管你是一个歌手。

我只要高兴，可以你为餐，也可放你远走高飞。

与强者抗争是傻瓜，

因为他不能获胜，还要不光彩地遭受痛苦。"

翅膀宽大、疾速飞翔的鹰这样说道。[39]

　　故事中的老鹰与夜莺形成了鲜明对比：男性 / 女性（由名词 irex 与 aēdōn 的词性可见）、捕食者 / 猎物、高 / 低、强 / 弱、傲慢残忍 / 惊恐迷人（"脖颈布满斑纹"）。从二者的言语来看，差异也显而易见。夜莺以其优美而悲伤的歌声闻名于世，在诗中更是"痛苦呻吟"，尽管在残暴的老鹰看来，她的哭声不过是一种尖叫。[40] 相比之下，老鹰的话单刀直入、咄咄逼人，描述了一个残酷的丛林世界。他的言语代表了另一话语类型：对自己的力量极度自信，也对强者获胜的正当性极度自信。文中称这种话语为"秘索斯"。

　　如果说战斗场合中的"秘索斯"具有上述特征的话，那么论争场合（agonistic assembles）中的"秘索斯"便更为复杂，因为它们有"率直"与"歪曲"两种变体（见图 1–2）。

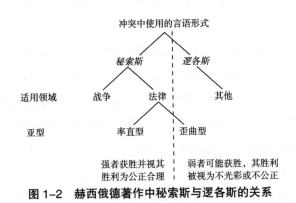

图 1-2　赫西俄德著作中秘索斯与逻各斯的关系

　　率直型秘索斯与战斗中所说的类似。有时它们由诚实的法官和证人直言不讳地宣布；或者，它们表现为下述人物不加掩饰的断言：他们相信凭借自己的力量、社会地位和（或）理由的正当性足以取胜。[41] 与之相对，审判中做伪证、徇私舞弊等行为构成歪曲型秘索斯。他们毫无原则、枉顾事实，让案件中处于劣势的一方占据上风。也就是说，在法律语境中，秘索斯的功能与逻各斯在其他地方所发挥的功能十分类似。赫西俄德可能是从亲身经历中了解到这些事情，他描述了自己的弟弟珀尔塞斯如何发伪誓并向贪婪的王公们行贿，以骗取本该由兄长继承的遗产。面对这种情形，诗人呼吁珀尔塞斯改过自新，恳请王公们"明辨是非"（straighten out the mythoi）。[42] 他还感叹，这种事在前几个更好的时代几乎闻所未闻，却在眼下的黑铁种族中变得见惯不惊：

> 忠于誓言和公正的人，再也无法获得赞赏，
> 善良的人也是如此；相反，人们美化傲慢
> 和作恶的人。他们把司法握在手中，没有
> 丝毫羞耻。邪恶的人会伤害好人，
> 当他宣誓的时候说着言不由衷的话（crooked mythoi）。[43]

赫西俄德有意描绘出一幅暗淡阴郁的画面，这与他有关"人类时代"的话语意图是一致的。文中将这套话语定义为逻各斯，这套话语由此成为一种为了策略需要或修辞效果而讲述的"貌似合理的谎言"。在这里，赫西俄德向珀耳塞斯讲述了一个人类不断堕落的故事，以黑铁时代人类的出现而告终。这些人类互相欺骗并提供虚假证词；他们中间，"即便是兄弟，也不如从前那样亲密"。[44] 他进一步说，这样的人类毫无希望，只有在宙斯那里遭受苦难、不幸和毁灭。如此一来，赫西俄德狡猾而冒险地（暗中）维护了自己的特殊利益，就好像这些利益属于所有人。为此他向珀耳塞斯提议，如果珀耳塞斯能"纠正"自己的花言巧语、言不由衷，按有利于兄长的条件解决他们的争端，不仅会让兄弟关系恢复正常，也会扭转这个时代最可怕的倾向，并有助于阻止人类堕入深渊。

有关"人类时代"的逻各斯因此成为一种手段，赫西俄德希望借此战胜一个在法律斗争中击败过他的人，一个比他更有门路、更强大、更无情

的人。为此目的，他利用缪斯所赐予的语言天赋，以这些神秘女神代言人的身份说话。从本章讨论的开始，我们思考的是缪斯女神描述自己言语能力的方式，却一直未注意她们的话语在文中以何种方式组织。

> 女神们首先对我说了这些话（mythos），
>
> 奥林波斯的缪斯，执神盾宙斯的女儿们：
>
> "荒野的牧人啊，可鄙的家伙，只知吃喝的东西！
>
> 我们能把种种谎言说得如真的一般；
>
> 但只要乐意，我们也能述说真实。"[45]

在赫西俄德笔下，这是"秘索斯"一词唯一一次在战争或集会语境之外出现，也是这一话语唯一一次通过女性之口说出（见表1-4）。此外，作者对它的使用准确恰当，因为借助这个词解决了文中一个严肃的逻辑难题。因此，如果我们将第27~28行视作一个命题$\{P\}$，这个命题包括两个部分：$\{P_1\}$（＝缪斯断言"我们能述说真理"），$\{P_2\}$（＝"我们能把谎言说得如真的一般"），那么对于$\{P\}$而言可能有两种假设。

1. $\{P\}$为真，这种情况下$\{P_1\}$和$\{P_2\}$均为真。相应地，缪斯的任何一句话——包括$\{P\}$——可能为真，也可能为假。因此，我们对$\{P\}$和缪斯所有言说的立场必会迟疑不定。

2. $\{P\}$为假，这种情况下会有三种可能：

（a）$\{P_1\}$和$\{P_2\}$均为假（$-\{P_1\}$；$-\{P_2\}$）：缪斯既不会讲真话，也不会讲假话；

（b）$+\{P_1\}$；$-\{P_2\}$：她们可以讲真话，但不会讲假话；

（c）$-\{P_1\}$；$+\{P_2\}$：她们可以讲假话，但不会讲真话。

不过，如果$\{P\}$本身为假，我们便可以排除上述可能性中的前两项，因为缪斯说假话的能力正是在这个事例中得到了证明。这样一来，我们必然得出结论：缪斯——以及包括赫西俄德在内的被缪斯赋予灵感的诗人们——只会说假话。我们在这个例子中的立场将不只是怀疑，而是拒绝相信。

表 1-4 赫西俄德著作中"秘索斯"的运用

	直言不讳	强者的话语	与"男人气"明显相关	武力斗争语境	法律斗争语境	用 skolios（歪曲的）修饰
《神谱》第 24 行：缪斯	+	?				
《神谱》第 169 行：克洛诺斯	+	+	+	+		
《神谱》第 665 行：奥拉尼德斯神	+	+		+		
《工作与时日》第 194 行：黑铁时代		+	+		+	+
《工作与时日》第 206 行：老鹰	+	+	+	+		
《工作与时日》第 263 行：作伪证者与贪赃枉法的王公们		+	+		+	+

为避免假设 2（c）彻底动摇，我们想证实假设（1）。然而正如我们所见，基于内在证据或逻辑推理，假设（1）既不能被证实，也不能被证伪。更重要的是，任何试图解决这一问题的尝试最终都将失败。面对这一难题，作者的声音明确介入，将 {P} 定义为一种秘索斯，也就是说，一种由权威人物以生硬粗暴、咄咄逼人的态度说出的未加修饰的真话。[46]

五

在《荷马史诗》中，秘索斯的含义与赫西俄德著作中往往一致：一种直言不讳、挑衅性的话语行为，由强大的男性人物在激战之中或论辩场合说出。[47] 因此，当阿伽门农拒绝了克律塞斯（Chryses）的请求，并以（亵渎神灵的）暴力相威胁，要求他离开集会地点时，这是一个"秘索斯"（《伊利亚特》第 1 卷第 25、33、379 行）。在回答阿伽门农的使者时，阿喀琉斯的讲话"毫不关心后果或他人的感受"，他称自己的言语（即令人吃惊地直接拒绝使者的提议）为"秘索斯"（第 9 卷第 309 行）。同样地，当波塞冬（Poseidon）拒绝宙斯退出战场的命令，声称自己并非懦夫且与宙

斯平起平坐时，其"桀骜不驯"（powerful and unyielding）的言辞也被称作"秘索斯"（第 15 卷第 202 行）。此外，当奥德修斯用权杖击打希腊士兵，阻止他们逃往船只时，这样对他们说："安静地坐下，听那些比你强大的人说话（hearken to the mythos of others）；你没有战斗精神，没有力量，战斗和议事你都没分量。"[48]

值得注意的还有《奥德赛》中的以下段落，其中特勒马科斯（Telemachus）对他的母亲说：

> "现在你还是回房去操持自己的事情，
> 看守机杼和纺锤，吩咐那些女仆们
> 认真把活干，谈话（mythos）是所有男人们的事情，
> 尤其是我，因为这个家的权力属于我。"
> 佩涅洛佩不胜惊异，返回房间，
> 把儿子深为明智的话语（mythos）听进心里。[49]

迄今为止，对《荷马史诗》中"秘索斯"的研究最为深入的是理查德·马丁（Richard Martin），他发现"秘索斯"及其动词 mytheomai 在《荷马史诗》中共出现 167 次，其中 155 次出现于《伊利亚特》（占 93%），其情形是一位强大的男性或发号施令或自吹自擂。按照他的观点，秘索斯始终是强者的一种言语，由某位有威信的人物在公开场合滔滔不绝地讲述出来。通常而言，当出现某个秘索斯时，听者必须赞同，只有那些与讲述者地位平等的人，才有权对之提出异议。[50] 因此，这种情形与我们在赫西俄德著作中看到的十分类似：秘索斯是一种具有独断性和控制力的权威话语，它将自身呈现为某种必须相信和服从的东西。[51] 在《荷马史诗》中，秘索斯从未表示"虚假性故事""象征性故事""神圣故事"之类的含义。

六

上述概念内涵的修正，对于我们理解言语、思想以及知识／权力关系

的历史具有重要的方法论意义。这或许足以说明，标准的西方哲学史第一章需要做重大修改。赫拉克利特标举为逻各斯的东西——用一位评论者的话说，它"不只是语言，更是理性的讨论、推断和抉择：一种表现在言语、思想和行动中的理性"——并非前人所说的逻各斯。[52] 同样，柏拉图试图贬低的"秘索斯"，与赫西俄德、荷马对这一术语的理解几乎没有共同之处。

今天看来，与其将赫拉克利特或柏拉图对上述术语的使用视作规范，不如将特定时期的这种使用仅仅（也只能）理解为一种策略性的——并且最终成功的——图谋：对上述术语进行重新定义和估量。相应地，我们必须更加动态地看待"秘索斯"与"逻各斯"两个词。它们并不具有固定含义（这样的词其实不存在），其含义也不是随着时间的推移自然而然地缓慢变化。相反，这两个词连同其他许多词，是对立的真理体制之间尖锐而重要的语义冲突的场所。[53]

这些斗争中的问题十分严肃，其结果影响深远。谁的言辞会被认为具有说服力，谁的言辞仅被视作一种诱骗？谁会激发信任，谁会引起怀疑？哪些话语与真理相关，哪些话语（只不过）与"貌似真实的谎言"相关？谁的思想被视作知识，谁的思想被当作迷信？谁的分析、解释、教学等惯常做法会赢得尊重，谁的做法会引发嘲笑？谁的言辞（以及讲话风格）会被赋予权威？上述问题与权力之间的关联不难察觉：谁会吸引学生？谁向统治者建言？谁的话此后会被保存、引用并研究？

我们将在下一章看到：直到公元前 5 世纪，秘索斯、逻各斯的意义和价值仍然不够稳定、存在争议，它们之间的力量平衡依然悬而未决。

注　释

[1] 本文最初发表于《阿瑞托萨》（*Arethusa*）第 30 卷（第 341~363 页），题为"竞争性话语：重审秘索斯与逻各斯的史前史"（"Competing Discourses: Rethinking the Prehistory of *Mythos* and *Logos*"），约翰·霍普金斯大学出版社（The Johns Hopkins

University Press）1997 年版，经许可收入本书。较早的一个版本曾于 1995 年在芝加哥大学交流，后发表于《宗教史》（*History of Religions*）第 36 卷（1996 年），第 1~12 页。

[2] 对 这 一 问 题 的 较 早 讨 论，参 见：F. M. Cornford, *From Religion to Philosophy* (New York: Longmans Green, 1912); Wilhelm Nestle, *Vom Mythos zu Logos: Die Selbstentfaltung des griechischen Denkens von Homer bis auf die Sophistik und Sokrates* (Stuttgart: Alfred Kröner, 1940); Bruno Snell, *The Discovery of the Mind* (London: Blackwell, 1953). 较为晚近的讨论有：W. K. C. Guthrie, *A History of Greek Philosophy*, Vol. 1: *The Earlier Presocratics and the Pythagoreans* (Cambridge: Cambridge University Press, 1962), pp. 1–3, 140–142; G. S. Kirk, J. E. Raven and M. Schofield, *The Presocratic Philosophers* (Cambridge: Cambridge University Press, 1983), pp. 72–74; Peter Schmitter, "Vom 'Mythos' zum 'Logos'：Erkenntniskritik und Sprachreflexion bei den Vorsokratikern," in *Geschichte der Sprachtheorie* (Tübingen: Narr, 1991), 2:57–86. 埃里克·哈夫洛克（Eric Havelock）强调书写的引入所发挥的重要作用，为这一讨论增加了一个重要维度，但在其他许多方面，他的论述与之前的学者大体相同。参见："Preliteracy and the Presocratics," in Eric A. Havelock, *The Literate Revolution in Greece and Its Cultural Consequences* (Princeton, NJ: Princeton University Press, 1982), pp. 220–260; "The Linguistic Task of the Presocratics," in Kevin Robb, *Language and Thought in Early Greek Philosophy* (LaSalle, IL: Monist Library of Phi losophy, 1983), pp. 7–81.

[3] 引 文 见：M. L. West, ed., *Hesiod: Theogony* (Oxford: Oxford University Press, 1966) (lines 27–28). 另可参阅：Paul Mazon, ed., *Hésiode: Théogonie, Les Travaux et les Jours, Le Bouclier* (Paris: Les Belles Lettres, 1928); Felix Jacoby, ed., *Hesiodi carmina* (Berlin: Weidmann, 1930); Friedrich Solmsen, ed., *Hesiodi Theogonia, Opera et Dies, Scutum* (Oxford: Clarendon Press, 1970); Graziano Arrighetti, ed., *Esiodo, Teogonia* (Milan: Rizzoli, 1984). 近年来，这几行诗一直是许多讨论、评注的对象，参见：Pietro Pucci, *Hesiod and the Language of Poetry* (Baltimore: Johns Hopkins University Press, 1976), pp. 8–33; Wilfred Stroh, "Hesiods lügende Muse," *Beiträge zur klassischen Philologie* 72 (1976): 85– 112, Heinz Neitzel, "Hesiod und die lügenden Musen," *Hermes* 108 (1980): 387– 401; Elizabeth Belfiore, "Lies unlike the Truth: Plato on Hesiod, *Theogony*

27," *Transactions of the American Philological Association* (1985): 47–57; Angelo Buongiovanni, "La verità e il suo doppio (Hes. *Theog.* 27–28)," in *Interpretazioni antiche e moderne di testi greci* (Pisa: Giardini, 1987), pp. 9–24; Giovanni Ferrari, "Hesiod's Mimetic Muses and the Strategies of Deconstruction," in Andrew Benjamin, ed., *Post-structuralist Classics* (London: Routledge, 1988), pp. 45–78; Louise Pratt, *Lying and Poetry from Homer to Pindar* (Ann Arbor: University of Michigan Press, 1993), pp. 108–112; Marie-Christine Leclerc, La Parole chez Hésiode (Paris: Les Belles Lettres, 1993), pp. 204 –222.

[4]《奥德赛》第 19 章第 203 行："他说了许多谎言，说得如真事一般。"这里指奥德修斯假扮外乡人向他的妻子隐瞒身世，听了他的故事后妻子被感动得泪流满面。在这个例子中，奥德修斯编造貌似真实的谎言的能力，取决于他对事实的了解、他隐瞒或误导的意愿、他的语言和构思技巧。由此可见，"*pseudea … etymoisin homoia*" 这一程式表示的不是无辜的事实错误，而是蓄意的欺骗行为。

[5]《工作与时日》第 260 行："数说这些人的邪恶灵魂。"第 263~264 行提到"贪赃枉法的王公们"，与 35~39 行暗中形成对比。正如约瑟夫·A. 费尔南德斯·德尔加多（José A. Fernández Delgado）所指出的那样，"guruomai（数说）"在《荷马史诗》中虽未得到证实，但在《赫尔墨斯颂诗》（426）及《德尔斐神谕》（473.4）中均出现过［H. W. Parke and D. E. W. Wormell, *The Delphic Oracle* (Oxford: Blackwell, 1956), p. 192］，其中涉及神对真理的宣示。参见：José A. Fernández Delgado, *Los Oráculos y Hesíodo: Poesía oral mántica y gnómica griegas* (Salamanca: Universidad de Extremadura, 1986), p. 40, pp.48– 49.

[6] 根据韦斯特（West）的考察，这部著作的手稿主要有四种体系：B、a（又可细分为 n 和 v 两个分支）、b、k（可细分为 K 和 u 两个分支）。在这些支系中，B 和 u 残缺不全，未包含第 28 行。除 n（其中包括两份手稿）外，异文 mythēsasthai 在其余所有分支中均有发现。早期的编者基于"晦涩优先"（lectio difficilior）的原则①，更倾向于 gērusasthai。这一原则因公元 2~3 世纪两份纸莎草文献的发现而确立，两份文

---

① lectio difficilior 为拉丁语，对应的英译为：the more difficult reading is the stronger（"逾晦涩逾可信"）。这是欧洲 18 世纪形成的文献辨析原则，其要义是：若不同手稿在特定读法上存在冲突，则逾反常的读法逾接近原作。——译者注

献中保存了这一读法。

[7] *Works and Days*，第 8~10 行。

[8] 还应注意，缪斯赋予两类人灵感，他们分别讲述两种不同的语言：一类是国王，他在大会上发言并做出法律判决（*Theogony* 81–93）；另一类是诗人，他们歌唱诸神和英雄的事迹，使人们的悲痛得以转移（*Theogony* 94–104）。参见：*Homeric Hymn to the Muses and Apollo*，第 2~4 行。

[9] 关于"逻各斯"一词的最早用法，迄今为止讨论最为深入的是：Herbert Boeder, "Der frühgriechische Wortgebrauch von Logos und Aletheia," *Archiv für Begriffsgeschichte* 4 (1959): 82–112. 他的论述始于以下观察："在史诗中，（逻各斯）这个词仍然很少被使用。很少的证据表明，它只与魔力、消遣和欺骗有关。"（p. 82）涉及这一问题的还有：Henri Fournier, *Les Verbes "dire" en grec ancien* (Paris: Klincksieck, 1946); Claude Calame, "'Mythe' et 'rite' en Grèce: Des catégories indigènes?" *Kernos* 4 (1991): 179–204.

[10] *Works and Days* 106. 有关赫西俄德对"人类时代"的叙述（《工作与时日》第 106~201 行），参见以下论著：Jean-Pierre Vernant, *Mythe et pensée chez les Grecs* (Paris: Maspero, 1974), 1:13–79; K. Matthiessen, "Form und Funktion des Weltaltermythos bei Hesiod," in G. W. Bowersock et al., eds., *Arktouros: Hellenic Studies Presented to Bernard Knox* (Berlin: Walter de Gruyter, 1979), pp. 25–32.

[11] 可以想见，这是缪斯以下暗示在语法上的一种体现，即语言虚构的不可穷尽性："我们能把种种谎言说得如真的一般。"（《神谱》第 27 行）与此类似，拉法埃莱·佩塔佐尼（Raffaele Pettazzoni）喜欢援引北美传说中的一次故事竞赛，在这场竞赛中，郊狼战胜了众神，前者的虚假故事远远多出后者有限的神圣事实。参见：R. Pettazzoni, "The Truth of Myth," in *Essays in the History of Religions* (Leiden: E. J. Brill, 1967), p. 12.

[12] *Theogony* 226–229.

[13] *Works and Days* 78.

[14] 参见《斐德若篇》（Phaedrus, 237b）。在这段文字中，苏格拉底假借一个男性之口，说出了自己对无爱者的赞赏。这个男性实际上是故事中年轻人的爱慕者，但被描述为奸诈、狡猾、富有魅惑性（haimulos），为了吸引那个年轻人，他假装自己是

一个无爱者。

[15] *Works and Days* 373–375. 有关这段文字的讨论，参见：Folco Martinazzoli, "Un epiteto esiodeo della donna," *Parola del Passato* (1960): 203–221.

[16] 关于赫西俄德及其同时代人对于女性的态度，参见：G. Arrighetti, "Il misoginismo di Esiodo," in *Misoginia e maschilismo in Grecia e in Roma* (Genoa: Istituto di filologia classica e medievale, Università di Genova, 1981), pp. 27– 48; Patricia A. Marquardt, "Hesiod's Ambiguous View of Women," *Classical Philology* 77 (1982): 283–291; Marilyn Arthur, "The Dream of a World without Women: Poetics and the Circles of Order in the *Theogony* Proemium," *Arethusa* 16 (1983): 63–82;Jean Rudhardt, "Pandora, Hésiode et les femmes," *Museum Helveticum* 43 (1986): 231–246. 值得注意的还有：Ann Bergren, "Language and the Female in Early Greek Thought," *Arethusa* 16 (1983): 69–95.

[17] *Works and Days* 782–789. 杰斯珀·斯文布罗（Jesper Svenbro）对这段文字有过精辟的论述，参见：Jesper Svenbro, "Naître le sixième jour du mois ou le vingtième," *Annuaire de l'École pratique des hautes études, Ve section* 101 (1992/93): 244–245.

[18] *Works and Days* 782.

[19] *Works and Days* 786.

[20] *Works and Days* 788–789.

[21] Marcel Detienne and Jean-Pierre Vernant, *Cunning Intelligence in Greek Culture and Society*, trans. Janet Lloyd (Chicago: University of Chicago Press, 1991). 对此问题的简要讨论，参见此书第 13 页。

[22] 该故事见《神谱》第 886~900 行。对此问题的进一步讨论，参见：Detienne and Vernant, pp. 107–12; Annie Bonnafé, *Eros et Eris: Marriages divins et mythe de succession chez Hésiode* (Lyon: Presses Universitaires de Lyon, 1985), pp. 81–87; Clémence Ramnoux, "Les Femmes de Zeus: Hésiode, Théogonie vers 885–955," in Marcel Detienne and Nicole Loraux, eds., *Poikilia: Etudes offerts à Jean-Pierre Vernant* (Paris: Editions de l'école des hautes études en sciences sociales, 1987), pp. 155–164.

[23] *Theogony* 890, 899. 关于 nēdus 的 "子宫" 含义，参见：*Theogony* 460、*Iliad* 24.496.

请注意：雅典娜在同一个暧昧混沌的空间中完成了她的孕育，宙斯即是她的男性母亲。

[24] *Theogony* 887.

[25] *Theogony* 889–890.

[26] *Odyssey* 1.55–57.

[27] *Homeric Hymn to Hermes* 316.

[28] 许多借用 mētis、haimulos 和 dolos（"陷阱，诡计"）等词汇构成的词语，都会用来形容赫尔墨斯：haimulomētis (13)，poikilomētis (155，514)，dolophrades (282)，polymētis (318)，dolomētis (405)；赫尔墨斯对诡计（doloi）的运用，在第 66、76、86 行也有提及。关于赫尔墨斯及其在这首颂诗中所扮演的角色，以下论述有一定价值：Norman O. Brown, *Hermes the Thief* [New York: Vintage Books, (1947) 1969]. 另外值得参阅的有：Giancarlo Croci, "Mito e poetica nell' inno a Ermes," *Bolletino dell' Istituto di Filologia greca, Università di Padova* 4 (1977/78): 175–184; Laurence Kahn, *Hermès passe, ou les ambiguïtés de la communication* (Paris: Maspero, 1978); H. Herter, "L'Inno a Hermes alla luce della poesia orale," in C. Brillante et al., eds., *I poemi epici rapsodici non omerici e la tradizione orale* (Padua: Antenore, 1981), pp. 183–201。

[29] *Homeric Hymn to Hermes* 317–318.

[30] *Iliad* 4.339–340.

[31] 这句译文摘自大英博物馆第 136 号莎草纸，年代为公元 3 世纪。

[32] *Iliad* 2.734–736.

[33] *Iliad* 15.390– 400.

[34] 第 15 卷第 392 行，动词 "entertain" 原文为 terpein，赫西俄德以之表示缪斯的歌声在父神宙斯身上产生的效果（《神谱》第 37、51 行）。这个词根也出现于两位缪斯［欧忒耳佩（Eu-terpē）和忒耳普西科瑞（Terpsi-chorē）］的名字中，在赫西俄德对缪斯与阿佛洛狄忒姿色的描述中也出现过（terpsis，《神谱》第 917、206 行）。在《荷马史诗》中，它经常与诗歌（《伊利亚特》1.474、9.186、9.189；《奥德赛》1.347、8.45、17.385）、音乐（《伊利亚特》18.526）、歌舞（《奥德赛》1.422、18.305）联系在一起。

[35] 段落中的两个部分可以做如下对比：

	战争的地点与性质	帕特罗克洛斯的行动	帕特罗克洛斯的言语
休息 （15.390–393）	壁垒周围	"把草药敷上深重的伤口"	"用言语抚慰他"
行动 （15.394–400）	特洛伊人越过壁垒，"大声喧嚷着纷纷溃退"	"放声长叹，双手拍打大腿"	"满怀悲痛地大声说"

[36] *Theogony* 646–650.

[37] *Theogony* 664–667.

[38] *Theogony* 168–172.

[39] *Works and Days* 202–212. 关于这则寓言，参见：Annie Bonnafé, "Le Rossignol et la justice en pleurs," *Bulletin de l'association Georges Budé* (1983): 260–264; Jens Uwe Schmidt, "Hesiods Ainos von Habicht und Nachtigall," *Wort und Dienst* 17 (1983): 55–76; Steven Lonsdale, "Hesiod's Hawk and Nightingale (*Op.* 202–212), Fable or Omen?" *Hermes* 117 (1989): 403–412; Marie Chrisine Leclerc, "Le Rossignol et l'épervier d'Hésiode: Une fable a double sens," *Revue des études grecques* 105 (1992): 37–44。

[40] 参阅：*Odyssey* 19.518–522。

[41] 例如：*Iliad* 18.508，*Theogony* 86，*Works and Days* 7、9、36、224、226、263。

[42] *Works and Days* 263. 赫西俄德与珀耳塞斯之间的争端，见《工作与时日》第35~39行、第274~285行。

[43] *Works and Days* 190–194.

[44] *Works and Days* 184. 更多内容见：*Works and Days* 176–201。

[45] *Theogony* 24–28.

[46] 当然，绝对的稳定永远无法实现。仍存在一种颇为棘手的可能：一位受说谎的缪斯启示的说谎的诗人，当他说缪斯讲的是真话而事实上缪斯在伪称自己具有说真话的能力时，他在说谎。我们在此陷入一个无限循环，其性质对于赫西俄德以及一般史诗的权威性有重要影响。不过，目前我们已有足够证据来支持刚才的话题：在《神谱》第24行，赫西俄德对"秘索斯"一词的使用，其动机是希望表明缪斯的言语真实可信。

[47] 除下文引用的段落外，另请参阅：*Iliad* 1.273, 1.388, 1.565, 2.282, 2.335, 3.76, 3.87,

4.357, 4.412, 5.715, 7.404, 9.62, 11.839, 14.127, 16.83, 16.199, 19.85, 19.107, 19.220, 20.369, 22.281, 24.571; *Odyssey* 1.273, 1.361=21.355, 2.77, 2.83, 5.98, 8.302, 10.189, 10.561, 23.62; *Hymn to Hermes* 29, 154, 253, 261, 300。

[48] *Iliad* 2.198–202.

[49] *Odyssey* 1.356 –361. 这段文字在《奥德赛》第 21 卷第 350~355 行重复出现，仅有一个词发生变化，不过这个词十分重要。第 21 卷第 352 行中的 toxon("弓箭")，在第 1 卷第 358 行为 mythos。如此一来，秘索斯话语在功能上被等同于弓箭，这种武器在《奥德赛》中是正直的成年男性力量的标志。

[50] Richard P. Martin, *The Language of Heroes: Speech and Performance in the Iliad* (Ithaca, NY: Cornell University Press, 1989). 统计数据引自该书第 22 页。

[51] 尽管马丁未详细考察《奥德赛》，但他根据自己的发现指出，在《荷马史诗》中，mythos 均以相同的方式被使用（p. 14）。

[52] Charles H. Kahn, *The Art and Thought of Heraclitus* (Cambridge: Cambridge University Press, 1979), p. 102.

[53] 对此问题最出色的讨论仍推以下著作：Eric Havelock, *Preface to Plato* (Cambridge, MA: Belknap Press, 1963). 其他研究参见：Stanley Rosen, *The Quarrel between Philosophy and Poetry* (New York: Routledge, 1988); Thomas Gould, *The Ancient Quarrel between Poetry and Philosophy* (Princeton, NJ: Princeton University Press, 1990); Bruce Lincoln, "Socrates' Prosecutors, Philosophy's Rivals, and the Politics of Discursive Forms," *Arethusa* 26 (1993): 233–246. 相关重要论著还有：Marcel Detienne, *The Creation of Mythology*, trans. Margaret Cook (Chicago: University of Chicago Press, 1986); Paul Veyne, *Did the Greeks Believe in Their Myths?*, trans. Paula Wissing (Chicago: University of Chicago Press, 1988); Luc Brisson, *Platon, les mots et les mythes* (Paris: Maspero, 1982)。

第二章 从荷马到柏拉图

一

在《伊利亚特》的结尾与《奥德赛》的开端之间，有一个巨大的断裂或空白。一方面，这个问题众所周知，因而无须赘述；另一方面，这个问题又如此棘手，令许多人欲言又止。[1] 前一史诗以一种不祥、阴郁的调子结尾："他们是这样为驯马的赫克托耳举行葬礼。"后一史诗开始时，战争已经结束，希腊人也已离开很久，奥德修斯则身陷传说中的奥杰吉厄岛（Ogygia），被卡吕普索的魔力所迷惑。前后之间的所有事件，尤其是那些参与攻陷特洛伊者的故事，只有留待我们想象。

数卷之后，史诗开始弥补这一空白，但它的方式十分奇特，令人深思。奥德修斯此时已经前往费埃克斯（Phaeacia），他将在此略做休整，为漫长的回家旅程中的最后一段做准备。尽管受到费埃克斯国王阿尔基诺奥斯（Alcinous）的热情接待，奥德修斯还是小心翼翼地掩饰自己的身份，直到第8章结尾出现高潮的一幕。

这幕场景处理得十分细致。开始时，仆人们忙碌地准备宴会，奥德修斯坐在国王身边。接着，阿尔基诺奥斯的传令官领进盲诗人德摩多科斯（Demodocus）——一位"声名远播"且"广受尊敬"的人。他的座位位于大厅中央的柱子旁边，上面镶嵌着银饰。等德摩多科斯就座之后，奥德修斯突然起身，以一种在当时文化语境中令人吃惊的姿态切下宴席中央的烤野猪，将其中"优胜者的部分"（champion's portion）递给诗人。这是最为肥美的一块肉，通常留给现场最重要的英雄。除了这种物质上的褒奖之外，

他还以同样的慷慨，对德摩多科斯乃至所有的吟游艺人予以赞颂：

> 所有生长于大地的凡人都对诗人
> 无比尊重，深怀敬意，因为缪斯
> 教会他们歌唱，眷爱歌人这一族。[2]

宴会和庆典接着进行。当所有人酒足饭饱之后，奥德修斯又回到刚才的话题，极力赞扬德摩多科斯，认为他从缪斯、阿波罗那里获得了灵感。他进一步断言，这位吟游诗人如此栩栩如生地唱颂特洛伊英雄的事迹，可见他一定亲历过这场战争，至少是从亲历这场战争的人那里听到了这个故事。这里的情形极具反讽色彩：当亲历过特洛伊战争的英雄向未亲历这场战争的诗人致意时，一丝紧张隐然浮现。此外，这位英雄隐姓埋名，他知道诗人不可能看穿他的真实面目，因此想考验一下德摩多科斯。这种考验就像刚才的询问一样，看上去不动声色，不过也可能暗藏玄机：

> 现在请换个题目，歌唱木马的故事。
> 它由厄培俄斯（Epeius）在雅典娜的帮助下制造，
> 神样的奥德修斯把那匹计谋马送进城，
> 里面藏着许多英雄，摧毁了伊利昂。
> 如果你能把这一切也为我详细歌唱，
> 那我会立即向所有的世人郑重传告，
> 是善惠的神明使你的歌唱如此美妙。[3]

面对奥德修斯的挑战，诗人拿起他的里尔琴（lyre）："受神明启示，他放声歌唱。"歌声激越高昂，令人不寒而栗，详细描述了希腊人如何焚毁他们的营地并扬帆起航；他们最勇敢的战士如何严严实实地藏在木马之中；特洛伊人如何经过冗长的争论，决定将木马拖入城内作为祭品献给诸神；希腊人如何眼中迸出鲜血，手中迸出火光；最后，奥德修斯如何带领他们将特洛伊洗劫一空。

听到德摩多科斯歌唱这些往事，奥德修斯悲从中来，泪如雨下。此时此刻，他的痛苦与罹难者的痛苦融为一体。在史诗最为感人的这个段落中，我们看到奥德修斯痛哭流涕，就像一位目睹丈夫在家园保卫战中倒下的妇人那样：她痛哭着抱起奄奄一息的丈夫，痛哭着任凭敌人蜂拥而来将自己从丈夫尸身上拖走，痛哭着陷入悲惨的奴隶境地。虽然奥德修斯难为情地掩上了双眼，坐在身边听他悲叹的国王还是察觉到这位英雄的情绪。阿尔基诺奥斯此时打断诗人，解释说："歌唱这些事不是所有人都会欢悦。"然后转向奥德修斯，要求对方说出自己的真实身份，不要故弄玄虚、遮遮掩掩。他是谁？他来自何方？他名叫什么？

> 请再告诉我，你为什么流泪心悲苦，
> 当你听到阿尔戈斯人和伊利昂的命运时。
> 须知那是神明安排，给无数的人
> 准备死亡，成为后世歌唱的题材。[4]

第8卷就此结束。第9卷一开始，奥德修斯不再犹豫，决心说出自己的真实姓名和故事。他的话题一旦打开，就会从第9章一直持续到第12章。不过在讲述之前，他又一次向德摩多科斯及全体诗人致敬：

> 能听到这样的诗人吟唱真是太幸运，
> 他的歌声娓娓动听，如神明们吟咏。
> 我想没有什么比此情此景更悦人，
> 整个国家沉浸在一片怡人的欢乐中。
> 人们会聚王宫同饮宴，把歌咏聆听，
> 个个挨次安坐，面前的餐桌摆满了
> 各式食品肴馔，司酒把调好的蜜酒
> 从调缸舀出给各人的酒杯一一斟满。
> 在我看来，这是最美好的事情。[5]

在这个片段中，我们看到的几乎是一种以叙事形式出现的诗歌理论。或者可以说，它是诗歌自身的合理性证明和理想化呈现，甚至是一种关于神话的神话：诗歌讲述了一则关于自身的故事，以此作为定义、捍卫、反思、赋魅、分析、合法化、夸大、神秘化、修正以及提升自身地位的一种手段，更不用说它的演述者（practitioners）的地位。通过德摩多科斯以及他在费埃克斯王宫中的演唱，史诗向我们充分展示了口头传统时代诗歌所拥有的至高无上的地位。史诗一再强调，诗人的歌声是神授的，诗人讲述的故事绝对可靠，因为他不仅从缪斯女神那里获得灵感，而且受到她的指导。在经历上述考验时，德摩多科斯再一次证明：诗人无所不知、诚实可信，能够洞悉过去、现在、未来人类与诸神的事迹。诗人在这里宣称自己几乎接近先知。当德摩多科斯迎接奥德修斯的挑战，滔滔不绝地唱出那些自己从未目睹过的往事，并将《奥德赛》与《伊利亚特》重新衔接起来时，诗歌表明自己能够填补许多无法避免的断裂——这些断裂会破坏任何叙事、意识形态或话语线索。

　　诗歌进一步表明，它能够唤起巨大的情感。最常见的是，它会唤起快乐，正如奥德修斯在宴会结束时描述歌声的乐趣时所强调的，此时对佳肴盛馔与欢宴庆典的体验引发身体与精神的双重愉悦。不过，前述故事强调的不是乐趣，而是悲痛，德摩多科斯的歌唱带给其他人快乐，却让最坚强的英雄潸然泪下。人们不难想见，没有比这一场面更富戏剧性的时刻了。

　　奥德修斯的悲泣值得进一步思考。因为在比较奥德修斯的悲伤与特洛伊妇女的遭遇的段落中，《奥德赛》给人的印象是，它在某种程度上克服或调和了二者的差异。在这几行诗中，希腊人与野蛮人、男性与女性、胜利者与战败者，在对死亡与苦难的普遍体验中被重新联结起来。但是，我们切勿让自己彻底陷入文本的种种诱导中，必须指出，这个时刻（此时最尖锐的对立被超越）不仅是一种假想，而且是一种假想中的假想。如此一来，史诗艺人为我们讲述了一则关于另一故事效应的故事，而另一故事是由第一则故事中的一个人物［他本身是一位（假想的）诗人］讲给两则故事中均出现的一个人物。① 虽然诗歌在假想之外的现实生活中实现这种调和的效力有限，但它真正的作用可能在于说服读者这种弥合是可能的，尽管所有证据都呈现相反的结果。

如此一来，诗歌代表自身提出了一系列大胆主张：诗歌拥有知识与真理；诗歌具有情感、治疗与调和功能。这一切被嵌入一套叙事中，这套叙事告诉我们德摩多科斯如何知晓特洛伊所发生的事，以及德摩多科斯如何完美地讲述这个故事，以至于奥德修斯像特洛伊妇女一样哭泣，等等。于是，奥德修斯这位古希腊最擅长诡计与说谎的人，哭泣过后最终暴露了自己的身份并讲述了自己的故事，诗歌在这里又宣称自身具有改变现实的威力。诗歌不仅真实，它的真实还具有感染力。聆听诗歌的人会被感化；因为被感化，他们便能够（必须？）说真话。值得注意的还有，当奥德修斯最终结束自己的叙述时，使用了一个在其他希腊史诗中从未出现过的动词：他说自己"讲述了一个秘索斯"［recounted a mythos（mythologeuein）②，《奥德赛》第12卷第450、453行］。无论秘索斯在《荷马史诗》其他地方或者在其他诗篇中表示什么（我们将看到，这个词对于不同的人有不同的含义），这个不同寻常的动词在这一特定语境中的力量明显得以强调。它旨在为文本内部的接受者（阿尔基诺奥斯与费埃克斯人）以及文本之外的接受者（所有听众和读者）做出不可动摇的保证：无论奥德修斯的叙述听起来多么奇妙，无论他作为叙述者多么可疑，我们仍然有理由认为他的故事不仅真实，而且具有启迪性、典范性和权威性。

二

"秘索斯"一词也出现在赫西俄德《神谱》开篇的一个重要段落中。[6]赫西俄德在这里开启了西方文学中的第一次自传性写作，讲述他如何成为一个有灵感的诗人。这样一来，他提供了所有希腊叙事诗（epic）中的唯一

---

① 第一个故事指奥德修斯在费埃克斯王宫宴饮的事，另一个故事指特洛伊战争。第一个故事中的人物指盲诗人德摩多科斯，两个故事中均出现的人物指奥德修斯。——译者注

② 这里所说的动词指 mythologeuein，对应的英译即 recounted a mythos。——译者注

事例，即作者在诗中声称自己的言辞来自缪斯之口。不过在引入这些诗句之前，他首先指出女神所说的只是一种秘索斯。赫西俄德使用秘索斯一词的方式，有助于我们理解这个词对于他所具有的全部力量：

> 从前，她们教给赫西俄德一支美妙的歌，
>
> 当时他正在神圣的赫利孔（Helicon）山中牧羊。
>
> 女神们首先对我说了这些话（mythos），
>
> 奥林波斯的缪斯，执神盾宙斯的女儿们：
>
> "荒野的牧人啊，可鄙的家伙，只知吃喝的东西！
>
> 我们知道如何讲述许多貌似真实的谎言，
>
> 只要我们愿意，我们也知道如何宣示真理。"
>
> 伟大宙斯的言辞确切的女儿们这样说。
>
> 她们为我从开花的月桂树上摘下美好的杖枝，
>
> 并把神妙之音吹进我心，
>
> 使我能够传颂将来和过去。[7]

在前面一章①，我们看到"秘索斯"在这个段落中如何用来平衡一组观念与意象，否则这组观念与意象可能因自身的矛盾而分崩离析。为实现这种平衡，缪斯原本似乎矛盾的言语行为，被命名为人们能够绝对相信的某种东西，尽管这一言语行为充满歧义和内在矛盾。

在这场互为宾主的"镜像游戏"中，诗人由此赋予缪斯的言语以合法性；反过来，缪斯又会赋予诗人的言语以合法性。不过在赋予其合法性之前，缪斯首先责备了她们在这个故事开端所遇到的那位赫西俄德，称牧羊人是一群令人厌恶的、"只知吃喝的东西"。除了辛辣，这种辱骂还是程式化的，暗讽那些忍饥挨饿、生活于旷野的人的可靠与诚实，他们在身体上（也在本体上）接近他们所牧养的动物。例如，克里特（Crete）诗人埃庇米尼得斯（Epimenides）的悖论即是证明："克里特人都是些骗子、邪恶的野

---

① 参见第一章第 4 节末尾对《神谱》第 27、28 行的讨论。——译者注

兽、游手好闲之徒！"[8]

不过，赫西俄德从缪斯那里获得两种馈赠，从而使他从近乎野兽的牧羊人转变成一位接近缪斯女神的诗人。这两种馈赠中，首先是一柄月桂权杖，它由特别荣耀的国王、祭司、先知和诗人所拥有。在上述所有情况下，权杖据说由一位神灵——通常是宙斯、阿波罗或缪斯——授予他们（赫西俄德的权杖有双重来源：尽管它来自缪斯，它上面的月桂又是阿波罗的象征）。权杖一旦被赐予，就成为蒙受神恩的一种明显标志，因而会引起众人的强烈注意。当有人手持权杖起身讲话时，等于宣布神的恩惠已洒在自己身上，或者从隐喻的层面说，神性通过演讲者及其言语的媒介不断闪耀。

在其他地方，赫西俄德以一种唯物主义方式，描述了缪斯如何将"甘露"洒向国王们的嘴唇（确切说是舌头），从而赋予他们非凡的言语能力。[9] 在这个比喻中，隐含着一种复杂的思想观念。首先，这里的露水是神圣食物，也是从天而降的诸神的礼物，它使那些幸运的摄取者发生了变化。一些露珠未被摄入，而是附着在国王的舌头上，更小的残留由此传递到它所发出的言语上，在听众的耳朵里产生独特的效果。经由这一直接而客观的过程，听众将从国王的话语中体验到某种愉悦、舒适的东西，或者说某种充满神圣性的东西。

这便引出赫西俄德声称从缪斯那里得到的第二种馈赠：一种新的、神圣的声音，用《神谱》中的话说，它们被缪斯吹进赫西俄德的胸中。在这一明显从身体层面对于灵感的解释中，如同"甘露"之于国王言语的作用一样，气息也发挥着几乎相同的功能。但在某种程度上，诗人与缪斯的关系被描述为比国王与缪斯的关系更为密切、更加牢固。原因在于，如果说国王言语由于甜蜜的露珠获得神圣性，那么诗人言语本身便被认为具有神圣性，因为其神圣性正在于构成它的气息之中。还有，如果甘露是缪斯赠予国王的一种特殊食物，她们赠予诗人的便是自己生命力的一部分，它带有缪斯女神的某些禀赋，准确地说，是她们的美丽、荣耀和智慧。

关于这种智慧的性质，我们需要注意的是，赫西俄德及其所有追随者均将缪斯视作宙斯与女神摩涅莫绪涅（Mnemosynē）的女儿。这样的话，缪斯便是记忆女神的唯一继承人，因为这是她们母亲名字的字面意思，她没有其他后裔。关于往昔的智慧，就这样随着缪斯女神向诗人呼出的气息传给了诗人，他们又用这些智慧形成自己的语言。然而，关于未来的智慧来自阿波罗，他是祭司、预言家和先知的守护神，诗人也是通过权杖上的月桂以及里尔琴（二者均与阿波罗有密切联系）与他关联在一起。因此，当诗人们在里尔琴的伴奏下演唱颂歌时，他们不仅将言语与旋律结合在一起，而且还含蓄地宣布：在他们的表演中，融合了阿波罗和缪斯的天赋：关于往昔、未来的智慧。

就像前资本主义经济中的所有馈赠一样，那些由缪斯最初给予的馈赠，只是整个过程的一部分，而非其终点。更确切地说，它们在赠予者与接受者之间建立起一种持续的互惠关系。如果说赫西俄德最初从缪斯那里获得歌声与智慧（即他的诗歌风格与内容），那么作为回报，她们要求他每次在开始、结束歌唱时向她们称名致谢。赫西俄德每次这样做时，都会感谢她们的馈赠，在感念她们的同时祈求她们继续给予帮助，并为颂扬她们的荣耀献上自己的诗歌。此外，在其诗歌生涯的巅峰时期，每当赢得一次重大的公共竞赛，赫西俄德都会带着奖品回到他与缪斯第一次相遇的赫利孔山，将奖品献给赐予他技艺的缪斯女神。

三

这些叙事细节反映了——也在意识形态上渲染了——一种口头文化的机制和实践，这种文化保存、传播传统知识的主要手段是诗歌，其节奏、韵律和程式在记忆与表演中起到重要的辅助作用。在这样一种语境中，诗歌是社会最主要的记忆手段，也是社会最权威的话语和文化传承的主要工具。然而，随着书写的出现，一系列巨大变化随之发生。这些变化并非产生于朝夕之间或呈单线形态，而是作为试验和斗争的结果逐渐地、不均衡地发生。就希腊（字母文字在这里首先完备）而言，这些变化最显著的是在公元前 8 世纪至公元前 4 世纪之间，这个时期将荷马、赫西俄德的世界与柏拉图的世界一分为二。

在这些变化中，最值得一提的是话语权威的性质随着书写的出现而改变。留在纸张或羊皮卷上的文字能够摆脱直接的人际语境，并脱离了有助于增强其效果的超语言因素——音乐、节奏、节庆、宴饮。此外，人们可以从种种全新甚至意想不到的角度，对它们进行再度审视、研究和批评，书写者却无机会根据每位读者的兴趣做出回应或进行调整。尽管诗人在很大程度上保留了其威望和文化上的重要性，不过在公元前6世纪的前苏格拉底哲学家笔下，开始出现对诗人的攻击。[10]例如，色诺芬尼（Xenophanes）一面承认"从一开始人人都师法荷马"，一面抱怨：

> 荷马与赫西俄德将人类中间一切
> 可耻的应受谴责的事情归因于诸神：
> 偷窃、通奸与彼此欺骗。[11]

有意思的是，这段批评性文字本身用史诗体六步格写成。若干年后，赫拉克利特在其格言体散文中对诗人的批评更为严厉。他先是冷嘲热讽地称荷马为"最聪明的希腊人"，然后以这位大诗人对儿童谜语的困惑，说明人们如何被最浅显的事情所愚弄。[12]同样，他拒绝承认赫西俄德是一位"博学家"，认为其广博的知识未能使他变得智慧：尽管他被尊为"许多人的导师"，可他无法理解黑夜与白天的关系。在其最著名的一段语录中，赫拉克利特俏皮地建议：应当将荷马与阿尔基洛科斯（Archilochus）从诗人、运动员的荣誉竞赛中赶走，还要用棍棒痛打他们。[13]

赫拉克利特嘲弄诗人，也嘲弄那些声称从阿波罗那里获得灵感的人（如祭司和女巫），此外还有某些宗教仪式（如净化仪式、偶像崇拜、酒神祭仪、秘教入会礼）和前辈哲人［如赫卡泰奥斯（Hecataeus）、毕达哥拉斯（Pythagoras）及色诺芬尼］。[14]在古代人物中，赫拉克利特只对一个人表示敬意：普里埃内（Priene）的毕阿斯（Bias），他在一份残篇中明确赞扬毕阿斯，在另一份残篇中引用并赞同毕阿斯的话。毕阿斯似乎有两个优势：第一，他是一位法律学家，而不是诗人；第二，与赫拉克利特一样，他的立场明显属精英主义与贵族主义。这种情绪在他最著名的格言中尤为明显，赫拉克利特曾引用其格言对民众冷嘲热讽，认为他们在智力上有缺

陷，证据便是他们对诗人的推崇：

> 他们有何见解或才智可言？他们听信那些平庸的诗人，把这些乌合之众当成导师，根本不知道"物以稀为贵，越多越滥"的道理。[15]

尽管这种批评十分刻薄，但对于"秘索斯"一词，赫拉克利特只字未提。在其幸存下来的 129 段残篇中，这个词从未出现。相反，他将注意力集中于另一种言语形式：逻各斯。就其使用来看，这个词更可能指 种散体书面话语而非诗体口头话语，更可能是一种论证性话语而非叙事性话语。逻各斯在其他方面也与秘索斯大相径庭：首先，它通常不宣称超自然的起源或灵感；其次，它并不坚持自身的真理性，而是以一种具有说服力的形式呈现自己，以唤起听众的反驳或接受；最后，逻各斯可以通过不道德的手段进行劝导，比如诱惑、欺骗、奉承、诡计，等等。这个方面赫拉克利特予以弱化，荷马、赫西俄德和其他诗人则极力强调。就此方面而言，逻各斯尤其与女人、骗子以及身体力量或政治力量弱小的人相关联，他们试图用花言巧语战胜强大的对手。

赫拉克利特对神话避而不谈，以免玷污逻各斯，甚至一些诗人也对秘索斯退避三舍，比如品达（Pindar）。这位诗人喜欢讲述神和英雄的古老故事，却极少使用"秘索斯"一词，偶尔使用时，总是将这个词与谎言和欺骗联系起来。[16] 不过，另外一些诗人在反思这一范畴的界限时，继续赋予神话以很高的价值。以色诺芬尼为例，在其现存最长的诗歌残卷中，他用浓墨重彩的细节描绘出一种理想的会饮（symposium）或酒会。一开始，作者停留于这场庆典的物质方面，详细描述了宴会厅、器皿、餐具以及出席者本身，一切因这一场合而被清洁、净化。仆人们献上熏香和昂贵的香水，然后给客人戴上精美的花环。有各种酒类供人们享用，其中包括用蜂蜜和鲜花配制的美酒。食物精致而简单：金黄的面包、奶酪和香甜的蜂蜜摆放在一张巨大的桌子上，旁边是一座撒满鲜花的祭坛。我们在这里发现一个明显的遗漏，它很可能不是偶然的：与荷马及其他诗人笔下的宴会相比，这里缺少肉类。也就是说，在准备这场宴会时，没有出现残忍或流血的迹象，也没有客人可能为之争吵的"优胜者的部分"。在详细讲述完这些物质细节之后，作者转向了口头表演，认为这种表演与和平融洽的场合相得益彰：

> 歌声与欢乐充满大厅。
>
> 此时最适宜人们愉快地赞颂神明
>
> 用流利的秘索斯和纯正的逻各斯。
>
> 斟满奠酒，祈祷正义的事业
>
> 能够实现，此刻更易受神明眷顾。
>
> 开怀畅饮吧，没有仆从的陪同安然归家
>
> 不是一件令人恼怒的事（只要不是过于老迈！）
>
> 所有人中诗人应受赞美，畅饮时他让崇高的事迹广为人知，
>
> 因为记忆与对精湛技艺的追求使他知晓这些事迹。
>
> 请不要歌唱提坦族、巨人族（Giants）
>
> 或马人族（Centaurs）的战争——这只是早期的编造，
>
> 也不要歌唱公民的暴力骚乱：这些没有任何益处。
>
> 只有一直眷念诸神才值得称道。[17]

这是色诺芬尼现存作品中唯一明确提到秘索斯的地方。在许多方面，他延续了荷马与赫西俄德的观点，尽管也有一些细微变化。对他来说，神话仍是一种口头诗体表演，靠记忆来传承，适用于诸神祭典。不过，他没有提到灵感：言语始于一位诗人，由他传达给包括神明在内的某位听众。同样，尽管记忆仍是诗人的基本技能，但它不再源自缪斯的母亲摩涅莫绪涅。相反，它是诗人的一种内在能力，也是诗人从事创作的必要条件，需要经过努力才能获得。

如果关于诗歌来源与性质的观念发生了变化，那么其演唱语境也会随之改变。随着王权的衰落与城邦的兴起（这一过程持续了许多世纪，其间有许多地方性差异，不过在公元前6世纪至前5世纪基本完成），狂欢宴会盛况不再，其他场合则继之而起，成为诗人施展才华的地方。传统的狂

欢宴会是一种较为开放的聚会形式，王室的慷慨为人们提供了各种美好奢华、意味悠远的事物，参与者从中体验到巨大的身心愉悦。在新的场合中，除了我附带提到的诗歌竞赛，最重要的还有酒会或会饮。这些聚会较为封闭，参与者只有贵族男性，他们在一种私密、悠闲的氛围中相聚，在那里既可以培养也可以展示他们与众不同的品位。有时，他们所呈现的风气是高雅得体的，在色诺芬尼的诗歌中尤其如此。在另外一些时候，狂喝滥饮也会导致粗俗、淫荡和放纵的行为发生，参与者夸大了阶层和出身给予他们的自由，无视传统习俗的束缚。[18]

鉴于上述可能性，色诺芬尼煞费苦心地表明：一些类型的诗适合他心目中理想化的会饮，另一些则不适合。为此，他排除了那些广为人知且备受喜爱的巨人之战、提坦之战一类的故事。他关心故事是否庄重得体，也关心故事的社会效应。因此，他将诸神内讧的故事与人类社会的民事纠纷联系起来，所有这些内讧与纠纷均与国家的利益、稳定背道而驰。当他指责荷马、赫西俄德作品中诸神"偷窃、通奸、相互欺骗"的故事时，类似的担忧显而易见。这里的态度显然是实用主义的：如果人类颁布了一些重要制度（关于婚姻、家庭、法律、商业、城邦等），那么在他看来，可能破坏这些制度的神的行为就不应该被讲述。不过，他没有在任何地方将他拒斥的这些故事称为"神话"。相反，秘索斯在他的词汇中仍是一个深受推崇的术语，专门用于内容健康、态度虔诚、对社会有积极影响的故事。当然，还存在其他类型的叙事，包括一些可能会被色诺芬尼删减的叙事。但对于这些叙事，他创造了一个新的、带有嘲讽意味的词：plasmata tōn proterōn（"早年的编造"）。[19]

四

大多数前苏格拉底时代的哲学家都对逻各斯津津乐道，却避而不谈秘索斯。我们只发现一次似乎针对秘索斯本身的某种批评，但仔细分析表明，事情并非如此。其原委是，无知者听到关于死后命运的故事后感到恐惧，德谟克利特（Democritus）对此进行了反思。[20] 他把这些故事称为

pseudea，这是表示"谎言"或"虚假"的标准词。他称创作这些故事的人为 mythoplasteontes（"神话杜撰者"），这是一个复合性新词，它将我们熟悉的两个词素联结在一起：名词 mythos 与动词 plassō（"塑造、捏造、杜撰"）。前者传统上用于真实、权威和值得信赖的叙述；后者指对可塑性、易变性材料（如黏土、石膏和蜂蜡）所进行的人工创造，也指用语言和思想所从事的创造行为。在上述释义中，最后一个词"杜撰"（to fabricate）可能带有负面含义。这个词及其衍生词，均被用来指各种类型的伪造品、赝品和假想之物。正是在这个意义上，色诺芬尼将他想拒斥的故事称作 plasmata（"杜撰品"）。[21]

德谟克利特批评的重心因此落在了合成词 mytho-plasteontes 的后半部分。也就是说，他指责的不是"神话"，而是那些杜撰谎言的人（the plasteontes of pseudea），他们把这些谎言作为神圣的真理（mythoi）传达给愚昧者。这一解释得到德谟克利特其他残篇的证实。在这些残篇中，德谟克利特对于神话、诗人和诗歌表现出非常传统的观点，如他称荷马"具有神性"并"用诗创立了一个宇宙"，他还断言"诗人在灵感状态下，以神圣心境写出的作品美妙绝伦"。[22]最引人注目的是，在另外一个仅有的场合，德谟克利特明确地谈到了神话，用格言体宣称："宁可成为拥有真实秘索斯的人，不要成为拥有许多逻各斯的人。"[23]

其他前苏格拉底时代的哲学巨匠，尤其是那些用诗体写作、（如果不是习惯性地）称颂诸神并声称获得灵感的人，用"秘索斯"一词赋予他们作品中十分重要且（或）难以索解的部分以至高无上的权威。巴门尼德（Parmenides）便提供了一个清楚的例子。[24]在其著作①的前言中，他声称自己的学说源自一次升天体验中所得到的启示，他对这次升天体验还有详细的描述。他告诉我们太阳神的几位女儿如何带他乘战车穿越天空，直到他们抵达白天与黑夜之间的大门。穿越这些大门之后，他遇到一位陌生的女神［一些学者认为她是正义女神（Justice），也有学者认为她是真理女

---

① 即巴门尼德诗篇《论自然》，现存残篇 19 首，中译本见《巴门尼德著作残篇》（［加］大卫·盖洛普（David Gallop）英译/评注，李静滢汉译，广西师范大学出版社，2011。）布鲁斯·林肯的英译与前述有差异。——译者注

神（Truth），还有学者认为她是记忆女神（Memory）]。这位女神热情地迎接他，向他展示了两种截然不同的"路径"或知识形态：一种是真理本身；另一种是"凡人的意见，其中没有任何真正的信仰"。

在这一奇特的开场白之后，巴门尼德从天国转向人间、从过去转向当下、从叙事转向说教，试图对女神给予他的教诲做出评价。在陈述中的这一紧要关头，为赢得对象的注意（他似乎认为自己的对象是听众而非读者），巴门尼德用史诗体韵文写作，并以下述语言向他们致意："来吧，我要言说，听完我的秘索斯，你们要传遍四方。"[25] 接着，他将两条路径之间的对立引申为"存在"（being）与"生成"（becoming）、本质与表象之间的一种抉择，也是"它是"（It is）与"它非"（It is not）两种不可调和的命题之间的一种抉择。后一命题在他看来十分荒谬因而予以拒绝，当他论述自己所倾向的情形时，用了一个熟悉的术语："道路的秘索斯只有一条：'它是'。"[26]

恩培多克勒（Empedocles）同样喜欢煞有介事地使用这一术语。[27] 为了支持他对人类创造方式的解释，他声称这是一个"既非无知也非谬误的秘索斯"[28]。此外，在引入其灵魂轮回（metempsychosis）学说时，他试图通过做出最高等级的论断来获取读者的信任：

> 朋友们，我知道真理就在秘索斯之中，
> 这是我想说明的。但它对人类而言非常困难，
> 信仰在他们心中很难发生。[29]

与荷马、赫西俄德一样，恩培多克勒也召唤缪斯并寻求灵感，这是前苏格拉底时代的其他思想家从未有过的（尽管一些资料的确表明赫拉克利特的著作以"缪斯"为标题）[30]。曾有一次，他请求缪斯协助自己歌唱诸神。另有一次，他宣称缪斯将逻各斯放入他的肺腑之中，他由此获得知识。还有一次，他恳请缪斯让他听到凡人可以知道的一切，在同一段落中他乞求缪斯："让我的舌头远离愚蠢，让纯净的溪流从我圣洁的口中流出。"[31] 但也有一些时候，恩培多克勒渴望创造一种更具权威性的话语。为此目的，

他对传统上诗人和诗歌在其中拥有特权地位的意识形态大厦进行了改造。为充分理解其雄心，有必要概述一下他对灵魂转世的一些看法。

与那个时代和环境中的许多人一样，恩培多克勒坚持认为灵魂是不灭的。他进一步认为，每个灵魂曾栖居在一位神灵身上，但由于严重过错从神圣状态陨落。此后，灵魂经历了一系列不同的化身，从植物到动物，再到人类世界，逐渐净化了自己的原罪。在人类世界，灵魂从低等的生命和形体开始，转移到更高级的生命和形体，缓慢回到天界。与此相应，以诗人、医师、先知和哲人闻名的恩培多克勒，将自己的存在理解为许多环节中的一个临时性肉体居所："我曾托生为一位青年、一位少女，/一株灌木、一只飞鸟或是海水中的一条游鱼。"[32] 不过他能看到自己的未来，因为当他扭扭捏捏地讲到最后的轮回阶段时，他想到了自己：

> 在轮回的最后，（灵魂）成为先知、诗人和医师，
>
> 也即芸芸众生中首屈一指的人。
>
> 然后他们升入天界，成为深受尊崇的神。[33]

我们由此可知，诗人的言语在神与人之间起着沟通作用，因为准确地说，诗人的地位仅次于神。不过这还不够。为了给自己的叙述赋予所能想象到的最高权威，恩培多克勒将故事推进一步，声称自己已完成旅程并重新获得神的地位。"亲爱的朋友们"，他向自己城市的民众自诩："走在你们身边的我，不再是凡人，而是一位不朽的神。"正是以这种神圣角色，他向听众宣称："请认真聆听，因为你们在听一位神讲述这些事（ *mythos* ）。"[34]

我们再次遇到一种"镜像游戏"：言说者称自己的话语为秘索斯，从而赋予自己的话语以权威性；其话语又将言说者标榜为神，从而赋予言说者以权威性。恩培多克勒的勇气固然可嘉，但其努力也有落空的危险。不过从其潜在的失败中，我们可以得出一些重要的结论。正如我们在赫西俄德那里所看到的，秘索斯权威性的产生，至少需要三个相互关联的因素：（1）一位神灵（即由这套话语呈现、建构出来的一种神圣形象）；（2）一位

诗人；（3）一位听众（audience）。在这些因素中，诗人最具能动性，不过他本人及其听众都不被允许如此看待他。相反，他们都习惯于将诗人视作一种媒介，通过诗人，一种具有绝对真理性和至高无上性的话语跨越了天地之间的鸿沟。

在这样一种结构中，诗人的自我表述同时也是自我消隐和自我凸显，因为他所声称的至尊地位（要求听众注意并相信自己）植根于一套话语，这套话语又将自身描述为在终极意义上并不属于诗人。当恩培多克勒将传统机制中的三因素（神灵、诗人、听众）化约为两因素（神灵—诗人、听众）时，情况发生了变化，他声称这套话语属于自己并以此为荣。在这种两因素的简化版中，会发现上述系统很难向听众甚至"神灵—诗人"本身隐匿其工作机制。也许是镜子太少、烟雾太薄，这个戏法最终功亏一篑。

五

对于公元前 5 世纪后半叶自称"智者"（Sophists）的知识人而言，所有言语属于人类似乎是理所当然的。一般认为，该学派中最早的一位是普罗泰戈拉（Protagoras），他曾说过"人是万物的尺度"。他还坚持认为，人们可能永远无法知晓诸神是否存在，因为这个问题具有不确定性，人的生命又是如此短暂。[35] 然而，如果所有言语都是人类的，又会不可避免地出现关于诗歌地位的问题，因为诗人一直声称拥有神所赐予的灵感。是诗人欺骗了他们的听众，或是他们自身被骗？我们应当如何看待他们所讲述的故事，尤其是关于他们自己以及与诸神关系的故事？诗人讲述的是秘索斯、逻各斯，抑或二者兼而有之？这些范畴应当被赋予什么价值？诗人的语言仅仅是一种说服甚至欺骗的工具？我们能否找到一种探究这些问题的语言，还是所有语言不过是一种说服甚至欺骗的工具？这些问题都在智者学派思考的范围之内。由于幸存下来的文献不足，兼之对手在论战过程中时有歪曲，我们对这些问题知之甚少。[36]

不过在少数情况下，我们可以了解到智者的立场。例如，在一篇很长

的修辞术练习范文 ① 中，高尔吉亚（Gorgias，据说是恩培多克勒的学生）为特洛伊的海伦辩护，驳斥那些无端指责她的诗人以及那些轻信诗人的人（即整个希腊世界）。他坚称，诗歌不过是"有格律的逻各斯"，因此需要经受严格的审查。他进一步认为，逻各斯可以通过操控意见、左右情绪、激发快感等方式让人信服，这些方式与传达真理毫无关系。此外，逻各斯具有令人着迷或蛊惑人心的力量，其对灵魂的作用与药物对身体的作用几无二致。因此高尔吉亚认为，如果海伦因听信了帕里斯的"逻各斯"而抛弃了丈夫，那么我们应当原谅她，因为她受到欺骗且无力抵抗。[37]

高尔吉亚为海伦所做的辩护是一个非同寻常的文本，也是一篇名副其实的诡辩技艺的精彩展示，它经过了仔细锤炼和悉心演练，然后被记录下来并得以幸存。此外，为这套精湛的演说所选择的主题很可能并非偶然。通过为海伦辩护，高尔吉亚不只证明他有能力提出一种与所有主流意见相悖的观点。正如普罗泰戈拉所说："让虚弱的逻各斯变得强大。"此外我们肯定还记得，海伦被诱拐是特洛伊战争的诱因，它为《荷马史诗》提供了所有素材。因此在为海伦辩护时，高尔吉亚将矛头对准了荷马，他暗中指责荷马将她的故事弄错了，结果在一系列事情上都犯了错误。高尔吉亚宣布海伦无辜，其论据也隐含着一套延伸性结论，这一结论虽未明言，却触手可及。因为如果荷马利用诗歌——"有格律的逻各斯"——说服我们海伦有罪，我们也可以被原谅，因为我们被他的语言所骗且无力抵抗，直到高尔吉亚用更强大的（即更有说服力的）语言将我们从错误中挽救出来。

不过，被欺骗并不一定是坏事。从高尔吉亚对于当时最主要的诗歌形式（即悲剧公演）的评论中，或许可以看出这一点："悲剧具有感染力和表现力。它让人们耳闻目睹了许多令人叹为观止的事情，通过它的秘索斯和它所激发的情绪进行欺骗。此外，（这种方式的）骗人者比未骗人者更加正义，而那些受骗者比未受骗者更为聪明。"[38]

在这份残篇中，高尔吉亚间接提出了一种具有深远影响的神话理论。在其简短的评论中，嵌入了文学、艺术、教育学及伦理学的理论。简而言

---

① 指高尔吉亚的演说辞《海伦颂》（*Encomium of Helen*）。一种观点认为，这是高尔吉亚为学生创作的一篇演说范文。——译者注

之，他将神话视作一种叙事，其特征是：（1）具有情感上的感染力；（2）具有欺骗性或误导性；（3）欺骗或误导的结果是好的。从这些前提出发，他认为悲剧作者通过神话的运用，可以使观众变得更智慧、更美好。因此，他认为悲剧作者所从事的是一项道德工程，无论他们的故事中有多少谎言、他们的行为中有多少欺骗：那些以这种方式行骗的人比未行骗者"更加正义"。

不过事情并非如此简单。人们不得不问：观众从中学到了什么？在何种意义上它使观众变得更好？还有，观众是否变好这一判断由谁做出，依据什么标准？此外，作者如何知道这样会使观众变得更好？为何观众起初缺乏这种知识？即使人们同意某种文化精英意义上的假定，即作者知道观众需要知道什么，有什么能证明他们用操纵手段而非直接解释来传达这种启迪性知识是合理的？高尔吉亚对这些问题均保持沉默。与他不同的是，比他晚一代的一位"智者"写下了下面的诗：

> 古时候，人类世界漫无法纪，
> 形同禽兽，崇尚强权。
> 好人得不到好报，
> 恶人受不到惩罚。
> 后来人们创立了刑罚，
> 公理一统天下，
> 暴力臣服于它，
> 犯罪者受惩罚。
> 法律虽然禁止了公开的暴行，
> 黑暗中仍有罪恶悄悄滋生。
> 于是有聪明的贤人想到，
> 如果人类敬畏神明，
> 人类就不敢再有邪念滋生。
> 于是他发明了神，
> 神明永生，高高在上，

心明眼亮，监临天下众生，

明察人类的一言一行。

即使一个人暗藏邪念，

也逃不过神的火眼金睛，

因为神无所不知。

贤人讲述了这些逻各斯，

他发明了最甜蜜的教训，

将真理包裹在虚假的逻各斯中。

他断言众神就住在这里面，

这番话，让众人战栗不已。

他因此知道了世人的恐惧，

于是把神安置在苍穹之上，

那里有可怕的电闪雷鸣，

闪耀的群星是天穹的眼睛，

在锦缎般的时序中穿行，

雨水从那里降落大地。

他把所有这一切令人敬畏之物，

安置于人的头顶，

凭借所有这一切，运用他的逻各斯，

他把天神安置于显明之处，

把非法与合法相区别，

我想，最初就是这样，

贤人让人类学会敬畏天神。[39]

　　与我们已经讨论过的其他材料一样，这是另一个关于神话之神话的例证：一种本身以叙事形式编码的关于特权叙事的理论。它是西方思想史上最早、最彻底、最冷酷的性恶论（cynical）意识形态之一，也是作为意识形态的宗教理论之一。它自我标榜为一个真实的故事，这个故事通过讲述其他广为流传的故事的起源，从而揭示了它们的虚假性。在这一过程中，

它将那些故事描述为关于诸神的令人信服的虚构，国家则出于自身目的伪造这些神灵并加以宣传。

上述理论进一步将国家的行为和目的定义为合乎道德的，因为以虚构的故事（pseudei logoi）为工具，国家完成了意识形态工程，这项工程始于法律的发明，但又不止于法律的发明。法律在这里被理解为国家借以推行公共道德的工具，它教导公民应该做什么和不应该做什么，从而使公民摆脱野兽般的无政府状态。此外，法律不断警告公民，国家一直在监视。如果人们不遵守法律的要求，它便以严重的后果相威胁，必要的时候，会给那些触犯者以实际教训。不过，法律的效力是有限的，因为它没有渗透到私人领域。在国家看不见的地方——确切地说，在公民知道国家看不见的地方——公共道德便无从落实。私人领域仍处于国家控制的外缘，是一个恣意妄为的空间，也是一道抵御性的防线。

面对这一挑战，国家的应对是创造一系列有关神灵的虚假故事，即使在最为私密的领域，这些想象中的神灵也能进行监督，并对潜藏的违法者施以可怕的报复。此外，上述引文赞许性地表明，如果民众被这些故事（即其中提到的逻各斯而非秘索斯）说服，恐怖和罪恶感将如影随形，甚至渗入其私人领域，私人领域因此会被公共道德所占据，处于国家的控制之下。

引述这一诗段的剧本约问世于公元前 5 世纪末，古代资料将这部剧本归于两位不同的作者。一些资料将它归于欧里庇得斯（Euripides）的名下，这是一种貌似合理的看法。不过更为可信的是传统的观点，认为这个剧本的作者是克里提阿斯（Critias），他曾跟随苏格拉底和高尔吉亚学习，是几个贵族俱乐部和宴会圈的常客，写过许多诗歌和散文。[40] 克里提阿斯在政治上持狂热的贵族立场，他十分仰慕斯巴达的价值观和制度，是历史上广为人知的"三十僭主统治"（Tyranny of Thirty）的领导人。伯罗奔尼撒战争（Peloponnesian War）中雅典战败后，这帮人受斯巴达的扶植迅速在雅典攫取权力（公元前 404 至前 403 年）。

关于克里提阿斯的统治，所有叙述一致将其描述为恐怖暴政。在其统治期间，被处死的雅典人多达 1500 位，重要的民主人士均被逐出这座城市。克里提阿斯还建立起一个由间谍和告密者组成的网络，同时利用法律和法外机制胁迫潜在的反对者服从。然而，四处弥漫的民怨迅速引发反叛。不到一年时间，三十僭主被推翻，克里提阿斯被处死。有关这个时期的所有记载均来源于他的反对者，反映了他们对于克里提阿斯的严厉审判。尽管如此，我们仍能看出他所执行的政策与我引用的残篇中所表达的思想是一致的。二者的共同点在于以下方面：政府只是一种工具，一小撮精英通过它能够而且应当将道德秩序强加于公民——后者天性软弱、不守规矩且惯于实施秘密犯罪。此外，为追求这一宏伟目标，统治者有权使用各种最为有效的手段，即使有些手段在道德上可能不大光彩。

在这些不大光彩的手段之中，最主要的是关于诸神的虚假故事中所使用的欺骗性话语以及直接诉诸武力。如果说，作为作家的克里提阿斯与作为僭主的克里提阿斯，其政治观点与实际政策之间存在一种连续性的话，那么在这些观点与另一位雅典贵族制拥护者的观点之间，也存在一种连续性。后一位人物的论著，远比他的朋友、同门暨亲属①克里提阿斯厚重、精妙和出色。我指的不是别人，正是柏拉图。[41]

六

至公元前 5 世纪末，诗歌话语被赋予的巨大权威，远远超出它在雅典社会不断变化的知识与权力关系中所发挥的实际作用。诗歌仍是精英阶层教育的核心，广受欢迎并享有很高的文化声望，尤其是在作为公民重大节日组成部分的悲剧演出中。尽管如此，国家和商业话语的重要性，很快使诗歌黯然失色。前者主要包括法律性、政治性和实用性演说，均采用散体形式且往往被书写下来。

在这一急剧变化的情势中，各种挑战不断出现，许多人试图推翻诗歌至高无上的地位，以他们自己的实践、价值、语言和思想范畴取而代之。在这些人物中，有智者学派成员、修辞学家、格言作者、立法者、蛊惑民

---

① 根据传说，克里提阿斯是柏拉图的叔父，二人先后求学于苏格拉底门下。——译者注

心的政客、医生和生理学家（即"自然哲学"的实践者），还有其他一些我们知之甚少的人物。不过我们最熟悉的，当然是最终占据上风的这一群体：对雅典民主制不满的年轻富有的贵族，他们最初聚集在苏格拉底周围，后来又聚集在柏拉图周围。这两位大人物在意识形态上为年轻贵族的不满和精英感提供了合法性，也为他们提供了用于对付论敌的批评和修辞技巧。他们自称为"爱智者"（philosophoi）——这一术语很可能由苏格拉底创造，从而以一种谦逊而又不无挑衅的方式，将自己与标榜为"智者"（sophistai）的对手截然分开。

由于植根于口头文化的价值与惯习之中，苏格拉底将自己的活动限制在公开辩论与私人教育领域，从未将自己的观点形诸文字。不过在苏格拉底去世之后，柏拉图大量著书立说，根据他的描述，自己忠实地追随老师所开创的方法与计划。本着这种精神，他继续代表"哲学"发动双重战役：首先是与诗歌做斗争；其次是与试图重振诗歌事业的人做斗争。

针对诗歌，柏拉图提出了一系列耳熟能详的指控。继色诺芬尼之后，他从实用和功利的立场出发谴责某些传统诗歌的主题。例如，人们不能讲述诸神之间的战争，因为这些传说会助长内乱，而阴郁的冥界传说会削弱战士的勇气。[42]柏拉图再次呼应高尔吉亚，将诗歌视作一种通过曲调、节奏和韵律强化的逻各斯：这些特征并未增强诗歌的真实性、明晰性、可靠性和分析上的严谨性。[43]事实上，它们带给诗歌的完全是有害的东西，因为它们通过激发情感来帮助诗人操纵听众。就此而言，诗歌吸引的是灵魂中最卑下的层面（即欲望层面，而非自律或理性层面）和人类中较弱小的形态（妇女、儿童和下层民众）。

在《理想国》第2卷和第10卷，柏拉图对诗人和诗歌进行了抨击。他的有些论点颇为新颖，比如他将诗歌视为一种模仿艺术，这种艺术通过对真实事物的低劣模仿来满足听众，使他们成为懒散的影像消费者而不是忠实的真理探求者。此外，他同意诗人尤为热衷的主张，即他们拥有神圣灵感，但又将它颠倒了过来，从而削弱而不是增强了他们的权威。在柏拉图看来，哲学实践的特征是思维与言语的相辅相成，不过与之相对，根据他的描述，诗人受灵感启示的言语完全未经过心理加工。当缪斯女神通过诗人发言时，诗人几乎失去了理智，进入一种"神圣的癫狂"状态。在此状态之下，诗人无须理解便能传达缪斯女神的言语，也无法发表任何属于自己的真知灼见。[44]诗人远非权威，而是蜕变为一个无足轻重的人。

柏拉图的指控连篇累牍。诗人无知无识，却有很强的操控力。他们的诗歌充其量只是模仿，更为恶劣的是，其中充斥着谎言。无论何种情形，诗人在本性上不虔诚，其结果会对社会造成危害。更为重要的是，他们明目张胆地使用了"秘索斯"，柏拉图将这种叙事类别归为逻各斯的一种形式，它比其他形式拥有的真理更少，"总体上是虚假的，但仍有一些真理在其中"。[45]此外，正是这些道德上有缺陷、认识论上含混不清的故事，成为诗人的惯用伎俩，因为正如苏格拉底临终前所说："如果一位诗人真的要成为诗人，他需要编造秘索斯而非逻各斯。"[46]

这句话的语境很耐人寻味，因为关于苏格拉底之死的叙事，本身就是某种神话。根据柏拉图的回忆，尽管苏格拉底生前从未屈尊创作过任何诗歌，但在被执行死刑前，他决定写下一些诗篇，其中一首是献给阿波罗的赞美诗。当被问及原因时，他讲述了一个反复出现的梦境，梦中有一个声音要求他创作音乐。此前他将此理解为鼓励他坚持平日所从事的事业，因为"哲学是最伟大的音乐"。然而在他被定罪之后，他开始怀疑这个梦境是否应当按字面意思理解。因此他决定写诗，但因为他自己不相信神话学说（mythology），他只好从伊索（Aesop）那里借用神话（myth）。在这段错综复杂的文字中，我们可以感受到柏拉图手法之灵巧，因为针对苏格拉底临终时转变的迹象，他要竭力维持苏格拉底对诗歌和神话的长期反对。

总体而言，柏拉图以居高临下的姿态对待那些俯身贩卖秘索斯的哲学家。巴门尼德、色诺芬尼、恩培多克勒、毕达哥拉斯和普罗泰戈拉均受到过这种批评。[47]尽管如此，当有助于支持他的论辩时，他自己也会引述神话。不过每当这样做时，他总会小心翼翼地宣称这种话语地位低下，并且提醒读者：它顶多在一定程度上接近真理，否则真理将无法传达或难以捉摸。尽管如此，只有在极个别的情况下，他才让苏格拉底这一角色亲自说出一种被称为"秘索斯"的话语。

最能说明问题的是苏格拉底在《斐德若篇》（Phaedrus）中的第一次演

讲。其情形是，一位擅长修辞术的对手引入一个论题：为什么被没有爱情的人追求，比有爱情的人追求更好？苏格拉底对此做出了回应。值得注意的是，他的演讲以对缪斯的祈祷开始，这在诗人中很常见，但对他而言几乎前所未有："求你们降临啊，声音清妙的缪斯们！……求你们佑助我把这个最出色的人逼我说的故事（mythos）说出来。"[48] 接着，他用典雅的诗律开始讲述，以此作为缪斯赐予他灵感的证明。不过奇怪的是，苏格拉底一直蒙着头，他对此的解释是出于一种羞愧，因为自己冒犯了爱神厄洛斯（Eros）。然后他半开玩笑地拒绝对讲话负责：讲话的人不是他；相反，是斐德若（Phaedrus）使他陷入迷幻，借助他的嘴将这个故事（mythos）讲了出来，仿佛唱了一出双簧。尽管如此，苏格拉底还是改弦易辙，决定再次发表演说，向爱神厄洛斯致敬并盛赞有爱情的人。这次讲话他并未蒙头。两次演说之间的对比意味深长，通过对二者的比较可以得出如下结论：正如淡水胜于咸水一样，第二次演说在各个方面均胜过第一次（见表1-1）。

表 2-1　苏格拉底两次演说对比

第一次演说	第二次演说
蒙着头	未蒙头
没有爱情的人	有爱情的人
斐德若	苏格拉底
虚假	真实
轻慢地冒犯	虔诚地赞美
灵感	理性
无知	博洽
咸水	淡水
诗歌（及修辞术）	哲学
秘索斯	逻各斯

在内容上，第二次演说以一段令人眼花缭乱的讨论告终，即灵魂能否上升到纯理念（ideas）的境界。苏格拉底先是声称，自己"必须大胆地说出真理，尤其在谈论真实的事物时"，然后声明："还没有一位诗人为这个境界唱过应有的赞歌，也永远不会有人这样去做。"[49] 同样的对比再次出现，

这里的讨论大多是为了建立一个（伪）宇宙学和本体论基础，以说明哲学家优于诗人。这一问题我们将在第七章做进一步论述。

尽管柏拉图试图将诗人从他的乌托邦王国中完全驱逐出去，但他最终还是做出了相反的决定，因为他认识到，诗人及其讲述的神话如果仍然坚定地服从哲人王的话，则可能有很大的价值。其价值在于两个方面。首先，有些话题——比如诸神的性质，或者灵魂死后的命运——几乎不可能取得哲学探究所渴求的那种确定性。在无法确立或传播可靠知识的这些领域，国家甘愿培养既可行又有用的信念。对于这个较为次要但仍必不可少的任务，诗人、诗歌和神话派上了用场。[50] 其次，有些听众——首先是儿童，但也包括下层民众——无法领会哲学分析和论证的精妙之处，但如果希望他们对国家的利益有所贡献，或至少不会对国家造成危害的话，仍需对他们进行某些教化，神话将再次发挥作用。[51]

在这两种情形中，秘索斯都是国家为了自身目的向民众灌输思想的主要工具——正如克里提阿斯所建议的，尽管他更喜欢逻各斯这一术语。这一主题在柏拉图关于理想城邦中教育活动的讨论中，有着特别清晰的阐述：

> 苏格拉底（以下简称苏）：那么，这个教育究竟是什么呢？似乎确实很难找到比我们早已发现的那种教育更好的了。这种教育就是用体操来训练身体，用音乐来陶冶心灵。
>
> 阿得曼托斯（以下简称阿）：是的。
>
> 苏：我们开始教育，要不要先教音乐后教体操？
>
> 阿：是的。
>
> 苏：你把故事（logoi）包括在音乐里，对吗？
>
> 阿：对。
>
> 苏：故事有两种，一种是真的，另一种是假的，是吧？
>
> 阿：是的。
>
> 苏：我们在教育中应该两种都用，先用假的，是吗？
>
> 阿：我不理解你的意思。
>
> 苏：你不懂吗？我们对儿童先讲故事（mythoi）——故事（mythoi）

从整体上看是假的，但是其中也有真实。在教体操之前，我们先用故事教育孩子们。

阿：这是真的。

苏：这就是我所说的，在教体操之前先教音乐的意思。

阿：非常正确。

苏：你知道，凡事开头最重要。特别是生物。在幼小柔嫩的阶段，最容易接受陶冶，你要把它塑成什么形式，就能塑成什么形式。

阿：一点不错。

苏：那么，我们应不应该放任地让儿童听不相干的人讲不相干的故事，让他们的心灵接受许多我们认为他们在成年之后不应该有的那些见解呢？

阿：绝对不应该。

苏：那么看来，我们首先要审查故事的编者，接受他们编得好的故事，而拒绝那些编得坏的故事。我们鼓励母亲和保姆给孩子们讲那些已经审定的故事，用这些故事铸造他们的心灵，比用手去塑造他们的身体还要仔细。他们现在所讲的故事大多数我们必须抛弃。[52]

诗人在这里沦为国家的仆人，因为他们的神话受到哲人王的监督和审查。一方面，任何表现诸神作恶的神话都不被允许，那些含有扬恶抑善内容的神话也在禁止之列。[53] 另一方面，那些有助于儿童遵纪、自律、虔敬、勇敢、智慧（即成为国家理想的仆人）的神话，都会受到鼓励。[54] 不过不只是鼓励。柏拉图明确区分了诗人与哲人王的分工：后者知道需要创制何种神话，但自己并不承担创制神话的卑贱任务。相反，他们更愿意指导诗人如何去做，并用自己的智慧教化诗人。否则，他们将命令或强迫诗人创作他们与国家所需要的故事。[55]

诗人曾经以神与人之间的中介自居，不过在柏拉图所构想的关系网络中，其地位完全改变。柏拉图将诗人置于国家和最卑微的国民之间，其使命是在哲人王的督导下创制秘索斯，由母亲和保姆讲给孩子们听。在这个系统中，秘索斯不仅被重新编排，而且被彻底重估。那些过去被视为原初启迪或绝对真理的东西，现在被当作国家宣传的工具，在一种曾经自称（且依然自称）"哲学"的新兴真理体制中，它最适合儿童以及那些游离于统治精英的话语与实践之外的人。

七

我试着对一则已被反复讲述过的故事进行了重述。我的目标是，将一种简单、线性发展与进步的情节（"从秘索斯到逻各斯"）置换为另一种情节，后者承认多重角色、视域与立场的重要性。这些角色、视域与立场，没有一种是无足轻重的，没有一种是纯粹的，也没有一种能垄断真理。尽管其中的主要人物的确有过辩白，但他们争执的中心问题不是真理本身，而是话语权威。这个问题可以用抽象的、非个人化的方式来表述：何种类型的言语会赢得他人的尊重和注意？诗（如果这样的话，是史诗、抒情诗、会饮诗抑或悲剧诗？）还是散文（法律类、格言类、修辞类，等等）？口头的还是书面的？叙事还是论证（如果是后者，那么是分析型、辩证型、论争型还是诡辩型）？传统的还是新颖的？是那些声称拥有神圣灵感的人物（祭司、先知、神秘主义者以及诗人），还是那些受国家权力支持的人物？更为尖锐的则是这一问题的个人化形式，它往往不被承认，却总是在场：谁的言语将赢得尊重和注意？这场斗争事关重大，其赌注无疑是话语和意识形态霸权。

在我们讨论过的这个时期，很大程度上由于柏拉图的论战，一种霸权徐徐落幕，另一种霸权赫然登场。在柏拉图之后，几乎没有人愿意认真对待神话。直到许多世纪以后，对其观点的严肃挑战再度出现。

注　释

[1]　与本章相关的背景资料有：Marcel Detienne, *The Masters of Truth in Archaic Greece*, trans. Janet Lloyd (New York: Zone, 1996), *The Creation of Mythology*, trans. Margaret

Cook (Chicago: University of Chicago Press, 1986); Claude Calame, *The Craft of Poetic Speech in Ancient Greece*, trans. Janice Orion (Ithaca, NY: Cornell University Press, 1995), "«Mythe» et «rite» en Grèce: Des Catégories indigènes," *Kernos* 4 (1991): 179–204; Richard Buxton, *Imaginary Greece: The Contexts of Mythology* (Cambridge: Cambridge University Press, 1994); Fritz Graf, *Greek Mythology: An Introduction*, trans. Thomas Marier (Baltimore: Johns Hopkins University Press, 1993); Giuseppe Cam biano, Luciano Canfora, and Diego Lanza, eds., *Lo spazio letterario della Grecia antica* (Rome: Salerno, 1992); Peter Rose, *Sons of the Gods, Children of Earth: Ideology and Literary Form in Ancient Greece* (Ithaca, NY: Cornell University Press, 1992); Christiane Sourvinou-Inwood, *Reading Greek Culture: Texts and Images, Rituals and Myths* (Oxford: Clarendon Press, 1991); Wolfgang von Kullmann and Michael Reichel, eds., *Der Übergang von der Mündlichkeit zur Literatur bei den Griechen* (Tübingen: Narr, 1990); Gregory Nagy, *Greek Mythology and Poetics* (Ithaca, NY: Cornell University Press, 1990); Paul Veyne, *Did the Greeks Believe in Their Myths?* trans. Paula Wissing (Chicago: University of Chicago Press, 1988); Bruno Gentili, *Poetry and Its Public in Ancient Greece* (Baltimore: Johns Hopkins University Press, 1988); Bruno Gentili and Giuseppe Paioni, eds., *Oralità: Cultura, letteratura, discorso* (Rome: Edizioni dell'Ateneo, 1985); Jean-Pierre Vernant, *Myth and Thought among the Greeks*, trans. Janet Lloyd (London: Routledge and Kegan Paul, 1983), *Myth and Society in Ancient Greece*, trans. Janet Lloyd (London: Harvester Press, 1980), *The Origins of Greek Thought* (Ithaca, NY: Cornell University Press, 1982); Dario Sabbatucci, "Aspetti del rapporto *mythos-logos* nella cultura greca," in B. Gentili and G. Paioni, eds., *Il mito greco* (Rome: Ateneo, 1977), pp. 57–62; Jesper Svenbro, *La Parole et le marbre: Aux origines de la poétique greque* (Lund: Studentenlitteratur, 1976); Eric A. Havelock, *Preface to Plato* (Cambridge, MA: Belknap Press, 1963); E. R. Dodds, *The Greeks and the Irrational* (Berkeley: University of California Press, 1951). 与荷马相关的资料有：Charles Segal, *Singers, Heroes, and Gods in the Odyssey* (Ithaca, NY: Cornell University Press, 1994); Carlo Brillante, "Il cantore e la Musa nell' epica greca arcaica," *Rudiae: Ricerche sul mondo classico* 4 (1993): 7–37; Walter Pötscher, "Das Selbstverständnis des Dichter in der homerischen Poesie," *Literaturwissenschaftliches*

Jahrbuch 27 (1986): 9–22; Colin Macleod, "Homer on Poetry and the Poetry of Homer," in *Collected Essays* (Oxford: Clarendon Press, 1983), pp. 1–15; F. Bertolini, "Dall' aedo omerico al vate Esiodo," *Quaderni di storia* 6 (1980): 127–142; Wolfgang Schadewalt, "Die Gestalt des homerischen Sängers," in *Von Homers Welt und Werk*, 4th ed. (Stuttgart: Köhler, 1965), pp. 54 –87。

[2] *Odyssey* 8.479–481.

[3] *Odyssey* 8.492–498.

[4] *Odyssey* 8.577–580.

[5] *Odyssey* 9.3–11.

[6] 关于赫西俄德，参阅以下论著：Cristiano Grottanelli, "La parola rivelata," in Giuseppe Cambiano et al., *Lo spazio letterario della Grecia antica*, pp. 219–264; Jenny Strauss Clay, "What the Muses Sang: *Theogony* 1–115," *Greek, Roman, and Byzantine Studies* 29 (1988): 323–333; Giovanni Ferrari, "Hesiod's Mimetic Muses and the Strategies of Deconstruction," in Andrew Benjamin, ed., *Post-structuralist Classics* (London: Routledge, 1988), pp. 45–78; Angelo Buongiovanni, "La verità e il suo doppio (Hes. Theog. 27–28)," in *Interpretazioni antiche e moderne di testi greci* (Pisa: Giardini, 1987), pp. 9–24; Renate Schlesier, "Les Muses dans le prologue de la «Théogonie» d'Hésiode," *Revue de l'histoire des religions* 199 (1982): 131–167; Pietro Pucci, *Hesiod and the Language of Poetry* (Baltimore: Johns Hopkins University Press, 1976)。

[7] *Theogony* 22–32.

[8] Epimenides of Crete, Fragment B1.

[9] *Theogony* 81–93.

[10] 大多数有关前苏格拉底时代的研究，倾向于关注严格意义上哲学层面的问题，不过以下论著值得参考：Jaume Pórtulas, "Heraclito y los *maîtres à penser* de su tiempo," *Emerita* 61 (1993): 159–176; Holger Thesleff, "Presocratic Publicity," in Sven-Tage Teodorsson, ed., *Greek and Latin Studies in Memory of Cajus Fabricius* (Göteborg: Acta Universitatis Gothoburgensis, 1990), pp. 110–121; Kevin Robb, ed., *Language and Thought in Early Greek Philosophy* (LaSalle, IL: Monist Library of Philosophy, 1983); Eric A. Havelock, *The Literate Revolution in Greece and Its Cultural Consequences*

(Princeton, NJ: Princeton University Press, 1982); Daniel Babut, "Xénophane critique des poètes," *Antiquité classique* 43 (1974): 83–117, "Héraclite critique des poètes et des savants," *Antiquité classique* 45 (1976): 464–496; J. Defradas, "Le Banquet de Xénophane," *Revue des études grecques* 75 (1962): 344–365。

[11] Xenophanes, Fragment B11.

[12] Heraclitus, Fragment B56.

[13] Heraclitus, Fragments B40, 42, 57.

[14] Heraclitus, Fragments B5, 14, 15, 81a, 92, 93, 129.

[15] Heraclitus, Fragments B39, 104. 毕阿斯格言参见：Herman Diels and Walther Kranz, *Die Fragmente der Vorsokratiker* (Zurich: Weidmann, 1974 –75), 1:65, no. 1。

[16] 品达作品中"秘索斯"一词共出现三次，均与谎言、欺骗、背叛联系在一起：Olympian 1.28, Nemean 7.23、8.33。希罗多德（Herodotus）的著作中，也出现肯定逻各斯、否定秘索斯的证据，但在与他差不多同时代的赫克特斯（Hecataeus）那里，情况大不相同。后者在其历史著作的开头写道："我写下的这些东西在我看来是真实的，因为希腊人的逻各斯，在我看来，繁多而可笑。"

[17] Xenophanes, Fragment B1.12–24.

[18] 有关当时的贵族会饮，参见：Oswyn Murray, ed., *Sympotica: A Symposium on the Symposium* (Oxford: Clarendon Press, 1990); Massimo Vetta, ed., *Poesia e simposio nella Grecia antica* (Rome: Laterza, 1982)。

[19] Xenophanes, Fragment B1.22.

[20] "有些人，对我们这必死的自然之身的解体一无所知，意识到自己生活中的恶行，便以神话的形式编造死后的谎言，一辈子受烦恼和恐惧的折磨。"（Democritus, Fragment B297）

[21] Xenophanes, Fragment B1.22.

[22] Democritus, Fragment B18. 另外参见：Fragments B21, 44。

[23] Democritus, Fragment B225.

[24] 关于巴门尼德，参见以下文献：Lambros Couloubaritsis, *Mythe et philosophie chez Parmenide* (Brussels: Ousia, 1990); Giovanni Pugliese Carratelli, "La Thea di Parmenide," *La parola del passato* 43 (1988): 337–346; Robert Böhme, *Die verkannte*

Muse: Dichtersprache und geistige Tradition des Parmenides (Bern: Francke, 1986)。

[25] Parmenides, Fragment B2.1.

[26] Parmenides, Fragment B8.1–2.

[27] 关于恩培多克勒，参见：Antonio Capizzi, "Trasposizione del lessico omerico in Parmenide ed Empedocle," *Quaderni urbinati di cultura classica* 54 (1987): 107–118; S. Panagiotou, "Empedocles on His Own Divinity," *Mnemosyne* 36 (1983): 276–285; K. E. Staugaard, "Empedokles, «physiologos» eller poet?" *Museum Tusculanum* (1980): 23–38。

[28] Empedocles, Fragment B62.1–3.

[29] Empedocles, Fragment B114.

[30] Heraclitus, Testimonium A1.

[31] Empedocles, Fragment B3.1–5.

[32] Empedocles, Fragment B117.

[33] Empedocles, Fragment B146.

[34] Empedocles, Fragment B23.9–11.

[35] Protagoras, Fragment B4.

[36] 对于智者学派的总体研究，参见：Jacqueline de Romilly, *The Great Sophists in Periclean Athens* (Oxford: Clarendon Press, 1991); G. B. Kerferd, *The Sophistic Movement* (Cambridge: Cambridge University Press, 1981); W. K. C. Guthrie, *The Sophists* (Cambridge: Cambridge University Press, 1971)。

[37] 参见：Ion Banu, "La Philosophie de Gorgias: Une ontologie du logos," *Philologus* 131 (1987): 231–244, 134 (1990): 195–212; Marie-Pierre Noël, "La Persuasion et la sacré chez Gorgias," *Bulletin de l'association Guillaume Budé* (1989): 139–151; *Siculorum Gymnasium* 38 (1985)。

[38] Gorgias, Fragment B23.

[39] Critias, Fragment B25.

[40] 有关《西西弗斯》（*Sisyphus*）作者的讨论，参见：Marek Winiarczyk, "Nochmals das Satyrspiel 'Sisyphos,'" *Wiener Studien* 100 (1987): 35– 45; D. V. Panchenko, "Evripid ili Kritij?" *Vestnik Drevnej Istoria* 151 (1980): 144–162; Albrecht Dihle, "Das

Satyrspiel 'Sisyphos,'" *Hermes* 105 (1977): 28– 42; Dana Sutton, "Critias and Atheism," *Classical Quarterly* 31 (1981): 33–38, "The Nature of Critias' *Sisyphus*," *Rivista di studi classici* 22 (1974): 10–14. On Critias, see Francesca Angio, "Etica aristocratica ed azione politica in Crizia," *Quaderni de storia* 15 (1989): 141–148; Luciano Canfora, "Crizia, prima dei Trenta," in G. Casertano, ed., *I filosofi e il potere nella società e nella cultura antica* (Naples: Guida, 1988), pp. 29– 41; P. Barié, "Die Religion, eine Erfindung der Herrschenden?" *Der altsprachliche Unterrecht* 28 (1984): 20–32。

[41] 有关柏拉图的文献浩如烟海，不过涉及柏拉图之于神话态度的最新、最重要的著作是：Luc Brisson, *Platon, les mots et les mythes* (Paris: Maspero, 1982). 值得参考的还有：Theo Kobusch, "Die Wiederkehr des Mythos: Zur Funktion des Mythos in Platons Denken und in der Philosophie der Gegenwart," in Gerhard Binder, ed., *Mythos* (Trier: Wissenschaftliche Verlag, 1990), pp. 13–32; Richard Bodeüs, "«Je suis devin» (*Phèdre*, 242c): Remarques sur la philosophie selon Platon," *Kernos* 3 (1990): 45–52; Bruce Lincoln, "Socrates' Prosecutors, Philosophy's Rivals, and the Politics of Discursive Forms," *Arethusa* 26 (1993): 233–246; Gerald F. Else, *Plato and Aristotle on Poetry* (Chapel Hill: University of North Carolina Press, 1986), *The Structure and Date of Book 10 of Plato's "Republic"* (Heidelberg: Carl Winter Universitätsverlag, 1972); François Lasserre, "Platon, Homère et la cité," in T. Hackens et al., *Stemmata: Mélanges de philologie, d'histoire et d'archéologie grecques offerts à Jules Labarbe* (Liège: L' Antiquité classique, 1987), pp. 3–14; Julius M. Moravcsik, "On Correcting the Poets," *Oxford Studies in Ancient Philosophy* 4 (1986): 35– 47; Marcello Massenzio, "Il poeta che vola (Conoscenza estatica, comunicazione orale e linguaggio dei sentimenti nello *Ione* di Platone)," in B. Gentili and G. Paioni, eds., *Oralità* (Rome: Ateneo, 1985), pp. 161–177; Nicole Loraux, "Socrate, Platon, Héraklès: Sur un paradigme héroique du philosophe," in J. Brunschwig, ed., *Histoire et structure: A la mémoire de Victor Goldschmidt* (Paris: Vrin, 1985), pp. 93–105; Julius Elias, *Plato's Defense of Poetry* (Albany: State University of New York Press, 1984); G. Casertano, "Pazzia, poesia e politica in Platone," *Annali dell' istituto universitario orientale di Napoli, sezione filologica-letteraria* 6 (1984): 19–35; Charles Segal, "The Myth Was Saved: Reflections

on Homer and the Mythology of Plato's *Republic*," *Hermes* 106 (1978): 315–356; Ellen Meiksins Wood and Neal Wood, *Class Ideology and Ancient Political Theory: Socrates, Plato, and Aristotle in Social Context* (New York: Oxford University Press, 1978)。

[42] *Republic* 378c, 386bc.

[43] *Gorgias* 502c.

[44] *Phaedrus* 265ab, *Ion* 533d–534e, *Laws* 719c.

[45] *Republic* 377a. 参见：*Republic* 522a。

[46] *Phaedo* 61b.

[47] *Sophist* 242cd, *Gorgias* 493a.

[48] *Phaedrus* 237a.

[49] *Phaedrus* 247c.

[50] *Critias* 107ab, *Gorgias* 523a–527a, *Phaedo* 110b, *Republic* 382d, *Timaeus* 29cd.

[51] *Republic* 603b, *Laws* 664a, *Statesman* 304d.

[52] *Republic* 376e–377c.

[53] *Republic* 378c, 380c, 391e, 392b, *Laws* 941b.

[54] *Republic* 378e, *Laws* 660a, 840b.

[55] *Republic* 379a, 392b, *Laws* 660a.

第二部分
现代神话史

第三章　文艺复兴至二战时期的神话史

一

这个章节有些野心勃勃，我试图在其中说明：神话这一范畴因何缘故、以何方式在18世纪末得以恢复生机，随后在一套民族主义话语中被理论化，最终彻底被卷入将雅利安人与闪米特人（Semites）进行对比的种种企图。这个故事冗长而复杂，但不乏趣味，且（不幸）具有相当深远的历史意义。

自柏拉图时代至文艺复兴时期，极少有人重视神话之类的故事或范畴。中间也有一些竭力恢复这一体裁的尝试，其方式是：或者将神话当作哲学真理的寓言式编码；或者将神话视为对古代历史的叙述（虽然已被改变得面目全非）。但在多数情况下，古典时代的神话叙事失去权威地位，沦落为民间故事、童话、地方传说和寓言，虽然它们也提供了大量用于娱乐和艺术装饰的附加性母题。[1] 后来的希腊人和罗马人，当他们勉为其难地与这些材料打交道时，对这种有趣却缺乏严肃性的故事（即他们所谓的mythoi和fabulae）表现出屈尊俯就的态度。与此同时，基督徒则让这些故事与他们所认定的一种具有权威性但绝非神话的故事形成鲜明对比，此即《圣经》故事，尤其是耶稣受难故事。

古代文献在文艺复兴时期的重新发现带来了一些变化，不过其中一些变化让人们始料未及。不仅希腊罗马的许多故事变得触手可及并部分取代了教会主导下的叙事，一份特殊文献的发现还提供了另一种选择。这便是塔西佗（Tacitus）的《日耳曼尼亚志》（*Germania*），由埃内亚·西尔维奥·皮科洛米尼（Aeneas Silvius Piccolomini, 1405~1464）于 1457 年首次公开，他经过多年的寻找获得此书的第一份手稿。针对神圣罗马帝国（Holy Roman Empire）和德意志民族的捍卫者对于教皇权威的不满，皮科洛米尼［他本人次年被任命为教皇庇护二世（Pope Pius II）］引用塔西佗文本做出回应。[2] 不过，他的注意力不无选择性地集中于以下描述：德国人是粗俗的野蛮人，他们的物质和文化生活极度贫困（第 16、26 章）。他由此认为，德国人有关高级事物的所有知识来自教会的影响，德意志帝国对此应心存感激并服从罗马教皇。

随着这份手稿的广泛传播，其他人也相应地做出了不同解读。神圣罗马帝国的支持者们很快在《日耳曼尼亚志》中发现理想化其祖先的段落并加以鼓吹。尤其有用的是该书第 1~8 章以及第 13 章和第 14 章，其中讲述了日耳曼人的荣誉感和正直感，他们的身手、勇敢和美貌，他们对于土地、家庭和领袖的忠诚。这些章节还将上述品质与德国人的原生性、反抗罗马捍卫自由以及与其他民族缺乏融合联系起来。

北欧人对于塔西佗文本的热情是一个具有重大意义的历史事实。几个世纪以后，亚历山大·冯·洪堡（Alexander von Humboldt）甚至认为，塔西佗手稿的发现与哥伦布发现美洲不相上下。[3] 后者向西方打开了一个新世界，前者为古代北方世界做出了同样的贡献——他和他的同胞正是发源于这个世界。实际上，塔西佗打破了地中海世界对于古典时代的垄断，让日耳曼人、斯堪的纳维亚人、荷兰人和盎格鲁‒撒克逊人第一次体验到了源自久远而高贵的过去的声望。

塔西佗手稿这一文化事实可能有助于增强北方人的自豪感，但它刺激而不是满足了他们对于自己古代历史的渴望。新希望与旧企盼的结合使得需求迅速增长，精明的生产者争相服务于这一新兴市场。维泰博（Viterbo）的安尼乌斯（Annius）［即乔瓦尼·南尼（Giovanni Nanni）］是其中最机敏的一位，他在 1512 年出版了一部著作，声称这是新发现的巴比伦杰出历史学家贝罗索斯（Berosus）的手稿。[4] 他利用这个人物描绘了一种高贵的德国文化，该文化由挪亚之子图伊斯科（Tuyscon）在莱茵河与多瑙河之间创建，自远古时代已蓬勃发展。不过在这一人物形象的建构中，包含着一些发人深省的矛盾。

《创世纪》中并未提及图伊斯科。这个明显与《圣经》相悖的英雄是被插入诺亚血统中，以获得《圣经》的权威，并且使图伊斯科的后裔能够与闪、含和雅弗的继承人享有同等的古老和尊严。只是闪米特人、含米特人与南方关联在一起，图伊斯科则取代雅弗成为北方民族的远祖，即日耳曼人与萨尔马提亚人（Sarmatians）的祖先，他们分别限定了欧洲西北与东北边界。

安尼乌斯笔下的图伊斯科，其来源是塔西佗描述日耳曼原生祖先的一个段落："他们用古老的歌曲（这是他们纪念或记录过去的唯一手段）赞颂一位从大地出生的神图伊斯科及他的儿子曼努斯（Mannus），这是他们民族和创始者的起源。"[5] 不过，安尼乌斯作伪的全部意图在于表明：日耳曼人不仅比地中海地区的古代民族更为古老，而且（至少）文化也不相上下。显然，他们不可能像塔西佗所说的那样目不识丁。因此从大地出生的神图伊斯科成为一位希腊－罗马式的文化英雄：诗歌、律法和书写的发明者。如此一来，安尼乌斯可以通过对上述伪造文本的"评注"，得出读者渴望听到的结论："因此哲学起源于野蛮人，而非希腊人。"[6]

二

安尼乌斯笔下的"贝罗索斯"，其吸引力一定程度上来自下述主张：这个"巴比伦"文本乃至它的语言，与希腊人、罗马人或希伯来人毫无关系。在这一方面，它是对塔西佗的拉丁民族志的一种改进，但仍不及用一种北方方言写就的古代文本那样令人满意。对这样一种目标文本与文化癖好的渴求要持续到 17 世纪 40 年代，此时在乌尔菲拉（Wulfila）对于《新约》的哥特语翻译中，上述目标与癖好得到了部分满足，在古诺尔斯语《埃达》（Eddas）的第一份手稿中则更是如此。[7] 然而，此时德意志各公国已遭受"三十年战争"（Thirty Years' War）的恐怖，鉴于新教徒独尊《圣经》、其他所有文本完全处于劣势，对于神话的态度变得不如以往开放。

如果说这一时期对于《圣经》的尊崇减弱了对于神话的兴趣，那么启蒙运动的哲学家很快对神话表现出另一种兴趣，他们发现对"神话"的批评与对"迷信"的批评一样，是用来影射《圣经》和教会的一种便利手段。沿着色诺芬尼和柏拉图开辟的路线，他们为神话刻上了非理性的印记，同时将哲学——而非基督徒的布道——视作对抗神话的工具。言下之意，基督教可能是非理性的神话中一个更晚近、更强大、更危险的例子。[8]

正是在这种背景下，浪漫主义者对神话做出一种截然不同的解释，其立场显然是肯定多于批评。维柯的《新科学》（*Scienza Nuova*，1715）是这种转变的先声，不过因超前于时代，这部著作几乎无人问津。[9] 更为重要的是保罗·亨利·马雷（Paul Henri Mallet）的 6 卷本《丹麦史导论》（*Introduction à l'histoire du Danemarc*，1755~1756），该书提供了埃达神话的第一批译本，成为对整个欧洲具有重要意义的基本文献。[10] 这部著作激发了许多人的兴致，各种语言的译本很快相继出现：丹麦语（1956）、德语（1765）以及英语（1770）。热心读者包括莱辛（Lessing）、歌德（Goethe）、吉本（Gibbon）和伏尔泰（Voltaire）。马雷本人对北欧神话表现出一种暧昧甚至矛盾的态度。一方面，他认为这些神话是野蛮社会粗俗、暴力和悲观的产物；另一方面，他也认为这些神话映射出一个更早、更纯粹的时代，从中可以看到（或者想到）自己以及同时代人的理想。马雷以神话研究者暨制作者的身份描述了这个黄金时代，其特征是有一种合乎道德与理性的宗教（令人想起自然神论）、一种强烈的荣誉感、一种对自由的热爱，他认为这是北方民族对于文明最持久的贡献。[11]

如果说马雷的著作深受欢迎，那么詹姆斯·麦克弗森（James Macpherson，1736~1796）的著作绝对是轰动一时。[12]1760 年至 1763 年，他出版了据称是 3 世纪盲诗人莪相（Ossian）的 3 卷本诗集。这些诗歌以暗淡、沉郁的色调，讲述了莫文国王（King of Morven）芬格尔（Fingal）的冒险经历，其间穿插着对这片未受破坏的土地如画美景的描述，以及对生命、死亡和万物无常的忧思。按照麦克弗森的说法，上述诗集是他从晦涩的盖尔语（Gaelic）手稿和苏格兰高地（Scottish Highlands）仍在流传的口头传说（oral traditions）翻译而来。最初的反响非常热烈，一些著名的评论家盛赞莪相，认为他与荷马、莎士比亚不相上下甚至更胜一筹。

尽管如此，个别富有洞察力的人，其中包括塞缪尔·约翰逊（Samuel Johnson），仍然发现莪相和芬格尔出色得令人难以置信，于是长达几十年的论争随之而来。直到 1796 年麦克弗森去世后，人们对他的著作进行了审查，终于明白他的著作和声明完全是一场骗局。即便如此，上述事件所引发的狂热仍然影响深远且发人深省，因为麦克弗森在浪漫主义的形成过程中发挥了重要作用。也许对他最好的理解，不是作为莪相的翻译者或创造者，而是读者欲望的传达者。在参与其文本的过程中，读者塑造了自己与集体想象中的理想过去的联系。

正如浪漫主义本身一样，莪相现象与民族主义的萌生这一语境密切相关。麦克弗森的读者将自己视为长期受剥夺的继承人，他们终于重新发现了自己的合法遗产，可以赢得那些以前欺侮、剥削和轻视他们的人的尊重。在莪相的文本中，一部分人听到了苏格兰人新近觉醒的声音，另一部分人则将古代吟游诗人说成是盖尔人（Gaelic）、凯尔特人（Celtic）或一般意义上的北方人（这一做法很容易，因为凯尔特语和日耳曼语尚未区分开来）。麦克弗森的成功激起其他国家的学者寻找自己失落的神话、史诗和传说，《尼伯龙根之歌》（*Nibelungenlied*）、《罗兰之歌》（*Chanson de Roland*）和《卡勒瓦拉》（*Kalevala*）就是其中的硕果。即使当莪相彻底被揭穿时，它所帮助塑造的态度仍然没有动摇。神话诗（Mythic poetry），这一被启蒙运动贬低为原始、非理性的一种形式，在真实、传统和民族身份等标签下被重新理论化。

三

如果说马雷与麦克弗森材料的发表激发了民族主义者的兴趣，那么这些材料也促进了理论分析，从而使古代方言与文学——尤其是诗歌和神话——成为民族认同的主要基础。在上述两位作者的热心读者中间，便有约翰·格奥尔格·哈曼（Johann Georg Hamann，1730~1788），同时代的人称他为"北方的巫师"（Magus of the North）。[13] 哈曼既是浪漫主义先驱，也是启蒙运动核心价值的坚决反对者，他对语言的性质有浓厚兴趣。作为一名神秘主义者，他对《约翰福音》开篇"太初有言"（logos）①的含义十分着迷，认为这句话表明语言是人类社会不可或缺的一部分，上帝则是语言的创造者。作为哥尼斯堡德意志协会（Deutsche Gesellschaft）的一员，他还是一位德语的捍卫者和法语的反对者——前一种语言深受中产阶级和下层贵族的青睐，后一种语言则为普鲁士王室所使用。最后，作为一位通晓多种语言（希腊语、拉丁语、希伯来语、法语、英语、意大利语、葡萄牙语、拉脱维亚语甚至一些阿拉伯语）的学者，哈曼对这些语言在发音、韵律、风格和结构方面的差异十分敏感。他认为，每一种语言承载着使用者的历史并塑造了其世界观。

哈曼把语言同时置于神学、哲学、文学和文化史思考的中心，如此一来，语言对启蒙运动的理性模式造成了很大压力。他由此认为语言包含理性，因为推理是在语言中进行的，这使他得出一些相反的结论。启蒙思想家将理性理解为抽象的和普遍的，哈曼则坚持认为语言是实在的、具体的和特殊的：不可能有一种普遍理性，就像不可能有一种普遍语言一样。启蒙思想家将理性视为人类的最高成就，哈曼则将语言视为上帝的礼物，因而强调它的优先性。启蒙思想家热衷于从蒙昧、野蛮到文明的进步叙事，哈曼则援引《莪相》、《埃达》和希伯来《圣经》对原始的过去进行重估，声称语言最初采用了诗歌的崇高形式，这种形式远高于已经退化的现代散文。

哈曼是一位虔信派（Pietist）牧师，其部分目的在于捍卫宗教，使它免受世俗主义和反教权主义的攻击。除此之外，他还为德国人的艺术鉴赏力辩护，反对从法国输入的文化潮流。当然，他的读者群和熟人圈主要由德国人组成，包括歌德、康德（他曾攻击过康德，但对康德有严重误解）、摩西·门德尔松（Moses Mendelssohn）和弗里德里希·雅各比（Friedrich Jacobi）。不过，他对另一位虔信派牧师暨早期浪漫主义中坚的影响最为明显：约翰·戈特弗里德·赫尔德（Johann Gottfried Herder），后者曾在哥尼斯堡随同康德、哈曼学习并一直追随哈曼。[14]

---

① 《约翰福音》开头这句话，英译本普遍为：In the beginning was the Word，国内则大多译为"太初有道"。——译者注

赫尔德是当时思想最为广博——即使不是最为深邃或最为原创——的人物之一，他将哈曼、马雷、麦克弗森和其他人的主题编织成一个新颖而影响深远的有机综合体，其中神话占据了相当显赫的位置。尽管从 1770 年起赫尔德的论著中已出现许多类似的思想 [15]，不过他的体系在 4 卷本《人类历史的哲学观念》（*Ideen zur Philosophie der Geschichte der Menschheit*，1784~1791）[16] 中得到了充分体现。该书一开始就主张人类的统一性，拒绝将人类按种族或文明程度分类的种种企图，因为人类由上帝创造，是一个不可分割的整体。[17] 不过，尽管赫尔德从人类的统一性入手，但他很快又承认人类的多样性，认为世界上各个民族（Völker）虽有差异，但拥有相同的尊严。他是最早提出文化相对主义观点的人物之一，其中统一性与多样性之间的紧张关系仍然悬而未决。这种紧张关系在他最为宏大的历史叙事中得以主题化，统一性在这里表现为上帝创造的原初状态，多样性则体现在嗣后语言、地理和文化的分化上，所有这些都是人类行动的结果。这一叙事广为人知（且喜闻乐见）的形态是失乐园与巴别塔神话。[18]

不过，赫尔德并不完全赞成统一性。相反，他强调每个"民族"（Volk）的整体性和重要性——"Volk"一词的全部外延和情感意蕴在蹩脚的英语译词［诸如"民间"（folk）、"人民"（people）、"族群"（ethnicity）、"民族"（nation）］中荡然无存。在他看来，三个因素促成了"民族"的形成。第一个因素是人们赖以生存的气候类型。例如，继希波克拉底（Hippocrates）之后，他认为冷热差异对人们的性情、习俗乃至身体都有强大影响。[19] 如果长期生活在某个地方，群体特点与环境特征会密切相关，因为二者都带有相同的气候印记。[20] 族内婚与拉马克式（Lamarckian）获得性遗传在后代身上强化了这些显著特征。[21] 第二个因素是语言，它反映了一个民族的环境和历史经验，制约着他们的思维和社会关系。第三个因素是民族教育（Nationalbildung），即群体借以获得自身文化身份、个体借以获得群体成员身份的发展过程。

赫尔德在《人类历史的哲学观念》一书中很少谈及神话，偶尔谈到时却颇为精细，他赋予神话一种至关重要的功能。作为集体认同的重要资源，神话是调停气候与民族教育的语言形式。因此，如果自然环境对一个民族的身体产生影响，那么通过神话这一媒介，它也会影响这个民族的风俗习惯，民族成员又会用神话思考周围的环境与历史，并将祖先的传统代代延续下去。神话具有极其保守的力量，它承载着一个民族的历史、文化和实用知识，同时也守卫一个民族的独特价值观乃至谬误，以防止遗忘或变更。

　　比较格陵兰神话与印度神话、拉普（Lapp）神话与日本神话、秘鲁神话与黑人神话，可以看到一幅诗歌精神的完整地图。如果一位婆罗门请人阅读冰岛语《女先知的预言》（*Voluspa*）① 并向自己解释，他几乎无从理解；同样地，冰岛人也会发现印度的《吠陀》难以理喻。所有民族都深深烙上了自己的观念模式，因为这种观念模式只属于他们自己，与他们的大地和天空相关，从他们自己的生活方式中萌生，从他们父辈和祖先那里继承而来。外来者最感到惊讶的，正是他们认为自己最为熟悉的；外来者所嘲笑的事物，正是他们所要严肃对待的。印第安人有言：一个人的命运刻在他的大脑中，其中的细纹代表命运之书（Book of Destiny）难以索解的字符。通常而言，最随意的民族观念和信仰就是这种大脑图像（即大脑在自身上面所绘制的图像）：与身体和灵魂密切联系、纵横交错的幻想线。这从何而来？是不是所有这些人类部族都发明了自己的神话，以致把它当作自己的财产来热爱！完全不是。他们并未发明神话，而是继承了神话。如果他们通过自己的思考发明了神话，那么通过同样的思考，他们可以使神话由粗劣变得完善。但事实并非如此。[22]

　　由此可知，神话是一套区分性话语：这是民族成员在彼此分离时所形成的与众不同的故事，通过这些故事，他们回忆并再现了自己与众不同的特征。如此一来，神话在本质上便具有了含混性：它既是人类原初祖先堕落的产物，又是每个民族的宝贵财富；离开神话，民族的认同与延续便难

---

① 诗体《埃达》的第一篇，由女先知沃尔瓦（Volva）向奥丁讲述世界的创造与毁灭。——译者注

以实现。这种含混性为学术界解释神话提供了两种选择：一方面，我们可以本着对差异性的兴趣阅读神话，指出其中奇异的叙事细节如何与神话讲述者独特的价值观、性格、气候和经历相对应；另一方面，我们也可以关注统一性问题，运用神话证据追溯世界各民族共同的起源地。[23]赫尔德《人类历史的哲学观念》一书第10篇便致力于后一问题，认为人类统一体的发源地会在亚洲中部发现。[24]

四

在1785年问世的《人类历史的哲学观念》一书第2卷，赫尔德提出亚洲是人类统一体原初家园与领地的理论。一年后，英国东方学家威廉·琼斯爵士（1746~1794）发表了著名演讲，正是在这场演讲中，他提出人类语言共同起源的假说，后人将这种语言命名为"雅利安语"、"印度－日耳曼语"或"印欧语"。又过了三年，琼斯将该语言共同体的起源地也置于亚洲中部。这种巧合并非学术影响的结果，而是他们阅读《圣经》时共同产生的先入之见。本书第四章将专门讨论琼斯的"发现"历程。这里我只想指出，赫尔德的著作为德国人接受琼斯的理论奠定了基础并制约了其接受。

不过，这一基础并非赫尔德一手奠定。从18世纪60年代起，德国民族主义者与前浪漫主义者及早期浪漫主义者一道将语言和文学视为构建民族认同的关键资源。这股潮流将他们引向了《裴相》、古诺尔斯语《埃达》《萨迦》以及《尼伯龙根之歌》等古高地德语叙事诗，并促使他们搜集民歌与童话。他们看待这些资料正如前几代人看待塔西佗与"贝罗索斯"一样，将它们理解为当下文化统一性的基础以及——如果幸运的话——不久的将来实现政治统一性的基础〔在拿破仑战争（Napoleonic Wars）期间，后一种需求将更加紧迫〕[25]。在赫尔德笔下，德意志爱国主义者找到了一种理论体系，它超越了其碎裂的（atomized）政治结构，让他们将自己想象成一个休戚与共、同根同源的（homogeneous）"民族"，正如他们共同的语言、神话、历史、容貌、气候和自然环境所表明的那样。亚洲起源的观念，尽管是赫尔德主要叙事的一部分，不过这种思想基于《圣经》中的人类统一性幻象，是赫尔德诸多思想中最能淡化民族特征的部分，因而对民族主义事业几乎未发挥作用。

相比之下，琼斯的理论认为并非所有人都起源于亚洲，由这里起源的只是一个庞大而重要的语系，德语便是这个语系的一部分。综合琼斯与赫尔德的理论，同时突出后者对民族（Völker）与语言关系的论述，这样就可能将雅利安原初语言（Ursprache）与相应的（原初）民族联系起来，进而想象出这一史前共同体成群结队从其亚洲（原初）家园出发，陆续征服从印度到冰岛大半个世界的过程。熟悉赫尔德理论的人（Good Herderians）会明白，在迁徙的过程中，这些族群获得了独特的民族文化，因为旅行将他们带入新的环境之中，并在这一过程中重塑了他们的语言、诗歌、习俗和身体。此外，他们也知道，这些人在神话中保存了有关自身起源与民族大迁徙（Völkerwanderungen）的古老记忆。

带着这些先见和兴趣阅读琼斯的著作，德国人很快将自己视为一个民族，他们的过去比任何人此前所想象的更为久远、更为辉煌，也更为艰苦卓绝。德国人无须再与希腊人或罗马人竞争，因为他们现在发现自己也是上述同一原始群体的分支。[26] 由于印度被认为是该群体中最古老的成员，此时古代与印度所有事物的声望日益增长，人们对梵文的兴趣也迅速增加，尤其在弗里德里希·施莱格尔（Friedrich Schlegel）所著《论印度人的语言和智慧》（*Über die Sprache und Weisheit der Indier*，1808）出版之后——这部著作证明印度是雅利安人的故乡。[27] 与此同时，以色列——其语言在"雅利安"语系之外——被彻底视为他者，因为赫尔德认为，流散在各地的犹太人是一个完全与原初家园分离的民族。[28] 由于处在失去集体认同的危险之中，他们又对所栖身的土地上的原有民族造成危险。在结束对犹太人的讨论时，赫尔德说："上帝曾亲自将祖国赐予这些子民（Volk），但几千年来——事实上几乎从一开始——他们始终是一种依附于其他国家的寄生虫；这是一个几乎遍布全世界的狡猾的掮客种族，尽管他们受到各种压迫，却从不渴求自己的荣誉和家园，也从不渴求一个属于自己的祖国。"[29]

一些学者已经指出，赫尔德理论与雅利安兴趣的结合如何影响了学界对种族、语言和文化的思考。[30] 在这里我关心的是，对于神话的讨论如何融入了这一背景。[31] 其中最明显的例子是雅各布·格林（Jacob Grimm，1785~1863）与威廉·格林（Wilhelm Grimm，1786~1859），他们里程碑式的研究显示出一种赫尔德式的兴趣，即将语言和神话视为界定德意志民族的工具；借助这种工具，德意志民族可以作为一个国家被调动起来。这种动机促使雅各布跟随弗朗茨·波普（Franz Bopp，1791~1867）学习语言学并编纂出《德意志语法》（*Deutsche Grammatik*，1819~1837），该书首次阐明德语与其他雅利安语言的关系。威廉方面，他搜集整理了《德意志传说》（*Deutsche Sagen*，1816~1818），而且与雅各布一起编纂了一部《埃达》评注版（1815）、一部厚重的德语词典（1854），还一起收集出版了著名的《儿童与家庭童话集》①（*Kinder- und Hausmärchen*，1812~1815）。[32]

　　此外，雅各布致力于编写首部百科全书式的日耳曼神话汇编——《德意志神话》（*Deutsche Mythologie*，1835），直到 20 世纪，这部 4 卷本著作仍是典范。[33] 其中专门讨论异教神灵的章节，通过词源分析将这些神灵与其他印欧诸神关联在一起，其严谨和细致几乎到了无以复加的地步。与此同时，书中还对"森林""泉水""山脉"等神话进行了深入探讨，雅各布·格林将这些古老神话与德国土地的具体特征联系了起来，其所遵循的正是赫尔德的观点：环境塑造了神话内容，神话和环境又共同塑造了民族特性。

　　雅各布·格林采取的立场肯定会使正统宗教情感受到冒犯，因为他进一步认为，对基督教的皈依打破了土地、神话与民族之间的联系。本土传统在外来文化的冲击下节节败退，其结果是人们与过去、与本土的关系均遭到破坏。[34] 在描述这一过程时，雅各布·格林原本枯燥乏味的措辞充满激情。他的研究还可以理解为：通过恢复被基督教试图抹杀的一切传统并让人们再度耳濡目染，来努力扭转这种局面。

————————————

　　① 即《格林童话》。——译者注

五

　　雅各布·格林深受理查德·瓦格纳（Richard Wagner，1813~1883）的尊崇，后者也试图将神话与民族重新联系起来，尽管是经由艺术而非学术。[35] 1848 年德累斯顿革命（Dresden revolution）失败之后，瓦格纳避居巴黎。上述雄心在其 1849~1851 年写于此地的理论文章中得到了阐述。其中最重要的是《未来的艺术品》（The Artwork of the Future，1849），在这篇论文中，他对自己的美学、文化和政治理论进行了充分阐发，并试图促成一种带有阶级意识但仍属民族主义（völkisch）的艺术品位。[36] 因此，除遵循旧例将民族视为以成员共享的一切事物（土地、语言、历史、神话、音乐、民歌等）为标志的一种充裕（plenitude）外，瓦格纳认为，在现代社会，民族也以缺失（absence）为标志，因为民族现在是由人们的种种需要和欲求来界定的。那些缺少这种需求的人因此与民族疏离并使自己成为民族的敌人。瓦格纳采用路德维希·费尔巴哈（Ludwig Feuerbach，1804~1872）诸多反犹言论中的最后一个术语，将这种"奢华"的民族进一步描述成反复无常和利己主义——瓦格纳此时十分钦佩费尔巴哈，这篇论文就是献给费尔巴哈的。[37]

　　正如标题所示，费尔巴哈在其最重要的著作《基督教的本质》（The Essence of Christianity，1841）中，从黑格尔左派（Hegelian left）的角度对基督教进行了批判性分析。不过在讨论基督教以外的宗教时，有一章格外突出，此即第 11 章 "犹太教中创造的意义"[38]。在这里，费尔巴哈在犹太人与希腊人的心智之间找到一种尖锐的结构性对立，并将这一对立追溯到各自不同的创世神话上。比如，在犹太教经典中上帝创造自然供人类所用，希腊人则将自然视为神灵，怀着敬意对之苦思冥想。由这些基本假定出发，费尔巴哈进一步认为，希腊人具有审美和理论的敏感性，这使他们发展出艺术和科学；犹太人则成为一个实用、功利的民族，掠夺自然，只想从中获利。此外，费尔巴哈整个论述中的关键词是 "利己主义"，他对这个词的使用不下 20 次，始终用来描述犹太人。下面这段话便是典范：

直到今天，犹太人还不变其特性。他们的原则，他们的上帝，乃是世界上最实用的原则，即利己主义，而且是宗教形式的利己主义。利己主义就是那不让自己的仆人感到羞愧的上帝。利己主义在本质上是一神教的，因为它唯独以自我为目标。利己主义增强了凝聚力，使人专注于自己，给他一种始终如一的生活原则；但是，它也使人在理论上变得偏狭，因为它使人漠视一切跟自己切身利益无关的东西。因此，科学就像艺术一样，只能从多神教中产生，因为多神论是对一切美好事物不加区分的坦率、开放、毫不嫉妒的感知，是对世界和宇宙的感知。希腊人将目光投向广阔的世界，以扩大他们的视野……我再说一遍，多神教的态度，是科学和艺术的基础。[39]

在对费尔巴哈的解读中，瓦格纳抓住了利己主义主题，并在《未来的艺术品》中间接地借用了这一主题。在使德意志民族的敌人不仅是中产阶级压迫者，而且是"利己主义者"时，他得以将他们等同于犹太人。如果说瓦格纳的反犹主义在这篇文章中还有些若隐若现，那么在同一时期的另一篇文章中，情形则大相径庭。后一文章用化名发表，试图规避由此带来的丑闻影响，但并未实现。这便是《犹太教与音乐》（Judaism and Music，1850），他在文中旗帜鲜明地摆出三个论点。[40]第一个源自最粗暴的反犹主义旧习，将犹太人描述成一种无法抹除的肉体上的另类，其相貌不仅与众不同，而且令人深恶痛绝。第二个植根于赫尔德的学说并立足于以下观察：犹太人没有自己的语言，意第绪语（Yiddish）是一种低级的、假冒的德语。对其他人来说，语言的缺乏表明犹太人（他们也缺乏家园）不是一个真正的民族，但瓦格纳出于自己的执念，将论述转向了新的方向。瓦格纳坚持认为歌曲既是言语的最高形式，也是所有音乐的基础。他进而认为，犹太人不能创作音乐或诗歌，因为一个人的母语是上述两种艺术的先决条件。第三，他坚持认为犹太人与音乐的唯一关系可能是消费能力，鉴于犹太人通过放高利贷累积了巨额财富，他们现在可以购买他人的音乐作品作为自己的奢侈品。这样做的时候，犹太人有主宰音乐界和文化界的危险，同时再一次表明他们与德意志民族格格不入甚至难以相容。[41]

这些观念在《未来的艺术品》中有着更广泛的论述并获得附加意义，瓦格纳在此将现代性的弊病与文化的颓化过程联系起来。在一种宏大的历史叙事（其理论前提源自赫尔德）中，瓦格纳将民族（Völker）解释为最初基于亲属关系的种种共同体，他们在萨迦和仪式中保存了自己的世系和家园知识。[42] 后来，随着部落变为国家，他们创造出更为庄严、有效的神话和仪式；借助这些神话和仪式，他们激发、聚合了更庞大、更分散的人口。这方面最著名的例子是古希腊悲剧，神话在此以庄严肃穆、感同身受（synaesthenic）的方式被生产出来，全体成员亲临观摩。[43] 然而，在上述巅峰时刻之后，这种艺术的力量减弱了，尤其在现代社会，奢侈和利己主义已彻底腐蚀了文化生活。瓦格纳以预言家和救世主的热情宣布的解决方案是恢复古希腊那样的艺术：一种将音乐、诗歌、舞蹈、戏剧表演、造型艺术和建筑艺术融为一体的总体艺术品；此外，这种艺术将击溃一切利己主义，因为其本身就是民众的声音和产物："如果我们最终证明民众必然是未来的艺术家，那么我们必将看到，当代艺术家的自高自大在对这一发现的轻蔑惊讶中爆发出来。他们完全忘记了，在全民血亲的时代——这个时代先于个人的绝对利己主义被升格为宗教的时代，也即我们的历史学家视为神话和寓言的时代——民众实际上已经是唯一的诗人、唯一的艺术家……"[44]

六

作为《未来的艺术品》的附录，瓦格纳提供了一则神话范例，这则神话会在必要时给予德意志民族启迪，此即铁匠韦兰（Wieland the Smith）的传说。这是一位受国王奴役的工人，他挣脱锁链逃之夭夭，还对敌人进行了可怕的报复。[45] 尽管瓦格纳最初打算以这个神话为基础创造一种总体艺术（Gesamtkunstwerk），但他对这项工作的热情，随着对于政治革命的激情而冷却。于是，他将注意力转向了另一则神话，后者与韦兰传说一样，明显属于泛日耳曼语民族，在古挪威语、盎格鲁－撒克逊语和欧洲大

陆的资料中均可得到证实。这便是沃尔松格（Völsung）家族屠龙英雄齐格弗里德［Siegfried，或称西格德（Sigurd）］的故事。瓦格纳在接下来的三十年中致力于研究这些材料，将创作单部总体艺术的计划逐渐扩展为四联歌剧《尼伯龙根的指环》（Ring Cycle），他将这部歌剧命名为"舞台节日剧"（Bühnenfestspiel），即搬到舞台上的音乐节。值得一提的是，这并非寻常舞台，而是受皇家赞助，瓦格纳在拜罗伊特（Bayreuth）设计建造的大剧院。1876 年 8 月 13~30 日，《尼伯龙根的指环》在此举行首演。其宗旨与其说是戏剧表演，不如说是仪式庆典，以此来凝聚、重整和激励德意志民族。

　　《尼伯龙根的指环》本身太过庞大，这里无法展开讨论。它的象征性和意识形态内涵如此丰富，以至于需要一本书来分析。因此，我仅提醒大家注意瓦格纳对齐格弗里德神话的早期伪学术处理，此即 1848 年夏天所写的《维伯龙根》（The Wibelungen）[46]，这是一篇令人难以置信的研究与幻想的混合物。其名称即是一种"重构"，显示出非凡的创造力以及学术规范的彻底缺失。瓦格纳试图通过这种"重构"来呈现尼伯龙根（Nibelungs）传说与历史上吉伯林党（Ghibelline party）之间的深刻联系，后者曾在文艺复兴时期支持德国皇帝反对教皇。[47]

　　按照瓦格纳的说法，这些维伯林人（Wibelings）是一支日耳曼人（Germanic Volk）中的王室宗族，他们从亚洲的原初家园迁徙而来，这个地方瓦格纳有时认为是在"印度–高加索"一带，有时则认为是在特洛伊。[48]几个世纪以来，这支日耳曼人在尼伯龙根萨迦中保留了他们对最遥远的过去的记忆，瓦格纳认为其中的两组象征极其重要。首先，依照格林等人所宣扬的观点，瓦格纳认为齐格弗里德与毒龙之间的战斗代表昼与夜、冷与热、善与恶的斗争。他强调，这些斗争没有任何最终胜利者：战胜敌人后，齐格弗里德就像太阳一样，在他所遭遇的另一场斗争中败落。不过，这位英雄的死激起他的族人（Volk）重整旗鼓，为英雄的牺牲复仇，并重新战胜黑暗、邪恶的另一方。[49]第二组观念凝聚在尼伯龙根宝藏这一象征物中，瓦格纳认为这些宝藏代表对世界的统治权。这些宝藏一度由恺撒（Caesar）和罗马人拥有，后来传到查理大帝（Charlemagne）和法兰克人（Franks）

手中，成为许多人争夺的对象：莫洛温人（Merovingians）、加洛林家族（Carolingians）、撒克逊人（Saxons）、巴伐利亚人（Bavarians）、伦巴第人（Lombards）、帝王们和教皇们。

在整个中世纪，日耳曼国王的权力被削弱了。然而，即使在衰落时期，这个民族仍在有关尼伯龙根宝藏的神话和古歌中保留了对过去的记忆和对未来的希望。由这些神话和古歌，瓦格纳提议——不过不是以一个自尊自大的天才（无论有多么伟大！），而是代表这个民族——创作堪比古希腊悲剧的未来艺术品。这件艺术品中的神话不仅涉及宝藏，其本身便是宝贵的遗产，是骄傲和力量的源泉，能够呈现精妙的形式并重振人心。

尽管瓦格纳在早期著作中主要谈的是日耳曼人，不过他在《维伯龙根》一文中将日耳曼人的起源追溯到亚洲，这一事实表明他将日耳曼人视为雅利安离散群体的一部分。这为他与阿蒂尔·德·戈比诺伯爵（Artur, Comte de Gobineau, 1816~1882）建立友谊奠定了基础。后者是有关种族问题的首部专论《人种不平等论》（*Essai sur l'inégalité des races humaines*，1853~1855）的作者，瓦格纳在 1878 年首次遇见他。[50] 当时，戈比诺伯爵的种族理论在德国鲜为人知，瓦格纳却热情地接受了这些理论，同时减少了其中的悲观色彩并增加了反犹成分。经过这种修订，上述理论受到拜罗伊特的瓦格纳许多追随者的支持，尤其是《拜罗伊特报》（*Bayreuth Blätter*）编辑路德维希·谢曼（Ludwig Schemann）和瓦格纳的女婿休斯顿·斯图尔特·张伯伦（Houston Stewart Chamberlain，1855~1927），后者所著《十九世纪的基础》（*Grundlagen der neunzeunten Jahrhunderts*，1899）一书是纳粹意识形态得以形成的基础文本。[51] 到了晚年，瓦格纳采用戈比诺的词汇来总结他几十年来一直倡导的观点，正如《尼伯龙根的指环》在柏林首次公演（1881 年 5 月 16 日）后他写给巴伐利亚（Bavaria）国王路德维希二世（Ludwig II）的信中那样。这封信明显掺杂着自我标榜、种族傲慢与陈腐的学究气："（《尼伯龙根的指环》）无疑是雅利安种族最具特色的艺术品：地球上没有任何民族能比这一来自上亚细亚（Upper Asia）的部族更清楚地意识到自己的起源和习性，这个部族是最后进入欧洲文化的，直到那时，他比所有其他白种人更好地保持了

自己的纯洁性。目睹这样一项工作在我们中间取得成功，人们完全有理由满怀希望。"[52]

七

众所周知，弗里德里希·尼采（1844~1900）早期生涯深受瓦格纳影响，虽然《尼伯龙根的指环》在拜罗伊特首演后，他与瓦格纳断绝了关系。[53] 在其早期著作中，尼采以瓦格纳的理论为出发点，十分明显地谈到了神话问题。[54] 的确，他对这个话题最充分、最系统的讨论出现在他的第一本书《悲剧从音乐精神中诞生》（*The Birth of Tragedy out of the Spirit of Music*，1872）①中，这本书是献给瓦格纳的，书中应和了这位大人物的重要观点。

这本书的写作过程颇为复杂，其间还出现某些波折。1870 年尼采开始动笔，次年 4 月，他向瓦格纳宣读了一份早期手稿，其中包括一篇明确献给瓦格纳的序言和十五个按序号编排的章节。尽管瓦格纳做出了热情回应，不过他还是希望对一些观点做进一步阐述，更多关注自己过去和可能的贡献。尼采按照建议又增加了十章，不过他后来对此感到遗憾，正如他在《瞧！这个人》（*Ecce Homo*，1888）一书以及《悲剧的诞生》（*The Birth of Tragedy*）第二版（1886）所收"一种自我批评的尝试"一文中所清楚表达的。[55] 对神话的讨论主要集中在此书第 16~25 章，即瓦格纳建议增加的部分，不过前面部分也有一些重要段落（尤其是第 9~10 章）。

与瓦格纳（以及 19 世纪的许多德国人）一样，尼采将古希腊悲剧视为欧洲文化的桂冠，在此之后，欧洲大陆乃至整个人类陷入持续的衰退之中。不过在这些老生常谈之外，他还对希腊奇迹进行了极具原创性和启示性的分析，认为这一奇迹是由截然相反的两种趋势综合而成。当然，最重要的是被他率先定义为阿波罗与狄奥尼索斯的两种精神之间的相互作用。[56] 不过在书中，他在神话和音乐之间发现的关联（但并非完全对应）

---

① 为淡化瓦格纳的影响，尼采在第二版中将此书更名为《悲剧的诞生》（*The Birth of Tragedy*），参见本章尾注 [55]。——译者注

与对立只得到了较少的强调。[57] 他将神话理解为一种高度凝缩的世界幻象与每一种宗教的先决条件，一种希望作为普遍性与真理性的唯一范例而被经验的体裁。此外，它以生机益然、令人陶醉的音乐为媒介，被充分赋予了生命，二者的结晶便是悲剧。[58]

除了这种相当形式化的分析（悲剧＝神话＋音乐），尼采还提供了一段简略的希腊悲剧史，这又是一个失乐园与复乐园的神话。根据他的叙述，希腊悲剧在公元前480年后不久即出现（这一点有证据支持），成为希腊民众（Volk）在波斯战争（Persian Wars）胜利后自我治疗、恢复的手段——这场战争巩固了他们的力量并将他们定义为一个民族。[59] 尼采在普法战争（Franco-Prussian War，1870~1871）期间写了这本书，德国统一后此书很快问世。书中的几处虚夸性表述，足以向读者表明二者之间有明显关联。最重要的是第23章的结语，它越出战争之外，呼吁德意志民族的纯化与复兴。尽管尼采承认，有人认为用暴力消灭所有外来事物是这一过程的第一步，但尼采本人仍然强调重振德国艺术、诗歌、神话、宗教并依附于祖国：

> 我们高度评价德国性格所具有的纯粹而强大的核心，恰恰对于这种性格，我们敢于有所期待，期待它能剔除那些强行植入的异己元素，而且我们认为，德国精神是有可能回归自身的。有人也许会以为，德国精神必须从剔除罗马因素开始自己的斗争。[60] 这样一来，他或许从最近一场战争的胜利勇猛和浴血光荣当中，看到了一种为这种斗争所做的表面准备和激励，但他必须在竞争中寻找一种内在的必要性，即必须始终无愧于这条道路上的崇高的开路先锋，无论是路德还是我们的伟大艺术家和诗人们。不过，但愿他决不会以为，没有自己的家神，没有一种对全部德国事物的"恢复"，他就能进行类似的斗争！[61]

如果说尼采在讲述悲剧起源的同时也在评论他所处时代的文化和政治，那么他在谈论悲剧的消亡时同样如此。对他而言，导致悲剧消亡的元凶不是别人，正是苏格拉底。他让苏格拉底成为科学精神、有害的探究精神和理性精神的动因，从而处于艺术、灵感诗（inspired verse）和激情的对立面。公元前 5 世纪末，与苏格拉底相关的这些价值异军突起，它们击败了神话，进而破坏了音乐。[62]悲剧走向终结，其地位被其他低劣的文化形式所取代。如同尼采所概括的那样，苏格拉底的这一形象无疑是由多种因素决定的。它令我们想起人的许多品质、性情、活动和特征，而这一切都是尼采所反感的，其中包括理性、乐观和一种片面的日神主义（Apollinianism）。除此之外，他还将苏格拉底主义（Socratism）与亚历山大（Alexandria）及罗马联系起来，并含蓄地与法国启蒙运动联系在一起——后者将苏格拉底奉为主要的导师和英雄之一。

上述这些联系，部分源自早期浪漫主义者尤其是弗里德里希·施莱格尔（Friedrich Schlegel）与奥古斯特·施莱格尔（August Schlegel）的论著，其他则是尼采的首创。[63]后一部分中，有一点在《悲剧的诞生》中被掩盖，但在尼采早先发表于巴塞尔自由学术协会（Freie Akademische Gesellschaft in Basel）的演讲（1870 年 2 月 1 日）中要突出得多。这次演讲题为"苏格拉底与悲剧"，尼采在其中照搬了自己第一部著作的许多论述，但在一个关键问题上更进一步：他呼应瓦格纳的执念，将苏格拉底主义与"现代犹太报刊"等同起来，认为后者是当代伟大悲剧艺术的主要敌人。[64]这一观点超出人们可接受的范围，引发了严厉的批评。尽管瓦格纳支持尼采的观点，但他还是写信给自己的这位年轻追随者，劝告其在公开声明中要更加谨慎。[65]尼采在《悲剧的诞生》中采用的措辞正是对于这一建议的回应，这些措辞更加隐晦、模糊，但对于这部著作所题献的对象①来说十分清楚。

八

尼采的学术训练属于古典语文学，因此精通印欧语言和神话研究。在他熟悉并阅读过的作者中，有阿达尔伯特·库恩（Adalbert Kuhn，1812~1881）。后者是德国"比较神话学"最有影响的倡导者，也是《比

---

① 即瓦格纳。——译者注

较语言学杂志》（*Zeitschrift für vergleichende Sprachforschung*）的创办者以及印欧诗学（Indo-European poetics）研究的先驱。[66] 库恩的主要著作是《火与神酒之降临》（*DieHerabkunft des Feuers und des Göttertranks*，1859），他在书中重建了一则"雅利安"神话，其主人公从诸神那里窃取东西并交给急需的人类，从而调和了天地之间的矛盾。[67] 有时主人公窃取的是火，即促成文化的重要工具；有时是永生之酒。神话中永生之酒的原型主要来自印度和斯堪的纳维亚半岛。火的原型来自普罗米修斯神话——库恩基于语文学的比较宣称该神话源自雅利安人，这一观点因似是而非早已被抛弃。[68] 在整部著作中，他将这些神话解释为对自然现象（尤其是风雨雷电，它们将维持生命的水、火从天上带到大地）的寓言化描述。

正如尼采早期未刊手稿中一些颇为不屑的言论所显示，他对希腊神话的寓言化解释几乎没有兴趣[69]，但对普罗米修斯有持久的热情。与瓦格纳、歌德及其他浪漫主义者一样，尼采把普罗米修斯视为富有创造性、叛逆性、蔑视权威的天才。[70] 1869 年 11 月，他从巴塞尔图书馆借了《火与神酒之降临》及其他许多印欧神话学、语言学方面的书籍，其中包括弗里德里希·戈特利布·韦尔克（Fr. G. Welcker）的《希腊诸神教义》（*Griechische Götterlehre*，1857~1863），该书扩充了库恩的视野，进一步将"雅利安"的普罗米修斯与"希伯来"的失乐园进行了对比。[71]

以上便是《悲剧的诞生》第 9 章的写作背景，该章完成于瓦格纳建议增加内容之前，是尼采最初文稿的一部分。在这一章中，尼采的注意力从希腊文明内部（也是构成希腊文明的）日神精神与酒神精神的对立，转移到希腊人与他者的对立："普罗米修斯故事乃是整个雅利安民族的原始财富，证明他们具有极大的悲剧天赋。其实不无可能的是，这个神话之于雅利安人，就如同失乐园神话之于闪米特人一样，具有独特的意义，这两个神话之间有着某种类似于兄妹的亲缘关系。"[72]

在对库恩有关盗火主题的观点做简要总结后，尼采聚焦于道德意义而非自然寓意，继续说道："人类能分享的至善和至美的东西，人类先要通过一种渎神才能争得，然后又不得不自食其果，即是说，不得不承受那整个痛苦和忧伤的洪流，那是受冒犯的苍天神灵必须用来打击力求上升而成就高贵的人类的。这是一种严峻的思想，它赋予渎神以尊严，通过这种尊严与闪米特人的失乐园神话奇特地区分开来；在闪米特人的失乐园神话中，好奇、说谎欺骗、不堪诱惑、淫荡，被视为祸害之根源。"[73]

在这个段落中，尼采通过神话叙事，不仅固化了人们对于两个民族的印象，而且建立起一组带有歧视性的、紧密联系的二元对立结构，这一结构整合了种族、性别、宗教、道德等范畴。我们至少可以从中发现以下对立：

普罗米修斯：夏娃：：

希腊：以色列：：

雅利安：闪米特：：

男性：女性：：

大胆亵渎：说谎欺骗：：

火种（＝文化成就）：果实（＝两性欢悦）

悲剧：传奇剧：：

恶的伦理：罪的伦理：：

骄傲的反抗：偏执的忏悔：：

苦难与力量：悔恨与软弱

尼采后来的著作大致延续了这一模式，不过也有一些细微变化。例如，在《曙光》（*Daybreak*，1881）第83节、《快乐的科学》（*The Gay Science*，1882）第135节、《敌基督者》（*The Antichrist*，1888）第48~49节，再次出现普罗米修斯与夏娃之间的对立，但在上述章节中，他扩展了自己的分析，从而使《圣经》故事不仅代表犹太教本身，还代表基督教和一般性的以祭司为取向的宗教。在1888年的笔记条目中，人们还发现他试图将雅利安人、闪米特人的对比，与肯定生命、否定生命两种取向的对比剥离开来，并将祭司视角的存在与否作为又一个相互作用又各自独立的变量。如此一来，他将佛教（受到叔本华和瓦格纳的推崇）视为一种否定生命的雅利安宗教，而将伊斯兰教以及希伯来《圣经》的早期部分视为肯定生命的闪米特宗教。[74]

在生命与写作的晚期，尼采意识到，深受瓦格纳钟爱的拜罗伊特集团有着庸俗的反犹主义和狭隘的沙文主义成分，他为此困扰不已。与此相应，在诸如《论道德的谱系》第一篇等论著中，他对雅利安人与闪米特人之间的惯常对立进行了重组，使之不再简单复制希腊人与犹太人的对立，而是以希腊人与基督徒的对立告终。讨论这些发展需要一些时间，我将在第五章重新回到这一问题。

九

如果说库恩是德国"比较神话学"的主要倡导者，那么弗里德里希·麦克斯·缪勒（1823~1900）在英语世界扮演的是类似角色。麦克斯·缪勒生于德国，后移居英国，成为牛津大学第一位比较语文学教授，编译过《梨俱吠陀》（Ṛg Veda）和《东方圣书》（Sacred Books of the East），完成了大量著作，还发表过许多很受欢迎的演讲，这些演讲吸引了数以千计的听众。年轻的时候，麦克斯·缪勒读到弗里德里希·施莱格尔《论印度人的语言和智慧》（1808），这本书将他引向对于印度的研究；年逾古稀的谢林的一次演讲，又激发了他对于神话的兴趣。[76] 缪勒决心获得最好的教育，他在柏林与波普（Bopp）一道学习语文学，还在巴黎跟随欧仁·比尔努夫（Eugène Burnouf, 1801~1852）学习梵文，然后在 1847 年回到英国，打算在这里研究东印度公司（East India Company）收藏的《吠陀》手稿。回英国不久，他在克里斯蒂安·本森男爵（Baron Christian Bunsen, 1791~1860）的帮助下抵达牛津。本森是一位通晓波斯语、阿拉伯语和古挪威语的绅士型学者，曾担任普鲁士驻英国大使，他希望这位天资聪颖的年轻人能将最新的德国学术带到不列颠群岛并将风靡一时的雅利安古代文化传播开来。[77]

在本森看来，雅利安人话语渗透着德国民族主义[78]，但麦克斯·缪勒只在少数例外的情况下表现出这种倾向，最显著的是他在普法战争期间所写的信件"致英格兰人民"（To the People of England）。[79] 不过在多数情况下，他关注的不是北欧的雅利安人，而是南亚的雅利安人。在其许多著作中，一个潜在的愿望是促进政府对印度采取更为仁慈的殖民政策；其著作中散布着梵文与希腊文资料的比较，这些并非偶然为之，而是努力促使、诱劝读者承认：作为"他者"的印度人，其实是"我们"家族失散已久的成员。

尽管麦克斯·缪勒的立场在当时还算合理开明，不过仍有其局限性和内在矛盾。如果说吠陀时代的印度与荷马时代的希腊尚能平起平坐，那么维多利亚时代的英格兰与其印度属地便很难被一视同仁。在麦克斯·缪勒看来，导致印度落后的主要因素之一即是神话，他在涉及宗教和语言的一种总体性理论框架内，将神话与诗歌联系起来并加以对比。与哈曼和赫尔德一样，他认为诗歌与人类的起源相伴生，反映了一种与生俱来的宗教意识：对世界奇观的一种直觉反应。与之相对，神话是后来的发展，是雅利安语特有的某些语法和文体现象引发的"语言的疾病"。例如，可大量扩展的词根、按性别归类的名词和多余的同义词，都可能使普通名词被误认作神的名字，正如对自然现象——比如日出和雷雨——富有诗意的描述，可能被误认为是对超自然力量及其神奇事迹的描述。[80] 正是这种语言倾向，使得雅利安人富有想象力和创造力，从而导致他们将诗歌转化为神话，其结果是神灵的衍生、宗教的堕落和心智的混乱。闪米特语迥然不同的特点（尤其是词根的稳定性和透明性），使得这种语言比雅利安语缺乏创新而更加严密，但也使得犹太人、穆斯林和基督徒成为坚定的一神论者，极少受到神话的诱惑。闪米特人的天赋在于仪式；雅利安人的天赋在于神话。

这种分析甚至比上述描述所表明的还要勉强，因为它背后潜藏着一个相当人为化的分类系统。因此，这一时期的语言学家普遍对屈折语与非屈折语做出区分，认为前者更为复杂、能够支持更为精妙的思维过程。在有屈折变化的语言中，最重要的是雅利安语系（或印欧语系）和闪米特语系，但它们的区别在于，雅利安语的词根通常有两个辅音和一个元音，而闪米特语的词根通常有三个辅音。那些想要区分这两种语言（更重要的，还有讲述这两种语言的民族）的学者，为了证明这两个系统中的一方优于另一方，举出了各种似是而非的证据。

在其早期著作中，麦克斯·缪勒追随威廉·琼斯爵士，在后者的人文地图中纳入第三个语言—种族范畴：图兰（Turanian）语系或突厥－蒙古语系，从而与雅利安语、闪米特语并列。[81] 这样做的好处是打破了明显带有歧视性、趾高气扬的二元论调——这种论调，恰好是某些有影响力的同时代人［如他的挚友兼同人埃内斯特·勒南（Ernest Renan, 1823~1892）］[82] 著作的典型特征。然而，图兰人从未真正引起过他的兴趣，麦克斯·缪勒不断回归到雅利安人与闪米特人的对立，图兰人和其他人则被置于一边。但即使在这类文本中，他也采用一种温和、舒缓的措辞，避免严厉的评判和尖刻的语气。他没有拥护一个民族而反对另一个民族，而是将一种含糊的黑格尔式的综合理想化，如同（雅利安人的）欧洲皈依（闪米特人的）基督教时所发生的那样。他提议，英国殖民主义者——他们的历史与文化成就就是通过这种综合实现的——通过让印度兄弟逐渐弃绝雅利安神话并皈依《福音书》（Gospel），这样有可能帮助他们走出蒙昧。

我们或许以为这一立场会使麦克斯·缪勒受到传教士的青睐，但事实并非如此。相反，后者认为他对"异教徒"过于同情，怀疑他对信仰不够忠实。因此麦克斯·缪勒在 1860 年被排除于牛津大学的博登梵语教席（Boden chair in Sanskrit）之外，该教席负责编写梵英词典（Sanskrit-English Dictionary）。根据博登中校（Lt.-Col. Boden）的意愿，该职位的设立与词典的编纂，目的是促使印度人皈依基督教，而不是助长英国人对于印度的理解和尊重。[83] 麦克斯·缪勒深感失望，作为补偿，1868 年又为他设立了一个比较语文学席位。即便如此，他还是在 1875 年退出这个席位，表面上是为了继续他的研究、教学和编辑职责。在后来的几年中，麦克斯·缪勒赢得一大批追随者，他对于比较神话学的热情似乎没有止境，但在此过程中，他变得愈发简单、重复，在学术上裹足不前，还在一些领域受到严厉批评。[84]

十

语言学话语在 19 世纪发生了很大变化。不仅印欧语音学与构词学的专业知识显著提升（这使得比较神话学家更容易受到技术上的批评），而且核心范式也发生转变。1770 年，语言学尚未成为一门学科，赫尔德以一篇关于当时热点问题的论文《语言的起源》（The Origin of Language），在柏林学院（Berlin Academy）的一次论文竞赛中获胜，从而赢得声誉。[85]1866年，当第一个语言学协会"巴黎语言学会"（Société de linguistique de Paris）创立时，其章程明确禁止就上述主题进行交流。[86]直到晚年，麦克斯·缪勒仍停留于旧语文学的假设中，东鳞西爪地探究个别名称表面的相似，借助古代文献处理语言问题，在此基础上，他试图重建创世之初的一段史前史。与此同时，其他学者已建立起种种语音对应规则表，使得他所津津乐道的许多"词源"难以立足。从长远来看，更大的威胁来自另外两种进展：其一，将语言作为一种鲜活的口头实体而非书面古董（textual artifact）的研究趋势日益增长；其二，费尔迪南·德·索绪尔（Ferdinand de Saussure，1857~1913）引入共时性结构主义语言学，以扭转历史语言学重建过去的企图。[87]

人类学的学科变化也对神话研究产生了深远影响。在德国、法国和欧洲大陆的其他地方，人类学通常将自己定位为自然科学的一部分，与医学、动物学的关系至少与那些将它与民族学关联起来的学科一样密切。该学科领域将人体作为主要研究对象，包括解剖学和生理学的研究，在此基础上力图阐明人种内部的清晰分类，这些分类可以用定量方式进行验证。在这一学科范式内从事研究的人类学家，借助从林奈（Linnaeus）、达尔文（Darwin）、孟德尔（Mendel）（有时也包括戈比诺）那里获得的模型，依据肤色、颅骨测量比率和其他生理指标，区分出黑色人种、白色人种和黄色人种，雅利安人和闪米特人，北欧人种、阿尔卑斯人种和地中海人种，等等。[88]这些体质人类学家只认可麦克斯·缪勒著作中的某些方面，它能反映并支撑他们所偏爱的种种范畴，尤其是雅利安人／闪米特人种的划分；但对其中的神话问题，如同对文化的其他方面一样，他们的兴趣十分有限。

与此同时，英国（一定程度上包括法国）一些学者给自己冠以种种学术头衔（民俗学家、民族学家、社会学家、宗教史学家），他们关注的更多的是信仰、习俗而非身体，从而将自己置于社会、文化和象征人类学得以发展的知识空间中。凭借从传教士的叙述、旅行家的报告以及殖民地官员的备忘录和回忆录中摘取的资料，E. B. 泰勒（E. B. Tylor，1832~1917）、安德鲁·兰（Andrew Lang，1844~1912）、W. 罗伯逊·史密斯（W. Robertson Smith，1846~1894）、詹姆斯·乔治·弗雷泽爵士（1854~1941）、埃米尔·涂尔干（Émile Durkheim，1858~1917）、马塞尔·莫斯（Marcel Mauss，1872~1950）及阿诺尔德·范·热内普（Arnold van Gennep，1873~1957）等学者提出一种与比较神话学截然不同的神话学模式。在他们看来，神话首先是一种口头现象，其次才是一种文本现象，因而他们对神话的研究不再与语言和诗学相关，而是与仪式展演、社会组织模式联系在一起。[89]

这些学者还以更加宽泛的方式，将达尔文进化模型从生物学领域转移到文化领域，同时将自己的专业使命定位于"原始"范畴。这一关键术语不仅标志着时间上的差异，而且标志着空间、种族和政治上的差异，它被施加到许多异己民族，欧洲宗主国拒绝承认自己与他们处于同一时代。[90]这些人类学先驱从理论上将神话构建为原始民族的故事，进而将神话的某些成分（例如，神和动物角色、乱伦和食人情节、非亚里士多德式的因果律）视为人类童年时代非理性思维的表现。这种视角反映了 19 世纪末殖民主义的迅速扩张并有助于使之合法化，它用一种升级版的类似叙事，取代了早期被殖民者视为需要救赎的异教徒的传教主题；在这种叙事中，土著缺乏的不是基督教福音，而是理性和 / 或历史：他们是深陷于神话泥淖中的民族。

在麦克斯·缪勒与安德鲁·兰的长期论争中，两种不同的方法、证据体系和学科取向相互对峙，导致一种范式的转变。[91] 不过，我们不应高估这一转变的重要性。尽管存在种种差异，获胜的人类学模式仍与早先的语

文学模式有着显著的共同特征。后者基于语言差异区分出雅利安人和闪米特人，前者则依据进化程度区分出原始文化与现代文化，但两种话语均造成两类族群之间的明显断裂：一类与欧洲的"我们"相关；另一类与次要的、异己的"他们"相关。这两种情况下，神话的在场与否都是关键变量，尽管二者对神话有不同的估量（见表3-1）。

表 3-1 19 世纪末语文学与人类学神话研究的组织结构

语文学模式	
雅利安人	闪米特人
秘索斯→逻各斯	仪式
多神论	一神论
复杂	简单
好奇，富于创新	虔诚，陈陈相因
征服者	持守者和抵抗者
人类学模式	
现代	原始
理性与历史	神话与仪式
科学	迷信
进步	原始
充满活力	停滞不前
征服者	被殖民者

在英国，以语文学为基础的比较神话学随着 1900 年麦克斯·缪勒的去世而淡出，民俗学—人类学模式继之而起。弗雷泽的《金枝》（*Golden Bough*）影响一时，为原始神话和巫术提供了一种极具吸引力的进化论解释。在这部著作中，弗雷泽聚焦于广为流传的诸神死亡与再生神话，他煞费苦心地收集这些神话并生动地进行重述，将这些神话视为"弑王巫术—仪式"的残留，这种仪式在古代社会以及处于人类发展低级阶段的野蛮人中间十分盛行。从 1890 年第 1 版到 1911~1915 年第 3 版，《金枝》被扩充为厚重、宏伟的 12 卷，引起许多人的关注。除人类学家外，它还受到

简·艾伦·哈里森（Jane Ellen Harrison，1850~1928）、弗朗西斯·康福德（Francis Cornford，1874~1943）及"剑桥仪式学派"（Cambridge Ritualists）等古典学家的欢迎，他们认为神话的出现是为了解释根深蒂固但已不再被人理解的各种仪式。杰西·韦斯顿（Jessie Weston，1850~1928）、T. S. 艾略特（T. S. Eliot，1888~1965）等文学家也发现了弗雷泽的魅力，此外还有 S. H. 胡克（S. H. Hooke，1874~1968）、S. G. F. 布兰登（S. G. F. Brandon，1907~1971）等东方学家、宗教史学家以及"神话仪式"学派的其他成员，他们均从《圣经》和古代近东的资料中发现了弗雷泽式的戏剧。[92]

在承认深受弗雷泽影响的人物中，最重要的是布罗尼斯拉夫·马林诺夫斯基（Bronislaw Malinowski，1884~1942），他与前辈学者有一些共同的兴趣和假设，但他对弗雷泽的接受是批判性的，摒弃了弗雷泽的某些方法和进化论视角。[93] 正如欧内斯特·盖尔纳（Ernest Gellner）在论及马林诺夫斯基时所说："人类学不再是一种受文化遗留物的推动而考察过去的时间机器（即对于落后文化的研究）：它要成为一种调查当前民族志的工具；在这种民族志中，对于过去的信仰被视为在功能上服从于当前的需要。"[94]1925 年，在为纪念弗雷泽而发表的演讲"原始心理中的神话"（Myth in Primitive Psychology）中，面对亲临现场的这位尊贵老人，马林诺夫斯基首先回顾了阅读《金枝》如何启发并引导自己走上人类学研究之路。[95]尽管如此，他的演讲仍为这位前辈"扶手椅上的比较研究"（armchair comparativism）及其对文献和史前史的沉迷敲响了丧钟。马林诺夫斯基强调文本与当下（民族志）语境之间的联系，他将神话理论化为"社会宪章"的一种形式，神话中的种种细节使得文化中的许多重要方面得以确立并合法化。

马林诺夫斯基似乎认为，这些革命性观点完全源于他在特罗布里恩群岛（Trobriand Islands）首创的田野调查——这一叙事已成为现代人类学的某种创世神话。然而，最新研究不仅使他从事该领域的时间出现问题，而且表明，他的思想源于学生时代所接触到的大陆哲学这一广阔潮流。[96] 比如，马林诺夫斯基学生时代所写的第一篇论文是《论弗里德里希·尼采

〈悲剧的诞生〉》（Observations on Friedrich Nietzsche's *The Birth of Tragedy*，1904），在这篇论文中，他对尼采将神话视为文化源头的观点表现出特别的兴趣。[97] 更宽泛且更重要的是，在青年和学生时代，马林诺夫斯基受到波兰现代主义者和新浪漫主义者的影响，他们拒绝接受黑格尔的历史观，后者将历史视作一个辩证的过程，其终极形态为普鲁士模式的强大国家。这些思想尤其冒犯了他们的民族主义情绪，因为波兰一再被普鲁士、奥地利和俄国瓜分，是黑格尔所鼓吹的上述历史必然进程的受害者。于是，他们反对国家（state）而倡导民族（nation）——他们以典型的浪漫主义方式，将民族理解成一个由语言、神话、民俗和文化构成的实体；与此同时，他们也反对推定的进步叙事，倡导民族的永恒（即非历史）精神。[98] 所有这些，为马林诺夫斯基在有关弗雷泽的演讲中赋予神话的功能提供了背景，神话在此体现为一个民族独特的和不可剥夺的声音，是嵌有该民族文化的超历史模型，也是凝聚该民族社会的结构性力量——这是一个无需国家的社会。在这一切背后，我们可以察觉到赫尔德的神话观：神话是民族精神的体现；正如在弗雷泽背后，我们可以感受到柏拉图的神话观：神话是"虚假幼稚的故事"。

　　法国的情况有所不同。在那里，比较神话学在比尔努夫和米歇尔·布雷亚尔（Michel Bréal，1832~1915）的推动下蓬勃发展，但在 19 世纪末陷入沉寂，此时涂尔干主义者（Durkheimians）站在安德鲁·兰的一边反对麦克斯·缪勒，但他们对神话学本身兴趣甚微。[99] 第一位认真尝试将这一领域从荒芜状态拯救出来的是乔治·杜梅齐尔，他在学生时期已受到年迈的布雷亚尔的启发。从写作博士论文（1924）开始，杜梅齐尔试图融合他从安托万·梅耶（Antoine Meillet，1866~1936，杜梅齐尔的论文导师、索绪尔的继承者）那里学到的现代语文学与他在弗雷泽那里发现的人类学理论，以纠正麦克斯·缪勒的错误。沿着这些方向杜梅齐尔完成了几部著作，直到他与多数学者一样，认定自己的词源学研究存在问题、自己对弗雷泽的信赖误入歧途。[100] 大约在 1936~1940 年，他对自己的基本假设做了重新审视，其结果是，通过复兴这一领域并赋予其新的合法性来实现他的雄心。这个故事众所周知，一直被作为一件非凡成就来叙述，但间或也有其他方式的叙述。我在第六和第七章会对此问题做进一步探讨。

在北欧和中欧，情况与英国和法国又大不相同。在那里，"土地—神话—民族"的范式以及雅利安人、闪米特人的模式化对立，继续为强烈的民族主义兴趣效力，相对而言未受语言学界或人类学界的苛责。结果，有着深刻赫尔德印记的比较神话学，在许多学者的著作中得以延续，比如，奥地利学者利奥波德·冯·施罗德（Leopold von Schroeder，1851~1920）、鲁道夫·穆赫（1862~1936）、理查德·沃尔弗拉姆（Richard Wolfram，1901~1995）、奥托·霍夫勒（1901~1987），德国学者赫尔曼·京特尔特（1886~1948）、瓦尔特·维斯特（1901~1993）、雅各布·威廉·豪尔（Jacob Wilhelm Hauer，1881~1962）、弗朗茨·阿尔特海姆（1898~1976）、汉斯·海因里希·舍德尔（1896~1957）、弗朗茨·罗尔夫·施罗德（Franz Rolf Schröder，1893~1979）、赫尔曼·隆梅尔（1885~1968）、沃尔特·奥托（Walter Otto，1878~1941），荷兰学者扬·德·弗里斯（1890~1964），丹麦学者威廉·格伦贝克（Vilhelm Grønbech，1873~1948），瑞典学者 H. S. 尼伯格（H. S. Nyberg，1889~1974）、斯蒂格·维坎德（1908~1983）、杰奥·维登格伦（Geo Widengren，1907~1996），罗马尼亚学者米尔恰·伊利亚德（Mircea Eliade，1907~1986），匈牙利学者卡罗伊·凯雷尼（Karolyi Kerenyi，1897~1973），瑞士学者卡尔·梅乌利（Karl Meuli，1891~1968）、C. G. 荣格（C. G. Jung，1875~1961）。[101]

十一

在本章中，我试图追溯一种话语的谱系并已触及其中一些（但不是所有）部分。据我了解，这一话语包含五个基本要素。第一，其出发点和大前提是赫尔德的民族观，即民族是一个由共同的神话、语言、家园和体质特征（physiognomy）所定义的实体。第二，其小前提是琼斯关于古代"雅利安人"或"印欧人"原初语言的假说，这种语言本身未经证实，但它是梵语、波斯语、希腊语、拉丁语、德语及其他几种语言的祖先。第三，由上述两点的相互作用，可得出一个逻辑上可疑但在修辞和意识形态上有吸引力的结论：原初语言的假说，必然意味着某个原初民族（Urvolk）、原初家园、一套原初神话（Urmythen）以及与之相应的一种原初体质特征（Urphysiologie）的存在。（部分或全部）恢复这些方面，于是成为"重建"研究的任务。第四，新兴民族主义的激发，这一语境中的群体，学会了如何在共同的语言、神话和（多半属神话性质的）史前史的基础上动员成员，以及如何对领土和主权国家提出强有力的要求，以适应他们（所建构的）的集体认同。第五，这套话语还有一个常见但并非恒定的特征，即将自己民族的神话、语言和身体与其他民族进行对比的倾向。可以想象，很多"他者"都可能被那些自称"雅利安人"的群体临时用来对比，不过经常被选中的是闪米特人，其结果很难让人恭维。

1783年，也就是赫尔德《人类历史的哲学观念》第1卷问世前一年，这套话语中的任何要素尚不存在，因此也就没有所谓的"雅利安人"。随着这套话语在随后几十年间的形成，对于那些作为说者与听者参与其中的人来说，该话语的核心对象具有了现实性和重要意义。关于雅利安人的讨论迅速传播，因为它引起并激发了（但从未真正满足过）北欧人深切而长期受挫的渴望——既是对一种辉煌的共同过去的渴望，也是对一种团结、强大的民族未来的渴望。这套话语源自赫尔德（牧师暨哲学家）与琼斯（东方学家暨律师）的理论，它在学术空间与大众空间之间自由流动。学术团体、大学和书籍是其最重要的场所和媒介，但这些又与公共演讲厅、剧院、内部通讯、咖啡馆和神秘学协会紧密关联在一起。[102]

在19世纪的大部分时间里，绝大多数试图谈论神话的学者都是在这一话语内行事，尽管一些学者找到了不同的方式来介入这个话题（例如，谢林和克罗伊策）。到19世纪末，随着民族志证据在讨论中的重要性变得更加突出，其他选择也有了可能。即便如此，"雅利安人的神话"（Aryan myths）与"雅利安神话"（the Aryan myth）等旧话语仍有相当大的影响力，尤其是在德国、中欧和北欧。在这些地区，它的影响力在1933年（距离其发端一个半世纪）再度增强。正是在这一年，一名新的鼓吹者①，带着可怕的信念和前所未有的后果欣然接受了这套话语。

无论神话研究在学术界有多重要，与纳粹党和国家利用新旧神话鼓动德国民众时所释放的力量相比，仍然相形见绌。[103]纳粹神话所偏爱的主题，直接来自我在这一章所讨论过的话语。第三帝国（Third Reich）的主要叙事以各种形式被不断重复：演讲、电影、象征符号、盛大的公众场面、汉斯·F. K. 京特（Hans F. K. Günther, 1891~1968，最重要的种族理论家）[104]等的学术著作，或者如阿尔弗雷德·罗森堡（Alfred Rosenberg，纳粹党全国领袖）的《二十世纪的神话》（Mythus des 20. Jahrhunderts）[105]那样的长篇大论。但无论细节如何，共同的英雄总是被鲜血和土地联结在一起的雅利安民族。这套叙事中的反派角色则是犹太人，他们形体怪异，丧失了自己的语言和土地（这是赫尔德理论中身份认同的根源），因此，他们不仅是种族上的他者，而且是一种"对比型"（Gegentypus）：一个真正的民族的对立面。雅利安人与犹太人的对立成为必不可少的主题。这一主题从远古时代就铭刻在他们的天性中，它只能在世界末日（Armageddon）时，或者好听一点说，在诸神的黄昏（Ragnarök）时结束。毫无疑问，这是一种粗糙（且有效）的宣传，但也是一种神话：一种由神话学者、语言学者和史前史学者共同创造并阐述的神话，他们的研究后来被发现是一种可怕的循环。

纳粹版的雅利安话语，其后果是如此骇人听闻，以致通过这面简化、缩小的透镜，很容易观察到该话语的所有实例。在接下来的三章中，我想对这一话语的其他变体做一番考察，着重关注三位人物著作中的特定主题，他们是这一话语中最为出色、最有原则、最具影响力的参与者。据此，我选择威廉·琼斯爵士作为 18 世纪的代表，而弗里德里希·尼采和乔治·杜梅齐尔则是 19 世纪和 20 世纪的代表。这些人物在其学术训练、国籍、政治倾向、职业身份和宗教感情等方面表现出颇有启示性的对照，但没有一位是纳粹或原纳粹分子（尽管偶尔也有相反的指控），也没有一

---

① 指希特勒 1933 年发表就职演说，成为德国元首。——译者注

位按他们时代的标准属异乎寻常的反犹主义者。即便如此，他们满怀热情涉足其中的这套话语，对于他们及其追随者来说，最后被证明潜藏着很大的危险。

注 释

[1] 有关这一进程的权威著作，参见：Jean Seznec, *The Survival of the Pagan Gods: The Mythical Tradition and Its Place in Renaissance Humanism and Art* (Princeton, NJ: Princeton University Press, 1972). 较为晚近的重要著作见：Peter Bietenholz, *"Historia" and "Fabula": Myths and Legends in Historical Thought from Antiquity to the Modern Age* (Leiden: E. J. Brill, 1994)。

[2] 皮科洛米尼论文标题为：*De ritu, situ, moribus et condicione Germaniae descriptio*，这篇论文是对迈因茨（Mainz）大主教司铎马丁·迈尔（Martin Mair）的一封控诉书的回应。关于《日耳曼尼亚志》的早期接受，参见：J. Ridé, "La Germania d'Enea Silvio Piccolomini et la 'Réception' de Tacite en Allemagne," *Etudes germaniques* 19 (1964): 274–282; Kenneth C. Schellhase, *Tacitus in Renaissance Political Thought* (Chicago: University of Chicago Press, 1976), pp. 31–65; Ulrich Muhlack, "Die Germania im deutschen Nationalbewusstsein vor dem 19. Jahrhundert," in Herbert Jankuhn and Dieter Timpe, ed., *Beiträge zum Verständnis der Germania des Tacitus* (Göttingen: Vandenhoeck and Ruprecht, 1989), 1:128–154; Klaus von See, *Barbar, Germane, Arier: Die Suche nach der Identität Deutschen* (Heidelberg: Carl Winter, 1994), pp. 31–82; Martin Thom, *Republics, Nations, and Tribes* (London: Verso, 1995), pp. 212–221。

[3] 转引自：Ridé, "La Germania," p. 279. 洪堡在这里不仅指《日耳曼尼亚志》，也指《编年史》（*Annals*）2.10, 15–17, 88（参阅：Dio Cassius 56.18.5–22.2）。后一手稿 1509 年重新被发现，讲述阿米尼乌斯（Arminius）在条顿堡森林（Teutoburger Wald）击败三支罗马军团（公元 9 年）的故事。参见：Andreas Dörner, *Politischer Mythos und symbolische Politik: Sinnstiftung durch symbolische Formen* (Opladen: Westdeutscher Verlag, 1995)。

[4] Annius of Viterbo (Giovanni Nanni) *Berosi chaldaei sacerdotis Reliquorumque consimilis argumenti autorum: De antiquitate Italiae, ac totius orbis, cum F. Ioan. Annij Viterbensis theologi commention* (Lugduni: Ioannem Temporalem, 1554). 关于这一文本，参见：Friedrich Gotthelf, *Das deutsche Altertum in den Anschauungen des sechzehnten und siebsehnten Jahrhunderts* (Berlin, 1900), pp. 6 ff.; Leo Wiener, *Contributions toward a History of Arabico-Gothic Culture*, Vol. 3: *Tacitus' Germania and Other Forgeries* (New York: Neale, 1920), pp. 174 ff.; Ludwig Krapf, *Germanenmythos und Reichsideologie: Frühhumanistische Rezeptionsweisen der taciteischen „Germania"* (Tübingen: Max Niemeyer, 1979), pp. 61 ff.; U. Muhlack "Die Germania in deutschen Nationalbewußtsein vor dem 19. Jahrhundert," in Herbert Jankuhn and Dieter Timpe, eds., *Beiträge zum Verständnis der Germania des Tacitus* (Göttingen: Vandenhoeck and Ruprecht, 1989), 1:128–154, esp. 138. 关于贝罗索斯，参见：Hubert Cauncik and Helmuth Schneider, eds., *Der neue Pauly: Enzyklopädie der Autike* (Stuttgart: J. B. Metzler, 1996-), 2:579–580。

[5] *Germania* 2.

[6] "Initium ergo Philosophiae a Barbaris non a Graecis fuerit."

[7] 《诗体埃达》(*Poetic Edda*) 的第一份手稿 1643 年发现于冰岛。20 年后，它进入哥本哈根的皇家收藏，此后愈发广为人知。1648 年，三十年战争结束时，瑞典军队从布拉格劫走《阿根廷法典》(*Codex Argentius*)，将其带回乌普萨拉。1664 年，关于萨克索·格拉玛提库斯 (Saxo Grammaticus)《丹麦史》(*History of Denmark*) 的第一个评注本出现；第二年，斯诺里·斯图鲁松 (Snorri Sturluson) 的《散文埃达》(*Prose Edda*) 第一版问世。

[8] 参见：Burton Feldman and Robert D. Richardson, eds., *The Rise of Modern Mythology, 1680–1860* (Bloomington: Indiana University Press, 1972). 这部著作中的论述和资料具有重要价值。

[9] 关于维柯，参见：Isaiah Berlin, *Vico and Herder: Two Studies in the History of Ideas* (New York: Viking Press, 1976); Joseph Mali, *The Rehabilitation of Myth: Vico's "New Science"* (Cambridge: Cambridge University Press, 1992)。

[10] 马雷著作第 1 卷副标题为：*Où l'on traite de la religion, des loix des moeurs et des usages des anciens Danois*，显示出对于神话的极大兴趣。第 2 卷副标题为：

Monumens de la mythologie et de la poésie des Celtes, et particulièrement des anciens Scandinaves，明显也是致力于上述话题。

[11] 关于马雷，参见：Klaus von See, *Barbar, Germane, Arier*, pp. 73–75; Feldman and Richardson, *Rise of Modern Mythology*, pp. 199–201. 此外参阅：Paul van Tieghem, *Le Préromantisme: Études d'histoire littéraire européenne* (Paris: SFELT, 1947), pp. 109–130. 这部著作尽管有些陈旧，但仍有一定趣味。

[12] James Macpherson, *Fragments of Antient Poetry collected in the Highlands of Scotland and translated from the Gaelic or Erse Language* (1760), *Fingal: an Ancient Epic Poem in Six Books; Together with Several other poems, composed by Ossian the son of Fingal* (1762), *Temora* (1763). 参见：Feldman and Richardson, *Rise of Modern Mythology*, pp. 201–202; van Tieghem, *Le Préromantisme*, pp. 197–287; Howard Gaskill, ed., *Ossian Revisited* (Edinburgh: Edinburgh University Press, 1991). 另可参阅：Katie Trumpener, *Bardic Nationalism: The Romantic Novel and the British Empire* (Princeton, NJ: Princeton University Press, 1997)。

[13] 关于哈曼，参见：Isaiah Berlin, *The Magus of the North: J. G. Hamann and the Origins of Modern Irrationalism* (New York: Farrar, Straus, and Giroux, 1993); Larry Vaughan, *Johann Georg Hamann: Metaphysics of Language and Vision of History* (New York: Peter Lang, 1989); Terence German, *Hamann on Language and Religion* (Oxford: Oxford University Press, 1981); Stephen Dunning, *The Tongues of Men: Hegel and Hamann on Religious Language and History* (Missoula, MT: Scholars Press, 1979)。

[14] 关于赫尔德，有大量出色的研究成果，尽管其中一些已略显陈旧。这些成果中，我认为较有裨益的是：Regine Otto, ed., *Nationen und Kulturen: Zum 250. Geburtstag Johann Gottfried Herders* (Würzburg: Königshausen and Neumann, 1996); Thomas de Zengotita, "Speakers of Being: Romantic Refusion and Cultural Anthropology," in George Stocking, ed., *Romantic Motives: Essays on Anthropological Sensibility* (Madison: University of Wisconsin Press, 1989), pp. 74–123, esp. pp. 86–94; Heinz Gockel, "Herder und die Mythologie," in Gerhard Sauder, ed., *Johann Gottfried Herder, 1744–1803* (Hamburg: Felix Meiner, 1987), pp. 409–418; Wulf Koepke, "Kulturnation and Its Authorization through Herder," in W. Koepke, ed., *Johann Gottfried Herder: Academic*

Disciplines and the Pursuit of Knowledge (New York: Camden House, 1996), pp. 177–198; Berlin, *Vico and Herder*; Valerio Verra, *Mito, Rivelazione e Filosofia in J. G. Herder e nel suo tempo* (Milan: Marzorati, 1966); F. M. Barnard, *Herder's Social and Political Thought: From Enlightenment to Nationalism* (Oxford: 1965); Robert T. Clark, *Herder: His Life and Thought* (Berkeley: University of California Press, 1955); Alexander Gillies, *Herder und Ossian* (Berlin: Juncker and Dünnhaupt, 1933). 赫尔德对于马雷的兴趣，体现在他对后者著作的评介中（1765）；他对麦克弗森的关注，体现在下述以及其他论著中："Extract from a Correspondence about Ossian and the Songs of Ancient Peoples" (1773), "Homer and Ossian" (1795)。

[15] 赫尔德早期论著中，涉及这种思想的有："Über deu Ursprung der Sprache" (1770), "Auszug aus einem Briefwechsel über Ossian und die Lieder alter Völker" (1773), "Auch eine Philosophie der Geschichte zur Bildung der Menschheit" (1774), "Stimmen der Völker in Liedern (Volkslieder)" (1774 –1778), "Über die Wirkung der Dichtkunst auf die Sitten der Völker in alten und neuen Zeiten" (1778)。

[16] 我使用的是以下版本：Martin Bollacher, ed., vol. 6 of Johann Gottfried Herder, *Werke* (Frankfurt am Main: Deutscher Klassiker Verlag, 1989). 最易获取的英文版本是：Johann Gottfried von Herder, *Reflections on the Philosophy of the History of Mankind*, ed. Frank Manuel (Chicago: University of Chicago Press, 1968)，遗憾的是，这一版本被严重删节，其中一卷还是 1800 年的译本。

[17] 这是对康德下述论文中观点的一种含蓄批评："Von den verschiedenen Racen der Menschen"［*Schriften*（1775）1910］, 2:427– 444; "Bestimmung des Begriffs einer Menschenrace"［*Schriften*（1785）1910］, 8:89–106. 在其评论（8:60）中，康德对自己这位前学生做出回应并重申了他对肤色与种族的看法，认为这是人群分类的重要原则。康德与赫尔德在人类统一性问题上观点基本一致；他们在人类是否应该按种族或民族进一步划分的问题上存在分歧：康德因赞成布丰（Buffon）的观点而持前一立场；赫尔德则持后一立场。二者均承认生理与环境的重要性。除此之外，赫尔德还增加了语言、集体记忆与史前经验。进一步参见：Eric Voegelin, *The History of the Race Idea from Ray to Carus* (Baton Rouge: Louisiana State University Press, 1998), pp. 66 –79, 137– 141; Ivan Hannaford, *Race: The History of an Idea in the*

West (Baltimore: Johns Hopkins University Press, 1996), pp. 187–233, esp. pp. 218–224, 229–232。

[18] 早在 1768 年赫尔德写给哈曼的信中，就可以看出《圣经》范式对赫尔德理论的影响。这封信中，他表示有兴趣为《创世纪》创设一种解释学，以说明"我们（即人类）如何从上帝的创造物发展为现在的状态：人的创造物。"（转引自：Clark, *Herder*, p. 163）。信件全文见：Otto Hoffmann, ed., *Herders Briefe an Joh. Georg Hamann* (Berlin: R. Gaertner, 1889), pp. 39– 46。

[19] 在第 2.6.3 与 2.7.3 节，赫尔德引用（托名）希波克拉底的论文（*On Airs, Waters, and Places*）作为主要思想来源。较近的一种来源是孟德斯鸠（Montesquieu）的第 14 部著作（*Essay on the Laws*），赫尔德对此书极为熟悉。

[20] 赫尔德在最后一个问题上灵活、巧妙的论述，试图容纳他关于人类统一性与多样性的矛盾心理。简而言之，他坚持认为气候（尤其是冷热程度）首先会在身体的最表层（即头发与皮肤）引起变化。随着时间的漫长推移，这些影响会渗透到更深的地方，从而改变骨骼结构（例如头骨与鼻梁的形状），但人类的基本统一性仍存在于身体的最深处，因为内部器官很少暴露于自然环境中，不会因民族产生差异（参见：*Ideen* 2.7.1–5, 2.8.1, esp. 2.7.4, in *Werke*）。世界各民族的神话与语言，想必都体现出表层的模式化差异与深层的共通性。

[21] 关于遗传问题，参见：*Ideen* 2.7.4。最引人注目的是赫尔德的以下论断："因此，甚至黑人的形体也会代代传承，也只能通过遗传改变回来。若将摩尔人（Moor）置于欧洲：他将仍保持本来面目。如果他娶了一位白人女性，下一代将产生气候效应在数百年间无法实现的变化。因此所有民族的形貌也是如此：地域对他们的改变非常缓慢，但通过与外族的融合，中国人和美国人的所有特征在几代人之后便会消失。"（p. 276）

[22] *Ideen* 2.8.2.

[23] 赫尔德在《人类历史的哲学观念》（2.7.5）中宣布了这项宏伟目标："如果这项研究计划是在经过充分证实的几个世纪中进行，我们可能会得出关于更早的民族迁徙的结论，对于这些迁徙，我们目前仅从古代作者的萨迦或在语言、神话中发现的相关性中有所了解。事实上，地球上所有——或者至少是大多数——民族先后都有过迁徙。因此，通过查找一些地图，我们应当获得人类在不同气候与时代下遗传

与分化的自然地理历史，其每一步都必定向我们呈现最重要的结果。"（p. 281）

[24] 关于赫尔德对种族分类的拒绝、对人类统一性的看法以及对民族的理解，参见：
Ideen 2.7.1；关于气候的论述，参见同书：2.7.2–5；关于民族教化与传统，参见：
2.8.1–3；关于语言，参见：1.4.3、2.9.2；关于神话与民族成员（Völker）的分化
（diversity），参见：2.8.2、2.9.5；关于神话、语言与原初统一性，参见：2.7.5、2.9.2；
关于中亚是人类的原初家园，参见：2.10.2–7。

[25] 法国在耶拿（Jena）与奥尔施塔特（Auerstadt）对普鲁士的胜利（1806）清楚地
表明：通过《普遍征募令》（*levée en masse*）动员民族参战，其力量使法国甚至
比支离破碎的德国政体中规模最大、训练最为有素的军队更占优势。德国要想在
战场上对抗，显然需要更高层次的社会整合，文化、政治和军事机构也要与之
相称。费希特（Fichte）在其《对德意志民族的演讲》（*Addresses to the German
Nation*，1807~1808）中阐明了这一点，许多人在解放战争（Wars of Liberation）期
间（1813~1815）支持他的立场。

[26] 尽管如此，某些断裂依然存在。德国人往往倾向于将自己与（政治上支离破碎，
但在哲学和文学上极有天赋的）希腊人联系在一起，同时将他们的对手法国人与
罗马人（军事、政治上强大，但文化、智力上低下）联系起来。参见伊丽莎·巴
特勒（Eliza Butler）的经典著作：*The Tyranny of Greece over Germany* (Cambridge:
Cambridge University Press, 1935)。

[27] 参见：Friedrich Schlegel, *Über die sprache und Weisheit der Indier: Ein Beitrag zur
Begründung der Alterthumskunde* (Heidelberg: Mohr and Zimmer, 1808). 施莱格尔
（1772~1829）是第一位学习梵文的德国名人，其次是他的兄弟奥古斯特（August，
1767~1845），后者率先获得该学科大学教席。由于他们的共同作用，对于印
度与雅利安人的热情被传递到了 19 世纪初主要浪漫主义者那里。关于德国人
的"印度热"，参见：Dietmar Rothermund, *The German Intellectual Quest for India*
(New Delhi: Manohar, 1986); Jean W. Sedlar, *India in the Mind of Germany: Schelling,
Schopenhauer and Their Times* (Washington, DC: University Press of America, 1982);
René Gerard, *L'Orient et la pensée romantique allemande* (Paris: M. Didier, 1963);
Raymond Schwab, *La Renaissance orientale* (Paris: Payot, 1950); Suzanne Sommerfeld,
Indienschau und Indiendeutung romantischer Philosophen (Glarus: Tschudi, 1943).　值

得推荐的还有：Pranabendra Nath Ghosh, *Johann Gottfried Herder's Image of India* (Santiniketan: Visva-Bharati Research Publications, 1990);Thomas Trautmann, *Aryans and British India* (Berkeley: University of California Press, 1997). 最后一位作者将英国人对印度文明的冷淡与德国人对印度文明的痴迷进行了比较。

[28] 由于拿破仑军队的干预，犹太人从其聚居区中被解放出来，这一事实增加了德国人对于犹太人的异族感。其结果是，德国人开始将犹太人与自己所憎恶、恐惧的其他外国元素，即法国及其启蒙运动的价值观联系在一起。

[29] *Ideen*, 3.12.3 (pp. 491–492). 尽管赫尔德随心所欲地套用了许多反犹主义的陈词滥调，但其理论工具使他将犹太人与故土的长期疏离视为犹太人问题与困境的主要根源。如此一来，他主张建立一个家园来解决"犹太问题"。这一立场导致一些人错误地将他当成亲犹主义者。不同观点参见：Ernest Menze, "Herder and the 'Jewish Nation'—Continuity and Supersession," in Otto, *Nationen und Kulturen*, pp. 471–486; Lawrence Rose, *Revolutionary Antisemitism in Germany from Kant to Wagner* (Princeton, NJ: Princeton University Press, 1990), pp. 97–109。

[30] 在大量文献中，我认为以下论著尤为重要：von See, *Barbar, Germane, Arier;* Maurice Olender, *The Languages of Paradise: Race, Religion, and Philology in the Nineteenth Century,* trans. Arthur Goldhammer (Cambridge, MA: Harvard University Press, 1992); George Mosse, *Toward the Final Solution: A History of European Racism* (Madison: University of Wisconsin Press, 1985); Ruth Römer, *Sprachwissenschaft und Rassenideologie in Deutschland* (Munich: W. Fink, 1985); M.-L. Rostaert, "Etymologie et idéologie: Des reflets du nationalisme sur la lexicologie allemande, 1830–1914," *Historiographia linguistica* 6 (1979); Léon Poliakov, *The Aryan Myth: A History of Racist and Nationalist Ideas in Europe*, trans. Edmund Howard (New York: Basic, 1974). 同样有一定帮助，但因夸大其词引发争议的是：Martin Bernal, *Black Athena: The Afroasiatic Roots of Classical Civilization*. Vol. 1: *The Fabrication of Ancient Greece, 1785–1985* (New Brunswick, NJ: Rutgers University Press, 1987). 斯特凡·阿维德森（Stefan Arvidsson）的两篇论文也值得一提："Ariska gudinnor och män i extas: Den indoeuropeiska mytologin mellan modernitet och reaktion" (Ph.D. diss., Lund University, Institute for the History of Religions); "Aryan Mythology as Science and Ideology,"

Journal of the American Academy of Religion 67 (1999): 327–354。

[31] 迄今为止，对 19 世纪神话学方法最好的研究是：Maria Patrizia Bologna, *Ricerca etimologica e ricostruzione culturale: Alle origini della mitologia comparata* (Pisa: Giardini, 1988); Feldman and Richardson, *Rise of Modern Mythology*。

[32] 格林兄弟收集《儿童与家庭童话集》时的民族主义兴趣，已在下述著作中有过讨论：Christa Kamenetsky, *The Brothers Grimm and Their Critics: Folktales and the Quest for Meaning* (Athens: Ohio University Press, 1992); Jack Zipes, *The Brothers Grimm: From Enchanted Forest to the Modern World* (New York: Routledge, 1988); John Ellis, *One Fairy Story Too Many: The Brothers Grimm and Their Tales* (Chicago: University of Chicago Press, 1985). 最后一部著作的观点尤为激进。另可参阅：Lothar Bluhm, *Die Brüder Grimm und der Beginn der Deutschen Philologie: Eine Studie zu Kommunikation und Wissenschaftsbildung im frühen 19. Jahrhundert* (Hildesheim: Weidmann, 1997); Roland Feldmann, *Jacob Grimm und die Politik* (Clausthal-Zellerfeld: Bonecke-Druck, 1969); Klaus von See, "Sprachgeschichte als Geschichte des Volksgeistes: Jacob Grimm," in *Barbar, Germane, Arier*, pp. 137–140。

[33] Jacob Grimm, *Deutsche Mythologie*, 4 vols. (Berlin: F. Dümmler, 1835; 4th ed., 1875–78). 此书已由詹姆斯·斯塔利布拉斯（James Stallybrass）译为英文，标题为：*Teutonic Mythology* (London: George Bell, 1883–88)。

[34] 这一观点最初较为隐晦，但在格林为第二版（1844）增加的序言中得以明确表达。参见英译本第 1~12 页。

[35] 关于瓦格纳，参考了以下资料：Marc Weiner, *Richard Wagner and the Anti-Semitic Imagination* (Lincoln: University of Nebraska Press, 1995); Barry Millington, *The Wagner Compendium: A Guide to Wagner's Life and Music* (New York: Schirmer, 1992); Lawrence Rose, *Wagner: Race and Revolution* (New Haven: Yale University Press, 1992), *Revolutionary Antisemitism in Germany*; Robert Gutman, *Richard Wagner: The Man, His Mind, and His Music* (New York: Harcourt, Brace, Jovanovich, 1990); Martin van Amerongen, *Wagner: A Case History* (New York: George Braziller, 1984); David Large and William Weber, eds., *Wagnerism in European Culture and Politics* (Ithaca, NY: Cornell University Press, 1984); Theodor Adorno, *In Search of Wagner*, trans. Rodney

Livingstone (London: Verso, 1981); Jacques Barzun, *Darwin, Marx, Wagner* (New York: Doubleday, 1958); George Bernard Shaw, *The Perfect Wagnerite: A Commentary on the Niblung's Ring* (London: Constable, 1923). 除了下文引用的论文外，还可参阅："Art and Revolution" (1849), "Art and Climate" (1849), "Opera and Drama" (1850–51). 瓦格纳曾在《我的人生》(*My Life*) 中热情地谈到格林兄弟的著作对自己的影响，此书已授权翻译（New York: Tudor, 1936. p. 314）。此外参阅：*Cosima Wagner's Diaries*, trans. Geoffrey Skelton (New York: Harcourt Brace Jovanovich, 1978–80), 1:321。

[36] "The Artwork of the Future," in *The Art-Work of the Future and Other Works*, trans. W. Ashton Ellis (Lincoln: University of Nebraska Press, 1993), pp. 69–213.

[37] 同上，p. 75. 有关费尔巴哈对瓦格纳的影响，参见：Rose, *Wagner: Race and Revolution*, pp. 58–60。

[38] Ludwig Feuerbach, *The Essence of Christianity*, trans. George Eliot (Amherst, NY: Prometheus, 1989), pp. 112–119.

[39] 同上，pp. 114–115. 费尔巴哈将利己主义视为犹太教的根本原则（第112页），将耶和华视为以色列人自私本性的人格化（第114页）。关于费尔巴哈的反犹主义，参见：Rose, *Revolutionary Anti-semitism in Germany*, pp. 253–256。

[40] "Judaism in Music," in Richard Wagner, *On Music and Drama*, trans. W. Ashton Ellis (Lincoln: University of Nebraska Press, 1992), pp. 51–59.

[41] 针对这篇文章，瓦格纳在致弗朗茨·李斯特（Franz Liszt）的信（1851年4月18日）中说："我对犹太人的买卖长期怀有不满，虽然隐忍未发，这种不满就像胆汁之于血液一样对我的天性是必要的。我极度恼怒的直接原因是他们那该死的乱涂乱画，所以我终于起身攻击：我似乎用可怕的力量击中了要害，这十分契合我的目的，因为这正是我想给予他们的那种震惊。因为他们将永远是我们的雇主——这一点是确凿无疑的，正如现在我们的雇主不是国王，而是银行家和庸俗之辈"［*Selected Letters of Richard Wagner*, trans. Stewart Spencer and Barry Millington（New York: W. W. Norton, 1887），pp. 221–222］。30年后（1881年11月22日），他以类似的论调写信给巴伐利亚国王路德维希二世（King Ludwig II of Bavaria）："我认为犹太民族是纯洁人性和所有高尚品质的天生敌人：毫无疑问，我们德国人尤其会被他们摧毁，而我很可能是最后一个德国人——作为艺术家，他知道如何在目

前无所不能的犹太教面前坚守自己的立场。"（p. 918）

[42] 19 世纪 40 年代初，瓦格纳购买了赫尔德的著作，但不能确定他是否真的读过它们（Millington, *Wagner Compendium*, p. 150）。如果未读，他可能有许多其他途径汲取赫尔德的思想，因为这些思想此时已完全渗透到知识界和大众的话语中。

[43] Wagner, *Art-Work of the Future*, pp. 164 –166.

[44] 同上，p. 207.

[45] 同上，pp. 209–213.

[46] "The Wibelungen: World-History as Told in Saga," in Richard Wagner, *Pilgrimage to Beethoven and Other Essays*, trans. W. Ashton Ellis (Lincoln: University of Nebraska Press, 1994), pp. 257–298.

[47] 假托语言学分析，显示出语文学层面的神话重建已深刻渗入一般文化。凭借这种方式，瓦格纳从 Wibelingen 这一原形词派生出德语词 Nibelungen 和意大利语词 Ghibelini，并将意大利语词 Guelfi 追溯至德语词 Welfen（"whelps"）。然后，他将原德语词中 n- 向 w- 的转换，解释为因押头韵对 Welfen 一词 w- 的同化。按照他的解释，这些设想的形式之所以均未得到证实，原因是它们只能在民族学资料（大概是口头传统，但事实上只是他自己的幻想）中幸存下来并得以解释。同上，pp. 267–268。

[48] 同上，分别见第 259~260 页、第 277~284 页。在第一种阐述中，瓦格纳试图调和印度与高加索两种主张。前者（"亚洲"起源论）指向威廉·琼斯爵士和弗里德里希·施莱格尔；后者（"高加索"起源论）指向《圣经》中亚拉拉特山（Mt. Ararat）的挪亚方舟传说。特洛伊进入视野是由于罗马、法兰克与斯堪的纳维亚传说，这些传说将本民族的起源追溯至离散的特洛伊人。更多讨论见第四章。

[49] 瓦格纳注意到，这一模式"与上帝之子基督本人极为相似"："基督死后，也受到哀悼并得以复仇，就像我们今天仍在犹太人身上为基督复仇一样。"（同上，p. 287）

[50] Artur, Comte de Gobineau, *Essai sur l'inégalité des races humaines*, 2 vols., 2d ed. (Paris: Firmin-Didot, 1884). 关于瓦格纳与戈比诺的友谊，参见：Gutman, *Richard Wagner*, pp. 418–420; Rose, *Wagner: Race and Revolution*, pp. 138– 141。

[51] Houston Stewart Chamberlain, *Die grundlagen des neunzehnten jahrhunderts* (Munich: F. Bruckmann, 1899); Ludwig Schemann, *Die Gobineau-sammlung der Kaiserlichen*

Universitäts- und Landes-Bibliothek zu Strassburg (Strassburg: K. J. Trübner, 1907).
关于张伯伦，参见：Geoffrey G. Field, *Evangelist of Race: The Germanic Vision of Houston Stewart Chamberlain* (New York: Columbia University Press, 1981)；关于他对纳粹党的影响，参见：Alfred Rosenberg, *Houston Stewart Chamberlain als verkünder und begründer einer deutschen zukunft* (München: Bruckmann, 1927). 关于拜罗伊特圈的总体情形，参见：David Large, "Wagner's Bayreuth Disciples," in David Large and William Weber, eds., *Wagnerism in European Culture and Politics* (Ithaca, NY: Cornell University Press, 1984), pp. 72–133; Winfred Schüler, *Der Bayreuther Kreis von seiner Entstehung bis zum Ausgang der Wilhelminischen Era: Wagnerkult und Kulturreform im Geiste völkischer Weltanschauung* (Münster: Aschendorff, 1971)。

[52] Spencer and Millington, *Selected Letters of Richard Wagner*, p. 914.

[53] 有关瓦格纳与尼采的关系，以下文献为我们提供了很大便利：Dieter Borchmeyer and Jörg Salaquarda, eds., *Nietzsche und Wagner: Stationen einer epochalen Begegnung*, 2 vols. (Frankfurt am Main: Insel Verlag, 1994). 另可参阅：Joachim Köhler, *Nietzsche and Wagner: A Lesson in Subjugation*, trans. Ronald Taylor (New Haven, CT: Yale University Press, 1998); Martin Vogel, *Nietzsche und Wagner: Ein deutsches Lesebuch* (Bonn: Verlag für systematische Musikwissenschaft, 1984); Roger Hollinrake, *Nietzsche, Wagner, and the Philosophy of Pessimism* (London: George Allen and Unwin, 1982)。

[54] 关于尼采的神话思想，最出色的研究是：Cristiano Grottanelli, "Nietzsche and Myth," *History of Religions* 37 (1997): 3–20. 另可参阅：Eugen Biser, "Nietzsche als Mythenzerstörer und Mythenschöpfer," *Nietzsche Studien* 14 (1985): 96 –109; Peter Pütz, "Der Mythos bei Nietzsche," in H. Koopman, ed., *Mythos und Mythologie in der Literatur der 19. Jahrhunderts* (Frankfurt: Klosterman, 1979), pp. 251–256; Jörg Salaquarda, "Mythos bei Nietzsche," in Hans Poser, ed., *Philosophie und Mythos* (Berlin: Walter de Gruyter, 1972), pp. 174 –191. 涉及尼采的普通文献数量巨大，目前仍在大幅增长中。任何总结这些文献的企图都有些肤浅和自不量力。

[55] 为了减少这本书的瓦格纳色彩，尼采还进行了其他修改，包括更改书名（不再提及音乐）、删掉卷首插图（该插图暗指瓦格纳为新普罗米修斯）。有关这一图像及其与该书前言以及第 3、4、9、10 章的联系，参见：Reinhard Brandt, "Die

Titelvignette von Nietzsches *Geburt der Tragödie aus dem Geiste der Musik," Nietzsche Studien* 20 (1991): 314 –328。

[56] 尼采从许多不同方面描述了这种对立，但最能说明问题的是《悲剧的诞生》中的 描 述 [*The Birth of Tragedy*, trans. Walter Kaufmann（New York: Vintage Books, 1967），§ 21.]。他在这里的论述如此勉强、机械，以致其中的动机和倾向显而易见：他将阿波罗因素与罗马人的政治天赋对应起来，而将狄奥尼索斯因素与印度人的极乐出世思想对应起来。希腊的古典纯洁性糅合了上述两方面，但希腊人未能使这种综合得以持续。在前后章节（第 20、23、24 章）中，尼采明确指出，他那个时代的德国人最有可能重新获得被希腊人发现又丢弃的这种完美综合；法兰西等民族则继承了太多的罗马遗产，以致无法在这一事业中获得成功。

[57] 《悲剧的诞生》第 10、16、17、20、21、23、24、25 章，对这两种范畴进行了论述。

[58] 这段阐述是对《悲剧的诞生》第 10、16、17、18、21、23 章观点的综合与总结。

[59] 《悲剧的诞生》第 21 章："只有从希腊人那里，我们才能了解到，悲剧的这样一种近乎奇迹般的、突然的苏醒，对于一个民族最内在的生活根基来说到底意味着什么。这个具有悲剧秘仪的民族进行了与波斯人的战役；而反过来，这个民族投入了这些战争之后，就需要悲剧作为必要的康复剂。"

[60] 在第 19 章及其他地方，"罗马"文化是指那些起源于罗马（讲述罗曼语）的文化。它们包括意大利尤其是法国，与德国形成对比，从而构成几组颇有意味的对应：

希腊：罗马：：德国：法国

希腊：德国：：罗马：法国

[61] *Birth of Tragedy* § 23 (pp. 138–139). 在《自我批判的尝试》（Attempt at a Self-Criticism）一文第 1 节，尼采对这一语境进行了回顾性评论，不过是以一种难以捉摸的方式，因为他对德国民族主义及威廉帝国（Wilhelmine Reich）的态度发生了变化。

[62] 同上，第 17 章（p. 106）："在这样一种对照中，我们把科学精神理解为那种首先在苏格拉底身上显露出来的信仰，即对自然之可探究性的信仰和对知识之万能功效的信仰。谁若能回想起这种无休止地向前突进的科学精神的直接后果，就会立即想到，神话是怎样被这种科学精神消灭掉的，而由于这种消灭，诗歌又是怎样被逐出它那自然的、理想的家园，从此变成无家可归的了。如果我们有理由判定音乐具有重新从自身中诞生出神话的力量，那么，我们也必须在科学精神与这种

创造神话的音乐力量敌对起来的轨道上来寻找科学精神。"

[63] Ernst Behler, "Sokrates und die griechische Tragödie: Nietzsche und die Brüder Schlegel über den Ursprung der Moderne," *Nietzsche Studien* 18 (1989): 141–157.

[64] 有关尼采在巴塞尔的演讲，参阅：Köhler, *Nietzsche and Wagner*, pp. 88–89。

[65] 参阅瓦格纳致尼采的信（1870 年 2 月 4 日），见：Spencer and Millington, *Selected Letters of Richard Wagner*, pp. 770–771。

[66] 关于库恩，参见：Bologna, *Ricerca etimologica e ricostruzione culturale*, pp. 15–29。

[67] Adalbert Kuhn, *Mythologische Studien: 1. Die Herabkunft des Feuers und des Göttertranks* (Gütersloh: C. Bertelsmann, 1859; 2d, rev. ed., 1886).

[68] 库恩将希腊语中的 Promētheus 与梵语名词 pramantha- 做了比较，后一词仅在一个专门的仪式性文本（*Katyāyana Śrauta Sūtra*）中使用过，表示祭司放在一起摩擦（pra-manth-）产生圣火的木棍。不过元音长度和词根派生问题使这种比较站不住脚。

[69] *Philosophy in the Tragic Age of the Greeks*, trans. Marianne Cowan (Washington, DC: Regnery, 1962), p. 30："那些宁愿把时间花在埃及或波斯哲学上而不愿花在希腊哲学上的人，恰与那些无法应对瑰丽、深邃的希腊神话的人一样缺乏明智。前者认为埃及或波斯哲学更为'原创'且无论如何都更加古老；后者将希腊神话归结为太阳、闪电、风暴、雾霭等琐屑的物理现象，认为这些现象可能是最初催生希腊神话的原因。他们也是这样的人：当他们发现优秀而古老的雅利安人将他们的崇拜限制在唯一的天穹上时，他们以为找到了一种比希腊多神教更纯粹的宗教形式。在任何地方，通往起源的道路都会导致野蛮。"

[70] 参见：Barbara von Reibnitz, *Ein Kommentar zu Friedrich Nietzsche, »Die Geburt der Tragödie aus dem Geiste der Musik« (Kap. 1–12)* (Weimar: J. B. Metzler, 1992), p. 238. 根据此书，尼采对普罗米修斯的兴趣可以追溯到学生时代，在他 14 岁的时候，就写了一部独幕剧《普罗米修斯》，重点讨论罪孽与净化问题以及希腊宗教与基督教对死亡问题的不同处理。歌德的诗将普罗米修斯塑造为富有创造力的天才和宙斯的反抗者，这无疑对尼采产生了影响，就像这首诗对当时所有德国知识分子的影响一样。《悲剧的诞生》第 9 章摘引了歌德此诗中的几行文字。

[71] *Nietzsches Bibliothek: Vierzehnte Jahresgabe der Gesellschaft der Freunde des*

Nietzsche-Archivs (Weimar: R. Wagner Sohn, 1942), p. 46. 除库恩与韦尔克，尼采还借
阅过以下著作：Theodor Benfey, *Geschichte der Sprachwissenschaft und orientalischen*
Philologie in Deutschland seit dem Anfange des 19. Jahrhunderts mit einem Rückblick
auf die früheren Zeiten (Munich: J. G. Cotta, 1869); August Schleicher, *Compendium*
der vergleichende Grammatik der indogermanischen Sprachen (Weimar: Böhlau, 1861;
2d ed., 1866); Ludwig Preller, *Griechische Mythologie* (Berlin: Weidmann, 1860–61);
Christian August Lobeck, *Aglaophamus* (Regimonti: Borntraeger, 1829); Konrad
Maurer, *Isländische Volkssagen der Gegenwart* (Leipzig: J. C. Hiurichs, 1860); Wilhelm
Mannhardt, *Germanische Mythen: Forschungen* (Berlin: F. Schneider, 1858); Friedrich
Max Müller, *Wissenschaft der Sprache* (Leipzig: W. Engelmann, 1861–63). 进一步参
见：von Reibnitz, *Kommentar*, pp. 246 – 248. 据其推测，尼采对上述及戈比诺著
作的关注，是受拜罗伊特圈主要成员汉斯·冯·沃尔措根（Hans von Wolzogen，
1848~1938）和路德维希·谢曼（Ludwig Schemann，1852~1938）的影响。

[72] *Birth of Tragedy* § 9 (p. 70). 译文略有改动。

[73] 同上，p. 71.

[74] Friedrich Nietzsche, *Nachgelassene Fragmente, 1887–1889*, ed. Giorgio Colli and
Mazzino Montinari, vol. 13 of *Kritische Studienausgabe* (Berlin: de Gruyter, 1988), pp.
380–381, 386. 这些变化并不完全有益。因此，尼采将雅利安人的宗教可能是被压
迫者的宗教视为一种自相矛盾的说法，因为雅利安人是一个优等种族 (p. 381)。

[75] 关于麦克斯·缪勒，参见：Trautmann, *Aryans and British India*, pp. 172–181,
194–198; Olender, *Languages of Paradise*, pp. 82–92; Lourens van den Bosch, "Friedrich
Max Müller and his Contribution to the Science of Religion," in Erik Reenberg Sand
and Jørgen Podemann Sørensen, eds., *Comparative Studies in the History of Religions*
(Copenhagen: Museum Tusculanum Press, 1999), 11–39; Joan Leopold, "Friedrich Max
Müller and the Question of Early Indo-Europeans (1847–1851)," *Etudes inter-ethniques*
7 (1984): 21–32, "Ethnic Stereotypes in Linguistics: The Case of Friedrich Max
Müller," in Hans Aarsleff, Louis Kelly, and Hans-Josef Niederehe, eds., *Papers in the*
History of Linguistics (Amsterdam: John Benjamins, 1987), pp. 501–512; Gary Trompf,
Friedrich Max Müller as a Theorist of Comparative Religion (Bombay: Shakuntala,

1978). 印度学者对其态度仍很矛盾，参阅：Nirad Chauduri, *Scholar Extraordinary: The Life of Professor the Rt. Hon. Friedrich Max Müller, P.C.* (New York: Oxford University Press, 1974) with Brahm Bharti, *Max Müller: A Lifelong Masquerade* (New Delhi: Erabooks, 1992). 麦克斯·缪勒的重要论文，参见：*Chips from a German Workshop*, 5 vols. (New York: Charles Scribners, 1869–76)，其中包括："Comparative Mythology" (1856), "Christ and Other Masters" (1858), "Semitic Monotheism" (1860), "Lecture on the Vedas" (1865), "On the Stratification of Languages" (1868), "On the Philosophy of Mythology" (1871). 另可参阅麦克斯·缪勒以下著作：*Lectures on the Science of Language* (London: Longmans, Green, 1864), *Introduction to the Science of Religion* (London: Longmans, Green, 1873), *Lectures on the Origin and Growth of Religion*(London: Longmans, Green, 1878), *Natural Religion* (London: Longmans, Green, 1889), *Contributions to the Science of Mythology* (London: Longmans, Green, 1897)。

[76] 麦克斯·缪勒后来描述过谢林的演讲对他的鼓舞："正是谢林……首先提出了这些问题：是什么造就了一个民族？民族的真正起源是什么？人类是如何演化出民族的？当我1845年在柏林听这位老哲学家的演讲时，他给出的答案让我大吃一惊，但后来对语言和宗教史的研究越来越证实了他的回答。"参见：*Introduction to a Science of Religion* (1882), p. 84, 转引自：Trompf, *Friedrich Max Müller*, p. 15. 有关谢林对于神话的解释，参见：Edward Allen Beach, *The Potencies of God(s): Schelling's Philosophy of Mythology* (Albany: State University of New York Press, 1994)。

[77] 本森去世后，麦克斯·缪勒写了一篇很感人的悼词，参见：*Chips from a German Workshop*, 3:243–389. 本森致麦克斯·缪勒的信也见上述著作（pp. 391– 492）。关于他们的交往，可进一步参阅：Trompf, *Friedrich Max Müller*, pp. 36 – 46。

[78] 本森的观点在其以下著作中有详细阐述：*God in History*, 3 vols. (London: Longmans, Green, 1868–70). 他在书中认为，基督教与亚洲的雅利安宗教密切相关，因此，"我们最大的任务是消除基督教中与闪米特相关的一切，使之成为印度—日耳曼宗教"。这一目标已实现，日耳曼基督教在德国与英国的新教中达到了巅峰。

[79] T. Mommsen, D. F. Strauss, F. Max Müller, and T. Carlyle, *Letters on the War between Germany and France* (London: Trübner, 1871), pp. 58–114.

[80] 麦克斯·缪勒、阿达尔伯特·库恩、米歇尔·布雷亚尔、乔治·考克斯（George Cox）、利奥波德·冯·施罗德、安杰洛·德·古伯纳蒂斯（Angelo de Gubernaitis）等比较神话学的倡导者们经常受到嘲笑，因为他们一方面同意神话描述的是自然现象，另一方面又为特定神话描述的是何种自然现象而争论不休（麦克斯·缪勒往往认为是日出，库恩则认为是下雨）。在某种程度上，他们很诚实地得出了这些观点，因为他们将自己的神话观建立在最古老的梵文典籍（《梨俱吠陀》中的赞美诗）之上并参考了印度学者的注解，以探究这些神话的含义。在这些注解尤其是萨亚纳（Säyana）的注解（约完成于 14 世纪，被视为权威并收入麦克斯·缪勒的《吠陀》评注版）中，他们发现神话一再被视为日出和季风来临的寓言。他们这样做是为了证实赫尔德的观点，即神话保留了一个民族对于气候与环境的原始记忆，而这正是他们所醉心的理论。

[81] 用来区分雅利安人、闪米特人和图兰人三个种族的这种体系，是《创世纪》第 10 章与菲尔多西（Ferdowsi）《列王纪》（*Shahnameh*）的一种混合。前者将世界上各民族追溯到诺亚的三个儿子（闪、含、雅弗）；在后者的叙述中，费里顿（Feridün）的儿子［萨尔姆（Salm）、图尔（Tür）和埃拉吉（Eraj）］扮演着同样的角色。如此一来，雅利安人源自埃拉吉，图兰人源自图尔，闪米特人源自闪（一些作者试图将闪等同于萨尔姆）。琼斯曾筹划他的周年纪念演讲以确立这一体系的有效性（对此我在第四章还会谈到），但他第一次提到这一体系是在《波斯简史：从远古至当下》（*A Short History of Persia from the Earliest Times to the Present Century*，1773）一书中，见《威廉·琼斯爵士文集》（*The Works of Sir William Jones*）第 12 卷第 403~404 页。琼斯为此目的所做的努力颇为微妙，其中包括将萨尔姆王国的中心从拜占庭（菲尔多西所认为的地方）转移到叙利亚（Syria，波斯语 Šäm，这个词不仅可以与 Salm 联系起来，也能够与希伯来语 Šem 联系起来）。更为大胆的是，他认为"萨尔姆也许是犹太人中的萨尔曼纳赛尔（Salmanasser）"。费里顿之子神话参见：Reuben Levy, *The Epic of the Kings: Shâh-nâma, the National Epic of Persia by Ferdowsi* (Chicago: University of Chicago Press, 1968), pp. 26 –27。

[82] 有关欧内斯特·勒兰与麦克斯·缪勒的交往，参见：Olender, *Languages of Paradise*, pp. 51–81. 两人曾在巴黎跟随欧仁·比尔努夫学习，一道学习的还有欧仁·比尔努夫的侄子埃米尔（Emile，1821~1907）。对于年轻的勒兰与埃米尔·比

尔努夫来说，闪语由犹太人和犹太教所定义，因而引起他们的强烈反感；对于麦克斯·缪勒来说，闪语涵盖了基督徒和犹太人，前者占主导地位。因此，闪语得到了他的亲切赞许。

[83] 参　见：Sir Monier Monier-Williams, "Preface to the New Edition," *Sanskrit-English Dictionary* (Oxford: Clarendon Press, 1899), pp. ix–xi. 该书作者曾获该教席。也请注意他对雅利安语和闪米特语之间对比的讨论（pp. xii–xiv）。与竞争博登教席有关的信函保存于牛津的博德莱安图书馆（Bodleian Library），编号 MS. Eng. c. 2807。

[84] 据说德国古典学院院长乌尔里希·冯·威拉莫维茨－默伦多夫（Ulrich von Wilamowitz-Moellendorf）曾向他的英国同事询问麦克斯·缪勒："你们没有自己的骗子，必须从我们这里引进吗？"

[85] 卢梭也写过同一主题的论文，他们的文章见以下著作：John Moran and Alexander Gode, eds., *Herder and Rousseau on the Origin of Language* (Chicago: University of Chicago Press, 1986). 关于此次论文竞赛中的其他来稿，参见：Paul Salmon, "Also Ran: Some Rivals of Herder in the Berlin Academy's 1770 Essay Competition on the Origin of Language," *Historiographia Linguistica* 16 (1989): 25–48。

[86] *Bulletin de la Société de linguistique de Paris* 1 (1871): iii. 转引自：Olender, *Languages of Paradise*, p. 177 n. 22。

[87] Ferdinand de Saussure, *Course in General Linguistics*, trans. Wade Baskin (LaSalle, IL: Open Court Publishing, 1983). 此书基于索绪尔 1907~1911 年的讲座，索绪尔去世后由其学生整理出版。请特别留意第五编第四章"人类学和史前史中的语言证据"（第 221~226 页），作者在此敲响警钟，其开端如下："语言学家有了重建的方法，可以追溯以前许多世纪的历程，复原某些民族在进入历史记载以前所使用的语言。这些重建是否还能向我们提供一些关于这些民族本身，它们的种族、它们的社会结构、它们的风俗习惯、它们的制度等消息呢？换句话说，语言对于人类学、民族学和史前史问题能否有所阐明呢？人们一般相信是能够的，我们却认为其中有很大一部分是幻想。"在第 223 页，索绪尔相当率直地驳斥了库恩等人重建神话和宗教观念的尝试。他在这里的态度某种程度上是由自己的经历造成的，因为他从 1894 年开始记一本笔记，在笔记中试图沿库恩和麦克斯·缪勒的路线研究印欧神话。不过他显然放弃了这项工作，笔记中的许多删节、擦除、省略和犹疑表明

他发现这项工作多么令人沮丧。笔记手稿最近已出版，参见：Claude Lévi-Strauss, *The View from Afar*, trans. J. Neugroeschel and P. Hoss (Chicago: University of Chicago Press, 1992), pp. 148–150。

[88] 参阅以下著作中的讨论：Mosse, *Toward the Final Solution; Poliakov, Aryan Myth*, pp. 255–272; Sergent, *Les Indo-européens* (Paris: Payof, 1995), pp. 37–41; Robert Proctor, "From 'Anthropologie' to 'Rassenideologie,'" in George Stocking, ed., *Bones, Bodies, Behavior: Essays on Biological Anthropology* (Madison: University of Wisconsin Press, 1988), pp. 138–179. 这类研究尽管早已受到质疑，但它是 19 世纪后半叶除英格兰外各地人类学的主导趋势，主要人物包括：Paul Broca (1824–1880)，Gustaf Retzius (1842–1919)，Karl Penka (1847–1912)，Georges Vacher de Lapouge (1854–1936)，Gustav Kossinna (1858–1931)，Eugen Fisher (1874–1967)。

[89] 有关这些人物和发展，论述最出色的是：George W. Stocking, *After Tylor: British Social Anthopology, 1888–1951* (Madison: University of Wisconsin Press, 1995), *Victorian Anthropology* (New York: Free Press, 1987); Richard Dorson, *The British Folklorists; A History* (Chicago: University of Chicago Press, 1968). 相关论著选编参见：Richard Dorson, ed., *Peasant Customs and Savage Myths: Selections from the British Folklorists* (Chicago: University of Chicago Press, 1968)。

[90] Johannes Fabian, *Time and the Other: How Anthropology Makes its Object* (New York: Columbia University Press, 1983); 另可参阅：Adam Kuper, *The Invention of Primitive Society: Transformations of an Illusion* (London: New York: Routledge, 1988)。

[91] 对于这些论争的深入总结，仍推以下论文：Richard Dorson, "The Decline of Solar Mythology," *Journal of American Folklore* 68 (1955): 393–416。

[92] Sir James George Frazer, *The Golden Bough*, 2 vols. (London: Macmillan, 1890), 2d ed., 3 vols. (London: Macmillan, 1900), 3d ed., 12 vols. (London: Macmillan, 1911–1915). 关于弗雷泽的思想与影响，参见：Robert A. Segal, ed., *Ritual and Myth: Robertson Smith, Frazer, Hooke, and Harrison* (New York: Garland, 1996); Marc Manganaro, *Myth, Rhetoric, and the Voice of Authority: A Critique of Frazer, Eliot, Frye, and Campbell* (New Haven, CT: Yale University Press, 1992); Robert Fraser, *The Making of the Golden Bough* (New York: St. Martin's, 1990); Robert Ackerman, *The Myth and*

Ritual School: J. G. Frazer and the Cambridge Ritualists (New York: Garland, 1991), *J. G. Frazer: His Life and Work* (Cambridge: Cambridge University Press, 1987), "Frazer on Myth and Ritual," *Journal of the History of Ideas* 36 (1975): 115–134; Robert Alun Jones, "Robertson Smith and James Frazer on Religion: Two Traditions in British Social Anthropology," in George Stocking, ed., *Functionalism Historicized: Essays on British Social Anthropology* (Madison: University of Wisconsin Press, 1984), pp. 31–58; Ludwig Wittgenstein, *Remarks on Frazer's "Golden Bough"* (Atlantic Highlands, NJ: Humanities Press, 1979); Jonathan Z. Smith, "When the Bough Breaks," *History of Religions* 12 (1973): 342–371; John Vickery, *The Literary Impact of the "Golden Bough"* (Princeton, NJ: Princeton University Press, 1973); Robert Downie, *Frazer and the "Golden Bough"* (London: Gollancz, 1970)。

[93] 马林诺夫斯基神话学方面的论著，参见：Ivan Strenski, *Malinowski and the Work of Myth* (Princeton, NJ: Princeton University Press, 1992). 除以上比较实用的导论性著作外，另可参阅：Ivan Strenski, *Four Theories of Myth*, pp. 42–69; George Stocking, "The Ethnographer's Magic: Fieldwork in British Anthropology from Tylor to Malinowski," in *Observers Observed: Essays on Ethnographic Fieldwork* (Madison: University of Wisconsin Press, 1983), pp. 70–120; Raymond Firth, "Bronislaw Malinowski," in Sydel Silverman, ed., *Totems and Teachers: Perspectives on the History of Anthropology* (New York: Columbia University Press, 1981), pp. 103–137; S. F. Nadel, "Malinowski on Magic and Religion," in Raymond Firth, ed., *Man and Culture: An Evaluation of the Work of Bronislaw Malinowski* (London: Routledge and Kegan Paul, 1957), pp. 189–208。

[94] Ernest Gellner, "'Zeno of Cracow' or 'Revolution at Nemi' or 'The Polish Revenge: A Drama in Three Acts,'" in Roy Ellen, Ernest Gellner, Grazyna Kubica, and Janusz Mucha, eds., *Malinowski between Two Worlds: The Polish Roots of an Anthropological Tradition* (Cambridge: Cambridge University Press, 1988), p. 182.

[95] 参见：Strenski, *Malinowski and the Work of Myth*, pp. 77–116。

[96] 马林诺夫斯基《一本严格意义上的日记》(*A Diary in the Strict Sense of the Term*, New York: Harcourt, Brace and World, 1967）的出版，打破了现代民族志的起源

神话，引发了一场尚未解决的道德危机。关于这个问题的讨论，参见：James Clifford, *The Predicament of Culture* (Cambridge, MA: Harvard University Press, 1988), pp. 21–54, 92–113; Clifford Geertz, *Works and Lives: The Anthropologist as Author* (Stanford, CA: Stanford University Press, 1988), pp. 73–101; Murray Wax, "Tenting with Malinowski," *American Sociological Review* 37 (1972): 1–13; George Stocking, "Empathy and Antipathy in the Heart of Darkness: An Essay Review of Malinowski's Field Diaries," *Journal for the History of the Behavioral Sciences* 4 (1968): 189–194。

[97] 这篇论文见：Robert Thornton and Peter Skalnik, eds., *The Early Writings of Bronislaw Malinowski* (Cambridge: Cambridge University Press, 1993)，尼采观点的意义，在以下章节有讨论："The Nietzsche Essay: A Charter for a Theory of Myth"（第16~26页）。之前未发表的关于弗雷泽的论文，也收入本书第 117~199 页；进一步的讨论见第 3~8 页、第 38~49 页。

[98] 关于马林诺夫斯基波兰时期的生活及对他后来思想的影响，参见：Thornton and Skalnik, *Early Writings*; Ellen et al., *Malinowski between Two Worlds*［尤其注意以下作者的论文：Jan Jerschina (pp. 128– 148)，Ernest Gellner (pp. 164 –194)］; Ivan Strenski, "Malinowski: Second Positivism, Second Romanticism," *Man* 17 (1982): 766–771。

[99] 涂尔干对麦克斯·缪勒的论述，见《宗教生活的基本形式》第三章［*The Elementary Forms of the Religious Life*, trans. Karen Fields (New York: Free Press, 1995), pp. 70–76］。值得关注的还有马塞尔·莫斯 1899 年分别为麦克斯·缪勒和安德鲁·兰所写的书评，参见：*Oeuvres*, Vol. 2: *Représentations collectives et diversité des civilisations* (Paris: Editions de Minuit, 1974), pp. 273–278。

[100] 杜梅齐尔的这些著作包括：*Le Festin d'immortalité: Étude de mythologie comparée indoeuropéenne* (Paris: Musée Guimet, 1924), *Le Crime des Lemniennes: Rites et légendes du monde égéen* (Paris: Paul Geuthner, 1924), *Le Problème des Centaures: Étude de mythologie comparée indo-européenne* (Paris: Musée Guimet, 1929), *Ouranos-Varuna: Étude de mythologie comparée indo-européenne* (Paris: Adrian Maisonneuve, 1934), *Flamen-Brahman* (Paris: Musée Guimet, 1935). 上述著作在杜梅齐尔全部论著中的地位，参见：C. Scott Littleton, *The New Comparative Mythology:*

An Anthropological Assessment of the Theories of Georges Dumézil, 3d ed. [Berkeley: University of California Press, (1966) 1982], pp. 32–57. 莫斯对《长生宴》(*Le Festin d'immortalité*) 的评论，是此书最受称许的书评之一，但其中也表明了保留意见，这导致其他学者的更多反对。

[101] 因篇幅所限，本书无法讨论这些学者中的每一位，但就其中每一位而言，都有一段发人深省的人生史，其中学术事业、"政治—文化"事业与职业生涯紧密交织在一起。本书第六章讨论了三个范例，对于其他范例的批判性研究最近也不断问世，例如：Richard Noll, *The Jung Cult* (Princeton, NJ: Princeton University Press, 1994), *The Aryan Christ* (New York: Random House, 1997); Daniel Dubuisson, *Mythologies du XXième siècle* (Lille: Presses universitaires de Lille, 1993); Steven Wasserstrom, *Religion after Religion* (Princeton, NJ: Princeton University Press, 1999); Shaul Baumann, *The German Faith Movement and Its Founder, Jakob Wilhelm Hauer (1881–1962)* (Ph.D. diss., Hebrew University of Jerusalem, 1998; in Hebrew, with English summary)。请允许我简单指出，学术界向政府和军事界传递的不只是话语。阿尔弗雷德·罗森堡（Alfred Rosenberg）曾为纳粹意识形态机构招募神话学者，海因里希·希姆莱（Heinrich Himmler）也为党卫军的类似机构"祖先遗产协会"（Ahnenerbe）做过同样工作。前面提到的人物中，有几位（维斯特、阿尔特海姆、豪尔、霍夫勒、沃尔弗拉姆）就在上述机构服务过。才华横溢的赫尔曼·甘特，作为纳粹统治下的海德堡大学校长不幸结束了其职业生涯。最离奇的也许是朱立欧·埃佛拉男爵（Baron Julius Evola），他是一位神话和秘教学者，也是意大利法西斯的主要意识形态专家。二战期间，纳粹向他提供了形形色色的神秘学材料，他用这些材料对德意志帝国的共济会敌人发动了仪式战。关于埃佛拉，参见：Steven Wasserstrom, "The Lives of Baron Evola," *Alphabet City* 4–5 (1995): 84–90; Franco Ferraresi, "Julius Evola: Tradition, Reaction and the Radical Right," *Archives européennes de sociologie* 28 (1987): 107–151; Thomas Sheehan, "*Diventare dio*: Julius Evola and the Metaphysics of Fascism," *Stanford Italian Review* 6 (1986): 279–292, "Myth and Violence: The Fascism of Julius Evola and Alain de Benoist," *Social Research* 48 (1981): 45–73; Phillippe Baillet, "Les Rapports de Julius Evola avec le fascisme et le national-socialisme," *Politica Hermetica* 1

(1987): 49–71。

[102] 关于这些大众空间，参见：Annette Hein, *"Es ist viel Hitler in Wagner": Rassismus und antisemitische Deutschtumsideologie in den Bayreuther Blättern* (Tübingen: Max Niemeyer, 1996); Rainer Flasche, "Vom deutschen Kaiserreich zum Dritten Reich: Nationalreligiöse Bewegungen in der ersten Hälfte des 20. Jahrhunderts in Deutschland," *Zeitschrift für Religionswissenschaft* 1 (1993): 28– 49; Nicholas Goodrick-Clarke, *The Occult Roots of Nazism: The Ariosophists of Austria and Germany, 1890–1935* (New York: New York University Press, 1985); Joscelyn Godwin, *Arktos: The Polar Myth in Science, Symbolism, and Nazi Survival* (Kempton, IL: Adventures Unlimited Press, 1996).

[103] 有关纳粹对神话、仪式及象征性场面的利用，参见：Yvonne Karow, "Zur Konstruktion und Funktion nationalsozialistischer Mythenbildung," *Zeitschriftfür Religionswissenschaft* 2 (1994): 145–60; Philippe Lacoue-Labarthe and Jean-Luc Nancy, "The Nazi Myth," *Critical Inquiry* 16 (1990): 291–312; George Mosse, *The Nationalization of the Masses: Political Symbolism and Mass Movements in Germany from the Napoleonic Wars through the Third Reich* (Ithaca, NY: Cornell University Press, 1975), and ed., *Nazi Culture: Intellectual, Cultural, and Social Life in the Third Reich* (New York: Grosset and Dunlap, 1966); Jacques Ridé, "La Fortune singulière du mythe germanique en Allemagne," *Etudes Germaniques* 21 (1966): 489–505.

[104] 关于汉斯·F. K. 京特，参见：Edouard Conte and Cornelia Essner, *La Quête de la race: Une anthropologie du nazisme* (Paris: Hachette, 1995), pp. 65–67, 74 –101. 其著作中，请注意以下几部：*Rassenkunde des deutschen Volkes* (Munich: J. F. Lehmann, 1922), *Adel und Rasse* (Munich: J. F. Lehmann, 1926), *Rassengeschichte des hellenischen und des römischen Volkes, mit einem Anhang: Hellenische und römische Köpfe nordischer Rasse* (Munich: J. F. Lehmann, 1929), *Rassenkunde Europas* (Munich: J. F. Lehmann, 1929), *Rassenkunde des jüdischen Volkes* (Munich: J. F. Lehmann, 1930), *Frömmigkeit nordischer Artung* (Jena: Eugen Diedrichs, 1934; 5th ed., Leipzig: B. G. Teubner, 1943), *Herkunft und Rassengeschichte der*

Germanen (Munich: J. F. Lehmann, 1935). 第一部著作至 1933 年已再版 16 次，此后又多次再版。

[105] Alfred Rosenberg, *Mythus des 20. Jahrhunderts: Eine Wertung der seelischgeistigen Gestaltenkämpfe unserer zeit* (Munich: Hoheneichen Verlag, 1930). 至 1944 年，此书已再版 247 次，成为继希特勒《我的奋斗》（*Mein Kampf*）之后阅读量最大的纳粹意识形态著作。罗伯特·塞西尔（Robert Cecil）对罗森堡其人其作的研究［*The Myth of the Master Race: Alfred Rosenberg and Nazi Ideology* (London: B. T. Batsford, 1972)］，至今仍有一定价值。

第四章　威廉·琼斯的起源神话

在上一章中，我曾谈到威廉·琼斯爵士和他的理论。按照这一理论，我们现在称之为"印欧语系"的所有语言都有着共同的起源，它们源自一种未经证实的远古母语。我当时仅关注赫尔德的观点如何影响人们对琼斯假说的接受；至于琼斯如何得出这一假说，我未做充分讨论，当时更想考察这一假说在19~20世纪的进一步发展。但事实证明，琼斯的前辈学人、琼斯的影响及目标，其故事远比人们通常认为的要更加冗长、复杂和出人意料，现在该是讲述这一故事的时候了。

一

在《散文埃达》前言（写于1220年前后）中，斯诺里·斯图鲁松将特洛伊描述为世界的中心：这里是南北、冷热之间的完美中介点，这里的人类比其他任何地方更为高大、强壮、富有、聪明。[1]以这种理想化的方式想象特洛伊人极其容易，因为古典文献——斯诺里对此十分熟悉——已经赋予他们相当大的声望。[2]此外，特洛伊在时间和空间上与他距离遥远，这种距离在带来机遇的同时也会引发问题。因为，如果特洛伊人距离遥远，就很难将这些原初超人（proto-Übermenschen）与北欧人联系起来——后者是斯诺里更为关心的，他希望他们也拥有特洛伊人的高贵品质。

与之相应，斯诺里在上述有关世界中心的故事中增加了一章，将它变成了一个原初迁徙的故事。为了证明特洛伊人曾经向北方迁徙——从而将北欧人重新编码为特洛伊人，他提供了语言学与神话学的证据。沿着盛行一时的欧赫迈尔主义（euhemerist）解释思路①，斯诺里提出，自己的异教祖先所崇拜的神祇压根不是神，而是英雄，他们的起源可以从名字中推断出来，比如亚萨族（Æsir）实际上是亚洲人。[3] 个别神祇的名字也会产生类似结果。例如，普里阿摩（Priam）似乎有一个名叫特洛尔（Tror）的孙子，很可能是以这座城市来命名："我们称他为特洛尔。"[4] 被称为西芙（Sif）②的女神实际上是女先知西比尔（Sibyl）；[5] 诸如此类。上述词源过于勉强，对我们来说难以置信，但它们并非毫无意义。因为在斯诺里看来，语言——更准确地说，不同语言中神和英雄名字的明显相似——是史前传播的产物，也是我们了解众多语言的潜在统一及其传播过程的关键手段。在前言的结尾一段，斯诺里讲述了他的调查结果和方法："亚萨族在那片土地上为自己娶妻，他们的儿子也为自己娶妻，这些家族变得人口众多。结果他们蔓延到萨克森（Saxony），又从那里扩散到整个北方地区。他们的语言因此成为这片土地上所有人通用的语言。人们认为，他们能够从记载下来的祖先的名字中，了解到他们曾属于这种语言，也了解到亚萨族将这种语言带到北方地区，到达挪威、瑞典、丹麦和萨克森。"[6]

在其他中世纪知识分子的著作中，特洛伊也以类似的情形出现，这些知识分子基本上是斯诺里的同时代人。吉拉尔德斯·坎布伦西斯（Giraldus Cambrensis），这位诺曼（Norman）贵族与威尔士（Welsh）公主的儿子，在写于 1194 年的著作中得出了不同寻常的语言学结论："几乎所有威尔士语中的单词都与希腊语或拉丁语一致。"[7] 为了支持这一结论，他对十四个词进行了对比，其中七个词可以经受住现代学术的审查。他推断，这种情况很难说是巧合；相反，它证明这些语言均来自一个共同的源头。他将这一源头定位于特洛伊，这一结论基于威尔士人与罗马人源自特洛伊的传说，

---

① 这一术语源自古希腊学者欧赫迈罗斯（Euhemerus），约生活于公元前 4 世纪。这派学者认为，神话叙事源自真实的历史事件或人物；历史叙事在后人不断重述、阐述与改写的过程中被夸大，从而成为神话。——译者注

② 西芙是北欧神话中的土地和收获女神。——译者注

然后他用这些传说来证明那些同样的传说。

对于英国人，吉拉尔德斯的态度有所不同。作为盎格鲁－撒克逊人，他们属于日耳曼人，与凯尔特人、罗马人和特洛伊人没有任何关系：

> 撒克逊人和日耳曼人生活并从属于极地寒冷地区，他们从这个地区获得冷漠的天性。英国人虽然从前来自偏远的地区，但他们仍然带有原初本性中苍白的外表和冷漠的内在品格。这是因为他们天生体寒，他们不可避免地具有了这些特征。与之相反，威尔士人来自炎热干燥的达尔达尼亚（Dardaniæ）地区。即使他们来到这些温带地区，"人们漂洋过海，虽然气候变换了，却改变不了灵魂"。他们保留了与大地类似的深色外表和来自干燥环境的内在热情。[8]

斯诺里的叙述自然被认为不够严谨：这是一位离经叛道的学者为了解释另一神话而编造出来的一则神话。相比之下，吉拉尔德斯的叙述结合了比较语言学、种族形貌、起源传说、想象中的迁徙以及带有偏见性的南北、冷热对比，因而被认为是对于印欧语言、文化和史前史命题的最早阐述。

二

后来的学者对日耳曼人比吉拉尔德斯更为友善，特别是在文艺复兴以后，新出现的文献尤其是塔西佗的《日耳曼尼亚志》，激发起一阵对于古代日耳曼人的民族主义兴趣。[9] 随着希腊语和拉丁语知识从教会传播到学术界，北方作者往往试图证明自己民族的语言与这些享有崇高声誉的语言之间的关系，并且用最为有利的措辞对之进行解释。与吉拉尔德斯和斯诺里一样，他们列出了一些共同词汇并对其中的语言与民族之间的遗传关系进行了论证，这些词汇有时似是而非，有时则不然。[10] 首先值得注意的是约翰内斯·戈罗皮乌斯·贝卡努斯（Johannes Goropius Becanus，1518~1572），他提出最初的祖先语言（即所有语言的始祖）是他的母语荷

兰语。尽管他的命题在低地国家（Low Countries）之外没有吸引多少追随者，不过聊以慰藉的是，著名的戈罗皮亚主义（Goropianism）谬论就出自他的名字，这一谬论是指将自己最熟悉、最热爱的语言和民族错误地当成最古老、最完美的。

阿德里安·施里基乌斯（Adrian Schriekius，1560~1621）同样对荷兰语怀有信仰，但其他人在效仿戈罗皮乌斯的同时，也会与之产生争议。奥洛夫·鲁德贝克（Olof Rudbeck，1630~1703）为瑞典语摇旗呐喊，迪特里希·韦斯特霍夫（Dietrich Westhof，1509~1551）、约翰·路德维希·晋拉什（Johann Ludwig Prasch，1637~1690）、格哈德·迈耶（Gerhard Meyer，1655~1718）和其他德国人力推德语，亚伯拉罕·迈利乌斯（Abraham Mylius，1563~1637）——也称米利乌斯（Milius）、范德–米利乌斯（Vander-Milius）、范·德·米伊尔（Van der Mijl）或范·德·迈尔（Van der Myl）——则支持比利时语［即弗拉芒语（Flemish），更准确地说，系新教联省之外的荷兰语］。在1612年的一篇饶有趣味的论文中，迈利乌斯坚持认为他的母语从未随时间的推移而发生变化，因而将所谓的持久性作为证明其母语具有原始地位的论据。他将其他语言理解为多少有些退化的比利时方言。为了说明这一过程是如何发生的，他想象史前曾有过几次征服的浪潮，就像比利时古代英雄布伦努斯（Brennus）与贝尔格斯（Belgus）将他们的语言强加给部分希腊人和罗马人一样。假使这两位伟人此时回到安特卫普（Antwerp）[1]，迈利乌斯会高兴地认识到，语言的纯粹性可以使自己与他们自由交谈。[11]

三

北方起源说不仅对罗马和天主教会、希腊和古典学、特洛伊及众英雄至高无上的地位构成了挑战，也对《圣经》造成了同样的威胁。因为正统的观点将以色列视为各种语言和民族的摇篮。此外，《圣经》中有一个重要

---

① 比利时西北部的一座城市。——译者注

文本，将人种学、语言学问题与人类血统一元论结合在一起。这便是《创世纪》第 10 章，它通过 76 个父系后裔，对诺亚的世系进行了追溯，其中许多后裔显然是其他民族的始祖。

这一章的组织结构十分清晰。首先，它交代了诺亚三个儿子的出生次序：闪（Shem）、含（Ham）与雅弗（Japheth），他们均出生于大洪水之前（《创世纪》10.1；参阅 5.32、9.18-9.27）。接着，文本又按相反次序，详细介绍了雅弗、含与闪的男性后裔（分别见《创世纪》10.2-10.5；10.6-10.20；10.21-10.31）。大致说来，雅弗的后代与以色列北部和东部的民族［玛代（Madai）的米底人（Medes）和波斯人、雅完（Javan）的爱奥尼亚族希腊人等］有关。含的世系经由他的儿子古实（Cush），向埃及、迦南的南部、西部扩散。这个文本描绘了一幅带有中心主义色彩的种族地图，它将闪及其后裔［以拦（Elam）、亚述（Asshur）、亚兰（Aram）等］置于极其重要的中心位置。

每当讲完诺亚子孙的一个世系，文本都要略做停顿进行总结。《创世纪》第 10.5 称："以上这些人是雅弗的子孙，按他们的地，各照各的方言、宗族和邦国而排列的。"① 《创世纪》第 10.20、10.31，在讲述含和闪的世系时，也有类似的表述。与随后关于巴别塔的叙事相反，按照《创世纪》第 10 章的描述，语言差异是一个人类繁衍、分化的有机过程，而不是人类傲慢和上帝干预的结果。[12] 根据这里的叙述，语言是家族的组成部分；与讲述该语言的民族和国家一样，随着时间的推移，家族成员在空间、谱系、文化和语言上彼此分离，语言也会产生分化。历史被理解为这一分化、扩张和个体化的过程。尽管《圣经》中没有说明这一点，但它让那些有足够推理倾向的人相信，在思想层面，比较研究可以扭转历史的"熵效应"。因为通过揭示语言表面差异之下所隐藏的深层相似，我们可以复原诺亚时代人们所拥有的和谐一体。

诺亚讲希伯来语，这对所有人来说似乎是不言而喻的。同样不言而喻的是，这种语言经由其长子闪的世系传承下来。但由于《创世纪》第

---

① 引文见标准修订本《圣经》（*RSV Bible*），吕振中译。其他版本略有差异。本章尾注 [12] 所引《圣经》译文同此。——译者注

10章对于诺亚子孙的叙述与他们出生的次序正好相反，于是敏锐的《圣经》学者意识到下述可能：通过重新调整各种族间的等级关系，将重心从闪和中央地区转移到雅弗和北方。这似乎解释了戈罗皮乌斯在论证荷兰语是最古老的语言时，为什么运用了一系列勉强但巧妙的论据，将荷兰语等同于几乎未经证实的辛布里人（Cimbri）与辛梅里安人（Cimmerians）的语言。这个问题为什么如此重要？因为如果成功的话，他就可以利用这些名称的语音特征，将自己的民族［以前称为"荷兰"，现在取名为"辛布里"（Cimbri）/"辛梅里"（Cimmeri）/"歌篾甲"（Gomeri）］与《圣经》中的人物歌篾（Gomer）联系起来。当人们认识到，歌篾不仅是雅弗的长子，也是《圣经》中第一位被提到的诺亚之孙（《创世纪》10.2）时，回报是显而易见的。[13] 至少，他是北方家族中年纪最大、地位最高的成员。如果人们认为雅弗的地位高于闪，那么歌篾就会成为诺亚孙辈中最为高贵的。

四

只要有学者不断鼓吹自己的民族和语言，他们之间必然会产生冲突。不过，如果使用一些能将论争者联合起来的范畴和术语，联盟便会被建立起来。这正是马库斯·祖里乌斯·博克斯霍恩（Marcus Zuerius Boxhorn，1612~1653）试图完成的工作，他的一位同人对此有过总结：

> 根据他的观察，在日耳曼人、拉丁人、希腊人及欧洲其他民族之间，有许多词是共通的。他因此推测，这种类同始于一个共同的源头，换句话说，始于所有这些民族共同的起点。约翰内斯·戈罗皮乌斯·贝卡努斯和阿德里安·施里基乌斯的尝试令他不快，杰出的塞缪尔·博沙杜斯（Samuel Bochardus）偏爱腓尼基人，他的图谋也未能令他满意。因此，他另辟蹊径假想出某种共同语言。这种语言他称之为"斯基泰语"（Scythian），是希腊语、拉丁语、德语和波斯语的母语，它们像方言一样由此发端。随着他的这些尝试逐渐为公众所知，因其

本身十分新颖，它们对许多人来说似乎很奇妙。[14]

由于许多原因，博克斯霍恩的"斯基太人"是一种很有吸引力的选择。首先，由于与欧洲同时代的任何民族没有关联，他们可以包括所有人而不用特别优待任何人。其次，在古典时代的地理想象中，斯基泰人占据了重要位置。从希罗多德到亚里士多德，均将希腊视作北方蛮族（斯基泰人）与南方蛮族（利比亚人和/或埃及人）之间理想的调停地带。[15]任何后世北方起源说的支持者，都可能因此被上述斯基泰人所吸引。公元6世纪，卡西奥多罗斯（Cassiodorus）与约达尼斯（Jordanes）已将他们与哥特人和日耳曼人联系在一起；斯诺里则将"斯基泰"（Scythia）与"瑞典"（Sweden）两个名称当作同源词，声称人们用后者指"人类的家园"，用前者指"众神的家园"。[16]

尽管博克斯霍恩计划中的《欧洲民族与语言的斯基泰起源》（"The Scythian Origins of the Peoples and Languages of Europe"）一书从未出版，但在其演讲、讨论和其他论著，尤其是1647年的一部很长的小册子中，他的观点得以传播。此后，一直到18世纪，"斯基泰论"是对北方起源和荣耀说进行编码的标准形式。在支持这一口号的学者中，有许多是荷兰人［乔治·霍恩（Georg Horn）、克洛德·德·索米斯（Claude de Saumise）］，此外还有瑞典人［安德烈亚斯·耶格尔（Andreas Jäger）］、德国人［乔治·卡斯帕·基希迈耶（Georg Caspar Kirchmayer）、G. W. 莱布尼茨（G. W. Leibniz）］，偶尔也有其他国家的学者。[17]1779年，威廉·琼斯爵士在一封引发广泛讨论的信中首次提出语言重建问题时，也受到这一论调的吸引。[18]

五

通常认为，第一位对后来所谓"印欧"学说进行阐述的人是琼斯。不过正如大多数语言史学家已经认识到的那样，琼斯并非这一学说的最初开创者。确切地说，从斯诺里和吉拉尔德斯·坎布伦西斯，直到戈罗皮乌斯、迈利乌斯、博克斯霍恩、菲利波·萨塞蒂（Filippo Sassetti，1540~1588）、莱布尼茨、克杜科斯神父（Father Cœurdoux，1691~1779)、蒙博多勋爵（1714~1799）以及其他众多人物，在一长串名单中，琼斯标志着一个重要节点。[19]

然而，琼斯并没有像有些人所宣称的那样，只是对斯基泰学说做重新包装。[20]他熟悉这一学说，不过在唯一一次谈到它时，显得十分谨慎。在1779年的一封信中，他表示熟悉这个观点，并宣称这一领域的研究"十分模糊且不确定"[21]。就我所知，琼斯并不特别倾心于北方，更不用说有关北欧起源的论述。相反，他对热带的青睐胜于寒带，在他的笔下，呈现二元对立的是"东—西"向，而非"南—北"向。想想他1772年所写的关于亚洲诗歌优于欧洲诗歌的评论："过度炎热是否使东方人过着懒散的生活，从而使他们有了充分闲暇来培养自己的才华，太阳对他们的想象力是否有着实际的影响……不管什么原因，人们一直认为，亚洲人的想象力和创造力胜过我们寒冷地区的居民。"[22]

琼斯对亚洲的浪漫化，在另一段具有重要历史意义的文字中有明显体现，此即他的首场"周年纪念演讲"（Anniversary Discourses）开场白。作为亚洲协会（Asiatic Society）主席，他每年都要发表演讲。这场演讲的日期为1784年1月15日，地点为加尔各答（Calcutta）的孟加拉高等法院大陪审团会议室（Grand Jury Room of the High Court of Bengal）。应琼斯邀请，29位相关人员聚集于此，与他一起创建一个机构，以支持、推动和传播对亚洲的全面研究。这段演讲如下：

先生们，去年8月，我从海上航行到这个我一直渴望访问的国家。一天晚上，我在检查当天的观察日志时，发现印度就在我们面前，波斯在我们的左边，来自阿拉伯的微风几乎吹到我们的船尾。这一情形本身如此舒心，对我来说又是如此新鲜，因而不能不在大脑中唤醒一系列思考——我们早已习惯于愉快地沉思这个东方世界多姿多彩的历史和令人愉快的幻想。当我发现自己置身于一个如此宏伟的露天场地时，我感到一种难以言表的快乐。这个场地的周围是广袤的亚洲土地，它曾被认为是科学的摇篮，是许多绝妙、实用技艺的温床，是辉煌的战场，诞生过众多天才，有着丰富的自然奇观，其宗教与管理形式，其法律、礼仪、习俗、语言以及人们的容貌与肤色，均具有无限多样性。[23]

与这篇对于亚洲的赞歌一样有趣的，是演讲开始时令人心醉神迷的联想：他面前的东方是印度，他身后的西方是阿拉伯，他左手所在的北方是波斯。琼斯爵士想象自己处于世界的中心——这种情形几乎带给他无法言喻的快乐。

六

威廉·琼斯爵士（1746~1794）是一位成就卓越的人物。[24] 早在1764~1768年，他在牛津大学读书时就已确立了作为世界上最重要的语言学家之一的地位，熟练掌握希腊语、拉丁语、希伯来语和土耳其语，对波斯语、阿拉伯语的了解在欧洲也首屈一指。作为一名学者、诗人、翻译家，也作为一位富有原创精神的政治思想家，他同情自己时代的自由主义事业，赢得塞缪尔·约翰逊（Samuel Johnson）、本杰明·富兰克林（Benjamin Franklin）、乔舒亚·雷诺兹爵士（Sir Joshua Reynolds）、埃德蒙·伯克（Edmund Burke）和其他许多人的友谊和钦佩，同时也获得英格兰与丹麦国王的高度赞扬。尽管他加入了伦敦皇家协会（Royal Society of London）和几个上层艺术家、知识分子圈，但他的生活依旧捉襟见肘。因此他又学习法律（1770~1773），开始从事第二职业，成为一名出类拔萃的法律专家；这还不够，他又在巡回审判中掌握了威尔士语。最终，他被任命为孟加拉高等法院（High Court of Bengal）法官，这就是他在1783年8月兴高采烈地登上"鳄鱼号"皇家海军军舰（HMS Crocodile）前往印度的原因。

在加尔各答下船时，人们热烈地称他为"及时雨"（godsend）：这是一位天才，他将为一群才华横溢、精力充沛的年轻同人［比如，纳撒尼尔·哈尔赫德（Nathaniel Halhed，1751~1830）、查尔斯·威尔金斯（Charles Wilkins，1749~1836）]已经从事的许多互不相干的调查带来秩序。[25]当琼斯宣布，他打算按照伦敦皇家协会的模式组建一个学术团体①时，受到英属印度精英的热烈响应。他发言的时候，他们用心聆听，将他的话当作箴言。他还筹划将提交给亚洲协会早期会议的27篇论文（包括他自己的11篇），作为《亚洲研究》（*Asiatick Researches*）第1卷（1788）编订成册并运往欧洲，此书引起一场轰动。[26]琼斯的所有学说中，最著名的是有关欧洲语言、梵语和波斯语的关系及共同起源的假说。这与其说是一种新颖的思想，不如说是对一种久已存在的假说的细化，该假说现在被赋予了前所未有的权威，并有强大的机构来支持。威廉·琼斯爵士是正确的时间、地点中正确的人选：这在他看来——也在其他人看来——是一件十分正确的事。

尽管琼斯成就卓著且有众多仰慕者，但近年来他的声誉有所下滑，尤其是自从爱德华·赛义德（Edward Said）将东方主义（即一种对于知识、权力的获取、支配、分类与歪曲的行为，以服务于帝国主义利益）的谱系直接追溯到琼斯这里之后。[27]这里面有一定的事实，正如在此前较为理想化的描述中也有一定的事实一样。也就是说，两种解读都是偏狭的，没有一种是完整的。赛义德偏狭的一面（这一面显露出的结果令人始料未及），在一段错误的引文中可以清楚地看到。这段文字如下：

> （琼斯）一到达那里便在东印度公司任职，同时立即开始了自己的研究，收集有关东方的资料，对其进行限定、驯化并因而将其转变为欧洲学术的领地。在一项名为"旅亚期间我的研究目标"的私人计划中，他列举了下列研究项目："印度教与穆罕默德的律法；印度斯坦的现代政治与地理；统治孟加拉的最佳方式；亚洲的算术、几何与杂学；印度的医药、化学、外科学和解剖学；印度的土产；亚洲的诗歌、修辞学和伦理；东方民族的音乐；印度的商业、制造业、农业和贸易"，

①　即1784年成立的"亚洲协会"。直到去世前，威廉·琼斯一直担任该学会会长。——译者注

等等。[28]

引号的使用和省略号的缺席，使它看上去似乎是赛义德引用了一个完整段落。事实上，这是琼斯在"鳄鱼号"上为自己拟定的一份研究清单。更重要的是，其 16 个项目中，包括第二、第三、第四项在内，有 7 项在赛义德的笔下遗漏了。在所列清单中，赛义德对以下各项的兴趣明显低于琼斯：

> 旅亚期间我的研究目标
>
> 1. 印度教与穆罕默德的律法。
>
> 2. 古代世界的历史。
>
> 3. 经典的证据和示例。
>
> 4. 关于大洪水等的传说。[29]

这是一些奇怪的条目。它们出自何处？它们又是如何令威廉·琼斯这样的开明人士产生了兴趣？

七

1770 年 9 月，琼斯开始学习法律，中止了其他研究。此后七年间，除了法律方面的图书，他没有读过任何严肃的书籍。不过对于这项惯例，他承认有一个例外：雅各布·布莱恩特（Jacob Bryant）的三卷本《古代神话解析》（*Analysis of Ancient Mythology*，1774~1776）。[30] 他对这部今天已被遗忘的巨著极有兴趣，以至于很快抽出两天时间拜访作者。拜访结束后，他充满热情地说："我热爱这个人，他的书深深吸引了我。"[31]

布莱恩特（1715~1804）是一个复杂的人物，博学与粗浅兼而有之，即使按照他那个时代宽松的标准，他对语言和神话的比较研究依然热情有余而严谨不足。布莱恩特的目标是重建人类史前史并证实《圣经》中的记述，与其他怀有同样雄心的人一样，他以《创世纪》第10章有关各民族的叙述为出发点。按照正统的做法，他在名义上将闪的支系置于首要地位，其中包括以色列民族，后世所有正宗一神教的源头也在闪这一支。然而，他的主要兴趣在于含，他从含这里追溯了几乎所有古代异教民族和多神教神话。与此相应，他描述了众多部落和民族如何从含这里传衍下来，有些经由腓尼基（Phoenicia）和埃及向南部、西部迁徙，有些经由斯基泰（Scythia）向北部、东部迁徙。随着时间的推移，他们的语言和宗教逐渐变得多元、退化，不过从伊比利亚（Iberia）到印度的每个地方，布莱恩特识别出三种资料。在他看来，它们是这些地方各民族原初身份、语言和宗教存在的证据。这便是大洪水的故事、传说中的国王（他们的名字与诺亚的名字相似）、显著的太阳神殿（这些太阳神的名字与含的名字相似）：

> 这些便是含的支系，他的子孙对他怀有最高敬意。他们称他为阿蒙（Amon）。随着时间的推移，他被奉为神，人们将他作为太阳神崇拜。由于这种崇拜，他们被称为"阿摩尼亚人"（Amonians）……当阿蒙人分别迁往相隔很远的地域时，我们将在他们定居过的每个地方，发现相同的崇拜和仪式、相同的祖先历史。他们城市和神庙的名字也有许多相似之处：由此我们可以确信，这一切都是出于同一族群（people）的命名。[32]

在众所周知的有关诺亚三个儿子的叙事中，隐含着一种民族间的等级关系。实际上，布莱恩特与他之前的博克斯霍恩一样，试图对这种关系进行重新排序（见图4-1）。布莱恩特的著作获得广泛阅读并引发不同反应。有些人钦佩他的学术雄心和他对神话证据的创造性运用；另一些人则对他在词源学上的失误表示震惊。[33] 上述两种反应在琼斯身上都有体现，不过，正如他在"鳄鱼号"上制定的日程中所反映出的，最吸引他的是布莱恩特选择独自探求的努力。

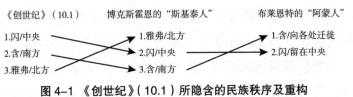

图 4-1 《创世纪》（10.1）所隐含的民族秩序及重构

到达印度不久（1783 年 9 月 25 日），琼斯便转向前述工程。第一篇成果是《论希腊、意大利和印度诸神》（On the Gods of Greece, Italy, and India, 1784），在这篇论文中，他利用自己有关印度神灵的最新知识进行了 20 多项比较研究，但几乎都证据不足。[34]文章开头颇有见地，他从罗马象征"开始"的神灵雅努斯（Janus）入手，凭借语音和现象的表面相似，将其视为梵文中的犍尼萨（Ganeṣha）。这一准备工作结束后，他转向了最重要的案例，对此做了最冗长的讨论。在这里，琼斯借鉴布莱恩特的观点并增加了自己错综复杂的论述，将罗马最古老的神灵萨图恩（Saturn）与梵文所载洪水幸存者摩奴（Manu）等同起来，后者的别名"萨底耶婆罗陀"（Satya-vrāta）证明了这一比较的合理性。显然，琼斯认为"摩奴"这个名字中包含着两个成分（Ma-nu），他将后一成分与《圣经》中的诺亚（Noah）、希腊的米诺斯（Mi-no-s）、阿拉伯的努赫（Nuh）联系在一起。萨图恩与"黄金时代"的关联也为这些论述提供了帮助，因为在印度人的观念中，四个世代中的第一个，有时被称为"圆满时"（Satya Yuga）。①尽管《圣经》未提及这一体系，琼斯还是从中察觉到一套由四个世代构成的时间系统，第一个世代以诺亚、洪水和"巴别城疯狂地引入偶像崇拜"而终结，第二个世代则以闪、含及各民族的扩散为开端。[35]如果有人怀疑这些事件和人物中的哪个版本最为古老，威廉爵士会友好地为他打消疑虑，他的裁定倾向于《圣经》。[36]

琼斯还发现许多太阳神，他甚至认为所有异教神灵的神格倾向于互相融合，因为与罗马一样，印度的这些神灵"仅表示自然（主要是太阳）的

① Yuga 具有"节点""世代""时期"等多重含义。印度教以 Yuga 为时间单位，认为世界是四个 Yuga 的往复循环，分别是：萨提亚（satya-yuga）、特里塔（Treta-yuga）、德瓦帕拉（dvapara-yuga）、迦利（Kali-yuga）。每个 Yuga 在时间长度上递减；与之相应，人类在道德与体质上每况愈下。第一个 Yuga 最为完美，又译"圆满时"。——译者注

力量，人们以各种方式和许多奇异的名字来表达这种力量"[37]。对现代学者而言，在这个结论中很难不会听到弗里德里希·麦克斯·缪勒的期待，麦克斯·缪勒从琼斯那里得到的，比他承认的要多。[38]琼斯则转而依赖布莱恩特，在整篇论文的结语部分，他径直说道："也许，我们最终将同意布莱恩特先生的观点：埃及人、印度人、希腊人与意大利人最初源自同一个中心地区，他们的祖先将自己的宗教和科学带到了中国和日本。我们甚至是否还得加上墨西哥和秘鲁？"[39]

在琼斯公开出版的著作中，这是第一次提出古代宗教、语言和民族起源于"某个中心地区"。在论文的最后几页，他煞费苦心地反驳了他的朋友蒙博多勋爵（Lord Monboddo）的观点，后者在1774年提出一种南方说，以取代博克斯霍恩的斯基泰说，将埃及作为所有语言和文明的摇篮。[40]不过琼斯在当时并未做出自己的正面判断。在他看来，希腊、印度与罗马的神灵相互关联，这一点已得到证明："但哪个民族的神系是最初的系统，哪个民族的是复制而来，我不愿贸然做出决定。我相信，我们也不可能很快有充分根据做出决定。"[41]他的立场谦逊而谨慎，不过或许只是故作扭怩。在很短的时间内，他将完全改变这一立场。

八

这让我们想起一个历史性时刻：1786年2月2日晚，这天晚上，琼斯向亚洲协会的35位成员发表了"三周年纪念演讲"（Third Anniversary Discourse），并说出了他一生中最令人难忘的一段话，它为印欧研究奠定了基础。这段话曾被反复引用，这里再重复一遍：

> 无论有多古老，梵语都是一种有着奇妙结构的语言；它比希腊语更完美，比拉丁语更丰富，比二者中任何一种更精妙优雅，然而在动词词根和语法形态上，又与二者有明显类同，这很难说是碰巧产生的。的确，这种类同是如此显著，以致任何语文学家对这三种语言进行考察时，都不得不相信它们来自某个共同的源头，尽管这个源头或许已

经消亡。出于同样的理由，虽然这一理由不是那么有力，可以推断哥特语（Gothick）、凯尔特语（Celtick）与梵语有着相同的起源，尽管前两种语言夹杂着一种非常不同的土语。假如这里是讨论波斯古代文化的场所，那么古波斯语可能也会被加入同一语族。[42]

语言学家对琼斯的阐述十分推崇，因为他在语音学和词汇学之外还注意到了词法学问题，也因为他谨慎地拒绝回答假想中的"共同起源地"位于何处这一问题。在许多人看来，这段话是前科学的推测与一门学科之间的界碑，后者合理地运用了比较与历史研究法。拉斯穆斯·拉斯克（Rasmus Rask，1787~1832）、雅各布·格林（Jacob Grimm，1785~1863）、弗朗茨·博普（Franz Bopp，1791~1867）、阿达尔伯特·库恩（Adalbert Kuhn，1812~1881）、奥古斯特·施莱歇（August Schleicher，1821~1868）、安托万·梅耶（1866~1936）、埃米尔·邦弗尼斯特（1902~1976）等后来发展了上述方法，他们的研究受到威廉·琼斯思想的启发。[43] 如果只有这段话，且这段话没有语言学领域之外的含义，那么一切将无可厚非。但是，对琼斯的理论做全面思考也很必要，虽然也有些令人不安。在他的理论中，神话、历史、地理、种族、进步、文明成就与声望、宗教以及《圣经》权威等问题全部混杂在一起。要认识这些问题，首先需要对系列周年纪念演讲背后的复杂结构做一些简要回顾。

从1784年亚洲协会创立到1794年他去世，威廉·琼斯总共发表了11次这样的演讲。最初两次演讲主要阐述协会的组织和纲领问题，最后两次演讲似乎超出了起初的计划。该系列演讲的重心是中间七次讲话，他明确将其归为一组，这些讲话致力于解决一个重大问题，因而需要放在一起讨论。其中五次演讲针对亚洲主要民族，第六次针对边缘族群，最后一次是回顾和总结（见图4-2）。[44] 在每次针对各个民族的讲话中，其论述均遵循同一模式，依次涵盖了地理、历史和文化成就。对于最后一项，琼斯聚焦于四个具体的范畴：(a) 语言和文字；(b) 哲学和宗教；(c) 建筑和雕塑；(d) 科学和艺术。

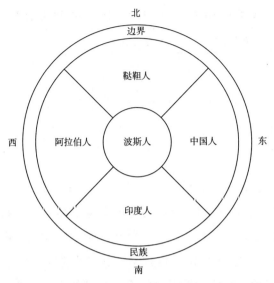

图4-2　琼斯第三至第九次周年纪念演讲中所涉及的民族（1786~1792）

在有关文化的讨论中，琼斯爵士并未停留于描述，他还基于自己对以下问题的判断做出评价，即他所认为的成就等级以及各文明之间影响与被影响的程度。他的评论始终简练、自信且有大量细节来支持，不过大部分评论似是而非、无关紧要。尽管琼斯满怀信心，但是很明显，其知识的数量和质量差别很大，而他始终将自己最熟悉的领域放在优先位置。因此在他的表述序列中，语言是第一位的，得到了最充分的讨论，其结果影响到他在其他所有领域的判断。同样，他在所有民族中首先讨论印度，对其做出了最积极的评价，并将其作为衡量所有其他民族的标准。这段著名演讲阐明了梵语的完美以及与众多其他语言的关系，因此成为他评估工作的第一项。波斯是威廉爵士最早研究的对象，其语言与梵语有密切关系，因而也被赋予优先地位。相比之下，他认为阿拉伯人在各方面都有缺陷，只有他们的语言是古老而精确的，但在某些方面不如梵语，而且对其他民族几乎没什么影响。无论如何，这使阿拉伯人高于鞑靼人（Tartars），后者排名较高只因他们的原始宗教——一种被他们迅速抛弃的原始一神教。（见表4-1）。

表 4-1　威廉·琼斯爵士周年纪念演讲中对文明成就的评价与排序

	语言与文字	哲学与宗教	建筑与雕塑	科学与艺术
印度人	+	+	+	+
波斯人	+	+	+	－
阿拉伯人	+	－	－	－
鞑靼人	－	－	－	－

在其批评性言论中，琼斯表现出极大的自信，极少克制。例如，在穆罕默德之前，阿拉伯宗教以"一种愚蠢的偶像崇拜"[45]为特征，阿拉伯人的习俗"绝不利于艺术的培养"[46]。鞑靼文学"向我们呈现出一种糟糕的空白，或者一种与他们的沙漠一样荒芜、沉寂的前景"[47]。至于诗歌，"除了一些可怕的战歌，在他们那里再找不到真正的作品"[48]。最令人诧异的是，中国被说成没有任何古代遗迹，在宗教或科学领域也没有任何原创。尽管他们的诗歌"美妙动人"，但当论及绘画、雕塑、建筑和想象性艺术时，"他们似乎（与其他亚洲人一样）一无所知"[49]。

然而，琼斯对于印度、波斯的态度与上述截然不同。梵语"精妙优雅"，印度艺术"举世闻名"，印度诗歌"壮丽崇高无与伦比"[50]。他引用牛顿（Newton）的话，将波斯的原始宗教视为最古老、最高贵的宗教。[51]总体而言，在论及印度和伊朗时，琼斯传递出一种难以理喻的富足印象，与之相对的则是阿拉伯人和鞑靼人的贫瘠。

九

除评价工作外，琼斯还希望重建史前史，在这一方面，他让自己的结论逐渐浮现出来。他的第一段论述，出自他在前述著名的段落中为印度（首要主题、首要国家）所做的语言学分析。第二段重要论述出自"六周年纪念演讲"，他在这里基于语言、艺术和宗教的相似，将印度人和伊朗人联系在一起。

琼斯用这种方式将最初所说的五大文明集团缩减到三个，在第八次演讲中，他又提出少数族群（"边民、山民和岛民"）问题。这次演讲所涉及的所有对象（腓尼基人、埃塞俄比亚人、埃及人、阿富汗人、吉卜赛人等），均源自三大原始民族集团。在这里，出现了一个特别令人感兴趣的案例，这就是以色列人，不过我们先讨论琼斯的另外几处论述，这样更容易看出以色列人的重要性。

从第六次演讲开始，琼斯为梵语、波斯语等祖先语言以及讲述这种原初语言的人提供了一个空间中心。他诉诸该中心的声望，基于地理学和几何学得出了自己的结论："我们因此坚定地认为，在最大限度上，伊朗或波斯是各语言的真正中心，也是各艺术的真正中心；它不像人们所幻想的只向西方传播，也不像人们出于同样理由所断言的只向东方传播，而是由各个方向扩展至世界上的所有地区。在这些地区，印度人种分化为不同的教派定居下来。"[52]

琼斯不满足于让伊朗仅成为一个语族或民族的故乡，他还坚持认为，另外两个族群——阿拉伯与鞑靼——在黎明时代也出现在伊朗的土地上。这一切都为他在九周年纪念演讲《论各民族的起源与分化》（On the Origin and Families of Nations，1792 年 2 月 23 日）中提出的宏大结论奠定了基础。在这篇演讲中，琼斯将林奈和牛顿视作科学性的典范，总结了自己前几场演讲的结论，尤其强调了他对三个原始种族的重建。[53] 不过很快，他开始将这些发现与他所认为的两个权威文本结合起来：《创世纪》第 1~11 章及雅各布·布莱恩特的《古代神话解析》。对于前者，琼斯的态度是矛盾的，甚至可以说不够诚实。一开始，他摆出姿态，说希伯来《圣经》是所有历史资料中最古老的，但是与任何其他资料一样允许怀疑和批评。[54] 可事实上，他从童年起就深信《圣经》受到过神启，是绝对正确的，他组织演讲的终极目的是"科学地"验证《创世纪》中的记载。[55] 在这方面，他从布莱恩特那里获得启示，正如他在第三场演讲的开端和第九场演讲的结尾自豪地承认过的那样。即便如此，较之布莱恩特，他的立场仍有一定复杂性。他认为布莱恩特的观点比其他人更可取，但遗憾的是，布莱恩特对希伯来语以外的所有亚洲语言一无所知。因此，威廉·琼斯爵士以纠正和完善他所敬重的前辈的工作为己任。[56]

正是本着这种精神，他将自己研究中"独立"发现的三个原初种族视作诺亚之子的后裔（见表 4-2），并将其中一个种族等同于布莱恩特所青睐的阿摩尼亚人。[57] 后来的作者也将这三个种族等同于雅利安人、闪米特人以及第三章提到的图兰人。

表 4-2 "九周年纪念演讲"中三个原初种族与诺亚之子的对应关系

	诺亚之子		
	含	闪	雅弗
后裔民族（确定）	印度人	犹太人	鞑靼人
	波斯人	阿拉伯人	斯拉夫人
	罗马人	亚述人	亚洲和北欧的民族
	希腊人	叙利亚语讲述者	
	哥特人	阿比西尼亚人	
	古埃及人		
	非洲库希特人		
	腓尼基人		
	弗里吉亚人		
	斯堪的纳维亚人		
后裔民族（可能）	中国人		
	日本人		
	古代墨西哥和秘鲁人		
文化成就	发明书写	编有最古老的历史著作	缺乏人文素养
	天文学		不会使用文字
	印度历		
	神话		

尽管琼斯的大部分结论基于语言分析，但他似乎认为这些民族之间的差异同时体现在语言、文化和生理（种族）方面，他们的"语言、习俗和容貌"全然不同。[58] 尽管这些民族都是诺亚的后裔，不过在公元前1200 年前后，他们已从巴别城分道扬镳。在琼斯看来，巴别城位于伊朗的中心（它本身就是中央王国），介于奥克苏斯河（Oxus）与幼发拉底河（Euphrates）、高加索山脉（Caucasus）与恒河（Ganges）之间。[59] 民族间

的这种分离是永久性的，再多的研究也无法复原其分裂前的统一状态或是恢复其原初语言。[60]

十

在第九次演讲中，琼斯未对三个种族的性格做过多描述，但其中一段简短的评论，表明他认为三个种族截然不同。也是在这段话中，他赞同布莱恩特对于阿摩尼亚人的看法：琼斯倾向于称他们为"印度人种"，同时对库希亚人（Cushian）、卡斯蒂安人（Casdean）或斯基泰人之类的称谓持开放态度。[61] 后人则称他们为"雅利安人"或"印欧人"。这段话如下："对于其中一个族系，我以不同方式与布莱恩特先生得出了同一结论。它在三个族系中最富独创性和进取心，但也最为傲慢、残忍且崇拜偶像。我们两人一致认为，这个族系是含或阿摩尼亚一支的不同后裔。布莱恩特先生的著作见解深刻、令人折服，我只想就之前自己对这部著作的观察补充一点看法……"[62]

这种描述隐含着与另一族群的对比：琼斯在第八次演讲结束时特意讨论的边民（border people），琼斯对于这一族群的态度，与对印度人以及结语之前所论述的最后一个民族截然相反。他们是闪的后裔，其语言表明他们与阿拉伯人有着密切关系，尽管他们的"习俗、文学和历史与其他民族有着惊人的区别"[63]。在对犹太人的讨论中，琼斯基于两个标准（一神信仰之于偶像崇拜；历史之于神话），将他们与阿摩尼亚人从根本上区别开来，同时基于另一个标准（傲慢与否）将这两个民族联系在一起。关于独创性、进取心和残忍性，琼斯保持沉默，但在其他方面，他的描述很难说是中性的。在琼斯看来，神学家兼数学家伊萨克·巴罗（Isaac Barrow）是自己时代思想最深刻的人物之一[64]，因而他援引巴罗写道："巴罗用恶毒、孤僻、固执、多疑、肮脏、易变、混乱等严厉但公正的修饰语来形容他们。根据他的描述，他们会非常热心地救助自己的同胞，对其他民族却深怀敌意；还有，尽管他们性格中有着盲目的执拗、愚蠢的傲慢和野蛮的残忍，但在天国下面的所有人类中，他们有着独特的优点：在狂热的多神信仰、野蛮或淫秽的宗教仪式中，在无知所造成的、利益欺诈所支撑的错误黑暗迷宫中，他们仍保持一种理性而纯粹的奉献传统。"[65]

十一

在前面的讨论中，我的初衷不是对一位实至名归的著名人物横加责难。相反，我想阐明一些超越个人好恶的问题。首先，威廉·琼斯最著名的假说有着深远的渊源且始终伴随着问题。最直接的是，琼斯受到雅各布·布莱恩特《圣经》中心主义的影响，后者试图将全世界神话追溯至含，将所有正统的宗教追溯至闪。在布莱恩特身后矗立着许多身影，从斯诺里和吉拉尔德斯到迈利乌斯、博克斯霍恩、莱布尼茨等，他们共同参与构建了一套话语，这套话语将神话、语言、地理和古代记述（尤其是《创世纪》第10~11章）作为证据，以建构一套有关人类起源、繁衍及相互关系的叙述。尽管他们惯常的巴洛克式论述始终聚焦于这些资料和最遥远的过去，但他们真正的兴趣点显然在其他方面。综观前面提到的大量论著，我们从其当时的表述中感受到一种从未间断的努力或尝试，即重新调整各个族群、民族和种族的贵贱等级和地位序列，它们时而微妙、时而粗劣、时而精巧、时而骇人，其中充满种种偏见。

威廉·琼斯爵士是这套话语史上一位举足轻重、便利合宜而富有启示的人物。传统的叙述有着自己的神话性和史诗性结构，它为前述琼斯演讲中的著名段落构筑了一个时代：此时早期的幻想和直觉获得严谨的阐述，这标志着并允诺了科学研究的开始。这套话语还有一种更为重要的谱系，它无须贬低他的天赋，也无须指控他的动机，而是将威廉爵士的天资、地位、组织和宣传才能视为帮助事业合法化的关键因素，在这一事业中，依然隐含着各种形式的沙文主义（种族主义、民族主义、反犹主义、殖民主义和帝国主义）。正如利昂·波利亚科夫（Leon Poliakov）、莫里斯·奥林德（Maurice Olender）、乔治·莫斯（George Mosse）、克劳斯·冯·西（Klaus von See）等所做的那样，通过延续19世纪和20世纪的话语历程，以悲剧和恐怖的形式重演这个故事并非难事——此时布莱恩特的阿摩尼亚

人和琼斯的"印度种族"获得"雅利安人"的名称。[66]

　　由于纳粹在第二次世界大战中的暴行，"雅利安人"一词几乎从正式场合消失。那些既想固守这套旧话语又想表明自己已远离其负面效应的学者，现在使用"（原初）印欧人"这个术语，这也是 19 世纪创造的一个新词。这样做的时候，许多人真诚地相信自己由此净化了这一话语并解决了其中的问题，不过事情并非如此简单。这种迂回委婉往往是一种不完全的、肤浅的、掩耳盗铃式的虚假失忆。即使是在认真、深思熟虑地使用这个术语时，他们仍可能将种族主义和民族主义主题以潜文本的形式呈现出来——这些主题在雅利安话语（它在秘密牢房和令人毛骨悚然的密电中继续存在）中表现得更为清晰突出；而在作者有所克制的地方，某些读者可以轻而易举地将这些主题填补进来。

　　诚然，在梵语、拉丁语、希腊语以及其他语言之间发现明显的系统性类似，无论琼斯还是其他人都没有错。问题是如何看待这些类似，一旦从语言的描述层面转向历史层面，人们便踏上了一条通往深渊的道路。实际上，重构某种"原初语言"是一种演练，他要求人们想象出这种"原初语言"的讲述者、由这些讲述者组成的共同体，然后是该共同体的地点、历史时间、典型特征，还有与其他"原初语言"共同体的一系列对比关系。[67]需要说明的是，对于这一切，没有任何合理的证据可以证明。

　　此外，琼斯不是作为一名语言学者，而是作为一名神话与宗教学者涉足这套话语的。布莱恩特的著作是其灵感来源和榜样，他的第一次尝试是 1784 年的论文《论希腊、意大利和印度诸神》（On the Gods of Greece, Italy, and India）。尽管琼斯在周年纪念演讲中拓展了自己的视野，不过他的研究继续借助从布莱恩特和其他前辈那里得到的假设和构想。同样值得注意的是，琼斯学识无比渊博，其姿态与声音令人想起启蒙运动中的学者，但他所讲述的故事明显仍是神话性的。

　　在周年纪念演讲中，琼斯讲述了自己如何探求语言的起源与各民族离散前所处的古代中心。尽管如此，作为经验与"科学"知识的对象，原初起源与具体中心仍是出了名的难以捉摸。它们是由那些致力于收集资料碎片和前人叙述的修补匠们建构而成的话语对象，而不是知识；从这些资料和碎片中，他们加工出种种假想之物，以满足他们在意识形态工作中难以实现的欲望。即使像威廉·琼斯爵士、斯诺里·斯图鲁松或弗里德里希·麦克斯·缪勒这样卓越的神话学者，当他们屈服于这种诱惑而卷入一套有关起源与中心的话语时，其结果更是充满讽刺意味。实际上，当他们真诚地认为自己是在解释他者的神话时，已陷入一种编造自己的神话的无限循环：他者可能正是他们的想象与话语的产物。

注　释

[1] Snorri Sturluson, *Prose Edda*, prologue, chaps. 2–3.

[2] 关于斯诺里《埃达》"前言"的学术背景，参见：Anthony Faulkes, "The Sources of Skáldskaparmál: Snorri's Intellectual Background," in Alois Wolf, ed., *Snorri Sturluson: Kolloquium anlässlich der 750. Wiederkehr seines Todestages* (Tübingen: Gunter Narr, 1993), pp. 59–76, "Pagan Sympathy: Attitudes to Heathendom in the Prologue to *Snorra Edda*," in R. J. Glendinning and H. Bessason, eds., *Edda: A Collection of Essays* (Winnipeg: University of Manitoba Press, 1983), pp. 283–314; Kurt Schier, "Zur Mythologie der Snorra Edda: Einige Quellenprobleme," in Ursula Dronke et al., eds., *Speculum Norroenum: Norse Studies in Memory of Gabriel Turville-Petre* (Odense: Odense University Press, 1981), pp. 405–420。

[3] Snorri, *Prose Edda*, prologue to chap. 5: Asiamanna, er æsir voro kallaðir."

[4] 同上，第 3 章。

[5] 同上。

[6] 同上，第 6 章。

[7] 同上。

[8] Giraldus Cambrensis, *Itinerarim Cambriae* 1.15.

[9] 对于日耳曼人的早期反应，参见：Martin Thom, *Republics, Nations and Tribes* (London: Verso, 1995), pp. 212–221. 另可参见第三章尾注 [2] 所引文献。

[10] 关于较早的这类尝试，参见：Giuliano Bonfante, "Ideas on the Kinship of the European

Languages from 1200 to 1800," *Cahiers d'histoire mondiale* 1 (1953/54): 679–699, esp. 680. 其他关于比较语言学的出色研究，主要有：Jean-Claude Muller, "Early Stages of Language Comparison from Sassetti to Sir William Jones (1786)," *Kratylos* 31 (1986): 1–31; Daniel Droixhe, *De l'origine du langage aux langues du monde: Etudes sur les XVIIe et XVIIIe siècles* (Tübingen: Gunter Narr, 1987), *La Linguistique et l'appel de l'histoire (1600–1800): Rationalisme et révolutions positivistes* (Geneva: Droz, 1978); George Metcalf, "The Indo-European Hypothesis in the Sixteenth and Seventeenth Centuries," in Dell Hymes, ed., *Studies in the History of Linguistics: Traditions and Paradigms* (Bloomington: Indiana University Press, 1974), pp. 233–257。

[11] Abraham Mylius, *Lingua Belgica* (Leiden, 1612), pp. 146 – 147, 转引自：Metcalf, "The Indo-European Hypothesis," p. 237。

[12] 《创世纪》第 11 章显然属于《圣经》另一系列的辑本，其首句与 10.5、10.20.10.31 中的箴言完全矛盾："那时全地只有一样的口音、一样的语言。"（参阅 11.6："永恒主说：'看哪，他们只是一族之民，有一样的口音。'"）在上帝变乱人们的语言、让人们散居各地后（11.7–11.9），问题得以解决。这一章将闪的世系进一步追溯到亚伯拉罕，但是含、雅弗及其世系全然未出现。就此而言，他们在叙述中被抹掉了。

[13] 戈罗皮乌斯对于歌箴的处理，相关讨论参见：Metcalf, "The Indo-European Hypothesis," pp. 241– 242。

[14] 转引自：Bonfante, "Ideas on the Kinship of the European Languages," p. 691。

[15] 参见以下著作中的精彩讨论：François Hartog, *The Mirror of Herodotus* (Berkeley: University of California Press, 1988); Maria Michaela Sassi, *La scienza dell'uomo nella Grecia antica* (Turin: Boringhieri, 1988), pp. 96 –127. 相关讨论还有：James Romm, "Herodotus and Mythic Geography: The Case of the Hyperboreans," *Transactions of the American Philological Association* 119 (1989): 97–113; Gian Franco Gianotti, "Ordine e simmetria nella rappresentazione del mondo: Erodoto e il paradosso del Nilo," *Quaderni di Storia* 27 (1988): 51–92; Claude Calame, "Environnement et nature humaine: Le Racisme bien tempéré d'Hippocrate," in *Sciences et racisme* (Lausanne: Payot, 1986), pp. 75–99; David Lateiner, "Polarità: Il principio della differenza complementare,"

Quaderni di storia 11 (1985): 79–103; W. Backhaus, "Der Hellenen-Barbaren-Gegensatz und die hippokratische Schrift *Peri aer ön hydat ön top ön*," *Historia* 25 (1976): 170–185。

[16] 参见：*Ynglingasaga* 8。

[17] 关于"斯基泰论"，参见：Muller, "Early Stages of Language Comparison," pp. 9–12; Metcalf, "The Indo-European Hypothesis," pp. 234 – 240; 有关莱布尼茨对这一学说的讨论，参见：J. T. Waterman, "The Languages of the World: A Classification by G. W. Leibniz," in E. Hofacker and L. Dielkman, eds., *Studies in Germanic Languages and Literatures in Memory of Fred Nolte* (St. Louis: Washington University Press, 1963), pp. 27–34。

[18] Garland Cannon, ed., *The Letters of Sir William Jones*, 2 vols. (Oxford: Clarendon Press, 1970), 1:285–286. 这封信是 1779 年 2 月 19 日写给亚当·查托里斯基（Adam Czartoryski）亲王的，相关内容如下："这么多的欧洲词语是如何潜入波斯语的，我不大确定。我想，普洛科皮乌斯（Procopius）提到了波斯人与欧洲、亚洲北部民族（古代通常称之为斯基泰人）在战争与和平年代的伟大交往。许多博学的古代调查者完全相信，这些北方民族使用的是一种非常古老，也几乎是最原始的语言，它不仅是凯尔特语而且是希腊语和拉丁语的来源。事实上，我们在波斯语中发现了 pater 和 mater；此外，dugater 与 daughter 乃至 onoma、nomen 与 näm 均相差不远，因而认为它们源自同一词根不是一件荒谬的事。我们必须承认，这些研究十分模糊和不确定；你会同意，它不像哈菲兹（Hafez）的颂诗或阿姆拉凯斯（Amr'alkeis）的挽歌那样令人愉快。"

[19] 关于琼斯的重要意义，参见：R. H. Robins, "Jones as a General Linguist in the Eighteenth-Century Conext," in Garland Cannon and Kevin Brine, eds., *Objects of Enquiry: The Life, Contributions, and Influences of Sir William Jones, 1746 –1794* (New York: New York University Press, 1995), pp. 83–91; Garland Cannon, "Sir William Jones, Language Families, and Indo-European," *Word* 43 (1992). pp. 49–59, "Jones's 'Sprung from Some Common Source' : 1786 –1986," in Sydney M. Lamb and E. Douglas Mitchell, eds., *Sprung from Some Common Source: Investigations into the Prehistory of Languages* (Stanford: Stanford University Press, 1991), pp. 23– 47. 琼斯之

前的研究者，参见尾注 [10] 所引文献。

[20] 参见：Jack Fellman, "On Sir William Jones and the Scythian Language," *Language Sciences* 34 (1975): 37–38。

[21] Cannon, *Letters of Sir William Jones*, 1:285.

[22] Sir William Jones, "An Essay on the Poetry of the Eastern Nations," *Works of Sir William Jones* (London: J. Stockdale and J. Walker, 1807), 10:329–338. 受其高度推崇的主要是波斯诗歌，但也有阿拉伯诗歌。

[23] Sir William Jones, "A Discourse on the Institution of a Society for Inquiring into the History, Civil and Natural, the Antiquities, Arts, Sciences, and Literature, of Asia," *Works of Sir William Jones*, 3:1–2.

[24] 有关琼斯的权威性传记为：Garland Cannon, *The Life and Mind of Oriental Jones* (Cambridge: Cambridge University Press, 1990). 其他值得推荐的有：R. H. Robins, "The Life and Work of Sir William Jones," *Transactions of the Philological Society* (1987): 1–23; S. N. Mukherjee, *Sir William Jones: A Study in Eighteenth Century British Attitudes to India* (Cambridge: Cambridge University Press, 1968); Janardan Prasad Singh, *Sir William Jones: His Mind and Art* (New Delhi: S. Chand, 1982); Cannon and Brine, *Objects of Enquiry*; Bernard Cohn, *Colonialism and Its Forms of Knowledge: The British in India* (Princeton, NJ: Princeton University Press, 1996), pp. 16–75。

[25] 关于这一群体中的更多成员，参见：Rosane Rocher, "British Orientalism in the Eighteenth Century: The Dialectics of Knowledge and Government," in Carol Breckenridge and Peter van der Veer, eds., *Orientalism and the Postcolonial Predicament* (Philadelphia: University of Pennsylvania Press, 1993), pp. 215–249; *Orientalism, Poetry, and the Millennium: The Checkered Life of Nathaniel Brassey Halhed, 1751–1830* (Delhi: Motilal Banarsidass, 1983)。

[26] 这本书制作精美，其中收录了琼斯周年纪念演讲的前三篇。总计有 700 册副本被运往欧洲，其中 1 册还被特别装订，以献给国王乔治三世（King George III），国王收到后表示赞赏和感谢。此书后来被译成德语（1794）和法语（1805）。伴随威廉·琼斯学说的传播，这本书对印度、梵语和语言比较研究的盛行（尤其是在与浪漫主义有关的年轻学者和诗人中间），做出了重要贡献。

[27] Edward Said, *Orientalism* (New York: Vintage, 1978), pp. 77–80. 类似观点亦可在下述论著中发现：Cohn, *Colonialism and Its Forms of Knowledge*; Mukherjee, *Sir William Jones*; Peter Marshall, *The British Discovery of Hinduism in the Eighteenth Century* (Cambridge: Cambridge University Press, 1970). 参阅：Thomas Trautmann, *Aryans and British India* (Berkeley: University of California Press, 1997)。

[28] Said, *Orientalism*, pp. 77–78.

[29] *Works of Sir William Jones*, 2:3– 4. 1783 年 7 月 12 日写于前往印度的"鳄鱼号"轮船。

[30] Cannon, *Letters of Sir William Jones*, 1:239– 240. 这是 1777 年 8 月 29 日琼斯致奥尔索普子爵（Viscount Althorp）的信，相关内容如下："我希望我的朋友布莱恩特能原谅我，如果他知道我把他的《古代神话》列入我的消遣性书籍：我差不多已经读完了这本书的前两卷，我非常愉快，尽管我对它并不完全满意。他的书中有无限丰富的知识，但我忍不住认为他的体系非常不确定……这是我去此地后读到的第一部与法律无关的大部头作品。"这里所说的著作是：Jacob Bryant, *A New System; or, an Analysis of Ancient Mythology, Wherin an Attempt is made to divest Tradition of Fable; and to reduce the Truth to Its Original Purity. In this Work is given an History of the Babylonians, Chaldaeans, Egyptians, Canaanites, Helladians, Ionians, Leleges, Dorians, Pelasgi; also of the Scythae, Indoscythae, Ethiopians, Phoenecians, The Whole contains an Account of the principal Events in the First Ages, from the Deluge to the Dispersion: Also of the various Migrations, which ensued, and the Settlements Made afterwards in different Parts; Circumstances of great Consequence, Which were Subsequent to the Gentile History of Moses* (London: T. Payne, 1774; 2d ed., 1775–76; 3d ed., 6 vols., 1807). 布莱恩特著作的概要与节选，参见：Burton Feldman and Robert D. Richardson, eds., *The Rise of Modern Mythology, 1680–1860* (Bloomington: Indiana University Press, 1972), pp. 241– 248。

[31] Cannon, *Letters of Sir William Jones*, 1:242 (1777 年 9 月 23 日致奥尔索普子爵）。布莱恩特及其倡导的"摩西民族学"（Mosaic ethnology），已受到特劳特曼（Trautmann）的充分重视。参见：Trautmann, *Aryans and British India*, pp. 28–61。

[32] Bryant, *A New System*, 1st ed., pp. vii, xiv.

[33] 布莱恩特的批评者中，最重要的是约翰·理查森（John Richardson）。参见：John

Richardson, *A Dissertation on the Languages, Literature, and Manners of Eastern Nations. Originally prefixed to a Dictionary of Persian, Arabic, and English, 2d ed. To which is added Part II containing additional observations. Together with further remarks on A new analysis of ancient mythology* (Oxford: Clarendon Press, 1778). 琼斯帮助理查森编写了这本附有批评意见的词典，他对其内容当然十分熟悉。威廉·布莱克（William Blake）是布莱恩特的主要崇拜者之一，作为一位出道不久的雕刻师，他为这本书绘制了几幅版画，后来还将此书作为其神话写作的主要资料来源。比较理查森与布莱克的不同反应，会有一定启示。布莱恩特与启蒙运动思想是对立的，但对早期浪漫主义运动的参与者有一定吸引力。琼斯试图超越上述两个人物，但就这件事而言，他更倾向于后者。

[34] "On the Gods of Greece, Italy, and India," *Works of Sir William Jones*, 3:319–397.

[35] 同上，3:329–347。

[36] 同上："我能感觉到，这些评论很大程度上会冒犯印度古代文明的热心拥护者们，但我们不能因为害怕冒犯别人而牺牲真理：说《吠陀》是在大洪水之前写的，我永远不会相信……在《摩奴法论》中，为了终结这种偏离，其措施如此一致、和谐，其梵文风格如此完美，因而这本书肯定比《摩西五经》更为晚近；《摩西五经》中的希伯来语，韵律和风格十分简单，或者说未加修饰，必定会使每一位不带偏见的人相信它更加古老。"（3:343–345）

[37] 同上，3:386。

[38] 麦克斯·缪勒在一篇论文中承认琼斯在比较神话学领域所做的开创性工作，并表示他仔细阅读过琼斯这篇文章，但言语间颇有几分自命不凡与屈尊俯就的味道。参见：Max Müller, "On False Analogies in Comparative Theology," *Chips from a German Workshop* (New York: Charles Scribners, 1876), 5:98–132。

[39] 同上，3:387。

[40] 同上，3:387–392［这些文字显然为了反驳詹姆斯·伯内特（James Burnet）］；Lord Monboddo, *Of the Origin and Progress of Language*, 6 vols. (Edinburgh: J. Balfour, and London: T. Cabell, 1774 –92), 1:580–665. 关于琼斯与蒙博多的关系，参见：Cannon, *Life and Mind of Oriental Jones*, pp. 224, 324; Rosane Rocher, "Lord Monboddo, Sanskrit and Comparative Linguistics," *Journal of the American Oriental Society* 100

(1980): 173–180. 二人在 1788 年有通信，蒙博多在信中就琼斯"三周年纪念演讲"中的语言分析表达了热情赞赏。他还试图说服琼斯，梵语是由埃及人带到印度和希腊的，但他的劝说失败了。现在人们确信梵语是所有语言中最古老的。

[41] *Works of Sir William Jones*, 3:386.

[42] "The Third Anniversary Discourse, on the Hindus, delivered 2d of February, 1786," *Works of Sir William Jones*, 3:34 –35.

[43] 参 见：Hans Aarsleff, *The Study of Language in England, 1780–1860* (Princeton, NJ: Princeton University Press, 1967), pp. 123–136; Winfred Lehman, *A Reader in Nineteenth Century Historical Indo-European Linguistics* (Bloomington: Indiana University Press, 1967), pp. 10–20.

[44] 上述周年纪念演讲见：*Works of Sir William Jones*, 3:1–252。

[45] "The Fourth Anniversary Discourse, on the Arabs, delivered 15th of February 1787"，同上，3:59。

[46] 同上，3:65–66。

[47] "The Fifth Anniversary Discourse, on the Tartars, delivered 21st of February 1788"，同上，3:81。

[48] 同上，3:97。

[49] "The Seventh Anniversary Discourse, on the Chinese, delivered 25th of February 1790"，同上，3:148。

[50] "Third Anniversary Discourse"，同上，34、42、44。

[51] "The Sixth Anniversary Discourse, on the Persians, delivered 19th of February 1789"，同上，3:125。

[52] "Sixth Anniversary Discourse"，同上，3:135。参阅琼斯以下论述："这三个种族，无论他们目前分化、融合到何种程度，肯定是从最初的一个中心家园迁徙而来（如果前面的结论正确的话），找到这个中心家园是亟须解决的问题。在我看来这个问题已有答案；假如要给这个中心便取个名字，如果大家同意，它就是伊朗……如果我们将上述所有离散民族的所在地视作一幅环形图中的点，你会发现，以伊朗为中心画出的几条射线会将这些点连接起来，而这几条射线不会有任何交叉。但如果以阿拉伯或埃及为中心，这一切将不会发生；以印度、鞑靼或中国为

中心也是如此。由此可见，伊朗或波斯（我强调的是其所指而非名称）正是我们要找的中心家园。"参见："Ninth Anniversary Discourse, on the Origin and Families of Nations, delivered 23d of February 1792"，同上，3:189–190。

[53] 琼斯将"种族"（race）与"世系"（family）、"民族"（nation）、"分支"（branch）几个名词交互使用。在第九次演讲中，"种族"一词出现于：3:185，186，189，194，195。

[54] 第九次演讲见：*Works of Sir William Jones*, 3:191。

[55] 参见："Ninth Anniversary Discourse," 3: 191–197. 对于琼斯的宗教观，最出色的研究是：Mukherjee, *Sir William Jones*, pp. 97–104; Cannon, *Life and Mind of Oriental Jones*, pp. 268–269. 另请参阅第六次演讲中琼斯对《圣经》的赞颂（3:183–184），以及当他还是哈罗公学（Harrow）的一名学生时，用来解决自己宗教疑问的各种主张（*Works of Sir William Jones*, 1:115–117）。

[56] 在"三周年纪念演讲"的开头，琼斯"怀着崇敬和爱戴"之情引用了布莱恩特，同时谈到了其著作的局限（3:25–27）。在第九次演讲结尾，琼斯发表了类似评论，他还强调布莱恩特的书自己读过三遍，"兴趣和乐趣愈加强烈"（3:197–201）。就布莱恩特而言，相比琼斯的赞扬带来的喜悦，琼斯的批评更让他恼火。1794年7月，距离琼斯去世不久，布莱恩特在一封信中写道："至于威廉·琼斯爵士，许多人认为他经常两面三刀，他的指控很不公正……我从未见过比他更心口不一、自相矛盾的作者。"转引自：Cannon, *Life and Mind of Oriental Jones*, p. 339。

[57] "Ninth Anniversary Discourse," *Works of Sir William Jones*, 3:197.

[58] 同上，3:186。

[59] 同上，3:194 –196。

[60] 同上，3:199。

[61] 参见："Sixth Anniversary Discourse"，同上，3:133–135。

[62] "Ninth Anniversary Discourse"，同上，3:197。

[63] "Eighth Anniversary Discourse, on the Borderers, Mountaineers, and Islanders of Asia, delivered 24th February 1791"，同上，3:182。

[64] Cannon, *Life and Mind of Oriental Jones*, p. 269. 坎农（Cannon）描述了琼斯对巴罗的敬意，还引用琼斯的话说，巴罗本可以成为"最杰出的数学家，如果他的思想

向宗教的转变没有使他成为当时最深刻的神学家的话"。

[65] "Eighth Anniversary Discourse"，参见：*Works of Sir William Jones*, 3:182。

[66] Olender, *Languages of Paradise*; Leon Poliakov, *The Aryan Myth: A History of Racist and Nationalist Ideas in Europe* (New York: Basic, 1974); George Mosse, *Toward the Final Solution: A History of European Racism* (Madison: University of Wisconsin Press, 1985); Klaus von See, *Barbar, Germane, Arier: Die Suche nach der identität der Deutschen* (Heidelberg: Carl Winter, 1994).

[67] 以较严谨的方式对"印欧人"进行的理论研究，参见：Mario Alinei, *Origini delle lingue d'Europa*, Vol. 1: *La teoria della continuità* (Bologna: Il Mullino, 1996); Franco Crevatin, *Ricerche sull' antichità indoeuropea* (Trieste: Edizioni lint, 1979); N. S. Trubetzkoy, "Gedanken über das Indogermanenproblem, *Acta Linguistica* 1 (1939): 81–89. 对"印欧人"问题更为彻底的反思，参见：Alexander Häusler, "Archäologie und Ursprung der Indogermanen," *Das Altertum* 38 (1992): 3–16; Jean-Paul DeMoule, "Réalité des indoeuropéens: Les Diverses Apories du modèle arborescent," *Revue de l'histoire des religions* 208 (1991): 169–202; Bernfried Schlerath, "Ist ein Raum/ Zeit Modell für eine rekonstruierte Sprache möglich?" *Zeitschrift für vergleichende Sprachwissenschaft* 95 (1981): 175–202; Ulf Drobin, "Indogermanische Religion und Kultur? Eine Analyse des Begriffes Indogermanische," *Temenos* 16 (1980): 26 –38; "Indoeuropeerna i myt och forskning," in Gro Steinsland, ed., *Nordisk Hedendom* (Odense: Odense Universitetsforlag, 1996), pp. 65–85; Paolo Ramat, "Linguistic Reconstruction and Typology," *Journal of Indo-European Studies* 4 (1976): 189–206。

第五章　尼采的"金发野兽"

一

在第三章结尾，我许诺要对尼采的晚期论著做更为充分的考察，探究他如何重构雅利安人与闪米特人的对立，从而使基督教甚至比犹太教更能成为雅利安人的反衬。为此，我想聚焦于尼采所有论著中可能最受人诟病的一个习语——"金发野兽"。这个词总共出现了五次，四次是在《论道德的谱系》（1886）中，一次是在《偶像的黄昏》（*Twilight of the Idols*，1888）中。其首次出现，是在尼采描述一类古代战士贵族的段落中。在对待他们（和他）所认为的低等人的行为上：

（这些战士贵族）与出柙的食肉动物相去无多。他们在那里享受着摆脱了一切社会强制的自由，他们在荒野中保护自己不受共同体中的紧张的伤害，那种紧张在共同体的和平中造成长久的封闭与隔阂，他们返回到食肉动物良心的无辜里，成为欢欣鼓舞的巨怪，也许在一连串丑恶的凶杀、焚烧、亵渎、拷掠之后，能够带着一种骄恣与灵魂的平衡悠然离去，仿佛只是要够了一场学生闹事，还确信诗人们现在又有了可以长期吟唱传颂的东西了。所有这些高尚种族，根性里错不了都是食肉动物，都是堂皇地垂涎尾随于猎物和胜利果实之后的金发野兽；而这个暗藏着的根性时时需要释放，动物一定要再出来，一定要再回到荒野：——罗马、阿拉伯、日耳曼和日本的贵胄，荷马时代的英雄们，斯堪的纳维亚的维京人们——这样一种需要，他们全都

149

是一样的。高贵种族，就是其所过之处皆可见到"野兽"概念的种族……[1]

在上述引文中，尼采列举了"金发野兽"的六个例子，其中的句式结构将他们划分为两个不平等的群体。如此一来，所有族称都以形容词的形式出现，其中前四个族称修饰一个单数名词："罗马、阿拉伯、日耳曼和日本的贵胄"，也就是这些不同民族的统治阶层。然而，后两个族称有自身的名号：荷马时代的英雄们和斯堪的纳维亚的维京人们。接着，书中进一步以希腊人和德国人为例展开论述：

> 伯里克利特别表彰了雅典人的轻松——他们对安全、身体、生命、舒适的漠然和不屑，他们在所有毁灭中、在战胜后的所有淫乐和残忍中所得乐趣的那种令人骇然的明朗和深湛——所有这一切，在这些罹受苦难的人那里，皆归入"野蛮人"和"恶魔"的形象中去，比如"哥特人"和"汪达尔人"形象。德意志人一旦掌有权力便会激起的那种深深的、冷冷的不信任（现在又是这样）——一直都是那次不可磨灭的惊骇的余音，曾经有几个世纪之久，欧洲带着那种惊骇观看过金发的日耳曼野兽们的暴烈（虽然，在古日耳曼人和我们德意志人之间，几乎没有任何概念上的亲缘关系，更不用说血缘了）。[2]

在《论道德的谱系》中间部分，尼采将国家的起源追溯到"一伙金发食肉动物，一个劫掠者和主人的种族，他们以战争的方式组织起来，以组织的力量毫不迟疑地把他们可怕的爪子搭在某个在数量上也许远远超出却还没有形态、还在游荡的居民之上"[3]。然而，对于任何一种行为，都会有一种反向行为。在"怨愤"的促动下，被战士贵族视为"低劣"、软弱、驯服的奴隶们扭转了形势：他们将压迫者定义为"恶"，同时对他们自身以及他们所特有的谦逊与胆小行为使用"善"一词。通过这场道德话语的革命，他们贬低并驯服了高贵的种族。尽管尼采承认这种对价值的重新定义是文化的基础，但他还是斥之为一场灾难：

　　这些承载着诸种低贱拂逆和复仇若渴的本能的东西，欧洲和非欧洲的所有奴隶阶层，尤其是所有前雅利安民众的后代们——他们表现的是人类的退步！这些"文化工具"是人类的一个耻辱，更确切地说，是一个让人从根本上猜疑和反对"文化"的论据！人们消除不了对一切高尚种族根子里的那只金发野兽的恐惧，对它分外提防，这完全是对的：不过，相对于不恐惧却又在不恐惧的同时摆脱不了那些长坏了的、渺小化的、枯萎了的和受了毒害的东西的恶心景象，谁不是百倍地宁愿要那种同时尚允许有所惊叹的恐惧啊？而那景象不正是我们的厄运么？[4]

　　在这些毫无节制的言论中，期待命题的严格一致可能要求太高，这些言论与其说是严谨的阐述，不如说是论战与挑衅：如同尼采所说的密集的炮火，或"用锤子从事哲学思考"。不过，有几点是清楚的。第一，"金发野兽"这一称谓指代一种拥有特别荣耀的人类，它本身并不被理解为一个特定种族，而是一种涵盖多个种族的范畴，其中每个种族不仅高贵而且能征善战。第二，古代雅利安人是这一范畴中特别重要的例证，但不是唯一例证。尽管尼采所援引的六个例证中有四个（罗马人、日耳曼人、希腊人和维京人）会被归结为"雅利安人"（正如我们在第三章所看到的，尼采在他最早的著作中已经使用了这个词），不过他仔细构建了"金发野兽"这一范畴，将阿拉伯人和日本人也包括在内。如此一来，这一范畴并非一种严格意义上的种族实体，它比后者更为宽泛，由一种独特的性情和行为模式而不是任何体质特征来界定。不过，尼采笔下的两个非雅利安例证虽然承担了这一角色，却从他的文本中消失了，没有得到进一步论述。相反，他对希腊人和日耳曼人展开了详细讨论，尤其是后者。[5]第三，尼采假定了一种历史性断裂，从而将凶猛的金发野兽民族与他们可悲的后代截然分开。沿着这些思路，他对古代的和现代的德国人进行了十分清晰的区分，分别称之为"日耳曼人"与"德意志人"，这一区分在翻译中往往付诸阙如。第四，国家是由金发野兽通过暴力程序创建的，是一个令人不安的实体；尽管如此，它仍比我们现在所知的文化更可取。第五，被征服者通过修改道德准则、创建新的文化来对征服者进行复仇，这些被征服的民族被认为是前雅利安人，但并非具体的闪米特种族。

二

金发野兽并不只是一种哗众取宠、令人遗憾，但最终无关紧要的修辞手段。相反，它在尼采后期著作中占有重要地位，直到 1945 年，它还受到纳粹意识形态鼓吹者的高度青睐——对于后一点，那些现在将尼采视为批判性思维典范和偶像的人普遍有所忽视。[6] 考虑到尼采的后现代风尚，人们很难记得二战后为挽回他的声誉付出了多少努力。在英语世界，这一任务主要由沃尔特·考夫曼（Walter Kaufmann）承担。[7] "'金发野兽'不是一个种族概念"，考夫曼威严地宣称，"也不是指纳粹后来大肆渲染的'北欧人种'。尼采首次引入这个臭名昭著的术语时，专指阿拉伯人和日本人、罗马人和希腊人，他们不亚于古代的条顿人部落——'金发'大概指的是狮子等野兽，而非人类种族。"[8]

在上引著作后来的版本中，考夫曼不再用"臭名昭著"来形容"金发野兽"这一措辞，因为他确信这个词是毫无恶意的。[9] 如果尼采笔下的"金发"仅仅是指狮子，那么人们可以得出结论：纳粹和其他人对种族的肆意解读——这是他们的问题而非尼采的问题——是无中生有的。然而，所谓狮子的看法难以立足。尼采十分清楚金发野兽的含义及其所指。在《论道德的谱系》开端部分（第 1 篇第 5 节），即"金发野兽"首次出现之前的几个段落（第 1 篇第 11 节），他谈到"金发碧眼的人，即雅利安人，征服者种族"，同时又玩了一些词源学上的游戏，这些游戏不乏洞见，在语文学上却十分可疑：

在拉丁单词 malus（坏）[我将 melas（黑、暗）与之并列]中，平庸男人可能就被表作黧民，首先是指黑发人["hic niger est"（那人很黑）]，正如意大利土地上的前雅利安住民，他们跟成为统治者的金

发人、征服他们的雅利安族的最明显的对比就在于颜色；至少盖尔语给了我一个完全相符的例子——fin（比如在 Fin-Gal 这样的名字中），这个贵族的标志性词语，后来指的是善人，即出身高贵者、纯洁者，原义是金发的头，跟黧黑、黑发的原住民相对。凯尔特人，顺便说一下，是一个纯粹金发的种族；把一群本来是黑发的居民所在的那些地带，那些在德国做得分外仔细的人种学卡片上醒目标出的地带，跟无论哪一种凯尔特起源和混血关联起来，就像菲尔绍（Virchow）所做的那样，这是不对的：在那些地带上毋宁是德意志土地上的前雅利安居民。（这同样适用于几乎全欧洲：基本上，臣服的种族最终在当地重新占得上风，在肤色和头颅长短方面，也许甚至在知性本能和社会本能方面：谁能给我们保证，现代民主，还要更现代一些的无政府主义，尤其是现在欧洲所有社会主义者所共有的那种对于"公社"、对于史前社会形式的偏好，不是主要竟意味着一阵森然的尾音——而征服者种族和主人种族，即雅利安人，即使从生理学上看，也是失败者？）[10]

在这段文字中，尼采依据语音将拉丁语 malus（"坏"）与希腊语 melas（"黑"）错误地并置在一起，并将爱尔兰语中的 fin 选择性地译为"金发"而不是"美丽、耀眼、辉煌"。这两个薄弱且有误导性的"证据"成为许多结论的基础。[11] 尼采似乎基于上述脆弱的证据，将金发野兽等同于雅利安征服者和道德至善者，将黑发等同于其对立面：他们并非闪米特人，而是令人厌恶、种类不明的前雅利安人。这个段落中的最后一句也值得注意：为消除人们的戒备，尼采采用了插入语的形式，其中包含着对他所厌恶的政治运动带有种族色彩的重新编码：民主、无政府主义，所有这些被他描述为对颅骨短小、头发乌黑的前雅利安群氓的报复。[12]

上述引文中还隐含着一条线索，它引出了尼采对金发含义产生兴趣的背景。这便是尼采一笔带过的鲁道夫·菲尔绍①（Rudolf Virchow，1821~1902），他是当时著名的人类学家、生理学家和病理学家，帝国议

---

① 常见译名还有"鲁道夫·魏尔肖"。——译者注

会（Reichstag）的自由派成员，柏林人类学、民族学和史前史学会的创始人之一。要理解尼采提及菲尔绍的意义，我们必须回到 1871 年，当时法国资深人类学家阿尔芒·德·卡特勒法热（Armand de Quatrefages，1810~1892）对普法战争中的暴行（尤其是他的人类学博物馆遭到轰炸）感到愤怒，写了一篇论战性的文章，声称普鲁士人是如此野蛮，因而不能被视为雅利安人；相反，他们一定是斯拉夫-芬兰人（Slavo-Finns），也就是戈比诺伯爵（1816~1882）所认定的前雅利安的原初欧洲人，是"黄色人种"的一部分。卡特勒法热认为，真正的日耳曼人和雅利安人仅限于在德国南部。[13]

为了在严格的经验观察基础上对此予以反驳，菲尔绍试图组织一场针对整个德国军队的颅骨调查，以检测其"头骨指数"（即头部高度与宽度之比）——安德斯·雷丘斯（Anders Retzius，1796~1860）正是以此作为雅利安种族的主要检验方法。当这一计划被证明不可行时，他将注意力转向了另一群体——小学生——以及另一更容易测量的种族身份指数。为了实现这一目标，他采纳了卡尔·古斯塔夫·卡鲁斯（Carl Gustav Carus，1789~1869）的建议，后者第一个提出，雅利安人不仅可以通过颅骨，也可以通过他们的金发碧眼来识别。[14]

在整个 19 世纪 70 年代和 80 年代，菲尔绍一直致力于这项工作，在德国各地收集了近 700 万儿童的信息，此外在奥地利、瑞士和比利时收集了 800 万儿童的信息。在有关种族问题的"科学"研究中，他的研究首次将头发颜色置于重要地位。菲尔绍分阶段发表了自己的研究成果，后于 1885 年向普鲁士皇家科学院（Royal Prussian Academy of Sciences）提交了一份最终研究报告——这个时间正好比尼采首次谈论金发野兽早一年。[15]他的数据经过精心整理，引发了大量讨论。尤其值得注意的是，这些数据显示出，德国北部的金发比例高于南部和西部——菲尔绍正是以此来反驳卡特勒法热的指控。不过在所有地区，深色头发的人口比例都高于预期，菲尔绍将此现象与法国的类似分布进行了比较，从而将大多数案例中的深色头发归因于"凯尔特血统"。[16]

19 世纪 80 年代，尼采对种族、优生学、史前史和体质人类学等表现

出极大的兴趣。针对菲尔绍的最后一个结论，他试图做出回应。[17]确切地说，尼采的观点显示出特奥多尔·珀舍（Theodor Poesche）《雅利安人》（*Die Arier*, 1878）一书的影响，在尼采的私人藏书中，这是唯一专门讨论雅利安问题的著作。[18]继卡鲁斯之后，珀舍将雅利安人明确定义为“金发种族”，他进一步坚持认为，他们的征服显示出与欧洲殖民主义模式一致的历史法则，即浅色种族总是战胜他们的深色同胞。

尼采从珀舍出发，发展出一套令人头晕目眩的复杂而对立的论述，它在不同方面挑战了所有与尼采有过对话的人。尼采由此指出，凯尔特人作为雅利安人，也是金发的。这意味着，有悖于菲尔绍（也有悖于德意志民族的自尊），德国深色头发的族群应当被视作前雅利安人，就像卡特勒法热所断言的那样。然而，如果说尼采对雅利安人有所青睐的话，那么其原因并非如卡特勒法热所说的由于他们的文明程度很高。相反，不同于这位法国学者，尼采最为看重的正是雅利安人的野蛮品质——他们不受善恶约束行使权力意志。他认为，古代德国人拥有这样的自由与活力，现代德国人却没有，他们变得越来越不雅利安、越来越不野蛮。与戈比诺一样，尼采提供了一段逐渐颓化和令人失望的叙事。不同于珀舍的观点，在尼采看来，越来越多的德国人不再是金发，这一迹象表明深色头发的民族正在获胜。在其他地方，尼采认为——这次不同于戈比诺、瓦格纳及拜罗伊特圈——种族融合可能产生有益的结果。[19]不过在所讨论的段落中，当他警告新生的前雅利安人时，对于他们独特的深色头发、他们的怨愤态度以及他们危险的政治思想，他的立场更加毫不含糊地充满敌意。

三

在完成《论道德的谱系》数月之后，尼采发现了一部有关伦理、宗教和社会结构的古印度文献汇编——《摩奴法论》，这使他兴奋不已。[20]在1888年5月31日写给彼得·加斯特（Peter Gast）的一封信中，他难掩自己的热情：

过去的几周，我上了非常重要的一课：我发现了《摩奴法论》的一个法文译本，它是在印度最出色的祭司和学者的严格监督下完成的。这部著作绝对出自雅利安人之手，它是一部神职人员的道德法典，基于《吠陀》、种姓观念和十分古老的传统——尽管属于祭司文献，但并不悲观厌世。它以最奇异的方式弥补了我对于宗教的看法。我承认有如下印象：我们通过道德立法所拥有的其他一切，在我看来似乎是对它的模仿甚至放大——埃及人尤其如此；但即便是柏拉图，在我看来，在所有主要问题上不过是接受了婆罗门的良好教导。这使犹太人看上去似乎是旃陀罗（Chandala）种姓，它从主人那里学到了让祭司种姓成为全民组织者的原则。[21]

正如阿纳克莱托·维尔雷基亚（Anacleto Verrecchia）与克里斯蒂亚诺·格罗塔内利所考证，尼采拥有的是 1876 年版的路易斯·贾科利奥特（Louis Jacolliot，1837~1890）译本。[22] 与威廉·琼斯爵士的开创性译本（1794）以及嗣后的所有译本不同，这部奇特的译本基于泰米尔语（Tamil）而非梵语文本，贾科利奥特遵循他所师从的南方班智达（pandits），错误地认为这一文本最为古老、可靠。他的大量注释还延伸出一种十分独特的论述，这些论述分几个步骤展开。由此，他将印度原初的宗教和文化理想化，将种姓制度视作其随后的发展。在他看来，构成种姓的话语和实践是由婆罗门培养出来的，他们以这些话语和实践为手段主导民众的日常生活、政治生活和宗教生活，将他者降到从属的地位。在那些种姓制度的受害者中间，没有人比梵文中所说的旃陀罗（即被逐出种姓者或贱民）所遭受的痛苦更大。贾科利奥特认为，旃陀罗中的许多人通过迁徙到北部和西部来摆脱被压迫的处境。不同群体的旃陀罗因此定居于美索不达米亚，在那里他们成为巴比伦人（Babylonians）、迦勒底人（Chaldeans）和所谓"闪米特人"［包括后来从迦勒底（Chaldea）迁徙到以色列的希伯来人］的祖先。"那些被官方科学误称为闪米特的人群"，贾科利奥特更倾向于将其视为"印度—亚洲"民族。他认为世界上所有民族均起源于印度，那些西方人（即埃及人和欧洲人）却来自较高的种姓，贾科利奥特为他们保留了"印欧人"的称号。[23] 尽管他对印度的旃陀罗深表同情，但对他们移居国外的后裔却是十足的居高临下，有时甚至是嗤之以鼻。没有什么比对待他们的宗教更为真实的："所谓闪米特人本身就是众多移居国外的旃陀罗奴隶，以至于他们永远无法超越从故土带来的粗俗观念。无知的旃陀罗只看到了对平民开放的印度教的外在表现。他们的后裔迦勒底人没有给我们留下任何东西，表明他们是靠婆罗门的哲学和精神信仰长大的。"[24]

尼采的论述建立在贾科利奥特的观点之上，不过也有明显的修正。他将强烈的怨愤归咎于旃陀罗及其后裔，接着进一步区分了两种道德方案，又将两种道德方案与种姓制度联系起来。他将其中第一种称为"培育"（breeding），认为这是《摩奴法论》所承担的任务：为四个被认可的种姓培植臣服者并迫使旃陀罗成为从属者。第二种，尼采称之为"驯化"（taming），他将这一方案与心怀怨愤的旃陀罗的反抗联系起来，尤其是当这些旃陀罗成为他们自己所制定的一套制度中的教士时。尼采对印度资料相对无知，也对这些资料本身无太大兴趣，他借用了贾科利奥特的奇特观点，以便将它应用于另一个案例：中世纪教士如何（以他所想象的方式）破坏了古代日耳曼人的精神——这些教士即基督徒，他们源自犹太人，犹太人又源自迦勒底人且最终源自旃陀罗：

把对一个动物的驯化叫作对它的"改善"，这在我们听来几乎是一个玩笑。凡熟悉动物园情况的人，都会对下述一点表示怀疑：野兽在那里得到了"改善"。它们被削弱了，它们被整治得不那么有害了，压抑的恐惧情绪、疼痛、创伤和饥饿使它们变成了病态的野兽。经教士"改善"过的驯化的人情况亦然。在中世纪早期，教会实际上首先是一个动物园，人们到处捕获最漂亮的"金发野兽"的标本——例如，人们"改善"了高贵的日耳曼人。然而，这样一个经过"改善"的、被引进修道院的日耳曼人后来看上去如何呢？如同一幅人的漫画，如同一个畸胎：他变成了一个"罪人"，他待在笼子里，人们把他监禁在各种十分可怕的观念之中。[25]

与这些恐惧相比，《摩奴法论》的"培育"体制总体更为可取："显然，在此我们已不再属于驯兽者之列：只有百倍温和、理性的人才能草拟出这样一种培育方案。从基督教那病态的、牢狱般的空气中，进入这个更加健康、高远、宽广的世界，人们不禁会深深地吸口气。与《摩奴法论》相比，《新约》是何等的可怜！味道是何等的难闻！"[26] 如果尚不清楚的话，以下便是他对观点的明确阐述：《摩奴法论》体现了"至为纯粹、至为原始的雅利安人的人性"[27] 体系，而基督教"有其犹太根源，并且只有作为这块土壤上的植物才能得以理解，它意味着对于任何一种培育道德、种姓道德和特权道德的反动。它是卓越的反雅利安宗教：基督教是对一切雅利安价值的重估，是旃陀罗价值的胜利，是面向穷人和卑贱者的福音，是一切被践踏者、可怜虫、失败者和失意者对于'种姓'的总暴动——作为爱的宗教，它是永恒的旃陀罗的报复"[28]。这套金发野兽话语中隐含着一种象征体系，它由一套结构化的、充满偏见的对比构成，其终极形态是基督徒与雅利安人之间的对立。

金发：黑发

雅利安人：前雅利安人

武力征服者：被武力征服者

高：低

野兽：猎物

组织者与创造者：乌合之众

高等人：旃陀罗

优：劣

道德上的被征服者：道德上的征服者

罪人：牧师

家畜：猛兽

天性未泯：心怀怨恨

恶：善

《摩奴法论》：《新约》

培育：驯化

雅利安宗教：基督教

与后期著作中的另外一些地方一样，尼采在这里似乎改变了他在《悲剧的诞生》第 9 节所体现的态度（我在第三章对此有过讨论），同时也保留了他在其中所形成的论证结构和许多细节。就像尼采的很多东西一样，这种转变不够清晰、连贯，因而引发了大量讨论。[29] 我个人认为，他已经达成一种反“反犹主义”（anti-anti-Semitism）立场，但这又是一种毫不宽容或和解的立场。他对犹太人和犹太教的反感在某种程度上有所减弱，并被一种日益增长的——即便偶尔也是勉强的——尊重所抵消。更重要的是，他对基督教的批评远远超过犹太教；对于那些最为狭义的反犹主义者［如瓦格纳、伯恩哈德·弗斯特（Bernhard Förster）以及拜罗伊特圈中的其他人物］，也就是那些没有意识到犹太教中的所有错误在基督教中被放大、加剧的基督徒，他仍给予强烈的蔑视。

四

如果我们就此得出结论，认为尼采有关金发野兽的文字中所显示的（传统）反犹主义比纳粹认为的要少，这仍很难使他对金发野兽的论述变得无辜。在一篇重要的文章中，德特勒夫·布伦内克（Detlef Brennecke）提出几个令人信服的理由，说明为何人们应当拒绝考夫曼的辩解，即金发野兽其实是指狮子。[30] 首先，在 19 世纪的用法中，德语形容词“blond”通常用于人类，几乎从未用于动物。[31] 其次，高大、金发、野蛮的日耳曼人形象，在古代是一种根深蒂固的刻板印象，尼采和他的同时代人都知道这一点。例如，珀舍一开始便援引著名的《日耳曼尼亚志》第 4 章，将雅利安人描述为“金发碧眼的种族”。塔西佗这段文字如下：[32]

　　我个人同意那些有关日耳曼尼亚人的观点，即他们未受与异族通婚的污染，保持着自己纯净的血统，与其他民族毫无相似之处。因此，他们虽然人数极多，外在特征却完全一样：凶狠的蓝眼睛、金黄色的头发、高大强壮的身躯，甚至有着暴躁的性情。他们从事体力劳动与艰苦工作的耐力不同，几乎不能忍受干燥和炎热，但这里的气候使他们习惯了寒冷和饥饿。[33]

正如我们在第三章所看到的，北方的民族主义者和原民族主义者（protonationalists）从《日耳曼尼亚志》被发现并出版的那一刻起，就对它表现出浓厚的兴趣。此后，包括纳粹在内的所有人，当他们试图建构一种纯洁、美丽的德意志民族范型时，上述这段文字便发挥了核心作用。[34] 早在康拉德·策尔蒂斯（Conrad Celtis）于 1500 年所写的《日耳曼人》（*Germania generalis*）一诗中，我们就可以看出这一点：

> 这个未被征服的种族，仍在全世界最负盛名⋯⋯
> 他们在这里土生土长，比其他种族更为原始⋯⋯
> 他们的双臂，与胸部一样健壮，
> 神奇的自然赋予他们乳白色的颈项，
> 巨大的双腿托起他们白皙的身躯。
> 他们头发金黄，双眼闪耀着金色的光芒。[35]

这种赞歌一直延续到尼采时代（乃至尼采之后），不过，尽管后来的作者将塔西佗的论述视作权威，但这些论述不可能基于直接观察，因为罗马历史学家很少有机会观察日耳曼人。此外，正如爱德华·诺登（Eduard Norden）率先指出的，《日耳曼尼亚志》第 4 章关于日耳曼人生理特征的描述，与他在希腊—罗马时期民族志中所发现的某些描述非常相似，前者很可能利用了已有的程式。[36] 比如，我们来看希罗多德对布迪诺伊人（Boudinoi）的描述："布迪诺伊人构成了一个人口众多的大民族；他们都有深蓝色（眼睛），都呈淡红色。"[37]

与塔西佗类似，希罗多德同样强调成员的数量、一致性、蓝眼睛和

淡红色。但在希罗多德的文本中,修饰语 pyrrhos① 没有任何指涉对象,因此不清楚布迪诺伊人究竟有着淡红色的头发还是红润的面色,尽管最常见的用法偏向于前者。事实上,我们对布迪诺伊人知之甚少,这是一个遥远而鲜为人知的民族,古代的作者对他们要么一无所知,要么缺乏兴趣。希罗多德(4.21)使他们成为最北端的民族之一,居住在欧洲和亚洲的边界;珀舍则试图将他们与最初的雅利安家园联系起来[38],其目的是证明日耳曼人系金发雅利安人(=布迪诺伊人)的纯后裔,他们系从北欧家园迁徙而来。更可能的是,正如诺登所言,日耳曼人和布迪诺伊人都基于人们对北方民族的刻板印象,作者为他们赋予了一套与该地区相关的传统特征。的确,塔西佗在《阿古利可拉传》(*Agricola*)第 11 章有过类似的做法,他在这里确认了不列颠居民两种不同的体貌类型,然后杜撰了他们各自的史前史,从而将他们纳入不同的地理和气候。在他看来,由于喀利多尼亚人(Caledonians)头发是红色的,他们必须来自北方,也就是德国;反之,面色黧黑、头发卷曲的西鲁瑞斯人(Silures)必然来自南方,即西班牙:[39]

喀利多尼亚人:西鲁瑞斯人

红色 [直] 发:黑色卷发

[浅色皮肤] :深色皮肤

四肢粗壮 : [身材矮小]

北方:南方

德国 :西班牙

在上述塔西佗与赫西俄德的文本中,浅色头发和皮肤被认为是北方民族的典型标志,其他资料显示,如果人们生活在北欧,许多人可能具有同样的特征。从西向东依次来看,这些民族包括喀利多尼亚人、不列颠人、高卢人(Gauls)、凯尔特人、日耳曼人、色雷斯人(Thracians)、盖提人(Getes)、斯基泰人、美兰克莱那伊人(Melankhlainoi)、萨尔马特人

---

① pyrrhos 为希腊词,对应的英译词即为 reddish(淡红色的)。——译者注

（Sauromatai）和布迪诺伊人。[40]

这还不是全部。在上述案例中，浅色头发与其他几种生理特性一起变动。与体格的高大健硕一样，蓝色（或蓝绿色）眼睛也被注意到了。除了这些，我们还可以增加某种好战性，但这种性情一开始斗志昂扬，接下来却很快萎靡不振。李维（Livy）①借一位罗马指挥官的演讲对这一倾向做了充分描述，这位指挥官的军队面临高卢人的进攻。他告诉部众，高卢人因在战争中的声誉而在各民族间首屈一指；他还列举了高卢人与众不同的特征：高大的身躯、很长的红发，还有用来恐吓对手的战歌、舞蹈以及武器的轰鸣。但他警告手下不要恐慌，因为罗马人已从经验中获知："如果你们能经受住他们的第一次冲击，当他们向你们宣泄鲁莽的天性和盲目的愤怒时，他们的四肢会大汗淋漓、疲惫不堪，他们的双臂会颤抖不已。当他们的怒火平息时，阳光、灰尘和干渴会使他们松弛的身体和脆弱的心灵一蹶不振，以至于你们甚至无须向他们挥动刀剑。"[41]

当高卢人开始汗流浃背时，他们身体和心灵的内在弱点就变得明显起来。使他们士气低落的敌人不是罗马军团，而是令他们焦灼燥热的自然因素：阳光、灰尘和干渴。这一切都让人想起本节第一段末尾所引塔西佗的观点："（日耳曼人）几乎不能忍受干渴和炎热，但这里的气候使他们习惯了寒冷和饥饿。"[42]

在塔西佗的笔下，日耳曼人生活的气候十分"严酷"，北部和西部潮湿，南部和东部多风。北方环境的寒冷潮湿似乎给那里的居民身体带来了深刻的影响，使他们容易受到炎热与干燥的侵害。当塔西佗将怠惰、冷漠的性格归于日耳曼人、李维将这种性格归于高卢人时，两个事例中都隐含着相同的医学主题，因为根据希波克拉底的医学观，冷漠是干冷气候造成的性情，过度的冷漠则会导致倦怠。[43]

斯特拉波（Strabo）②以大致相似的方式说，不列颠人比欧洲大陆的凯尔特人个子要高，头发没有他们金黄，但身体"比他们更加松弛"（khaunoteroi de tois sômasi）[44]。他所使用的术语 khaunoteros（khaunos 的

---

① 即蒂托·李维（Titus Livius），古罗马历史学家，著有《罗马史》。——译者注。
② 古罗马地理学家、历史学家。——译者注

比较级）相当专业，在医学文本中最为常见，指身体组织的海绵状或多孔特征，这种特征使身体组织易于吸收水分，因而变得柔软、虚弱而倦怠。[45]凯尔特人本身有着类似的名气，因为狄奥多罗斯·西库鲁斯（Diodorus Siculus）说他们身材高大、头发金黄，他们的肌肤白皙而"极其湿润"（kathugroi）。[46]这些特征源于北方的气候，按狄奥多罗斯的描述，这里的气候极度严寒，处处冰冷潮湿。[47]同样，斯基泰人的身体也以"潮湿和虚弱"而为人所知。[48]如果说他们所处的潮湿气候造成了这种状态，那么寒冷同样是形成他们肤色的原因。在托名希波克拉底的《论空气、水与环境》（"On Airs, Waters, and Places"）一文中，作者宣称："斯基泰民族肤色发红的原因是寒冷而非烈日，因为寒冷的白光灼伤了他们，使他们呈现红色。"[49]

如表 5-1 所示，上述所有材料均使用了同一种理论框架，以得出相似的结果。他们的出发点源自一种认知：地理、气候和生理机能会协同变化，这种变化取决于炎热／寒冷和潮湿／干旱等气候特征的存在与否。浅色的头发和／或皮肤，清澈的眼睛，高大、虚弱的身体，有限的智力，起初鲁莽但随后冷静的性情，均被理论化为寒冷、潮湿等北方地区特有的气候特征作用于身体的结果。我们也不必满足于推定这个体系，因为在维特鲁威（Vitruvius）试图解释为何世界不同地区的人们应该建造不同风格的房屋时 [50]，就明确地表达了这一点：

表 5-1　古代民族志所见北方民族气候、生理机能与性格

	民族	居住地	气候	头发或皮肤	眼睛	体型	体质	性格	智力
塔西佗《日耳曼尼亚志》(4)	日耳曼人	西北	严寒	红色头发	蓝色	高大强壮	寒冷潮湿，无法忍受炎热和干渴	工作耐力差	
斯特拉波（7.1.2）	日耳曼人（与凯尔特人相比）	西北	寒冷	更加金黄		更高		更加狂野	
塔西佗《阿古利可拉传》(11)	喀利多尼亚人（即日耳曼裔不列颠人）	西北		红色头发		四肢粗大			

续表

	民族	居住地	气候	头发或皮肤	眼睛	体型	体质	性格	智力
斯特拉波（4.5.2）	不列颠人（与凯尔特人相比）	西北		不太金黄		更高		精力充沛	缺乏智慧
阿米亚诺斯·马尔塞林努斯（15.12.1）	高卢人	西北		浅红色	可怕而狂野			好争吵	
李维（38.17.1–8）	高卢人	西北		很长的红色头发		高大	虚弱、易出汗，难以经受阳光、灰尘和干渴	以善战著称，但易疲惫	愚钝
狄奥多罗斯·西库鲁斯（5.28.1）	凯尔特人（加拉泰人）	北方	冬季漫长，寒冷潮湿	白色皮肤		高大	很潮湿		
克塞诺芬尼《残篇》（16）	色雷斯人	北方		红色	蓝色				
普洛科皮乌斯《汪达尔战争》（1.2.2–4）	哥特人、汪达尔人、西哥特人、盖帕伊狄人；萨尔马特人、美兰克莱那伊人和盖特人	北方		白色皮肤，金色头发		高大			
维特鲁威（6.1.3；6.1.10）	野蛮人	北方	凉爽，湿气充沛	浅色皮肤，红色直发	浅蓝	庞大		无所畏惧	
（伪）希波克拉底《论空气、水与环境》（20）	斯基泰人	东北	寒冷，常年北风，冰雪覆盖，许多水分	红色			潮湿		易衰弱
希罗多德（4.108）	布迪诺伊人	东北		红色	很蓝				

这些现象可以与大自然联系起来感受并思考，也能在人的四肢和身体上观察到。有些地方，太阳散发的热量适中，使身体保持着完全平衡的状态。但在太阳接近地面掀起热浪的地方，体内的水分便被夺走并消耗掉了，难以补充。相反，在寒冷地区，由于人群远离南方，热量就不会将他们身体中的水分耗尽。天空中湿润的空气将更多的水分注入人体，赋予人们高大的体格和深沉的嗓音。这就是生长在北方的人体型高大、皮肤白皙、红发笔直、眼睛浅蓝、血量充沛的原因——因为天空中有大量的水分和寒气。那些离南轴最近的民族，易受太阳运行轨迹的影响，发育成熟时仍然个头矮小、皮肤黝黑、头发卷曲、眼睛乌黑、双腿细弱、血液稀薄，这是因为受到了太阳的伤害。由于血液稀薄，他们在抵御敌军进攻时较为胆小怯懦，但他们十分耐热，因为他们的四肢是在高温中养育的。生长在北方的民族遇到高温时便虚弱无助，但由于他们血液丰沛，抵抗敌军进攻则毫无惧色。[51]

　　以上段落中所建立的这组联系我们十分熟悉，其结构关系也不难理解。现列表如下：

北方	南方
-热度/+湿度	+热度/-湿度
-惧怕作战/+惧怕炎热	+惧怕作战/-惧怕炎热
身体高大	身体矮小
嗓音低沉	嗓音高亢
浅色皮肤/头发/眼睛	深色皮肤/头发/眼睛
血液充沛	血液稀少

　　这些对立是经过精心构建的，以便另一种介于二者之间的对象能够出现并拥有超越两组对立范畴的优越性。随着论述的继续，维特鲁威断言，北方民族拥有强大的力量，但缺乏进行战略谋划的智慧。南方民族的情形则正好相反。上述命题确立之后，维特鲁威便引出他在分类练习中预设的结论：

的确，在整个世界和地球的空间之内，罗马人的版图恰位于正中央。在意大利，人们身体和大脑的各个方面达到了最佳平衡，因为他们智力充沛而坚韧不拔。正如木星运行于炽热的火星和冰冷的土星之间而冷暖适中，意大利也同样处于南方和北方之间，分享了它们各自的秉性，具有无与伦比的优点。他们审慎行事，击败了强大的（北方）野蛮人和足智多谋的南方人，神圣的智慧使得罗马人的国家成为一个杰出的、适中的地区，这样它便能够控制整个世界。[52]

其结果是，金发碧眼的日耳曼人既不是这个古代故事的主人公，也不是故事的受益者，而只是其他民族（罗马人以及先于他们的希腊人）的反衬。[53] 这是一则仅仅部分地基于经验观察的故事，它在很大程度上依赖于一种理论工具，这种工具通过将各种零散的感知组织在一个连贯的、自洽的、利己的结构内，从而对之进行调适。每当人们看到、听到或谈到金发碧眼、白皙高大、鲁莽而／或慵懒的北方人（不消说有着相反品质的南方人）时，这个结构便得以确证。与前述两种想象中的极端情形相反，罗马人和希腊人愉快地将自己构想成温和适中的理想形态：[54]

中纬度地区
＋热度／＋湿度
＋智力／＋体力
－惧怕作战／－惧怕炎热
血液数量和质量适中

五

如上所述，与纳粹和其他种族主义者所鼓吹的金发雅利安人一样，尼采笔下野蛮的金发野兽也源自古代的陈词滥调。恢复这一形象的历史谱系，理解该形象最初所属的象征结构，有助于人们不仅带着厌恶和愤慨而且带着讥笑看待它。此外，它有助于人们理解这些结构是如何形成的，它们是如何运作的，以及从它们上面撕下的碎片是如何获得自己的生命、意义和影响的。在有关金发野兽的论著中，尼采与维特鲁威、塔西佗及其他古代作者一样，以列维－斯特劳斯所谓"修补匠"（bricoleur）[①]的方式行事。利用迥然不同的现存材料，他将一系列二元对立排列在一起：热/冷，高/低，明/暗，强者/弱者，等等。接着，他试图在神话叙事的框架内调适、解决这些二元对立。[55]列维－斯特劳斯将这种叙事视为思辨性反思的恰当载体与手段，天才的思想家借此可以设置种种二元对立，然后设法解决这些对立，从而进行精妙的思想实验。可以肯定，尼采的著作中也有这样的成分。但是，正如我在第七章所做的论述，我更倾向于另一种对于神话、对于列维－斯特劳斯所发现的结构的观点。无论二元对立之于人类的思想行为多么不可或缺，它们也是歧视的基本手段。无论是直接、间接地通过推理或暗示运用于人类本身，它们都会产生等级区分。生食与熟食的对比，如同高与低、金发与黑发，或者雅利安人与非雅利安人的对比一样，不是一种无聊的分类游戏，而是一种社会和政治的介入。不管被从负面界定的"非雅利安人"范畴碰巧指向何种对象——他们可能是闪米特人、犹太人、基督徒、斯拉夫－芬兰人、普鲁士人、前雅利安人或其他任何群体，事实莫不如此。

　　尼采讲述的金发野兽的故事由两部分组成，每部分被赋予相应的体裁和情节。他将第一部分构设为史诗，其中又带有某种程度的喜剧色彩。它描述了两种类型的民族如何在黎明时分彼此斗争，其中一方如何凭借力量和勇猛战胜了另一方，从而获得将自己定义为"善"的权利。获胜者可以从许多方面被描述，但是这套叙事的主要目的之一是将这些方面融为一体。于是，金发民族的胜利糅合了——并且可以被理解为——许多人群的胜利，此处仅举几例：高贵者、勇敢者、雅利安人、男性、战士、拥有狭长头颅的人、北方人、身心愉悦者。不过，为了让事情变得简单明了，我们可以用野兽意象概括这一切并做出如下总结：世界历史的第一回合属于金发野

---

① 相关论述见列维－斯特劳斯《野性的思维》（*La Pensée Sauvage*）第一章。——译者注

兽；介于人和动物两种范畴之间的人征服了那些身份仅属于人类的人。我们也可以用图形表示：

$$\frac{\text{兽性人（Animal-men）}}{\text{人类（Humans）}}$$

在故事的第二部分，上述被征服者重整旗鼓，其中一些被征服者以沟通神与人两种范畴作为自己的使命。这些神圣领域的专家，利用他们所特有的、由话语和道德观念构成的武器扭转了先前斗争的结果。在世界历史的第二回合，祭司们打败了金发野兽，尼采将此视为悲剧和耻辱，但我们可以将它视作一种简单的倒置：

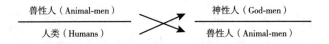

与对第三回合斗争的渴望一样，尼采对于祭司的怨愤（即对于怨愤者的怨愤）也显而易见。查拉图斯特拉（Zarathustra）的"超人"（Übermensch）大概是这个故事最后阶段所期盼的主人公和胜利者，故事在这里被构设为传奇或寓言情节。有些人将"超人"想象为金发野兽的一种升级形象，有一些段落确实允许他们这样做。不过他们的解读之所以错误，并非像有些人所认为的那样，是因为这种解读毫无道理、随心所欲或完全错误，而是由于它的偏狭和歪曲，面对一部矛盾丛生的文献，它对其中部分内容视而不见。在这一点上，它与最近一些人对尼采的解读几无二致，这些人出于不同的原因崇奉尼采，突出他的批判性而忽略了其种族意识。

我在这一章的最终目的，不只是提醒人们尼采对于"雅利安"种族历史和命运的兴趣并非纳粹的杜撰，也不只是警告尼采的拥戴者必须根据语境对他进行完整地批判性解读，尽管我认为这些问题值得一提。更为重要的是，我想说明尼采是如何参与到与"雅利安人"及其神话相关的一套话语的建构中，他试图将这套话语转向新的目标，挑战诸如瓦格纳以及拜罗伊特圈等的话语——尼采将他们视作自己的敌人。与此同时，他依然深陷在这套话语的一些传统结构和意图中，这套话语对他的利用，至少与他对这套话语的利用一样多。通过让基督徒而不是犹太人成为叙事中的反面角色，尼采为一个人们熟悉的恃强凌弱的故事带来了颠覆性的反转。另一方面，由于尼采让人为建构的雅利安人扮演了主人公角色，并且想象甚至赞美雅利安人的暴行（这种暴行比尼采的前辈所想象的更加骇人听闻），他毁掉了自己在其他修订中可能取得的任何改进，让恃强凌弱者比以往更加自命不凡、盛气凌人。

注 释

[1] Friedrich Nietzsche, *On the Genealogy of Morals*, trans. Walter Kaufmann and R. J. Hollingdale (New York: Vintage, 1969), pp. 40– 41. 为与德语原文（第 1 篇第 11 节）保持一致，引文对英译本的段落划分做了改动。德语原文均依据以下版本：*Nietzsche Werke: Kritische Gesamtausgabe*, Giorgio Colli and Mazzino Montinari, eds. (Berlin: Walter de Gruyter, 1967–)。

[2] *Genealogy*, pp. 41– 42 (I §11).

[3] 同上，p. 86 (II §17)。参阅：*Beyond Good and Evil* § 257。

[4] *Genealogy*, p. 43 (I §11).

[5] 在"金发的日耳曼野兽"一语中，形容词"日耳曼"的出现可能别有意味，因为再无其他群体以同样的方式出现。

[6] 关于纳粹对尼采思想的解读和盗用，参见：Steven Aschheim, *The Nietzsche Legacy in Germany, 1890–1990* (Berkeley: University of California Press,1992), pp. 232–307, 315–330。

[7] 对考夫曼地位的讨论及对其立场的批评，参见：Walter H. Sokel, "Political Uses and Abuses of Nietzsche in Walter Kaufmann's Image of Nietzsche," *Nietzsche Studien* 12 (1983): 436 –442. 一起刊出的还有下述论文：Rudolf E. Kuenzli, "The Nazi

Appropriation of Nietzsche," pp. 428–435。

[8] Walter Kaufmann, *Nietzsche: Philosopher, Psychologist, Antichrist* (Princeton, NJ:Princeton University Press, 1950), p. 196. 在翻译《论道德的谱系》一书的核心段落（第 1 篇第 11 节）时，考夫曼在注释中重复了这些话，还为他的"狮子"说举出了一些十分牵强的论据："没有狮子意象，我们不仅无法弄懂尼采的一些诗篇，也无法理解他最为著名的一个新造词；我们对《查拉图斯特拉如是说》至关重要的第一章也无法做出回应。"

[9] 参阅此书第 1 版（1950）第 196、260 页，第 4 版（1974）第 225、296~297 页。被删掉的还有他最初的自白（第 1 版第 260 页）：金发野兽形象"显然选择不当"。

[10] *Genealogy of Morals*, pp. 30–31. 考夫曼省略了尼采原文最后的插入语（见第 1 篇第 5 节），此处予以恢复。

[11] 尼采提到的"芬格尔"这个名字也有问题。表面上看，它的意思是"金发的盖尔人（Gael）"或"辉煌的凯尔特人（Celt）"，但这个名字在可靠的凯尔特文献中未得到证实。确切地说，这是我们在第三章讨论过的詹姆斯·麦克弗森的伪作《莪相集》中的武士英雄。

[12] 与瓦格纳一样，尼采试图将种族范畴与政治范畴对应起来，但采用了截然不同的方式。两人都把雅利安人当作自己故事中的主角，但瓦格纳将他们与被剥削的工人和革命者联系在一起，与犹太资产阶级形成对比。尼采则将雅利安人与贵族混为一谈，同时将前雅利安人与左翼群众联系起来。在其名著《理性的毁灭》[*The Destruction of Reason*, trans. Peter Palmer (London: Merlin Press, 1980)] 中，乔治·卢卡奇（Georg Lukács）认为，反对社会主义是尼采所有著作中隐含的主题，但这反映出他的痴迷超过了尼采。尽管如此，尼采并不是"最后一个不关心政治的德国人"。相反，正如他自己所承认的，他的立场在格奥尔格·勃兰兑斯（Georg Brandes）的表述中得到了充分体现："贵族激进主义。"参见：Bruce Detwiler, *Nietzsche and the Politics of Aristocratic Radicalism*(Chicago: University of Chicago Press, 1990). 相关论著还有：Fredrick Appel, *Nietzschecontra Democracy* (Ithaca, NY: Cornell University Press, 1999); Luc Ferry and Alain Renault, eds., *Why We Are Not Nietzscheans*, trans. Robert de Loaiza(Chicago: University of Chicago Press, 1997)。

[13] Armand de Quatrefages, *La Race prussienne* (Paris: Hachette, 1871); English trans., *The Prussian Race Ethnologically Considered, to which is appended some accounts of the bombardment of the Museum of Natural History, etc.* (London: Virtus, 1872).

[14] Carl Gustav Carus, *Symbolik der menschlichen Gestalt: Ein Handbuch zur Menschenkenntnis*(Leipzig: F. A. Brockhaus, 1853). 在最极端的情况下，卡鲁斯将金发、碧眼分别与太阳、天空的颜色联系在一起，从而将雅利安人定义为"白昼民族"（day people），与肤色较黑、体型较矮的民族形成了对比。

[15] Rudolf Virchow, "Über die Methode der wissenschaftlichen Anthropologie. EineAntwort an Herrn de Quatrefages," *Zeitschrift für Ethnologie* 4 (1872): 300–319, "DieDeutschen und die Germanen," *Verhandlungen der Berliner Gesellschaft für Anthropologie, Ethnologie und Urgeschchte* (1881): 68–75, "Die Verbreitung des blonden und des brünettenTypus in Mitteleuropa," *Sitzungsberichte der königlich preussischen Akademie der Wissenschaften* 1 (1885): 39– 47, "Gesammtbericht über die von der deutschen anthropologischenGesellschaft veranlassten Erhebungen über die Farbe der Haut, der Haare, und der Augender Schuhlkinder in Deutschland," *Archiv für Anthropologie* 16 (1886): 275– 475.

[16] 参见：Virchow, "Die Deutschen und die Germanen," pp. 69–70. 更多讨论，参见：Benoit Massin, "From Virchow to Fischer: Physical Anthropology and 'Modern Race Theories' in Wilhelmine Germany," in George Stocking, ed., *"Volksgeist" as Method and Ethic* (Madison: University of Wisconsin Press, 1996), pp. 79–154; Andrea Orsucci, *Orient—Okzident: Nietzsches Versuch einer Loslösung vom europäischen Weltbild* (Berlin: Walter de Gruyter, 1996), pp. 341–346; George Mosse, *Toward the Final Solution: A History of European Racism* (Madison: University of Wisconsin Press, 1978), pp. 90–93; Léon Poliakov, *The Aryan Myth: A History of Racist and Nationalist Ideas in Europe* (New York: Basic,1974), pp. 261–266。

[17] 除下面的尾注 [18] 所引，以下著作也是尼采私人藏书的一部分：Alexander Bain, *Geist und Körper: Die Theorien über ihre gegenseitigen Beziehungen* (Leipzig: F. A. Brockhaus, 1874); Eugen Dreher, *Der Darwinismusund seine Konsequenzen in wissenschaftlicher und sozialer Beziehung* (Halle: C. E. M. Pfeffer,1882);

Francis Galton, *Inquiries into Human Faculty and Its Development* (London: Macmillan, 1883); Ludimar Hermann, *Grundriß der Physiologie*, 5th ed. (Berlin: A. Hirschwald,1874); Wilhelm His, *Unsere Körperform und das physiologische Problem ihrer Entstehung*(Leipzig: Vogel, 1874); Friedrich Ratzel, *Anthropo-Geographie* (Stuttgart: J. Engelhorn,1882); Oscar Schmidt, *Descendenzlehre und Darwinismus* (Leipzig: F. A. Brockhaus,1873). 感谢桑德·吉尔曼（Sander Gilman），他向我指出尼采这方面兴趣的意义。

[18] Theodor Poesche, *Die Arier: Ein Beitrage zur historischen Anthropologie* (Jena: Hermann Costenoble, 1878). 这本书试图在白化病高发的地方找到雅利安人的原始发祥地，也见于《尼采藏书目录》[*Nietzsches Bibliothek* (Weimar: R. Wagner Sohn,1942), p. 29]。尼采所藏其他涉及雅利安话语的著作有：Friedrich Max Müller, *Essays*, Band II: *Beiträge zur vergleichenden Mythologie und Ethologie* (Leipzig: W. Engelmann, 1869); Paul de Lagarde, *Über die gegenwärtigeLage des deutschen Reichs* (Göttingen: Dietrich, 1876); Ernest Renan, *Philosophische Dialogeund Fragmente* (Leipzig: Z. Koschny, 1877). 此外有汉斯·冯·沃尔措根所译：*Die Edda: Götterlieder und Heldenlieder*[Leipzig: P. Reclan, n.d. (1876?)]。

[19] 参见：*Beyond Good and Evil*, §§200, 208, 224, 242, 261。

[20] 有关尼采对这份文献的反应与使用，参见：Annemarie Etter, "Nietzsche und das Gesetzbuch des Manu," *Nietzsche Studien* 16 (1987): 340–352。

[21] Christopher Middleton, ed. and trans., *Selected Letters of Friedrich Nietzsche* (Indianapolis: Hackett, 1996), pp. 297–298.

[22] Louis Jacolliot, *Les Législateurs religieux: Manou—Moise—Mahomet* (Paris: A. Lacroix, 1876). 尼采拥有并使用这一译本（见 *Nietzsches Bibliothek*, p. 22）的事实，得到了阿纳克莱托·韦雷基亚（Anacleto Verrecchia）的确认，参见：Anacleto Verrecchia, *Zarathustras Ende: Die KatastropheNietzsches in Turin* (Vienna: Hermann Böhlaus, 1986), p. 79；克里斯蒂亚诺·格罗塔内利（Cristiano Grottanelli）对其重要性有更为充分的思考，参见其即将发表的论文："Caste e funzioni ariane: Jacolliot, Nietzsche, Gobineau"。

[23] Jacolliot, *Les Législateurs religieux*. 其中最重要的是他对旃陀罗的讨论，见第98–120

页。另请参阅贾科利奥特以下著作：*La Bible dans l'Inde: Vie de Iezeus Christna*［Paris: A. Lacroix,1859, English trans., *The Bible in India: Hindoo Origin of Hebrew and Christian Revelation* (New York: G. W. Dillingham, 1887)］, *Christna et le Christ* (Paris: A. Lacroix, 1874), *Les Traditions indo-européennes* (Paris: A. Lacroix, 1878)。

[24] *Les Législateurs*, p. 114.

[25] Friedrich Nietzsche, *Twilight of the Idols*, "The 'Improvers' of Mankind," § 2, trans.R. J. Hollingdale (Baltimore: Penguin, 1990), pp. 66 –67. 参阅：*The Anti-Christ* § 22.

[26] *Twilight of the Idols*, "The 'Improvers' of Mankind," §3. 这种用嗅觉术语表达的侮辱，借用了反犹主义的一贯做法。参见《敌基督者》第46篇："我们不会选择与'最初的基督徒'交往，正如不会选择与波兰的犹太人交往一样：不是因为必须提出哪怕一条异议来反驳他们……而是因为这两种人身上都有异味。"（省略号为尼采原文所加）同样有意味的是，将尼采对《摩奴法论》和《新约》的不同评价与贾科利奥特对《希伯来圣经》的判断进行比较："我们知道，没有什么比把《圣经》放在面前阅读《摩奴法论》更为有趣。前者是一部掠夺和放荡的法典，它从不知道灵魂的不朽，根本无法与古代印度教徒的律法书相提并论。"（*Les Législateurs religieux*, p. 54）

[27] *Twilight of the Idols*, "The 'Improvers' of Mankind," § 4.

[28] 同上，参阅：*The Anti-Christ* §§ 55–57。

[29] 较为深入的讨论，参见：Orsucci, *Orient— Okzident*, pp. 279–340; Jacob Golomb, ed., *Nietzsche and Jewish Culture* (London: Routledge,1997). 后一文献中，以下作者的论文尤其值得注意：Steven Aschheim (pp. 3–20), Hubert Cancik (55–75), Sander Gilman (76 –100). 此外可参阅：Weaver Santaniello, *Nietzsche, God, and the Jews* (Albany: State University of New York Press, 1994); Sarah Kofman, *Le Mépris des juifs: Nietzsche, les juifs, l'anti-sémitisme* (Paris: Galilée,1994)。

[30] Detlef Brennecke, "Die blonde Bestie: Vom Missverständnis eines Schlagworts," *Nietzsche Studien*5 (1976): 111– 145. 也可参阅："Die Anfänge des rassistischen Germanenkultes: (a) Nietzsche—Herrenrasse und „blonde Bestie"," 见其下述著作：*DeutscheGermanen-Ideologie* (Frankfurt am Main: Athenäum, 1970), pp. 53–56。

[31] 比如，在格林所编《德语词典》（1860）中，作者观察到"blond 一词只适用

于人的头发，而不是动物的毛发，马、狮子从不用'blond'一词。"布伦内克（Brennecke）发现这条规则有一些例外，但它们只是常规用法的隐喻性延伸。

[32] Poesche, *Die Arier*, p. 12.

[33] Tacitus, *Germania* 4.

[34] 关于纳粹对塔西佗著作的痴迷，参见：Allan Lund, *Germanenideologie imNationalsozialismus: Zur Rezeption der 'Germania' des Tacitus im "Dritten Reich"* (Heidelberg: Carl Winter, 1995). 金发问题的论述见此书第 34~35 页、第 73~74 页。以下著作提供了这个时期的一个例证：Wilhelm Sieglin, *Die blonden Haare der indogermanischen Völkerdes Altertums—Eine Sammlung der antiken Zeugnisse als Beitrag zur Indogermanenfrage*(Munich: J. F. Lehmann, 1935)。

[35] *Germania generalis* 2.5–14. 关于塞尔蒂斯的历史地位，参见：Kenneth C. Schellhase, *Tacitus in Renaissance Political Thought*(Chicago: University of Chicago Press, 1976), pp. 31–39. 更多讨论，参见：Ulrich Muhlack, "Die Germania im deutschen Nationalbewusstsein vor dem 19. Jahrhundert," in Herbert Jankuhn and Dieter Timpe, eds., *Beiträge zum Verständnis der Germania des Tacitus*(Göttingen: Vandenhoeck and Ruprecht, 1989), 1:128–154; Luciano Canfora, "Tacitoe la „riscoperta degli antichi Germani" : dal II al III Reich," in *Le vie del classicismo* (Rome:Laterza, 1989), pp. 30–62。

[36] Eduard Norden, *Die germanische Urgeschichte in Tacitus Germania* (Leipzig: B. G.Teubner, 1920), esp. pp. 42–84. 或许值得一提的是，诺登是一位杰出的犹太裔德国古典学家，他对塔西佗的研究，肯定受人们对这本书的盲目崇拜以及自鸣得意的解读的激发。由于身份问题，在民族社会主义（National Socialism）体制下他被剥夺了执教的权利。他的分析得到以下学者的进一步探讨和拓展：Klaus von See, "Der Germane als Barbar," *Jahrbuch für internationale Germanistik* 13 (1981): 42–72; Allan Lund, *Zum Germanenbild der Römer: Eine Einführung indie antike Ethnographie* (Heidelberg: Carl Winter, 1990); Klaus Bringmann, "Topoi inder taciteischen Germania," in Jankuhn and Timpe, *Beiträge zum Verständnis der Germania*, pp. 59–78。

[37] Herodotus. *The Histories* 4. 108.

[38] Poesche, *Die Arier*, pp. 68–69.

[39] 《阿古利可拉传》（11）："不列颠居民的形貌特征有许多不同类型，据此我们可以做出种种推断。喀利多尼亚的居民有红色的头发和健壮的肢体，这显然表明他们属于日耳曼人种。西鲁瑞斯人面色黧黑，头发大多卷曲；而他们所居之处又正与西班牙隔海相望。凡此种种都说明他们是古代渡海来此而占有了这一带地方的一支伊比利亚人（Iberian）。和高卢人相距最近的一些地方的居民也很像高卢人：也许他们是出于同一族；也许因为他们所居住的两岸相距太近，气候相同，所以体质也一样。不过从各方面来看，可以相信高卢人是曾经移民到与自己邻近的这个岛屿上来的。这一带居民的迷信和宗教仪式与高卢人的习惯最为接近；他们彼此的语言也没有多大差异；他们同样好招惹危险，而当危险来临的时候，又同样唯恐避之不及。"

[40] 关于喀利多尼亚人，参见：Tacitus, *Agricola* 11；不列颠人，参见：Strabo 4.5.2；高卢人，参见：Livy 38.17.3、Ammianus Marcellinus 15.12.1；凯尔特人，参见：Diodorus Siculus 5.28.1、Strabo 4.5.2；日耳曼人，参见：Tacitus, *Germania* 4, *Agricola* 11, Strabo7.1.2, Procopius, *Vandalic War* 1.2.2；色雷斯人，参见：Xenophanes, Fragment 16；盖特人，参见：Procopius, *Vandalic War* 1.2.2；斯基泰人，参见：Pseudo-Hippocrates, *On Airs, Waters, and Places* 20；美兰克来那伊人与萨尔马特人，参见：Procopius, *Vandalic War* 1.2.2；布迪诺伊人，参见：Herodotus 4.108。维特鲁威曾谈及北方民族的总体情形（6.1.3），阿里斯托芬（Aristophanes）笔下的"外邦人和红发人"[《蛙》（730）]很可能也指北方人，尽管许多人做评注时将它与色雷斯人联系在一起。

[41] Livy 38.17.7.

[42] *Germania* 4. 请注意，饥饿与干渴在这里取代了潮湿与干燥，其逻辑是：（a）干渴＝干燥；（b）潮湿＝干燥的对立面；（c）饥饿＝干渴的对立面；因此，（d）饥饿＝潮湿。

[43] 在托名希波克拉底的论文《论空气、水与环境》的现存章节中，作者针对斯基泰人、萨尔马特人和亚马逊人明确提出了这一观点。参见此文第17~24章，另见我在下述著作中的论述：*Death, War, and Sacrifice* (Chicago: University of Chicago Press,1991), pp. 198–208. 上述文献中遗失的一部分是关于利比亚人的，他们被认为

与斯基泰人截然相反，是一个生活在炎热、干燥的南方的民族，其体内的黑色胆汁使得幽默成为他们的主要性情。

[44] Strabo 4.5.2.

[45] 利德尔（Liddell）与斯科特（Scott）在其合编的词典中，列举了这个词的出现情形（第 1981 页）。与这个词相关的动词 khaunoô 因此表示"使松弛、放松、虚弱"。参见：Henry George Liddell and Robert Scott, *A Greek-English Lexicon* (Oxford: Oxford University Press, 1968)。

[46] Diodorus Siculus 5.28.1. 值得一提的是，C. H. 奥尔法瑟（C. H. Oldfather）在其洛布版（Loeb）译本中完全误解了 sarxi kathugroi 的含义和所指，他用"波浪般的肌肉"来翻译。利德尔与斯科特合编的《希腊语－英语词典》中援引了他的翻译（第 856 页），不过在所有其他情形下，kathugros 均明显表示"非常潮湿"。与之相关的动词 kathugrainô 表示"使湿透"或"被液化"。

[47] 狄奥多罗斯·西库鲁斯："（凯尔特人的领土）占据了北方大部分地区，这里风雪交加，极度寒冷。在漫长的冬季，阴天常常下雪，冰冷的湿气四处弥漫；晴天也满是冰雪和寒霜，河流也会因严寒而冻结、淤塞。"(5.25.2)

[48] Pseudo-Hippocrates, *On Airs, Waters, and Places* 20.

[49] 同上。

[50] 因此，北方的房子应该设计成保温的，南方的房子则应便于通风。更多讨论，参见维特鲁威（6.1.1–12）。

[51] Vitruvius 6.1.3– 4.

[52] 同上，6.1.10–11.

[53] Aristotle, *Politics* 1327b20.

[54] 有关本节所讨论的问题和材料，参阅：Maria Michaela Sassi, *La scienza dell' uomo nella Grecia antica* (Turin: Boringhieri, 1988)。该书英译本即将由芝加哥大学出版社（University of Chicago Press）出版。

[55] 《瓦格纳事件》（*The Case of Wagner*，1888）第 1、2 节表明尼采意识到了其中一些结构，他在这里认为比才（Bizet）的《卡门》（*Carmen*）胜过瓦格纳的作品，同时指出前者具有"种族性的而非个人性的提升"。紧接着，他又推衍出以下种种对立：

瓦格纳：比才

北方：南方

寒冷：炎热

潮湿：干燥

参阅《善恶的彼岸》(*Beyond Good and Evil*) 第 254~256 节。

第六章 杜梅齐尔的德国战神 [1]

一

正如我在前几章所想表明的，神话学在 19 世纪大部分时间被卷入"雅利安人"的话语之中，这种共生关系一直持续到 20 世纪三四十年代，尤其是在德国，这种关系带来可怕的后果。自第二次世界大战以来，一些学者致力于重建印欧神话研究（"雅利安"一词此时很大程度上已从这一研究中被删除），他们有时也取得很大成功。[2] 不过，丑行的影响依然存在。关于这个主题的文章是粗俗的种族主义时事通讯和"新右派"（New Right）花哨出版物的中流砥柱，比如阿兰·德·伯努瓦（Alain de Benoist）的《新学派》（*Nouvelle école*，1971），它为受威胁的欧洲人提供了一套独特的有关"印欧"遗产、荣耀的叙述，以作为对他们优越性的解释，也作为针对种族和文化他者捍卫其边界的理由。[3] 除了对学术话语的这种可以预料而又令人不安的盗用之外，致力于印欧研究的最重要的专业期刊和机构也出现严重停顿。

例如，从创始之初至 1998 年 10 月，《印欧研究》（*Études indo-européennes*，1982~）由里昂大学印欧研究所（Institut d'études indo-européennes）出版，这一刊物和机构均由让·奥德里（Jean Haudry，1934~）创办。奥德里是一位出色的语言学家，也是让–马利·勒庞（Jean-Marie LePen）所组建的"国民阵线"（National Front）中"科学委员会"（Scientific Council）成员。在其各种著作中，奥德里一直坚持陈旧的纳粹论调，鼓吹印欧人的家园位于北极（即地球上白色最为纯正、最具北欧

178

性的地方）；与此同时，他还支持反革命，谴责《人权宣言》（*Droits de l'homme*）（1789 年 8 月 4 日）为现代堕落的起源。[4] 在他退休后不久，里昂大学的学者指控他的研究所（该研究所容纳了许多与"国民阵线"有关的人物）是"极右分子的意识形态实验室"。法国教育部认为这些指控非常严重，因而委托一个由国际专家组成的委员会进行调查。不过在该委员会准备发表报告的前夕，1998 年 10 月 6 日，奥德里的继承人让 – 保罗·阿拉德（Jean-Paul Allard，1940~）解散了这一机构，将它重组成一个可以免受国家监督的协会，从而使这项工作不了了之。[5]

与之类似，《印欧学刊》（*Journal of Indo-European Studies*，1973~）受到罗杰·皮尔逊（Roger Pearson，1927~）的操纵，他是"泛北欧友谊北方联盟"（Northern League for Pan-Nordic Friendship）的创始人，也是"世界反共联盟"（World Anti-Communist League）前主席（令人有些难以置信的是，他因过激行为从这一职位被赶下台）。[6] 皮尔逊向来被视为"世界上最顽固的新纳粹分子之一"[7]、"美国最重要的纳粹辩护者之一"和"世界上接触最广的种族主义者之一"[8]，他的著作聚焦于种族、智力与优生学之间的关联。[9] 他在自己的一本书中，宣称此书"基于汉斯·F. K.京特教授的著作《欧洲文明的种族因素》（*Racial Elements of European Civilization*）"，而京特（1891~1968）正是第三帝国举足轻重的"种族科学"理论家。[10] 皮尔逊还筹划出版了京特有关印欧宗教的著作英文版[11]；在皮尔逊本人的一部著作中，他像京特一样得出了一些令人毛骨悚然的结论："如果一个拥有更先进、更专门，或在任何方面更为优越的基因系统的民族，与一个劣等部族融合而不是使其灭绝，那么这个民族会陷入种族性自杀。"[12]

在参与《印欧学刊》（*JIES*）之前，皮尔逊负责极右翼组织的几种彼此相关的出版物，包括《北方世界》（*Northern World*）、《北方民族》（*The Northlander*）、《民俗》（*Folk*）、《新爱国者》（*The New Patriot*）和《西方命运》（*Western Destiny*）。其办刊思想和特色，可以从第一种刊物的封面简介中略知一二："《北方世界》的目的是让白种人意识到他们被遗忘的种族遗产，消除犹太教关于我们的起源、我们种族暨我们西方文化成就的谎言迷雾。"[13]1974 年，皮尔逊开始接受先锋基金会（Pioneer Fund）的资助，该基金会将其资金用于优生学和"种族改良"事业。截至 20 世纪 90 年代末，资金总额已超过 75 万美元。[14] 他用这笔钱做的第一件事是建立人类研究所（Institute for the Study of Man），作为一个综合机构，该研究所负责出版相对古板的《印欧学刊》。此后不久（1978 年），皮尔逊及其研究所担负起出版《人类学季刊》（Mankind Quarterly）的责任，这是一份专门致力于研究人类多元起源和"科学种族主义"观念的刊物。[15] 尽管皮尔逊对《人类学季刊》的总体事务感到满意，他还是很快改变了编委会和刊物内容。不到三年的时间，他替换了该刊创始人罗伯特·盖尔（Robert Gayre, 1907~1996）所召集的 45 位主编顾问中的 40 位，并在他所主编的前三卷中，将有关"印欧研究"的文章数量从盖尔时期的 2%（7/361）增加到了 30%（20/66）。这就是说，盖尔旨在彰显黑人低劣性的种族主义作风，已被扩展为对雅利安人荣耀的颂扬。当时，有关印欧神话的文章与指控非裔美国人智力低下的文章如影随形，理查德·赫恩斯坦（Richard Herrnstein）与查尔斯·默里（Charles Murray）在《钟形曲线》（The Bell Curve）一书中所编造的种族主义分析，正是基于这些文章所提供的大量似是而非的"证据"。[16]

二

在有关印欧神话、宗教与文明的论著中，我们从作者的引证行为中可以察觉到一种声誉等级与合法化策略。那些在最粗劣的刊物上发表论著的人，根本不能提供脚注，或者以相当随意的方式提供脚注。然而，那些论著出现在《新学派》和《人类学季刊》上的人，经常援引更有声誉的《印欧研究》和《印欧学刊》上的文章，以树立他们的学术诚信。在后几种出版物和最为出色的书籍中，作者往往援引乔治·杜梅齐尔（1898~1986）的论著，认为这是所有人可以信赖并应对挑战的坚固基石。

杜梅齐尔是与皮尔逊、奥德里及德·伯努瓦完全不同的一类人，他远比后几位智慧、正派，又丝毫没有他们的粗浅。就我所知，他与皮尔逊没有任何往来，与另外两人多年来保持着一种谨慎而微妙的关系，二者都曾热切地向他示好。[17]在第三章，我简略地提到他早年为复兴印欧神话研究所做的努力，但真正为杜梅齐尔赢得普遍赞誉的是他后来的著作。杜梅齐尔是一位才华横溢、知识渊博的学者，曾在土耳其、波兰和瑞典任教（1925~1931），后来回到法国，先是在高等研究应用学院（École pratique des hautes études，1933~1939，1942~1949）任职，之后法兰西学院（Collège de France）为他设立了印欧文明研究席位（1949）。1979年，他入选法兰西学术院（Académie Française）院士，成为漫长而辉煌的学术生涯的顶峰，在这里受到克洛德·列维-斯特劳斯的欢迎。杜梅齐尔还有很多其他天赋，其中之一是精通大量语言，这些语言几乎涵盖了整个印欧语系，包括一些鲜为人知的语言，如亚美尼亚语（Armenian）、奥塞梯语（Ossetic），大多数高加索语言，其中的尤比克语（Oubykh）是他从濒于灭绝的状态中挽救了出来，还有几种像克丘亚语（Quechua）①那样的异类（他似乎只是为了好玩而学习）。他的著作总计50多部，时间跨度长达60年。这些著作均以清晰、独创、严谨和智慧著称。他的成就赢得语言学界、宗教史学界和人类学界的普遍赞誉。[18]虽然杜梅齐尔一向将自己理解为"右翼人士"，但他严格让自己的著作不带政治倾向，这些著作几乎影响到所有意识形态派别，包括一些左派人士，比如米歇尔·福柯，他视杜梅齐尔为终生的朋友、支持者和导师。[19]尽管如此，杜梅齐尔的著作并不是没有招致批评。

从20世纪30年代末直到去世，杜梅齐尔试图证明印欧民族曾经设想过——间或实践过——一种理想的社会秩序。在这种秩序中，"三功能"（three functions）被整合到了一个等级体系中。第一种功能涉及王权和神圣领域，包括令人不安的巫师和更让人放心的律法专家。第二种功能与身体力量有关，包括两种类型的武士，一类出身高贵且富有武士精神，另一类则粗野残暴。第三种功能与丰足、繁荣和富饶相关，可以用各种方式来描述，比如，生产与再生产，但也包括生产与消费、农业与放牧，甚至包括

① 又称奇楚瓦（Qhichwa）语，系南美洲土著的一种语言。因该语言为印加帝国官方语言，通常又称印加语。——译者注

181

诸如牧牛、牧马这样的具体区分。[20]

早期批评者倾向于关注杜梅齐尔处理古代资料时的细节、他的比较研究视野、系统化倾向以及他所坚持的主张（即"三功能"模式是印欧民族区别于所有其他民族的特征）。[21]然而，自20世纪80年代初以来，这些批评者更倾向于唤起人们的注意，他们在杜梅齐尔的诸多文本与潜文本中感受到种种意识形态立场，以下几点得到特别强调：

（1）杜梅齐尔对印欧人以及他们的"三功能"体系的意识形态化；

（2）杜梅齐尔在1938~1942年的出版物中介绍了自己的"三功能"理论，此时形形色色的法西斯主义正是法国人迫切关注的对象；

（3）杜梅齐尔的"三功能"体系与墨索里尼的"团体社会"（corporate society）、查尔斯·莫拉斯（Charles Maurras）的"整体民族主义"之间的类似；

（4）杜梅齐尔卷入了与莫拉斯的"法兰西行动"（Action Française）相关的圈子。[22]

关于第五点，学界意见不一。针对杜梅齐尔之于法西斯主义（尤其是德国法西斯主义）的态度，人们有不同理解。尽管阿纳尔多·莫米利亚诺（Arnaldo Momigliano）和卡洛·金茨堡（Carlo Ginzburg）在杜梅齐尔的《日耳曼人的神话与神》（*Mythes et dieux des Germains*，1939）一书中看到了"对纳粹文化的同情"，不过克里斯蒂亚诺·格罗塔内利以及我并不强调这种分析和论证。然而，正是关于最后一点，由巴黎记者迪迪埃·埃里蓬（Didier Eribon）领头，杜梅齐尔的捍卫者们进行了重点讨论。[23]

埃里蓬没有能力评价杜梅齐尔所研究的材料，但对法国学术生活的细节了如指掌，他将自己的案例集中在杜梅齐尔参与其中的学术世界："当我们重建20世纪20年代和30年代的知识环境时，我们惊讶地看到，那些观点迥异甚至对立的学者能够和睦相处、参与对话和辩论，他们的专业判断从未受到政治层面的干扰。毫无疑问，这是因为他们有着共同的伦理准则，这种伦理准则基于对研究价值的坚定承诺以及将科学与时起时伏的外部世界分离开来的决心。那时的大学有一种自由主义传统，人们对科学程序也有一种信仰。"[24]

这幅自由宽松的学术景观无论多么引人入胜，都令人难以置信。[25] 在有关印欧（又称"雅利安"）宗教和社会的讨论中，政治兴趣常常占据重要地位。在 20 世纪 20~40 年代的德国（在此十分明显）乃至其他国家，这种情形尤其普遍，杜梅齐尔的一些亲密同人可以被划入最严重的罪犯之列。[26] 例如，奥地利民俗学家奥托·赫夫勒（Otto Höfler，1901~1987），其有关战士乐团宗教意义的著作《日耳曼人的秘密宗教团体》（Kultische Geheimbünde der Germanen，1935）是如此极端，以致希特勒的首席意识形态专家阿尔弗雷德·罗森堡（Alfred Rosenberg，1893-1946）认为，这让纳粹主义显得荒谬可笑。[27] 然而，罗森堡的敌意使赫夫勒得到了海因里希·希姆莱（Heinrich Himmler，1900~1945）的支持，后者将赫夫勒招募进了纳粹党卫军所辖的"祖先遗产协会"，还在慕尼黑大学（University of Munich）为他取得德国哲学教席。

　　赫夫勒之外，能对杜梅齐尔产生重要影响，且在其整个职业生涯中保持密切关系的，当推荷兰宗教史学家扬·德·弗里斯（1890~1964），他的《古日耳曼宗教史》（Altgermanische Religionsgeschichte，1935~1937）仍是百科全书式的学术典范。[28] 德·弗里斯的其他著作没有那么严谨。《日耳曼人的世界》（Welt der Germanen，1934）封面上有一个纳粹党的标志性符号，是对金发碧眼的武士种族的颂扬。《我们的祖先》（Onze Voorouders，1942）是德军占领时期荷兰儿童的必读书籍，旨在培养他们对与德国"同胞"共同的条顿祖先的敬意。德·弗里斯的日耳曼癖既是个人性的，也是职业性的。纳粹占领后不久，他成为新任总督［即臭名昭著的阿图尔·赛斯－因夸特（Artur Seyss-Inquart）］会见的四位大学教授之一，还提议成立一个荷兰文化管理院（Nederlandsche Kultuurkamer），以对新政权下荷兰的艺术和学术进行监管和审查。该机构成立后，归德国宣传部管辖，德·弗里斯曾担任最后一任主席。二战结束后，由于与纳粹有过合作，他从荷兰的大学系统中被除名，此后全力修订《古日耳曼宗教史》（第 2 版，1957），从而赋予杜梅齐尔的理论以更为突出的地位。

　　同样值得注意的是瑞典印欧学家斯蒂格·维坎德（1908~1983），在长达 50 年的时间里，他一直是杜梅齐尔的挚友，对杜梅齐尔思想做出了重要贡献。[29] 最初，两人在乌普萨拉大学（Uppsala University）相遇，赫夫勒和杜梅齐尔曾在这所大学先后任教（分别在 1928~1931 年、1931~1933 年），维坎德则在 H. S. 尼伯格（1889~1974）的指导下准备学位论文。所有这些人均对雅利安人的战士乐团感兴趣，并在 20 世纪 30 年代共同投身于右翼政治。因此，维坎德协助他们筹备《自由在野党》（*Fri Opposition*），这是一种具有强烈民族主义色彩、反布尔什维克的出版物，大多倾向于希特勒和佛朗哥（Franco）①，有时接近反犹主义。[30]正如我们所看到的，赫夫勒是一个狂热的纳粹分子，尼伯格则称自己为"激进的保守主义者"，杜梅齐尔则靠近"法兰西行动"。维坎德感激地承认三位资深同人在其论文中的影响，该论文标题"雅利安男性联盟"（"Der arische Männerbund"，1938）却令人不寒而栗。在这篇论文中，他将赫夫勒的理论运用于真正的雅利安人［即印度 – 伊朗人（Indo-Iranian）］材料。[31] 尽管他的尝试有很大争议，但在尼伯格的极力主张下，论文还是被通过。[32] 随后，维坎德接受了赫夫勒的邀请，就印欧社会形态史进行合作，他们尤其关注雅利安人在国家创建中的作用这一尼采式主题。[33] 为此，维坎德离开瑞典，在慕尼黑待了一段时间，在那里他参加了赫夫勒的"狼人研讨会"（Werewolf-Seminar）[34]，产生了为他的论文准备一个扩充版的念头，以供党卫军的"祖先遗产协会"发行。[35]

　　将学术与政治混杂在一起的，不仅是那些右翼人士或法国以外的人。"亨利·休伯特（Henri Hubert）想为异教平反吗？"埃里蓬援引涂尔干圈子中这位杰出的成员的话问道，"还是仅仅为了研究它？"[36]然而，正如伊万·斯特伦斯基所阐明的，休伯特对异教古迹的兴趣绝不简单。[37]后者最为人所知的，是与马塞尔·莫斯一道完成《献祭的性质与功能》（*Essai sur le sacrifice*）。在这本书中，二人刻意以平等的姿态对待雅利安人与闪米特人的案例。[38] 作为上述著作的合作者，休伯特（1872~1927）被指控为《社会学年鉴》（*L'Année sociologique*）审查所有关于种族的书籍。作为一名社

---

① 即弗朗西斯科·佛朗哥（Francisco Franco），曾任西班牙国家元首、法西斯党魁。——译者注

会主义者、共和党人与德雷福斯的支持者（Dreyfusard）①，他利用这一职位系统地打击了所有为种族主义和反犹主义提供学术机构、语言及合法性的企图。

休伯特的专业领域为欧洲史前史，他在这一领域提出了一系列具有启发性的论断。首先，就像希腊、罗马在地中海南部所扮演的角色一样，他认为凯尔特文明在地中海北部的欧洲也发挥着类似的基础性作用。其次，相对而言，他认为古代日耳曼人对他们的领土分布和文化方面的影响比较有限，这表明日耳曼文化本身深受凯尔特文化的影响。最后，休伯特认为日耳曼人压根不是印欧人。相反，他以日耳曼语区别于其他印欧语言的声音变化和形态简化为证据，认为原初印欧语最初从外部进入日耳曼人的土地并被当地族群（并非雅利安人）大力改造，最终被他们吸收。他在卢浮宫学院（École du Louvre）的一系列讲座中公开了这些观点，此时法国的战后力量和信心正如日中天（1923~1925）。我们很难不把这些讲座解读为对法国文明的赞颂和对德国式民族主义的尖锐谴责。[39]

尽管杜梅齐尔熟悉休伯特的著作，并且知道对方著作与自己著作的关联，但他刻意避开休伯特，拒绝出席对方的讲座。只有一次例外：当杜梅齐尔的论文导师安托万·梅耶坚持让他送给休伯特一份论文《长生宴》（"Le Festin d'immortalité"）时，他才勉强为之。其结果是一场惨痛的遭遇，随后杜梅齐尔离开了法国，确信休伯特的反对和梅耶摇摆不定的支持意味着他将在法国国内没有职位。[40]

三

如果说埃里蓬在学术环境问题上有些幼稚，那么他在其他方面仍为我们做出了很大贡献。在对金茨堡（Ginzburg）和莫米利亚诺（Momigliano）的急切反驳中，他发现了一些证据，这些证据超出了我们的期望，更清楚地反映了杜梅齐尔的政治观点。这便是杜梅齐尔在土耳其和瑞典结束教职

---

① 阿尔弗雷德·德雷福斯（Alfred Dreyfus）是法国的一名犹太裔军官，1894 年被误判为叛国罪，在反犹氛围浓重的法国社会引发了严重的冲突和论争。——译者注

返回法国时，发表在两份右翼报纸《康迪德》（*Candide*）和《白昼》（*Le Jour*）上的一组化名文章（时间为 1933~1935 年）。他以乔治·马瑟奈（Georges Marcenay）的笔名撰文，赞扬墨索里尼统治下的意大利，敦促法国与墨索里尼结盟，以便共同遏制德国力量的上升。[41] 正如埃里蓬的中肯结论，这些文章表明杜梅齐尔在这几年中是"法西斯的支持者和纳粹的反对者"[42]。问题是，他是否在署有自己名字的出版物中提出了这些观点？或者如埃里蓬所指出的，他是否"让自己在对于当代事件的政治判断上保持中立，因为他正在写科学著作"[43]？

为探究这一问题，我们有必要思考一则十分具体且极富争议的资料：杜梅齐尔在其《密多罗 – 伐楼拿》（*Mitra-Varuna*，1940）[44] 一书中，为提尔（Tyr）神所做的全新解释。在此之前，几乎所有学者认为提尔是一位战神[45]，这可以从以下几点看出：他被视为古老的北欧诸神中"最大胆的和最勇敢的"[46]，他的别名是"战争之神"[47]，罗马人将他同化为战神玛尔斯（Mars）[48]，人们用以他的名字命名的矛状符文（↑）作为取胜的咒语[49]。与此相反，杜梅齐尔只强调关于提尔的另一则神话，斯诺里·斯图鲁松保存了它的两则异文，较短的一则内容如下：

> 有一位神名叫提尔，在诸神中最为大胆、英勇。他主宰战争的胜利，因此勇士们会向他祈求。按照人们的说法，那些能力超群、意志坚定的人，会被称作"勇士提尔"。他还十分睿智，因而人们称睿智的人为"智者提尔"。有关其英勇的一个证据是：诸神诱骗魔狼芬里斯（Fenris Wolf），让它戴上名为"格莱普尼尔"（Gleipnir）的绳索时，魔狼不相信诸神会给他自由，直到提尔将手伸入魔狼嘴中作为保证。诸神后来果然不愿取下绳索，魔狼便咬断了提尔那只手（咬断的地方现在被称作"狼痕"，即提尔手腕处）。于是提尔只剩一只手，人们不再称他为和平使者。[50]

较长的异文增加了几个重要细节。首先，"格莱普尼尔"是一种有魔力的绳索，按照奥丁（Óðinn）的指示制作而成，外观精美，极其坚韧。杜梅齐尔对此很感兴趣，他将奥丁理解为魔法（尤其是约束力）的主宰。反之，他视提尔为律法的主宰，强调在这个片段中，提尔不是凭借武力，而是通过订立契约（尽管违背了其精神，但他仍按字面意思履行），从而为诸神的胜利做出了贡献。杜梅齐尔还参考了其他神话，这些神话将奥丁一只眼睛的丧失与他的魔法知识联系在一起，从而将这两位神相并列：独眼魔法师与独手法学家。他们与罗马、爱尔兰、印度神话中的类似形象一样，标志着印欧王权的两个方面。

　　多年来，这种对"独眼神与独手神"的重建一直是杜梅齐尔理论的核心，尽管他先是放弃了与印度的比较，接着又放弃了与爱尔兰的比较。[51] 人们因此可能会对他比较方法的运用提出质疑，有几位学者已经有此动向。[52] 然而，眼下我更倾向于关注这里的日耳曼证据，并凸显斯诺里文本中的一些细节。首先，斯诺里明确将上述异文归结为提尔勇气而非提尔信守承诺或律法智慧的证明。[53] 其次，在较长的异文中，他对诸神为何被魔狼吓倒有具体说明："诸神在府上把魔狼养大，只有提尔有勇气前去给它喂食。诸神看着魔狼一天天成长，所有预言都表明它注定会对他们造成伤害，于是他们制订了一个计划。"[54] 最后，魔狼自身失去了腿脚自由，弥补了奥丁和提尔遭受的损失："魔狼接着回答：'对我而言，即便我撕碎这么细的一条带子，也不会给我带来什么名誉。但如果它是通过诡计制成的，尽管它看上去十分细小，这条带子也不会从我脚上脱落。'"[55]

　　与杜梅齐尔不同，上述细节促使我将这个神话视为一种熟悉的社会机体主题的呈现。在这个主题中，"三功能"中的每一种都源自一个身体部位的丧失，该部位隐含着与这一功能相关的人们的特殊活动，同时也在一种垂直等级秩序中为它们安排了一个位置。[56] 如此一来，眼睛的失去象征着最高等级的王权功能，以奥丁为代表；手的失去象征着中间等级的武士功能，以提尔为代表；脚的失去象征着等级最低的第三种功能，以芬里斯狼为代表。在这里，神话将狼的食欲和成长，描述成诸神需要用诡计、法术和武力来遏制的威胁，从而贬损性地突出了下层等级的消费（而非生产）倾向。

四

其他几种日耳曼人叙事体现了同一主题，尽管细节有所差异。[57] 人们发现，有时头部或头部其他部位代替了眼睛，胳膊代替了手，腿或身体下半部另一部位代替了脚。但在任何时候，只要某个角色失去一只胳膊或手臂，这个角色肯定是一位武士。

例如，《独手·埃吉尔萨迦》（Egilssaga einhenda），这是 13 世纪冰岛的一则神话传说。故事开始时，一个巨人抓住了主人公埃吉尔，给他戴上脚镣，强迫他为自己牧羊。[58] 然而一天晚上，埃吉尔发现一只猫，便将猫藏在衣服下面带回巨人的洞穴。埃吉尔故意让巨人瞥见猫的眼睛，诓骗他这是"黄金之眼"，能让人在夜晚看见东西。巨人很想得到这两只珍贵的眼球，埃吉尔提出，只要巨人解下脚镣，他就可以为巨人装上眼球。巨人欣然应允，接受了残酷的手术："埃吉尔拿起一把匕首，刺进巨人的眼眶，眼睛掉了出来，落在颧骨上。"[59] 经过一场斗争，埃吉尔失去一只耳朵，巨人失去一只手，主人公成功逃脱。后来，埃吉尔与第二个巨人搏斗，割断了巨人胳膊上的筋肉，战斗中自己也失去一只手。最后，一位侏儒治好了埃吉尔的伤口，还为他铸造了一只带剑的假手，让他具有无与伦比的战斗本领。[60] 尽管这部萨迦各个部分之间存在许多断裂，而且可能受到其他传说［奥德修斯、努阿杜（Nuadu）］的影响，但它的模式还是十分明显。脚部伤害使埃吉尔成为一名仆人兼牧人，手的丧失使埃吉尔成为一名斗士，巨人对魔法的渴求则使自己失去了双眼。[61]

再如著名的盎格鲁-撒克逊史诗《贝奥武夫》（Beowulf），其中的三个怪物死于不同类型的伤口。格伦德尔（Grendel）的手臂从肩膀上被撕下，格伦德尔的母亲被斩首，恶龙的腹部被刺穿。此外，每一处伤口均与造成伤口的胜利者的身份相对应：当贝奥武夫扭断格伦德尔的手臂时，他是战斗中的获胜者；但当他砍下格伦德尔母亲的头颅时，又是国王的养子。与之相对，维格拉夫（Wiglaf）是贝奥武夫众多部下中的一位，他在第一次历险中是血气方刚的青年，贝奥武夫（此时仍是国王）击中了龙的头部，但没有任何效果，关键时刻维格拉夫击中了恶龙的要害部位。[62]

这些相同的关联也规定了每次战斗前的初步攻击。比如，格伦德尔吞下了一个战士的"手和脚"，格伦德尔的母亲撕下了赫罗斯加（Hrothgar）最信任的贵族的头颅，恶龙的攻击则是被一名仆人挑起的，后者侵犯了这只怪物的领地并窃走一只珍贵的杯子。[63]同样的模式在每场战斗的奖品（战利品）中再次得到体现。贝奥武夫杀死格伦德尔之后，赫罗斯加赠给他属于武士的礼品——"马匹和武器"；在他战胜格伦德尔的母亲之后，赫罗斯加进一步忠告他如何成为英明的国王。相反，维格拉夫获得恶龙的黄金、戒指、珠宝和财富。[64]

最后，还有一部9或10世纪的小型史诗《瓦尔塔里乌斯》（*Waltharius*），用拉丁语写成，但基于更为古老的勃艮第（Burgundian）材料，唐纳德·沃德（Donald Ward）和乌多·斯特鲁廷斯基（Udo Strutynski）已经提醒人们注意这些材料。[65]在这部史诗中，我们发现一种有趣的反转模式，因为失去一条腿的是国王贡塔里乌斯（Guntharius），国王的部下哈加诺（Hagano）则失去一只眼睛，此外还失去嘴唇和六颗牙齿。不过文本对这一变化有解释：贡塔里乌斯由于贪婪和软弱德不配位，因而应当被降级；哈加诺的勇敢和正义则使他比国王地位更高。不过，我们最感兴趣的是其中细节的一致性。这里与其他所有例子一样，故事的主角瓦尔塔里乌斯，其作为武士的标志是失去一条手臂。[66]

所有这些文本尽管存在种种差异，但均描述了如何通过三种伤口构成一套体系，将"三功能"的等级序列铭刻在身体上。头部或眼睛的伤口是最高阶层（如王室成员或拥有神圣性、知识、魔法及正直品格的人）的标志；手臂上的伤口是武士阶层的标志；下身的伤口则是低等阶层的标志，他们沦落到了奴隶或囚徒的地位（见表6-1）。

在这一点上，一个耐人寻味的问题出现了：在前述有关提尔与魔狼的神话中，提尔的地位不仅与视他为战神的旧的解释完全一致，而且这种解释也使这一神话成为杜梅齐尔"三功能"说的完美例证。这位法国学者究竟为何要做出另外的解读？他将提尔视为"律法的主宰"，其中有何利害关系？

表6-1　五种日耳曼叙事中的身体缺失

	失去眼睛或头部≈最高权力或法力	失去手臂≈武力	失去腿脚或下身受伤≈生产、消费和再生产
《欺骗古鲁菲》第25、34节	独眼奥丁指导制作魔力绳索	最勇敢的神提尔，被魔狼撕咬失去一只手	芬里斯狼的食欲和成长威胁到诸神，狼腿被缚住，狼嘴被插入一把剑
《独手埃吉尔萨迦》	一位暴虐的巨人想得到神奇的"黄金之眼"，却失去了自己的眼睛。在与埃吉尔的斗争中，他割下了埃吉尔一只耳朵	埃吉尔砍下巨人一只手。与第二个巨人战斗时，他割断对方上臂的筋肉，自己也失去一只手，然后一位侏儒为他铸造了一只带剑的假手，这使他成为一位令人敬畏的勇士	埃吉尔被戴上脚镣，被迫为巨人牧羊
《贝奥武夫》	（a）国王最信任的贵族被格伦德尔的母亲斩首；（b）贝奥武夫将格伦德尔的母亲斩首；（c）作为回报，贝奥武夫得到关于王位的忠告	（a）格伦德尔吞掉一位战士的"手和脚"；（b）贝奥武夫撕下格伦德尔一只手臂；（c）贝奥武夫获得马匹和武器等回报	（a）一名仆人潜入恶龙的巢穴，盗走一只珍贵的杯子；（b）维格拉夫与贝奥武夫击伤恶龙的下腹；（c）维格拉夫得到恶龙的黄金、珠宝和财富
《瓦尔塔里乌斯》	国王正直的谋士哈加诺失去了眼睛、嘴唇和牙齿	最著名的勇士瓦尔塔里乌斯在战斗中失去一只手	卑鄙、贪婪的国王贡塔里乌斯失去一条腿
《伏尔隆德之歌》	国王尼萨斯（Niðað）的两个儿子被斩首。他们的头颅变成了杯子，眼睛变成了宝石，牙齿变成了项链		伏尔隆德膝部的肌腱被割断，步履蹒跚。他被囚禁起来，被迫为国王创造财富

五

　　即使在最理想的状况下，要弄清另一个人的动机也绝非易事。下面的论述无疑是推测性的；尽管如此，我的确认为可以在乔治·杜梅齐尔的信仰与付出、20世纪30年代后期的世界政治，以及他将提尔解释为战神之外的神之间找到合理的联系。

我想从杜梅齐尔对于奥丁的看法开始谈起。阿尔弗雷德·罗森堡、马丁·宁可（Martin Ninck）、卡尔·荣格以及其他 20 世纪 30 年代中期的作者均认为，这位神灵是激励德意志民族和纳粹运动的力量。[67] 在完成于 1936 年、出版于 1939 年的《日耳曼人的神话与神》（*Mythes et dieux des Germains*）一书中，杜梅齐尔首次涉足这一话题，此时法国正为希特勒重新武装莱因兰（Rhineland）① 而苦恼。此书问世后，包括马克·布洛赫（Marc Bloch）在内的法国读者，将它理解为对德国军国主义的谱系学研究。[68] 这种解读是杜梅齐尔招致的，尤其是此书最后一章，在观察到罗马人、凯尔特人和印度 – 伊朗人拥有强大而保守的祭司制度后，他认为，这种制度在日耳曼人中的匮乏，使得他们的神话出现一种明显的"滑变"（slippage），这将他们与所有其他印欧民族区别了开来：[69]

> 这套神话以及其中的诸神朝着武力化方向发展。尤其值得注意的是，至高无上的魔法神奥丁（Óðinn）衍生出武士力量；在其印欧原型身上，这种力量仅仅是雏形……他身上原本具备的"狂暴"因素越来越倾向于战争的一面。这位众神之王、王者之神、卢恩符文（runes）② 的掌控者和祭司的守护神，似乎只有将自己从国王和祭司转变为战争领袖，并让自己成为一种含糊的"条顿骑士团"（Teutonic Order）的天国保护神，才能维持并扩大自己的威望。[70]

在上述引文中，杜梅齐尔试图缓解印欧人对于德国军国主义的责任，而将问题归咎于德国人对于正当的印欧理想的错误偏离。为此目的，他论证德国人如何削弱他们的国王和祭司制度［莫拉斯主义者（Maurassians）认为这是任何秩序井然的社会必不可少的基础］，导致他们无法制止军方的暴行。作为证据，他指向他们万神殿中的首脑：可怕的武力化的奥丁——他将其描述为举止得体、至高无上的祖先变异的结果。

---

① 旧地名，即今莱茵河左岸地带。——译者注
② 古代北欧的一种文字符号，其使用范围遍布斯堪的纳维亚半岛与不列颠群岛。中世纪后期，随着拉丁语的崛起，卢恩符文走向神秘化，在占卜、祭祀中被使用。——译者注

他进一步指出，德国神话的"武力化"为其带来独一无二的命运。与希腊、罗马和凯尔特神话不同（这些原本依托于祭司的神话现在皈依了基督教），日耳曼人的故事在一系列英雄传说中幸存了下来，这些传说随后被瓦格纳等浪漫主义者重新激活。[71] 因此，"第三帝国不必创造它的根基神话，也许恰恰相反，正是 19 世纪复兴的日耳曼神话，将它的形式、精神和习俗传递给了德国——其前所未有的灾难使它具有惊人的可塑性。也许是因为在齐格弗里德（Siegfried）幽灵出没的战壕中受过折磨，阿道夫·希特勒（Adolf Hitler）才得以构想、锻造和实践一种最高权威，这是自奥丁的神奇统治以来从未有过的。"[72]

在整部《日耳曼人的神话与神》一书中，杜梅齐尔从奥丁入手，对德国人的好战性进行了批判性思考与言说。这里与希特勒相关的"奥丁的神奇统治"，是他的话语中需要剖析的另一术语。该术语最早见于他对萨克索·格拉玛提库斯（Saxo Grammaticus）①《丹麦人的事迹》（*Gesta Danorum*）第 1 卷中一则故事的讨论，故事中奥丁自我放逐，其王位被一位叫密托津（Mithothyn）的魔法师所取代。在其短暂的统治期间，这位魔法师向各个神分别献祭，而不是像奥丁那样向所有的神共同献祭。不过奥丁归来扭转了这一变革，人们重新喜笑颜开。在《日耳曼人的神话与神》中，杜梅齐尔简洁而隐晦地指出，奥丁仪式与密托津仪式的对比反映了二者之间的政治差异。[72] 但他未就这个问题展开论述，而是着手建立一套复杂的关联，以设法从中识别出提尔、乌勒尔（Ullr）和密托津。[74]

不过，在《密多罗－伐楼拿》一书中，杜梅齐尔再次回到这一问题，其推论基于很少的资料，这些资料更为明显地指向当代政治。根据他的论述，"奥丁的统治"存在很多弊病，其中包括：一种混乱的平等主义，一种强劲的集权经济，一种迎合大众的国家社会主义（National Socialism），以及一种勇敢的反资本主义的道德体系。相反，"密托津的统治"支持私有财产、社会补偿、等级区分、直系继承和法治。[75] 这种极富想象力的建构，

---

① 萨克索·格拉玛提库斯（约 1150~1220），丹麦史学家、神学家和作家。其所著《丹麦人的事迹》共 16 卷，是一部歌颂丹麦历史的作品，其中第 1~9 卷主要讲述北欧神话。——译者注

使杜梅齐尔为当代局势提供了一套结构逻辑、一种久远的史前史和明显的道德训诫：其他所有印欧民族（甚至盎格鲁－撒克逊人和斯堪的纳维亚人）都建立了密托津类型的社会经济体系，只有欧洲大陆的德国人和斯拉夫人犯下了做出奥丁式选择的错误。[76]

《密多罗－伐楼拿》出版于1940年，这部著作基于杜梅齐尔1938~1939年关于"君主功能二重性"的系列演讲，杜梅齐尔显然想用这个概念来判定、解释周围世界的弊病。[77] 在此书的许多地方，他详细讨论了《日耳曼人的神话与神》中简略提到的罗马和印度的例子，同时精简了《日耳曼人的神话与神》一书的论述，从而使提尔的光芒遮蔽了密托津及其他神，他有意让这些神成为奥丁的对立面；如此一来，这位由武士转变而成的令人欣慰的君主，平衡了由君主转变而成的危险的武士。[78]

对于这一角色，提尔比他的竞争者显然更具优势，因为他独自出现于一则神话——《独臂人与独眼龙》（le manchot et le borgne）——之中，这则神话可以与罗马等民族的神话相对照，从而支持了二重君权（dual sovereignty）源自印欧人的主张。然而，由于提尔被普遍理解成一位战神，因而存在一个重大缺陷：他体现的是"三功能"中的第二项，而非第一项。[79] 如果杜梅齐尔要将他同化到其他印欧民族稳定而和平的神灵之中，需要做认真的修补工作。杜梅齐尔在《密多罗－伐楼拿》的两个关键性段落中所做的正是这项工作。在第一段中，杜梅齐尔回想起罗马统治时期，弗里斯兰人（Frisian）的军队献给玛尔斯·辛克索斯（Mars Thincsus）的一副铭文"集会中的玛尔斯"（"Mars of the Assembly"），以之作为证据，说明欧洲大陆版的提尔［提瓦兹（*Tiwaz）］与其说是一位战神，不如说是"一位战争法学家，某种程度上还是一位外交家"[80]。这为他的进一步讨论奠定了基础：

> 提尔（在约束魔狼中）的行为正是法律之神所期望的。与敌人缔结一个契约（陷阱）是必要的，尽管其中的誓约从一开始便一筹莫展：众神中只有提尔独自做出这个约定。魔狼恩蠢地接受了这笔有风险的交易。按照约定，神一旦失败，就要用自己残缺的肢体来补偿。擅长

操纵律法的提尔勇敢地抓住了这个机会……在前面的讨论中，我们想起欧洲大陆日耳曼人的提瓦兹（或玛尔斯·辛克索斯）是战争法之神，战争被视作律法问题。我们必须推算这一领域会延伸多远……当一个人做出承诺时，他会在多大程度上履行？面对危机四伏的契约，一个人如何与敌人周旋？一个人如何既遵守文字的约定，又违背誓言的精神？[81]

这段文字写于《慕尼黑协定》签订之后不久，当时英国首相张伯伦（Chamberlain）与法国总理达拉第（Daladier）听信了希特勒的和平承诺，放弃了捷克斯洛伐克（Czechoslovakia）。其结尾处的问题绝非虚张声势。将提尔塑造成一位律法高手，显然在古代遗产与学术研究之外，提供了一种应对社会关切的途径。

六

提尔最好还是被理解成一位战神。然而，将他过度复杂化与将杜梅齐尔过度简单化一样危险，我并不是想说我对这个问题的解决已巨细无遗。正像在其他地方一样，这位极其渊博、敏锐的学者这里所采取的立场无疑是许多因素决定的。但是，如果我们对厘清他所做的一切感到绝望，至少可以摒弃那种空洞的论断：他的著作极其严谨而无关政治。他对提尔和其他日耳曼诸神的处理，所隐含的政治话语不止一个，至少有六个。这些潜在话语概述如下。

（1）认同雅利安（Ariophile）/憎恶德意志（Germanophobe）与法国民族主义话语：德国人不同于其他所有印欧民族，他们比其他所有印欧民族更加危险（众神之王奥丁被曲解为战神）。

（2）和平主义/失败主义话语：与德国保持和平是可能的；从最坏处设想希特勒的确有些冒昧和挑衅（提尔是律法之主，也是奥丁的替身）。[82]

（3）仇外主义话语：甚至和平也可能是危险的，与德国或其他国家（比如苏联）的条约可能是一个陷阱（提尔是一位律法高手，欺骗了魔狼）。[83]

（4）反共产主义话语：私有财产和地位区分是稳定秩序的基础；平等主义和共产实验，无论多么令人振奋或受欢迎，都会造成混乱、破坏和危险（与密托津统治相对的"奥丁统治"）。

（5）保皇主义 / 莫拉斯主义（Maurassian）话语：一种整体性的社会等级制度是合乎理想的；教会和国王对维持这样的秩序至关重要（日耳曼神话的"滑变"与"三功能"体系）。

（6）亲法西斯 / 反纳粹话语：通过与梵蒂冈和意大利国王保持良好关系，并让自己的黑衫军遵守一些法律规范，墨索里尼避免了希特勒式的严重错误；法西斯统治下的意大利是一个充满活力、秩序井然的社会，法国应该与之结盟，法国人可以从中学到许多［尽管需要冗长的论述才能理清头绪，但这一话语在杜梅齐尔对于罗马神话资料的处理中是显而易见的：罗慕路斯（Romulus）与努马（Numa）①，朱庇特（Jupiter）与迪乌斯·费迪乌斯（Dius Fidius）②，卢珀奇（Luperci）③与弗拉门（Flamines）④，迅捷（celeritas）与庄重（gravitas）。在《日耳曼人的神话与神》中，杜梅齐尔将德国描述为严重背离印欧理想的社会；与之相反，在《密多罗－伐楼拿》中，罗马是最忠实地保留了印欧模式的社会。只要这些模式仍然是认可的理想，德国——古代的和现代的——便是问题之所在，而罗马及其当代继承者似乎是解决方案］。[84]

并非所有这些潜在话语都是被自觉、清晰、真诚地呈现出来。它们之间的关系也没有以任何系统的方式被阐明。的确，在它们之间可以察觉到某种混乱，这反映出 20 世纪 30 年代末法国右翼人士的矛盾心理：他们的民族主义使他们对德国持敌对态度；与此同时，他们的意识形态又使他们赞同希特勒的许多立场。[85]考虑到杜梅齐尔这些年经常出入的圈子以及我们从他的化名著作中了解到的信息，他所提出的这些观点并不令人感到惊

---

① 全称努马·庞皮里乌斯（Numa Pompilius，前 753—前 673），罗马王政时期第二任国王，其施政纲领与初代国王罗慕路斯有很大不同。——译者注

② 古罗马誓言、契约之神。——译者注

③ 古罗马畜牧神卢珀库斯（Lupercus）的祭司。——译者注

④ Flamen 的复数形式。古罗马宗教中的祭司，共十五位，各敬奉一位官方崇拜的神灵。其中最重要的三位是迪亚利斯（Dialis）、玛提亚利斯（Martialis）和奎里纳利斯（Quirinalis），分别服务于朱庇特（Jupiter）、玛尔斯（Mars）和奎里努斯（Quirinus）。——译者注

讦。将杜梅齐尔与其他持相似观点的人区别开来的，是他所发展出来的一套复杂的学术编码。凭借这套编码，他让印欧神话中那些晦涩难懂的材料成为自己观点的载体，他的著作也由此引起各地学者的注意。杜梅齐尔的著作如此具有挑战性，如此费解，又如此有影响力，值得持续关注，不过这种关注应当是批判性的。最后，当新右翼（New Right）人士，比如，阿兰·德·伯努瓦、让·奥德里或罗杰·皮尔逊，引用杜梅齐尔的著作来支持他们的立场时——例如，他们对等级和权威的青睐，他们对平等主义和启蒙理想的反感，或者他们所持的"印欧人"优于其他所有民族的胜利者观点——我们可能怀疑他们只不过挪用了旧右翼（Old Right）的一些立场，这些立场被巧妙地重新编码，首先是被歪曲为古代智慧，其次又被曲解为学术话语。[86]

注 释

[1] 本文最初发表于《宗教史》（*History of Religion*）第 37 卷（1998 年）：187-208。

[2] 参阅：Émile Benveniste, *Le vocabulaire des institutions indo-européennes*, vol. 2: *Pouvoir, droit, religion* (Paris: Éditions de minuit, 1969); Jarich G. Oosten, *The War of the Gods: The Social Code in Indo-European Mythology* (London: Routledge & Kegan Paul, 1985); Françoise Bader, *La langue des dieux, ou l'hermétisme des poètes indo-européens* (Pisa: Giardini, 1989); Gregory Nagy, *Greek Mythology and Poetics* (Ithaca, NY: Cornell University Press, 1990); Calvert Watkins, *How to Kill a Dragon: Aspects of Indo-European Poetics* (New York: Oxford University Press, 1995); Peter Jackson, *The Extended Voice: Instances of Myth in the Indo-European Corpus* (Uppsala University: Dept. of Theology, 1999)。

[3] 关于伯努瓦，参见：Pierre-André Taguieff, *Sur la Nouvelle droite: Jalons d'une analysecritique* (Paris: Descartes, 1994), esp. pp. 173–180; Geoffrey Harris, *The Dark Side of Europe:The Extreme Right Today* (Edinburgh: Edinburgh University Press, 1990), pp. 85–88;Thomas Sheehan, "Myth and Violence: The Fascism of Julius Evola and Alain

de Benoist," *Social Research* 48 (1981): 45–73; Alain Schnapp and Jesper Svenbro, "Du Nazisme à «Nouvelle École»: Repères sur la prétendue Nouvelle droite," *Quaderni di storia* 6 (1980): 107–20. 在德·伯努瓦的文集（*Vu de droite: Anthologie critique des idées contemporaines* [Paris:Copernic, 1977]）中，除了社会生物学、遗传学、种族和智力方面的文章外，我们还发现以下文章："Le Monde des Indo-Européens," pp. 32–37, "Carthage contre Rome,"pp. 53–55, "La Civilisation Celtique," pp. 56 –61, "Structures de la mythologie nordique," pp. 65–67。

[4] 关于奥德里，参见：Bernard Sergent, "Penser—et mal penser—les indo-cutupéens," *Annales, économies, sociétés, civilisations* 37 (1982): 669–681; Anne-Marie Duranton-Crabol, *Visages de la Nouvelle droite* (Paris: Presses de la fondation nationaledes sciences politiques, 1988), pp. 201–202, 230–231. 另见奥德里与伯纳德·德莫茨（Bernard Demotz）合编的著作"前言"（奥德里执笔）：*Révolution contre révolution: Tradition et modernité—Actes du Colloque, Lyon*, 1989 (Paris: Les éditions du Porte-Glaive, 1990), pp. 9–11. 关于以北极为雅利安人家园的讨论，参见：Jean Haudry, "L'Origine des indo-européens," *Nouvelle école* 42 (July 1985): 123–128, *Les Indo-européens* (Paris: Gallimard, 1981), pp. 112–124; Joscelyn Godwin, *Arktos: The Polar Myth in Science, Symbolism, and Nazi Survival* (Grand Rapids, MI: Phanes Press, 1993)。

[5] *Le Monde* (1998 年 10 月 8 日)，第 38 页。感谢杰斯珀·斯文布罗（Jesper Svenbro）提供的诸多信息，我得以了解阿拉德所采取的行动（1998 年 11 月 9 日私人通信）。

[6] 有关创建于 1959 年的北方联盟，参见："Northern League," in *Patternsof Prejudice* 1 (July–Aug. 1967): 21; Martin van Amerongen, "De Activiteiten van 'TheNorthern League,'" *Vrij Nederland*, 17 June 1967; Kurt Tauber, *Beyond Eagle and Swastika: German Nationalism since 1945* (Middletown, CT: Wesleyan University Press, 1967), pp. 1105–1106. 在北方联盟的声明"目标与原则"中，有如下表述："遗传：生物遗传的法则不仅适用于动物和植物王国，也适用于人类。北欧亲缘：北欧血统的凯尔特人、条顿人、斯堪的纳维亚人和斯拉夫人是当今伟大的印欧语系的代表，他们是古典文明的创造者，也是现代技术的受益者。人类进步：只有在生物遗产得到保护的情况下，人类才能继续进步；而在生物遗产衰退或遗传质量下降之后，必然出现文化的衰落。"（p. 1105）关于皮尔逊在"世界反共联盟"中的行为，参见：Harris, *The*

Dark Side of Europe, pp. 51–55; Scott Anderson and Jon Lee Anderson, *Inside the League: The Shocking Exposé of How Terrorists, Nazis, and Latin American Death Squads Have Infiltrated the World Anti-Communist League* (New York: Dodd, Mead, 1986), esp. pp. 92– 103; Russ Bellant, *Old Nazis, the New Right, and the Republican Party: Domestic Fascist Networks and Their Effect on U.S. ColdWar Politics* (Boston: South End Press, 1991), pp. 61–67。

[7] Anderson and Anderson, *Inside the League*, p. 93.

[8] Bellant, *Old Nazis*, p. 64.

[9] 皮尔逊早期著作包括：*Blood Groups and Race, Eugenics and Race, Race and Civilization, Early Civilisations of the Nordic Peoples*(London: Clair Press, 1966). 部分著作后来由美国纳粹党的附属出版机构发行。最新著作是：*Race, Intelligence and Bias in Academe*(Washington, DC: Scott-Townsend, 1991)，书中有汉斯·艾森克（Hans Eysenck）的一篇导论，斯特凡·库尔（Stefan Kühl）称此书为"1945 年以来美国最全面的科学种族主义的辩护"［参见：*The Nazi Connection:Eugenics, American Racism, and German National Socialism* (New York: Oxford University Press, 1994), p. 3］。皮尔逊的种族主义观以及他与新旧右翼的联系，在许多材料中都有讨论。除以上尾注 [5] 所引著作，另可参见：Schnappand Svenbro, "Du Nazisme," pp. 111–113; Kühl, pp. 3–9; Charles Lane, "The Tainted Sources of 'The Bell Curve,'" *New York Review of Books* 41 (1 December 1994): 14 –19; Michael Shermer, *Why People Believe Weird Things: Pseudoscience, Superstition, and Other Confusions of Our Time* (New York: W. H. Freeman, 1997), pp. 242– 246。

[10] 见皮尔逊《种族与文明》(*Race and Civilization*)一书扉页。关于京特，参见此书第 75、244 页。

[11] Hans F. K. Günther, *The Religious Attitudes of the Indo-Europeans*, trans. Vivian Bird, Roger Pearson (London: Clair Press, 1967). 我也倾向于相信，皮尔逊还是京特下述著作译本的匿名负责人：*The Racial Elements of European History*, condensed, rev., and abr. by Edward Langford (London: Northern World Journals, n.d.)。

[12] Pearson, *Eugenics and Race*, p. 26.

[13] 转引自：Harris, *The Dark Side of Europe*, p. 51。

[14] Shermer, *Why People Believe*, p. 243. 关于皮尔逊及先锋基金会事务中的种族主义，参见同书：pp. 242–246；另可参阅：Charles Lane, "The Tainted Sources of 'The Bell Curve,'" *New York Review of Books* 41 (1 December 1994): 14 –19。

[15] 关于皮尔逊担任责编之前对这份刊物的批评，参见：G. Ainsworth Harrison, "The Mankind Quarterly," *Man* (September 1961): 163; Juan Comas, "'Scientific' Racism Again ?" *Current Anthropology* 2 (1961): 303–340。

[16] Lane, "The Tainted Sources of 'The Bell Curve,'" 这篇文章是对理查德·赫恩斯坦与查尔斯·默里合著《钟形曲线：美国生活中的智力与阶级结构》(*The Bell Curve: Intelligence and Class Structure in American Life*) 一书的评论。

[17] 关于伯努瓦与杜梅齐尔的关系，参见：Maurice Olender, "Georges Dumézil et les usages «politiques» de la préhistoire indo-européenne," in Roger-Pol Droit, ed., *Les Grecs, les Romains, et nous: L'Antiquité, est-elle modern?* (Paris: Le Monde, 1991), pp. 191–228. 相关论著还有：Taguieff, *Sur la Nouvelle droite*, pp. 173–180; Didier Eribon, *Faut-il brûler Dumézil? Mythologie, science, et politique* (Paris: Flammarion, 1992), pp. 283–88; Sergent, "Penser—et mal penser—les indo-européens," pp. 678–681. 这些作者多数为杜梅齐尔竭力辩护，根据他们的描述，杜梅齐尔被那些为了一己目的而盗用其观点的人恶意利用。他们经常强调这样一个事实：尽管杜梅齐尔允许阿兰·德·伯努瓦将他列入《新学派》的赞助人名单，但在以他的名义所编的特刊出版后立即退出，这份特刊表面是在宣扬、实则是在滥用他的声誉［参见："Georges Dumézil et les études indo-européennes," *Nouvelle école* 21–22 (Winter 1972–73)］。这种解释是可能的，尽管德·伯努瓦对这件事的叙述有所不同［ *Nouvelle école* 45 (February 1989), pp. 138–139 ］。同样值得注意的是，直到 1978 年，在所谓关系中断六年之后，杜梅齐尔非常友好地接受了德·伯努瓦的一次访谈，参见：Jean Varenne and Alain de Benoist, "Georges Dumézil: L'Explorateur de nos origines," *Le Figaro Dimanche*, 29–30 April 1978, p. 19. 奥德里跟随杜梅齐尔学习，他还在自己的《印欧人》(*Les Indo-européens*) 一书第 1 卷第 3 页援引杜梅齐尔的话，以增强此书的权威性。这一做法引起贝尔纳·塞尔让（Bernard Sergent）的抗议，后者与杜梅齐尔的关系更为牢固。塞尔让的评论发表之前，杜梅齐尔曾安排奥德里为米尔恰·伊利亚德的《宗教百科全书》[*Encyclopedia of Religion* (New

York: Macmillan, 1987)）撰写关于"印欧宗教"的文章，但后来他又出面撤回了邀请（参见米尔恰·伊利亚德私人通信，约 1984 年）。

[18] C. Scott Littleton, *The New Comparative Mythology: An Anthropological Assessmentof the Theories of Georges Dumézil* (Berkeley: University of California Press, 1966; 3d ed., 1982). 这本书以近乎圣徒行传的方式描述了学界对杜梅齐尔的接受。在印欧领域之外，以下学者亦对杜梅齐尔予以支持：克洛德·列维－斯特劳斯、米尔恰·伊利亚德、马歇尔·萨林斯（Marshall Sahlins）、罗德尼·尼达姆（Rodney Needham）、让－皮埃尔·韦尔南、乔治·杜比（Georges Duby）、雅克·勒高夫（Jacques LeGoff）。

[19] 参见：Georges Dumézil, *Entretiens avec Didier Eribon* (Paris: Gallimard, 1987), pp. 214 –218; Didier Eribon, *Michel Foucault et son contemporains* (Paris: Fayard, 1994), pp. 35–37, 105–183. 受杜梅齐尔影响的左派人士还有：罗杰·凯卢瓦（Roger Caillois）、乔治·巴塔耶（Georges Bataille）、贝尔纳·塞尔让、约翰·沙伊德（John Scheid）、丹尼埃尔·迪比松、多米尼克·布里凯尔（Dominique Briquel）。

[20] 参见：Dumézil, *L'Idéologie tripartie des indo-européens*(Brussels: Collection Latomus, 1958). 这部著作是对其工作的最佳总结。英语世界的相关著作中，最有名的是：Littleton, *The New Comparative Mythology*；关于这本书的瑕疵，参见：Robert Goldman, *Journal of the American Oriental Society* 89 (1969): 205–213. 其他相关著作还有：Jaan Puhvel, *Comparative Mythology* (Baltimore: Johns Hopkins University Press, 1987); Wouter W. Belier, *Decayed Gods: Origin and Development of Georges Dumézil's "Idéologie Tripartite"* (Leiden: Brill, 1991).

[21] 早期较重要的批评有：Karl Helm, "Mythologie auf alten und neuen Wegen," *Beiträge zur Geschichte der deutschen Sprache und Literatur* 77 (1955): 335–365; John Brough, "The Tripartite Ideology of the Indo-Europeans: An Experiment in Method," *Bulletin of the School of Oriental and African Studies* 22 (1959): 69–85; Paul Thieme, *Mitra and Aryaman* (New Haven, CT: Yale University Press, 1957), "The 'Aryan' Gods of the Mitanni Treaties," *Journal of the American Oriental Society* 80 (1960): 301–317; Jan Gonda, "Dumézil's Tripartite Ideology: Some Critical Observations," *Journal of Asian Studies* 34 (1974): 139–149.

[22] 参见：Arnaldo Momigliano, "Premesse per una discussione su Georges Dumézil," *Opus* 2 (1983): 329–342 (English trans. in G. W. Bowersock and T. J. Cornell, eds., *A. D.Momigliano: Studies on Modern Scholarship* [Berkeley: University of California Press, 1994], pp. 286 –301), "Georges Dumézil and the Trifunctional Approach to Roman Civilization," *History and Theory* 23 (1984): 312–330; Carlo Ginzburg, "Mitologia Germanica eNazismo: Su un vecchio libro di Georges Dumézil," *Quaderni storici* 19 (1984): 857–82(English trans., *Clues, Myths, and the Historical Method* [Baltimore: Johns Hopkins University Press, 1989], pp. 126 – 145); Bruce Lincoln, *Death, War, and Sacrifice: Studies in Ideology and Practice* (Chicago: University of Chicago Press, 1991), pp. 231–268; CristianoGrottanelli, *Ideologie miti massacri: Indoeuropei di Georges Dumézil* (Palermo: Sellerio, 1993). 查尔斯·马拉穆德（Charles Malamoud）的简短评论也值得注意："Histoire des religions et comparatisme: La Question indo-européenne," *Revue de l'histoire des religions* 208 (1991): 115–121. 杜梅齐尔对莫米利亚诺、金茨堡的回应分别见：*L'Oubli de l'homme et l'honneur des dieux*(Paris: Gallimard, 1985), pp. 329–341; "Science et politique," *Annales, Économies, Sociétés, Civilisations* 40 (1985): 985–989. 杜梅齐尔与莫拉斯的联系是通过皮埃尔·加克索特（Pierre Gaxotte）的中介，后者是杜梅齐尔的终生朋友，杜梅齐尔的第一本书便是献给他的。关于加克索特在 20 世纪二三十年代右翼文学与政治中所扮演的关键角色，参见：Diane Rubenstein, *What's Left? The École Normale Supérieure and the Right* (Madison:University of Wisconsin Press, 1990), pp. 106 –117, 130–136。

[23] 参见：Didier Eribon, *Faut-il brûler Dumézil?* 卡洛·金茨堡在下述文章中对埃里蓬做出回应："Dumézil et les mythes nazis," *Le Monde des débats* (September 1993), pp. 22–23. 这篇文章引起埃里蓬的反驳，参见：*Le Monde des débats* (October 1993), p. 13. 其他辩护性论著有：Daniel Dubuisson, *Mythologies du XXième siécle* (Lille: Presses Universitaires de Lille, 1993); C. Scott Littleton, D. A. Miller, Jaan Puhvel, and Udo Strutynski, "Georges Dumézil," *Times Literary Supplement*, 5 Dec. 1986, p. 1375(我的回应也见该刊 1986 年 12 月 19 日：p. 1425); Marco V. García Quintela, "Nouvelles contributions à l'affaire Dumézil," *Dialogues d'histoireancienne* 20 (1994): 21–39; Andrea Zambrini, "Georges Dumézil: Una polemica," *Revista di storia della storiografia*

15 (1994): 317–389 (格罗塔内利的回应见同一期：pp. 391–404)。

[24] Eribon, *Faut-il brûler Dumézil?* p. 298.

[25] 格罗塔内利在有关埃里蓬的评论中也持此观点，参见：*Quaderni di storia* 37 (1993): 181–189。

[26] 参见：Leon Poliakov, *The Aryan Myth*, trans. Edmund Howard (New York: Basic Books, 1974); Hans-Jürgen Lutzhöft, *Der nordische Gedanke in Deutschland*(Stuttgart: E. Klett, 1971); Klaus von See, *Barbar, Germane, Arier* (Heidelberg: Carl Winter, 1994); Volker Losemann, *Nationalsozialismus und Antike: Studien zur Entwicklung des Faches alte Geschichte* (Hamburg: Hoffman and Campe, 1977); Ruth Römer, *Sprachwissenschaft und Rassenideologie in Deutschland* (Munich: Fink, 1985); George Mosse, *Toward the Final Solution: A History of European Racism* (Madison: University of Wisconsin Press, 1985);Jost Hermand, *Old Dreams of a New Reich: Volkish Utopias and National Socialism* (Bloomington: Indiana University Press, 1992); Sheldon Pollock, "Deep Orientalism: Sanskrit and Power beyond the Raj," in Peter van der Veer and Carol Breckinridge, eds., *Orientalism and the Post-Colonial Predicament* (Philadelphia: University of Pennsylvania Press, 1993), pp. 76 –133; Maurice Olender, *The Languages of Paradise: Race, Religion, and Philology in the Nineteenth Century* (Cambridge, MA: Harvard University Press, 1992), "Europe, or How to Escape Babel," *History and Theory* 33 (1994): 5–25; James Dow and Hannjost Lixfeld, eds., *The Nazification of an Academic Discipline: Folklore in the Third Reich* (Bloomington:Indiana University Press, 1994). 在这里，我们也可以看到杜梅齐尔思想对罗杰·凯卢瓦以及社会学学院其他参与者的影响，参见：Denis Hollier, "January 21st," Stanford French Review 12 (1988): 31– 48。

[27] Otto Höfler, *Kultische Geheimbünde der Germanen* (Frankfurt am Main: Diesterweg, 1934), *Das germanische Koninuitätsproblem* (Hamburg: Hanseatische Verlag, 1937). 有关赫夫勒的思想与交往，参见：Allan Lund, *Germanenideologie im Nationalsozialismus* (Heidelberg: Carl Winter, 1995), pp. 54 –56; Esther Gajek, "Germanenkunde undNationalsozialismus—Zur Verflechtung von Wissenschaft und Politik am Beispiel Otto Höflers," in Walter Schmitz, ed., *Konservative Revolution*

(Tübingen: Philologica, forthcoming); von See, *Barbar, Germane, Arier*, pp. 319–342, *Kontinuitätstheorie und Sakraltheorie inder Germanenforschung: Antwort an Otto Höfler* (Frankfurt am Main: Athenaeum, 1972); Olaf Bockhorn, "The Battle for the '*Ostmark:*' Nazi Folklore in Austria," in Dow andLixfeld, *Nazification of an Academic Discipline*, pp. 135–155. 赫夫勒与纳粹党卫军（SS）的牵连，参见：Helmut Heiber, *Walter Frank und sein Reichsinstitut für Geschichte des neuen Deutschlands* (Stuttgart: Deutsche Verlags-Anstalt, 1966), pp. 551–553; Michael Kater, *Das "Ahnenerbe" der SS 1935–1945: Ein Beitrag zur Kulturpolitik des Dritten Reiches* (Stuttgart: Deutsche Verlags-Anstalt, 1974), pp. 83, 138, 307, 343. 在其战后著作中〔如 *Verwandlungskulte, Volkssagen, und Mythen* (Vienna: H. Bohlau, 1973)〕，赫夫勒依然不思悔改，然而每当出现"男性联盟"问题时杜梅齐尔总是引用他的著作；也正是赫夫勒，由于他的选择与安排，杜梅齐尔的以下著作首次被译为德文：*Heur et malheur du guerrier* (Paris: Pressesuniversitaires de France, 1969)。

[28] Jan de Vries, *Altgermanische Religionsgeschichte*, 2 vols. (Berlin: de Gruyter, 1935–37; rev. ed., 1957), 参阅：*Die Welt der Germanen* (Leiden: Quelle and Meyer, 1934), *Onze Voorouders* (The Hague: De Schouw, 1942). 德·弗里斯的其他战时论著也显示出类似倾向：*De Germanen* (Haarlem: Zoon, 1941), *Die geistige Welt der Germanen* (Halle: Niemeyer, 1943), De Goden der Germanen (Amsterdam: Hanner, 1944). 关于德·弗里斯及其在荷兰文化管理院中的作用，参见：L. de Jong, *Het Koninkrijk der Nederlanden inde Tweede Wereldoorlog*, 14 vols. (The Hague: Staatsuitgeverij, 1969–91), 4:389–391, 5:260–264, 327, 6:449–450, Lund, *Germanenideologie im Nationalsozialismus*, pp. 50–51. 关于杜梅齐尔与德·弗里斯的关系，参见：Udo Strutynski, introduction to Georges Dumézil, *Gods of the Ancient Northmen*, ed. Einar Haugen (Berkeley: University of California Press, 1973), pp. xxxiii–xxxv; Georges Dumézil, author's preface, 同上, pp. xlv–xlvi; Littleton, *New Comparative Mythology*, pp. 168–171。

[29] 有关两位学者之间的交往，参见：*Entretiens avec Didier Eribon*, pp. 76, 157–158; Littleton, *New Comparative Mythology*, pp. 156–161。

[30] *Fri Opposition: Kritisk Veckorevy* (1936 年 12 月 13 日问世）。在该刊的最初几期中，

维坎德是成员之一，但在刊头简化后，他的名字消失了。他曾为该刊 1937 年 1 月 22 日、1937 年 3 月 5 日撰稿。感谢斯特凡·阿维德森（Stefan Arvidsson）发现这些材料并提醒我注意。

[31] Stig Wikander, *Der arische Männerbund* (Lund: C. W. K. Gleerup, 1938).

[32] 论文正式答辩时，许多人提出了反对意见，我在早些时候将此解释为政治义愤的表现。不过，乌尔夫·德罗宾（Ulf Drobin）向我指出，这些反对可能只是 20 世纪 30 年代乌普萨拉大学复杂的个人关系与职业竞争的反映。他还向我提供了一份正式的论文成绩报告单，时间为 1938 年 5 月 28 日，主要由尼伯格填写，但也反映出明显的意见分歧。伊朗部分以优等成绩通过，印度部分却被审读人史密斯教授（Prof. Smith）否定。结果，维坎德被剥夺了担任梵语或印欧语讲师的权利，这使他在嗣后几年几乎无法以学者的身份在瑞典谋生。

[33] 维坎德的一些信件保存在乌普萨拉大学卡罗琳娜图书馆（Carolina Redeviva Library）的档案室中，斯特凡·阿维德森友好地与我分享了其中一部分。赫夫勒 1937 年 5 月 27 日的一封信如下："通过'专业合作'研究印度 – 日耳曼社会形态史的时刻不是已经来临了吗？印度 – 日耳曼语成为世界上分布最广的语言，这是如何发生的？归根结底，它一定源自印度 – 日耳曼人在国家形成过程中的独特能力。我认为，由于人们组建国家的本能具有稳定性和连续性，我们也可以在印度 – 日耳曼人中发现国家形成的相应机制。"

[34] 维坎德在致尼伯格的信中，以这个颇具讽刺性的标题提到赫夫勒的研讨会，这封信在以下著作中被引用：Sigrid Kahle, *H. S. Nyberg: En vetenskapsmans biografi* (Stockholm: Norstedts,1991), p. 264.

[35] 见赫夫勒致维坎德的信（1938 年 6 月 20 日）。维坎德对于赫夫勒提议的回复，显然没有保留下来，这个计划也未能实现。不过，他在赫夫勒的信中有关财务安排的段落下面画了横线，至少显示了他最初的兴趣。

[36] Eribon, *Faut-il brûler Dumézil?* p. 290.

[37] Ivan Strenski, "Henri Hubert, Racial Science and Political Myth," 见其以下著作：*Religion in Relation: Method, Application and Moral Location* (Columbia: University of South Carolina Press, 1993), pp. 180–201. 也可参见：Marcel Fournier, *Marcel Mauss* (Paris: Fayard, 1994), pp. 711–713。

[38] Henri Hubert and Marcel Mauss, *Sacrifice: Its Nature and Function*, trans. W. D.Halls (Chicago: University of Chicago Press, 1964). 该书法文版最初发表于《社会学年鉴》（1898）。两位学者，一位是犹太人，另一位是天主教徒，二人在工作中情同手足。他们对古代印度与以色列的材料一视同仁，这肯定不是偶然的，因为以这种方式，他们含蓄地驳斥了 19 世纪的一种流行做法，即将闪米特人与仪式（以及刻板的形式主义）联系在一起，而将雅利安人与神话（以及诗歌、哲学与想象中的生活）联系在一起。

[39] Henri Hubert, *Les Celtes et l'expansion celtique jusqu'à l'époque de la Tène, Les Celtesdepuis l'époque de la Tène* (Paris: Corbeil, 1932), *Les Germains* (Paris: Albin Michel,1952). 这三本书是在他去世后出版的，均依据他 1923~1925 年间的演讲手稿和笔记整理而成。

[40] 杜梅齐尔曾对自己与休伯特的交往有过简略而谨慎的叙述，参见：Dumézil, *Entretiens avec Didier Eribon*, pp. 47–52. 另外参见下述著作中对于杜梅齐尔的访谈：Jacques Bonnet and Didier Pralon, eds., *Georges Dumézil: Cahiers pour un temps* (Paris: Centre Pompidou,1981), pp. 18–19。

[41] Eribon, *Faut-il brûler Dumézil?* pp. 119–144.

[42] 同上，p. 140.

[43] 同上，p. 189. 另请参见：Dumézil, *Mythes et dieux des Germains* (Paris: E. LeRoux, 1939).

[44] Georges Dumézil, *Mitra-Varuna: Essai sur deux représentations indo-européennes de la souveraineté* (Paris: Presses universitaires de France, 1940), pp. 111–28; 2d ed. (Paris: Gallimard, 1948), pp. 133–147. 德里克·科尔特曼（Derek Coltman）将《密多罗－伐楼拿》译为英文（New York: Zone Books, 1988）后，罗恩·茵登（Ron Inden）在《亚洲研究学刊》（*Journal of Asian Studies*）发表了一篇颇有见地的评论（1990 年 8 月号：第 671~674 页）。上述几个版本之间的差异与笔者的目标关系不大，在接下来的讨论中，我将引用法文第二版。

[45] 杜梅齐尔之前的大多数解释，都是基于下述开创性著作：Jacob Grimm, *Deutsche Mythologie*, 4 vols. (Göttingen: Dieterich, 1835), 1:131–134; Karl Müllenhoff, *Deutsche Altertumskunde*, 5 vols. (Berlin: Weidmann, 1887–1900), 4:519–528. 持续最久的有

如 下 讨 论：Rudolf Much, "Der germanische Himmelsgott," in F. Detter et al., eds., *Abhandlungen zur germanischen Philologie: Festgabe für Richard Heinzel* (Halle: Max Niemeyer, 1898), pp. 189–278; Wolfgang Krause, "Ziu," *Nachrichten der Göttingen Gesellschaft der Wissenschaften* (1940): 155–172. 另可参见：Paul Herrmann, *Nordische Mythologie* (Leipzig: Wilhelm Engelmann, 1903), pp. 235–242; Richard M. Meyer, *Germanische Mythologie* (Leipzig: Quelle and Meyer, 1910), pp. 178–189; J. von Negelein, *Germanische Mythologie* (Leipzig: B. G. Teubner, 1912), pp. 57–58; Alexander Haggerty Krappe, *Études de mythologie et de folklore germaniques* (Paris: E. LeRoux, 1928), pp. 11–27; Walter Baetke, *Art und Glaube der Germanen* (Hamburg: Hanseatische Verlag, 1934), p. 34; Carl Clemen, *Altgermanische Religionsgeschichte* (Bonn: Ludwig Röhrscheid, 1934), pp. 48– 50; Jan de Vries, *Altgermanische Religionsgeschichte*, 1st ed., 2:283–88; Alois Closs, "Neue Problemstellungen in der germanischen Religionsgeschichte," *Anthropos* 29 (1934): 477–496, esp. 485–489, "Die Religion des Semnonenstammes," in Wilhelm Koppers, ed., *Die Indogermanen- und Germanenfrage* (Salzburg: Pustet, 1936), pp. 549–674; J. H. Schleuder, *Germanische Mythologie* (Leipzig: Stubenrauch, 1937), pp. 80–87; Hermann Güntert, *Altgermanischer Glaube nach Wesen und Grundlage* (Heidelberg: Carl Winter, 1937), pp. 50–52; Martin Ninck, *Götter und Jenseitsglauben der Germanen* (Jena: Eugen Diederichs Verlag, 1937), pp. 134 –138; Friedrich van der Leyen, *Die Götter der Germanen* (Munich: C. H. Beck, 1938), pp. 67, 86, 198. 一些作者利用提尔与《吠陀》中特尤斯（Dyaus）、希腊语中宙斯在词源上的关联，认为提尔最初是一位天空之神，但他们也同意，由现存资料看，提尔是一位战神。

[46] Snorri Sturluson, *Gylfaginning* 25: diarfaztr ok bezt hugaðr.

[47] Snorri Sturluson, *Skaldskaparmál* 9: vígaguð.

[48] 例如，塔西佗的《日耳曼尼亚志》（9）。罗马人对二者的等同，在有关"星期二"的命名中表现得很明显：Tys-dagr［"Tyr's day"（提尔节），英语 Tuesday］= dies Martis［"Mars' day"（玛尔斯节），法语 mardi，意大利语 martedi］。

[49]《老埃达》中有一首诗:《西格德里弗之歌》（*Sigrdrifumal*），其第 6 节如下：

须把胜利这个字眼牢记住，

要用卢恩文字镌刻在剑柄，

有些需要刻在剑身或剑锋。

镌刻时要祈祷两遍提尔神，

这样人们打仗方能得胜利。

[50] *Gylfaginning* 25.

[51] 参见：Georges Dumézil, "Mythes romains," *Revue de Paris* (Dec. 1951): 105–115, "La Transposition des dieux souverains mineurs en héros dans le *Mahābhārata*," *Indo Iranian Journal* 3 (1959): 1–16. 前者降低了印度与爱尔兰资料的重要性，后者则完全放弃丁与印度的比较。在后来的著作中，杜梅齐尔坚持认为，在其他地方也可以发现类似的独臂神形象，但在罗马与斯堪的纳维亚半岛以外的任何地方都找不到独眼的魔法主宰者形象，更不用说同时找到上述两种形象了。其他有关这些问题的讨论，其重心、解释与证据偶尔会发生变化，参见：Georges Dumézil, *Loki* (Paris: Maissoneuve, 1948), pp. 91–97, 2d ed. (Paris: Flammarion, 1986), pp. 69–74, *L'Héritage indo-européen à Rome* (Paris: Gallimard, 1949), pp. 149–159, *Les Dieux des germains* (Paris: Presses universitaires de France, 1959), pp. 40–77 (English trans., *Gods of the Ancient Northmen*, ed. Einar Haugen [Berkeley: University of California Press, 1973], pp. 26 – 48), *Mythe et epopée*, 3 vols. (Paris: Gallimard, 1968–73), 1:423–428, 3:267–286, "'Le Borgne' et 'Le Manchot': The State of the Problem," in Gerald Larson, ed., *Myth in Indo-European Antiquity* (Berkeley: University of California Press, 1974), pp. 17–28, *Les Dieux souverains des Indo-Européens* (Paris: Gallimard, 1977), pp. 198–200, *L'Oubli de l'homme et l'honneur des dieux* (Paris: Gallimard, 1985), pp. 261–265。

[52] R. I. Page, "Dumézil Revisited," *Saga-Book of the Viking Society* 20 (1978–81): 49– 69 (杜梅齐尔对此有过回应，参见：*L'Oubli de l'homme*, pp. 259–277); Bruce Lincoln, "Kings, Rebels, and the Left Hand," in *Death, War, and Sacrifice*, pp. 244 –258; Klaus von See, *Mythos und Theologie im skandinavischen Hochmittelalter* (Heidelberg: Carl Winter, 1988), pp. 56 – 68; Cristiano Grottanelli: "The Enemy King Is a Monster: A Biblical Equation," *Studi storico religiosi* 3 (1979): 5–36, "Temi Dumeziliani fuori dal mondo indoeuropea," *Opus* 2 (1983): 365–389, esp. 381–384, "Evento e modello nella storia antica: Due eroi cesariani," in Diego Poli, ed., *La cultura in Cesare* (Rome: Il

Calamo, 1993), pp. 427–444。

[53] 请注意：提出这一协议的是魔狼，接受这一协议的则是众神。提尔未参与协商。可以说，他的角色是由勇气决定的，而且仅限于做出众神不敢做的事——把手伸入野兽口中。另请参见："Dumézil Revisited," pp. 52–58; von See, Kontinuitätstheorie, pp. 14–18.

[54] *Gylfaginning* 34.

[55] 同上。

[56] 对于这一问题的详细讨论，参见：Bruce Lincoln, *Myth, Cosmos, and Society: Indo-European Themes of Creation and Destruction* (Cambridge, MA: Harvard University Press, 1986)。

[57] 除下文所讨论的资料外，同一模式在《伏尔隆德短曲》（*Völunðarkviða*）及约蒙雷克（Jörmunrekk）之死的故事（*Hamdismál* 13, 24, 28; *Skaldskaparmál* 42; *Völsungasaga* 44）中也很明显。

[58] *Egilssaga einhenda* 9.9–10. 该文本见：Åke Lagerholm, ed., *Drei Lygisögur* (Halle: Niemeyer, 1927), pp. 43–52. 英译本见：Hermann Palsson and Paul Edwards, trans., *Gautrek's Saga and Other Medieval Tales* (New York: New York University Press, 1968), pp. 103–108。

[59] *Egils Saga Einhenda* 10.6.

[60] *Egilssaga einhenda* 11.8.

[61] 请注意：巨人的失败在于他让自己失去两只眼睛而不是一只。前者是致命性的，后者则像奥丁那样是一种物超所值的牺牲。

[62] 关于格伦德尔受伤，见《贝奥武夫》第 813~821 行；格伦德尔母亲受伤，见第 1563~1568 行；恶龙受伤，见第 2697~2705 行。贝奥武夫对恶龙头部的攻击（因其手臂"太过强壮"而失败），见第 2677~2687 行。

[63] 这些挑衅性事件见第 739~745 行（格伦德尔吃掉了无名战士）、第 1417~1421 行［格伦德尔的母亲撕下了国王最亲信的贵族伊斯切尔（Æschere）的头颅］、第 2214~2226 页（一名仆人闯入恶龙的巢穴并偷走珍贵的杯子）。关于伊斯切尔的身份，参见：第 1296~1299 行、1306~1309 行；请注意：没有其他人物被称为最高贵的或国王"最信任的"。

[64] 击败格伦德尔、格伦德尔母亲及恶龙后所得礼物的描述，分别见：第 1020~1024、1035~1038、1045 页；第 1709~1757、1866~1867、2143~2165 页；第 2742~2771 页。

[65] Donald Ward, *The Divine Twins: An Indo-European Myth in Germanic Tradition* (Berkeley: University of California Press, 1968), p. 101n; Udo Strutynski, introduction to Dumézil, *Gods of the Ancient Northmen*, p. xli n.

[66] 参见：*Waltharius*, 1401–1415. 这部史诗的注释本见：Gernot Wieland, *Waltharius* (Bryn Mawr, PA: Bryn Mawr Latin Commentaries, 1989)。

[67] Alfred Rosenberg, *Der Mythus des 20. Jahrhunderts: Eine Wertung der soolisch-geistigenGestaltenkampfe unserer Zeit* (Munich: Hoheneichen Verlag, 1935); Martin Ninck, *Wodanund germanische Schicksalsglaube* (Jena: Eugen Diederich, 1935); C. G. Jung, "Wotan"，发表于 1936 年，后收入《荣格文集》(*Collected Works*，Princeton: Princeton University Press, 1964), 10: 179–193。

[68] 布洛赫的评论见：*Revue historique* 188 (1940): 274–276. 杜梅齐尔在对金茨堡的回应中多处援引这篇评论。

[69] 杜梅齐尔在这里扩充了第一次世界大战结束时出现的一套分析，由于众所周知的原因，这套分析对法国学者的影响远远大于德国学者。参见：Joseph Vendryes, "Les Correspondences de vocabulaire entre l'indoiranien et l'italo-celtique," *Mémoires de la Société de linguistique de Paris* 20 (1918): 265–286。

[70] Dumézil, *Mythes et dieux des Germains*, pp. 153–154. 引文中所使用的拉丁文 rex 和 dux，源自《日耳曼尼亚志》第 7 章，同时也暗指《日耳曼尼亚志》第 7 章。

[71] Dumézil, *Mythes et dieux des Germains*, p. 155.

[72] 同上，p. 156.

[73] 同上，p. 36.

[74] 同上，pp. 37– 42. 其复杂冗长的论证可概括如下：（1）萨克索讲述的密托津与欧雷尔斯（Ollerus）的故事（分别见 1.7 和 3.4) 在本质上是相同的；（2）Ollerus 是古诺尔斯语 Ullr 的拉丁化形态；（3）Ullr 在欧洲大陆的德语中极少被证实；（4）在欧洲南部，Ullr 被 *Tīwaz 取代；（5）Tyr 是 *Tīwaz 的古诺尔斯语形态；（6）罗马人将 *Tīwaz 等同于 Mars；（7）一份 3 世纪的铭文提到 Mars Thincsus；（8）Thincsus 相当于日耳曼语中的 thing，即民众集会或论争的场所；（9）Mithothyn 这一名称的意

思是"法官"。上述论证，有一些是无懈可击的（2，3，5，6），有一些是可以讨论的（1，8）。其他则难以置信（4，9）或被过分强调（7）。

[75] Dumézil, *Mitra-Varuna*, pp. 152–159. 在《印欧人的最高神祇》[*Les Dieux souverains des Indo-Européens* (1977)] 一书中，这种对比体系已被重新设计，将私有财产与共产主义的对立置于中心。

[76] *Mitra-Varuna*, pp. 157–159. 杜梅齐尔有关斯拉夫人的陈述是谨慎的，但也表明他无意做出结论。

[77] 关于这一过程及其与《密多罗 – 伐楼拿》关系的讨论，参见：Dumézil, *Entretiens avec Didier Eribon*, pp. 67–68.

[78] 较早的著作中，不只是密托津，乌勒尔也扮演了这一角色。杜梅齐尔通过想象，将后者与英格兰和斯堪的纳维亚"日耳曼精英"中议会制度的出现联系在一起。参见：*Mythes et dieux des Germains*, p. 42.

[79] 参见尾注 [45] 所引文献。

[80] Dumézil, *Mitra-Varuna*, pp. 149–150. 这个段落中提到"多篇铭文"，其实只有一篇，发现于诺森伯兰郡（Northumberland）的豪塞斯特兹（Housesteads），年代为公元 225~235 年。参见：R. G. Collingwood and R. P. Wright, *The Roman Inscriptions of Britain*, vol. 1 (Oxford: Clarendon Press, 1965), no. 1593. 杜梅齐尔在这个问题上受到批评，他在后来的著作中做了更正。

[81] Dumézil, *Mitra-Varuna*, pp. 166 –167.

[82] 与此相关的是杜梅齐尔对弗雷尔（Freyr）神话的热情赞颂："这是一种无与伦比的'和平'神话，体现了真正的黄金时代，这一时代无疑是日耳曼人灵魂深处所向往的。"（*Mythes et dieux des Germains*, p. 128）

[83] 值得注意的是，希特勒以 1936 年 2 月的一项法苏协定（Franco-Soviet agreement）为借口，拒绝接受洛迦诺公约（Locarno Pact），重新武装莱因兰，声称这样做是为了面对法国的挑衅寻求新的和平基础。这一荒谬理由在法国右翼中引发争议，他们强烈反对上述协定。

[84] 参见：Cristiano Grottanelli, "Ancora Dumézil: Addenda e Corrigenda," *Quaderni di storia* 39 (1994): 195–207, esp. pp. 198–200; Hollier, "January 21st," pp. 33–41. 尽管霍利尔（Hollier）文章的某些方面值得商榷，但他正确地将杜梅齐尔的主权观描述

成一种教会与国家和解的理论，就像墨索里尼与梵第冈达成的政教协定一样（p. 33）。相同观点见以下著作（尽管目的截然不同）：Alain de Benoist, *L'Éclipse du sacré* (Paris: La Table Ronde, 1986), p. 107。

[85] 这一时期敌视德国的典型例子是莫拉斯（Maurras），亲德的典型例子是罗伯特·布拉西亚克（Robert Brasillach）。杜梅齐尔的密友皮埃尔·加克索特（Pierre Gaxotte）在 20 世纪 30 年代从前一立场转变到后一立场，他们的另一位来自巴黎高等师范学院（Ecole normale supérieure）的同胞皮耶尔·德希厄·拉罗谢勒（Pierre Drieu la Rochelle）也是如此。值得注意的是，在法国沦陷后一年，德希厄出版了《朱庇特、玛尔斯、奎里纳斯》（*Jupiter, Mars, Quirinus*, Paris: Gallimard, 1941）一书节选本。这部著作中，杜梅齐尔颂扬印欧征服者的悠久历史，呼吁法德两国搁置自相残杀与指控。参见：Georges Dumézil "L'Etude comparée des religions indo-européennes," *Nouvelle Revue Française* 29 (1941), pp. 385–399. 关于德希厄这一时期对纳粹主义的信奉，参见 :Lionel Richard, "Drieu la Rochelle et la *Nouvelle Revue Française* des annéesnoires," *Revue d'histoire de la deuxième guerre mondiale* 25 (1975): 67–84. 对于这一事件的讨论，参见：Eribon, *Faut-il brûler Dumézil*, pp. 218–231; Cristiano Grottanelli, "Dumézil's *aryens* in 1941," *Zeitschrift für Religionswissenschaft* 97 (1999): 即将刊出。

[86] 至少有些人对此持开放态度，比如让·布瓦瑟利耶（Jean Boissel），他认为戈比诺（而非杜梅齐尔）是第一个描述印欧民族"三功能"模式的人。参见：*Gobineau, l'orient et l'Iran* (Paris: Klincksieck, 1973), 1:166 n. 170. 该书提到了杜梅齐尔的《朱庇特、玛尔斯、奎里纳斯》与戈比诺的《波斯史》[*Histoire des Perses* (Paris: Henri Plon, 1869; repr.Tehran, 1976)]。

第三部分

神话学新方向

第七章 从第二次世界大战至今 [1]

一

第二次世界大战结束后，神话研究的中心从德国转移到了法国。更确切地说，转移到了高等研究应用学院的宗教学部，马塞尔·莫斯战前曾在这里主持工作。1946~1949 年，有三位学术巨擘在这里传道授业，他们的著作迄今仍是神话学领域最重要的理论成果，也是令人印象最深刻的对于神话的具体研究：乔治·杜梅齐尔（1898~1986）[1]、克洛德·列维－斯特劳斯（1908~2009）[3] 和米尔恰·伊利亚德（1907~1986）[4]。三人之中，杜梅齐尔资历最深，不仅由于他年龄最大，而且因为他在 1933 年率先加盟高等研究应用学院。此外，他对后两位的到来起到了重要作用。1946 年，杜梅齐尔帮助伊利亚德创设了一个职位，后者此时还是一名穷困潦倒、鲜为人知的难民，他在战时参与过法西斯政权的外交事务，此后决定离开罗马尼亚。两年后，当列维－斯特劳斯从美国返回法国、刚刚开始为自己赢得声誉时，杜梅齐尔向他投来橄榄枝。随后几年中，三人相继分离。杜梅齐尔与列维－斯特劳斯分别于 1949 年、1959 年加入法兰西学院。1956 年，伊利亚德前往美国并入职芝加哥大学，与另外两位巨匠一样，他在这里也获得国际声誉。

尽管伊利亚德与列维－斯特劳斯之间从未有过密切往来，但杜梅齐尔与他们两位保持了终生联系，他们也自始至终对杜梅齐尔及其著作给予高度评价。总体而言，后两位所受杜梅齐尔的影响，要比杜梅齐尔受他们的影响更为深远。然而，他们两人所受的影响有很大不同。由于出身中欧且在印度度过若干岁月，伊利亚德认为某些群体尤其醉心于宇宙的神圣性，他们在与自然界的关联中感受到这种神圣性，并在他们的神话和仪式中予以表达。在他的论著中，这些群体构成所谓"古民"（archaic）的范畴（这一概念有严重问题），其主要代表是古印度人、罗马尼亚农民以及被德国民族学界称为"自然民族"（Naturvölker）的"原始"人。在杜梅齐尔那里，伊利亚德发现一种比自己更为严格的比较作风，这种比较确认并证实了他的感觉，即《吠陀》祭司与罗马尼亚农民有许多共同之处，他们是"印欧"遗产的共同继承人。

杜梅齐尔明确表示，他笔下的印欧人在世界历史上是格外蒙受眷顾的民族，因为他们独自在一种"三功能"结构中发现了组织思想和社会的秘密，这一结构反映了自然界本身的秩序。[5] 如果说，一种胜利主义者的潜在话语偶尔会进入杜梅齐尔笔下的话，那么伊利亚德则更进一步，发现一种在他看来与印欧人相关的宇宙宗教特质的"对比型"。这种"对比型"是他在历史意识中发现的，认为它对人类的神圣感来说是一场灾难。此外，他将这种"对比型"的最初出现归因于希伯来人，而将它的最新和最危险的形式归结于黑格尔和马克思。[6] 我们在这里感受到一种熟悉的构想：在雅利安人与闪米特人之间，或者更准确地说，在两种群体或传统之间，有一种尖锐、歧视性的对立。其中一方主要（但不完全）以现在所谓"印欧人"为代表，另一方则主要以"希伯来人"为代表。

在杜梅齐尔的全部著作中，吸引伊利亚德的始终是《长生宴》（*Le Festin d'immortalité*，1924）、《乌拉诺斯－伐楼拿》（*Ouranos-Varuna*，1934）等早期几部，尤其是《半人半马怪问题》（*Le Problème des Centaures*，1929）。在这些著作中，杜梅齐尔充分借鉴了弗雷泽和曼哈特（Mannhardt）的民俗学传统并重建（或者说想象）了一个世界，在这个世界中，神话叙事在血腥献祭、纵酒狂欢和宗教歌舞中被仪式性地重复；通过向起源时间的仪式性回归，人们使自身及世界得以更新。尽管杜梅齐尔后来否定了这些著作，认为这是自己年轻时天马行空的幻想，伊利亚德却与其中不时出现的耸人听闻、激动人心的描述产生了共鸣，相比之下，他发现杜梅齐尔后来的著作反而沉闷乏味。[7]

与之相反，列维－斯特劳斯对这位资深同人 1939 年以后的著作最为推崇，正是在这些著作中，杜梅齐尔提出了"三功能"理论。不过，这一理论本身以及与之相关的印欧人，并未引起列维－斯特劳斯的浓厚兴趣。相反，他最关心的是杜梅齐尔的方法论和系统意识，尤其是杜梅齐尔的下述主张：神话的组成部分只有在相互联系中才有意义；正确的比较不是基于各项互不相干的资料之间的表面相似（比如两种不同文化或文本中神的名字或特征），而是基于种种模式化的对立关系（比如两种神系的组织逻辑），这些关系将上述资料所属的各个单元组织在一起。

假如我们将这些学者的神话学方法与第三章谈到的早期方法做谱系学考察（见图 7-1），就会明白列维－斯特劳斯为什么比伊利亚德更愿意充分借鉴杜梅齐尔。[8]这里我要强调的是，经由荣格以及雷内·格农（René Guénon，1886~1951）、朱立欧·埃佛拉（Julius Evola，1898~1974）等神秘主义者的多重中介，伊利亚德受到浪漫主义、民族主义和东方主义的影响，他与这两位神秘主义者保持了长期联系，其时间可以上溯到 20 世纪二三十年代。[9]考虑到这种影响，伊利亚德与杜梅齐尔早期试图在神话、仪式中寻找超凡的迷幻时刻产生共鸣，杜梅齐尔也通过他的首位博士研究生罗歇·凯卢瓦（Roger Caillois，1913~1978）将这一主题传给了社会学学院（Collège de sociologie）。[10]相比之下，对于涂尔干、莫斯所代表的法国传统的了解，使得列维－斯特劳斯对杜梅齐尔成熟期的论著更为倾心，这些论著侧重社会学，而非民俗学或比较神话学。[11]列维－斯特劳斯对结构语言学而非历史语言学的兴趣，也使他对方法和理论问题更为熟悉；伊利亚德的东方学遗产，又使他对印欧话语产生了热情。

事实上，列维－斯特劳斯对语言的兴趣，使他与杜梅齐尔既有联系又有区别，因为他们的语言学方法分别继承了索绪尔遗产的不同方面。就杜梅齐尔而言，他致力于印欧领域的历史重建计划，这一计划系索绪尔从博普和奥古斯特·施莱歇尔（1821~1868）那里继承而来，然后把它传给了梅耶。与之相反，列维－斯特劳斯选择了结构语言学共时性的一面（这是索绪尔最具原创性的贡献），尤其是当它被 N. S. 特鲁别茨柯依（N. S. Trubetzkoy，1890~1938）和罗曼·雅各布森（Roman Jakobson，

1896~1982）所代表的"布拉格学派"（Prague school）进一步发展之后，后者是列维－斯特劳斯最密切的朋友与同人之一。这些学者将语言理解为一种逻辑关系系统，对它的分析能够——而且应该——脱离语言的史前史，更不用说脱离该语言讲述者的史前史。这些观点很快取代了印欧语系重建计划在语言学上的特权地位，这可以部分地解释它们在 20 世纪 30 年代对于捷克人的吸引力。[12]尽管列维－斯特劳斯十分钦佩杜梅齐尔与埃米尔·本维尼斯特（Emile Benveniste，1902~1976），认为他们已经预见到了结构主义方法，但他自己的这套结构主义与"印欧"问题无关。[13]

二

由于他们在 20 世纪五六十年代的著作，列维－斯特劳斯、伊利亚德与杜梅齐尔一道成为世界神话学领域最重要的权威。关于他们各自的著作前文已有很多论述，此处无须赘述。这里只想补充的是，这几个人都拥有惊人的学识、写过优美的散文、出版过大量著述，还以一种更加接近浪漫主义而非启蒙运动的方式构建神话，虽然列维－斯特劳斯和杜梅齐尔与他们的浪漫主义前辈不同，坚持神话话语在本质上的合理性。尽管如此，他们完全以一种浪漫主义的方式，将神话视为一种古老或奇异的体裁，现代欧美人从中可以获得某种难以估量的东西。不过，这种东西究竟是什么，三个人看法截然不同。对伊利亚德来说，它是一种远古的神圣感；对列维－斯特劳斯来说，是人类心灵的基本结构；对杜梅齐尔来说，则是印欧民族的"三功能"意识形态，这使他们区别于所有其他民族。

在漫长而多产的职业生涯中，这些学者中的每一位都吸引了学院内外大量热情的读者。然而，在过去的十年中，其中两位受到批评性重估，这些批评并不十分友好。伊利亚德受到的指控是：他以一种未加克制、带有倾向性的方式，运用比较方法提出一套怪异的神学和政治学观点，这些观点可以上溯到 20 世纪三四十年代他与罗马尼亚铁卫团（Iron Guard）的瓜葛。[14]杜梅齐尔年轻时曾支持"法兰西行动"，晚年又与"新右翼"

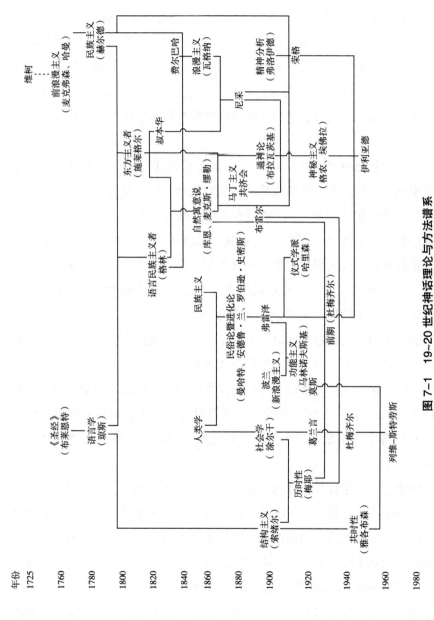

图 7-1 19~20 世纪神话理论与方法谱系

注：年代仅是概略估算，有些地方已做调整，以适应时间间隔的要求。

（Nouvelle Droite）关系暧昧，因而受到同样的指控：他将法西斯意识形态编织到印欧神话的重建中。[15]尽管列维－斯特劳斯的生平和他有关神话的论著并未引起如此激烈的论争，但他的大部分著作先后受到存在主义者、马克思主义者与后结构主义者的严厉批评，他们都用各自的专业术语指责他脱离现实的形式主义与共时性取向，这种取向排除了神话叙事（以及文化其他方面）的历史语境与政治因素。[16]这些批评在1868年五月风暴后变得尤为尖锐，人们对于他的著作的热情随着那句嘲讽骤然降温："结构不会上街"[17]。

由于上述批评的作用，1945年以来神话论述中的各种主导模式和方法似乎风光不再，人们的知识活动已转向别处。反思这种情形（我觉得这更像是一种间歇而非困境），我不得不得出结论：人们在伊利亚德著作中发现的瑕疵是真实而严重的。这种认识给我带来极大的痛苦，就个人而言，我觉得有必要为伊利亚德的人格作证，他从1971年到1976年是我的老师，1986年去世前一直是我的朋友。我仍然钦佩他渊博的学识、丰富的想象力和大胆的比较研究，还有他的谦逊、异想天开与温和宽厚。考虑到长期以来对他的指控，他对我表现出的宽厚与友谊尤其非同凡响。尽管我们很少直接谈及，但他很清楚我有犹太血统与马克思主义倾向，这两件事——按照他的批评者所说——应当让我成为他所厌恶的对象。我不了解他在20世纪三四十年代的作为，但亲身经历使我无法相信他在思想成熟期怀有反犹主义仇恨。话虽如此，我还是认为他所从事的这类研究前景有限。

相比之下，尽管我对杜梅齐尔提出过一些严厉批评，并拒绝接受其著作中延续印欧人话语的那一部分，但我认为他的著作仍有很多有价值的地方。我尤其要强调的是他的严谨，他的系统意识与结构意识，他对研究资料合理性的尊重以及对神话叙事中隐含的复杂分类逻辑的解释。所有这些方面，都与列维－斯特劳斯的著作十分接近，后者在我看来是三个人的著作中最为开阔、深入且最富挑战性的，也是迄今为止对于神话最好的理论阐释。对这两位人物论著中相似之处的思考，将我引向了下述反思：他们的职业关系，他们旅居巴黎时有过的交集，他们在性情和知识结构上的相似与差异。这些沉思让我想起涂尔干与莫斯的一句非同寻常的话，我认为这句话对杜梅齐尔与列维－斯特劳斯均有特殊影响。这句话出现在《原始分类》的结尾，他们在其中提出了下述观点，但未做进一步阐述：神话可以被理解为叙事形式的分类系统。[18]

　　尽管我并不认为这一观点解释了所有神话，更不用说神话的所有方面，但我发现它极具启发意义；我还怀疑，对它的含义的探究，将通向杜梅齐尔与列维－斯特劳斯思想中的所有精华。更重要的是，我认为它可以让我们走得更远。相对而言，如同涂尔干的所有构想一样，它不大适应政治与历史问题。为了深化对它的批判，我将采取一种与安东尼奥·葛兰西（Antonio Gramsci）、罗兰·巴特（Roland Barthes）、皮埃尔·布迪厄（Pierre Bourdieu）等文化理论家更为相关的取向。[19]为此，我首先要指出的是，分类行为并不是一个中性的过程，因为在所有被分类的事物（包括仅仅通过影射或暗示所进行的分类，尤其是有关人类群体的划分）之间所建立的秩序不仅等级森严，而且壁垒分明。由于列维－斯特劳斯深受雅各布森二元对立思想的影响，因而他对这一点应当特别熟悉。与布拉格学派的其他语言学家一样，雅各布森认识到这种对立取决于有标记项（marked category）与无标记项（unmarked category）之间的区分，这些区分不可避免地具有等级性。[20]从涂尔干那里也可以得出类似的观点，他也认为等级体系隐含在所有分类系统中，尽管在他看来这些分类系统是由社会决定的，而不是由语言决定的："分类也是一种各个部分依据等级秩序进行安排的体系。分类中有支配性的成分，也有从属于前者的其他成分……分类的目的是确立从属关系与协作关系。如果事先不知道等级体系，人们根本不会想到要把他们的知识做出如此安排。无论是物质的自然景观还是心理联想机制，都不可能给予我们等级体系的思想。等级体系完全是一种社会事务。"[21]

　　循着这些思想脉络，我倾向于认为，当一种分类行为以神话的形式编码时，这套叙事便以一种引人入胜、令人难忘的形式，对一种具体的、依情形而定的歧视系统进行了包装。更重要的是，它使这种歧视系统自然化与合法化了。因此，神话不仅是分类行为，而且是叙事形式的意识形态。

三

作为例证，我想对古爱尔兰史诗《夺牛长征记》（*Táin Bó Cúalnge*）中的性别关系做一番考察。[22] 故事开始时，康诺特（Connacht）国王艾利尔（Ailill）与王后梅芙（Medb）争论他们两个谁更高贵、富有。这场充满谐趣的竞争，其发生背景是本地读者熟知的一个事实：在爱尔兰文学中，梅芙是所有王后中最有权势的，艾利尔只是她先后接纳的众多丈夫中的一个。他们躺在床上比较各自的血统，这增加了问题的复杂性。争论的结果，梅芙是爱尔兰至高王所生的六个孩子（全是女儿）中最大、最出色的一位，艾利尔则是麦特王（Mate）三个儿子中最小的一位。麦特王将伦斯特（Leinster）与塔拉（Tara）两个王国传给了两个大儿子，又让艾利尔与梅芙联姻以获得国王身份，因为梅芙从她父亲那里继承了康诺特王国。于是，这个故事将一位王后与一位国王并置在一起：前者统治地位的取得属于典型的"男性"类型（即基于父系血统、长子地位与个人才能）；后者统治地位的取得却属于"女性"类型（即通过婚姻来实现）。这种对立一经产生，梅芙与艾利尔对各自的财产争相进行了清点，从最不值钱的东西（锅碗瓢盆）开始，逐渐上升到最为昂贵的东西（珠宝、黄金、牲畜）。丈夫的财富与妻子的财富一项一项精确匹配，直到最后时刻，艾利尔获得一项能够挽回并重申男性特权的明显优势："艾利尔的牛群中有一头无与伦比的公牛，名叫芬比纳赫（Findbennach）。当它还是一头牛犊时，曾在梅芙的牛群中生活。但对它来说，成为女人的财产有失颜面，所以它回到国王的牛群中间。"[23]

梅芙感到沮丧，但并没有被难住，于是打算捕捉一头与芬比纳赫相当或更好的公牛。这便是雄壮的唐·奎尔恩格［Donn Cúalnge，"库利的黑色公牛"（Dark Bull of Cooley）］，史诗随后沿着她的图谋展开。由于梅芙的军队试图从勇士库·丘林（Cú Chulainn）率领的阿尔斯特人（Ulster）那里抢夺这头牲畜，因而《夺牛长征记》中充满了不计其数的战争与英雄事迹。最后，成千上万的勇士在惨烈的拉锯战中相互对峙，当梅芙捕获大公牛并试图逃走时，愤怒的库·丘林向她施压，气氛十分紧张。在这一关键时刻，史诗讲述道："就在那时，一股污浊的血液从梅芙身上流出。"[24] 经血迫使她退出战斗，向库·丘林屈服（他拒绝杀死她，不想成为一名"屠杀女性的凶手"），从而失去了公牛。梅芙的情人、她的军队领袖弗格斯（Fergus）随后对这场灾难做出了判断："对于那些了解女性的人来说，今天的事恰如其分。"[25]

梅芙身上的经血事件因此解决了故事开端的争吵，最终证实王后梅芙与国王艾利尔不对等、女性与男性不对待。弗洛伊德用一种声称拥有科学权威的话语来支持他的"生理即命运"的宣言，《夺牛长征记》则以叙事方式表达了同样的观点。其中的情节是精心组织起来的，因而梅芙对于平等的主张最初貌似合理，后来却被自己身体的性别属性彻底颠覆。争论至此结束，答案一目了然。

为实现上述目的，《夺牛长征记》不仅区分了男性与女性两种范畴以及与此相关的另外几对范畴（阿尔斯特人与康诺特人、唐·奎尔恩格与芬比纳赫等），还对这些范畴做了等级区分，并将这种等级曲解为自然与必然的结果，而不是由涉及利害关系的当事人提出的一套偶然性的人为偏好，其中一些当事人正是这段文本的创作者。将文化歪曲为自然，这是一种具有神话特征的意识形态行为，正如讲述者将自己的理想、欲望和偏好的范畴等级投射到一种虚构的史前史中一样，这种史前史号称确立了事物的本质与必然。神话中常见的其他意识形态行为，包括将某个群体的一部分歪曲为整体（例如，将梅芙歪曲为所有女性）、将不相干的范畴类同化（男人胜过女人，正如阿尔斯特人胜过康诺特人、唐·奎尔恩格胜过芬比纳赫一样），以及想象性地调和现实生活中无法解决的对立与冲突。[26]

四

认为上述版本的《夺牛长征记》创作者为男性，这一观点看上去尽管合理，但没有任何幸存的手稿显示作者姓名。就此而言，《夺牛长征记》与大多数神话文本类似。的确，神话通常被视作一种匿名的集体产物，其作者身份问题无关紧要。列维－斯特劳斯以一种最为复杂、最具挑战性的方式阐明了这一点，他将神话视作一种本质上自我书写的逻辑结构，神话诸变体是一种非人为过程的产物，逻辑结构借此过程探索自身的可变性，直到穷尽所有可能。这一视角减轻了我们寻找神话文本作者与"原初版本"时的挫败感，但其代价高昂到令人无法接受的程度，因为它排除了叙事行为的作用。但是，如果我们将神话视作一种意识形态，而不仅仅是一种分类话语，我们将需要一种更为辩证、更具政治性的叙事理论，这种理论承认叙事者具备修改故事细节的能力，他们这样做的时候，会对类别次序进行变更，大多数情况下，这种变更反映了他们的主体地位、强化了他们的利益。

神话并不像功能主义者所说的那样，是对稳定的分类系统与等级体系的直接反映。相反，社会秩序与围绕该秩序所讲述的故事之间的关系要松散得多，二者之间的关系也因此更加变动不居，因为这种松散关系为对立的叙述者创造了可能，他们修改了之前变体中所描绘的既定秩序的一些方面，如果（一旦）读者将这些革新后的表述视为现实，其结果会产生深远影响。[27]娴熟的讲述者可以巧妙地或直截了当地做到这一点，无论是以游戏的态度或认真的姿态，或是介于两者之间。这样做的时候，他们采用的手段往往有助于社会分类秩序的再生产，通过引入新的范畴、消除旧的范畴，或者修改两种范畴以及他们置身其中的等级秩序，从而重新调整这一分类秩序。

在重新调整秩序这一工程中，叙述者并非唯一因素：我们还要考虑接受过程。受众（或同一受众群体中的部分个体）可以抵制叙事与分类的革新；此外，他们完全有能力通过选择性听取与重新阐释引入自己的革新。对怀有敌意的受众反应的预期，也可以预先阻止叙述者试图修改的意愿。最终，被公认为标准、正确或权威的神话版本，是叙述者与受众之间不断妥协的集体产物。未来的叙述者制定其干预措施、未来的受众对这些干预做出判断，就是基于上述背景。

按照理想的做法，我们不仅想研究每一种变体与所有其他变体的关系，而且想探知每一种变体出现并被接受的社会、历史情形。如此一来，我们可以了解叙述者与受众之间的相互作用如何造成叙事的革新、分类的修正以及随之而来的优势地位的转换。换句话说，我们的任务只有在兼顾文本、语境、互文性、托词、潜台词与影响之后才算完成。这是一个极高的标准，但它可以通过一个为神话研究者所设计的简明方案来实现。鉴于证据的获取存在一定差异，以下步骤可能并不适用于所有神话文本，但它们在多数情况下都有帮助和启示，因而我认为有必要对它们做逐一说明。

（1）确定所考察的神话文本中有争议的范畴。同时注意这些范畴之间的关系（包括排列不同范畴集合与子集的方式），还有它们之间的等级划分、用来合法化该等级划分的逻辑。

（2）注意叙事开端、结束之间的范畴等级划分是否存在变化。确定用来合法化这种转变的逻辑。

（3）收集同一文化区域内的一组相关资料：同一故事的其他变体，（在人物、行动、主题等方面）密切相关的其他故事，以及出现同类范畴的其他文本。确定核心文本与其他文本中范畴与等级之间存在的差异。

（4）确定两类范畴之间的关联：一类范畴出现于这些文本之中；另一类范畴用来调节这些文本在其中得以传播的社会群体之关系。

（5）确定所考察的所有文本的日期与作者，以及这些文本出现、传播与接受的环境。

（6）尝试对每一种叙事行为中涉及、捍卫或达成的种种利益做出合理推断。特别注意构成社会秩序的各个范畴如何被重新定义、重新调整，以致某些群体在现存的等级体系中上升，其他群体则下降。

（7）请记住：即使以最巧妙的方式来应对各种尖锐的问题，也是在承认这些问题，同时也为其他利益群体做出另外的解释提供了可能。对任何神话异文的阐释，都开辟了一个斗争与操演的场域；那些制作其他神话异文以及对神话异文做出其他解释的人，所追求的可能正是这一场域。

五

我们以柏拉图有关灵魂飞升的叙述为例，来验证以上述方式处理神话的收获。该叙述见于《斐德若篇》（*Phaedrus*，第 246a–249d，257d 亦有涉及）。
[28] 这个文本的好处是读者比较熟悉，而且与西方思想史上的一些根本性转变相关；与此同时，它也为我所说的神话文类特有的各种进程提供了一个清晰可信的例证。一般认为，这个文本的写作时间为公元前 370 年前后，在《蒂迈欧篇》（*Timaeus*）之前、《理想国》（*Republic*）之后，因为它所探讨的几个问题与所使用的几种概念，在后一著作中已有涉及，尤其是有关末世论（eschatology）与三重灵魂模式的一些方面。[29] 我们将会看到，它还延续了《理想国》的中心议题：呼吁哲人王来统治。

在上述段落中，柏拉图用一种近似比喻的手法，将灵魂描述为长着双翼的战车，驾车者则代表理性部分，它竭力控制灵魂中的非理性层面。柏拉图将非理性层面描绘成一对马：一匹强壮而高贵但富于攻击性或"性情激烈"；另一匹则危险而难以驾驭，受性欲和其他欲望的驱使。[30] 当一切就绪时，灵魂马车凭借翅膀可以到达最高天，但理性控制若有一点闪失，都会损坏翅膀并阻碍车辆的上升。因此，马车上升的程度是灵魂完美性的一个指标，众神亲自指示通往诸天之巅的道路，车队以宙斯为首，按军事等级排序。[31]

不过，最高天并不是旅程的终点，而是它的关键性枢纽。通过天顶后，诸神会进入天穹外侧：诸天之外的领域。在这里，在一片碧绿如茵的草地（亦称"真理的原野"；248b）上，他们感知到了柏拉图哲学的核心——理式（ideal forms）。从这个地方——确切地说从这个景象——来看，神圣灵魂的理性部分似乎从草地上汲取养分；其非理性部分，则习惯性地以花蜜与仙馐（ambrosia）为食。[32]

人类也渴望抵达天外之境（hyperuranian），但对他们来说，这一旅程要困难得多：

> 神的生活如此。至于旁的灵魂，凡是能努力追随神而最近于神的，也可以使御车人昂首天外。随着天运行，可是常受马的拖累，难得洞见事物的本体。也有些灵魂时升时降，驾驭不住顽劣的马，就只能窥见事物本体的局部。至于此外一些灵魂，对于上界虽有愿心而无真力，

可望而不可攀，只困顿于下界扰攘中，彼此争前，互相冲撞。结果闹得纷纷乱闯，汗流浃背。由于御车人鲁莽粗率，许多灵魂因此受伤，羽翼也损坏了……现在要讲奖惩女神阿德拉斯提亚（Adrasteia）的律令：凡是灵魂紧随着神而见到事物本体的，一直到下一次运行的开始，都可不受伤害；如果它能保持这状态，它就可永不受伤害；如果它不追随神，没有见到事物本体，或是由于不幸，受着昏沉和罪恶的拖累，它就沉重起来，终于失去羽翼而沉到地上。[33]

翅膀脱落并掉到大地上导致灵魂附着于人的身体。然而，不同种类的灵魂找到进入不同人类形体的途径，取决于他们在天外之境停留了多久，他们看到了多少，还有他们能记住多少，所有这些都影响到他们重生时的智力与道德品质。正如长期以来人们所认识到的，《斐德若篇》中的神话，糅合了宇宙论、末世论、认识论与心理学，对宇宙结构、生死关系及灵魂获取知识的能力进行了理论建构。不过，关于最后一点，重要的是要认识到柏拉图叙述中的歧视性质，这一叙述始于对人们拥有不同知识能力的观察，然后将这些能力视为与生俱来，是灵魂附身之前在天外之境的经历所带来的一种功能。在此基础上，对灵魂及其化身进行等级排序是可能的，柏拉图显然轻而易举地解决了这个问题：

> 如果它（在天外之境）见得最多，它就托生为一名男性，这个人将成为一位哲学家（即"爱智慧者"）、爱美者，或是音乐与爱神的顶礼者；第二流灵魂将托生为守法的君主或战争中的发号施令者；第三流将托生为政治家，或者至少是一个金融家或财政家；第四流托生为一个爱好体育的或是以治疗身体为业的人；第五流将托生为一个预言家或是主持神秘仪式的权威；第六流将托生为诗人或是其他摹仿艺术家；第七流为工匠或农人；第八流为诡辩家或民主派；第九流则为僭主。[34]

有几点值得注意。首先，也是最明显的一点，哲学家处于至高无上的

227

地位，他们被视为真正理解爱、美与音乐的人。其次，诗人（第六位）受到了粗暴对待，这与柏拉图在《理想国》第2卷和第10卷中对诗歌的攻击是一致的。再次，宗教权威被置于第五位，其中不包括祭司，只包括预言家或主持神秘仪式的人。最后，令人震惊的是对民主派的贬低，他们被排在第八位，仅比僭主高一级。尽管大多数雅典人将民主理解为僭主政治（在公元前370年前后，他们发现这是一种尤其具有威胁性的制度）的对立面，但柏拉图将这一角色分配给哲学，僭主政治与民主都与之截然对立。

我们回到灵魂的命运这一主题：一旦灵魂落入人体，它的任务就是重新获得翅膀。这涉及一系列的再生，在此过程中，一个人应当公正地生活（248a），如果有必要，通过地下的惩罚来补偿应受的处罚。这一过程对所有人来说都是漫长而艰难的，但也存在差异，其他人需要花费1万年的事，那些一直坚持过着"正直的哲学家或哲学爱好者"生活的灵魂只需3000年即可完成。[35] 这是因为翅膀的生长取决于灵魂对自己在天外之境所看到的理式的回忆（249c），哲学家是那些拥有这种记忆的人（249c），其他人则更易于遗忘（248c）。[36] 柏拉图烦冗的神话叙事中所嵌入的各种观点，构成下面一组关联与对立：

哲学家∶非哲学家

理式∶表象

真理∶意见

记忆∶遗忘

接近天国∶接近地面

接近诸神∶接近动物

3000年轮回∶一万年轮回

少数精英∶芸芸众生

在将不同类别的灵魂与他们所追随的神灵联系起来时，柏拉图又增加了另一组关联，他解释说，人们摹仿他们最崇拜的神灵，选择与这些神灵相似的热爱对象（252d）。不过，他并没有将这一讨论进行到底，只是论述了三位神灵，他们足以勾勒出该体系的界限，并明确了他最为关心的地方。[37]因此，那些追随"伟大的天国君主"（246e）宙斯的灵魂，热爱的对象为"哲学家或君主"（252e）；追随赫拉的灵魂则倾心于国王一类的人（253b）。因此，哲学家与最高权威联系在一起，其地位在国王之上，正如宙斯的地位在赫拉之上一样；换句话说，正像丈夫的地位在妻子之上一样。追随残暴的战神阿瑞斯的灵魂似乎与僭主相关，他们嫉妒、暴力，在与那些不幸成为他们喜爱对象的人打交道时，甚至有致命危险（252c）。灵魂的等级序列因此与诸神的等级序列对应了起来，如表 7-1 所示。

表 7-1　灵魂的等级序列及其在天外之境所追随的神灵

等级	灵魂	神灵
1	哲学家	宙斯
2	国王	赫拉
3	从事公共事务的人（政治家或商人）	
4	身体领域的专业人士（运动员或治疗师）	
5	宗教领域专家（预言家或主持神秘仪式的人）	
6	诗人	
7	生产者（工匠或农人）	
8	诡辩家或民主派	
9	僭主	阿瑞斯

当一位哲学家清楚地阐明一种社会等级模型，并将哲学家们置于该等级模型的最高位置时，人们不难察觉到其中自利的一面。此外，我们有必要想起，在柏拉图的时代，"哲学家"并不是对一门公认的学科或职业从业者的称谓，而是一个新颖奇特的术语，它很可能是一个新造词，柏拉图用这个词将自己及同人圈与众多对手划清了界限。[38]迈克尔·摩尔根（Michael Morgan）的评论十分中肯：

　　柏拉图对话本身足以证明，在公元前 4 世纪，关于口头技艺的术语尚未固定下来。混乱、借用都是可能的。诡辩家、吟游艺人、演说家、诗人、修辞学家、哲学家——这些人都声称拥有自己的领地，但他们的边界变动不居。人们审时度势，从一个领域转移到另一领域，坚持或改变自己的头衔……完成于公元前 380 年至前 370 年间的柏拉图对话，描绘了其中一些动向并暴露了一些冲突，反映了柏拉图对哲学概念的不断发展，以及他为这一名称开创一种特别的领域、方法与远景的需要。[39]

我们还可以更进一步：柏拉图的对话不仅"描绘"了当时的动向或"暴露"了其中的冲突，而且是应对这些冲突的最有力的武器之一。柏拉图通过这种话语构建了后来被称为"哲学"的知识领域，这种话语同时也是一种方法上的规定，一种对于至高荣耀的宣示，一种针对众多新旧对手的持久论战。

六

现在我们将柏拉图的叙述与读者非常熟悉的两个早期文本进行比较。第一个是品达的一份残篇，柏拉图最早对灵魂转世的讨论即以这个文本为起点。[40] 这首诗可以追溯到公元前 476 年前后，背景是西西里岛：[41]

> （冥界女王）珀尔塞福涅古老的悲伤
> 从这些灵魂中得到补偿，
> 在第九个年头，她让这些灵魂重返阳间，
> 他们中将出现高贵的国王，
> 他们身体矫健，智慧非凡，
> 在后来的岁月中，被人们誉为完美的英雄。[42]

在这里，品达谈到三种有幸获得重生的人，将他们视为高踞其他人类之上的"完美的英雄"。这些人似乎是按等级秩序列举的：首先是国王；其次是力量强大的人（即品达在诗中所赞美的运动员）；最后是拥有智慧

的人，大概是诗人和哲人。不过，也有可能按相反的序列来思考这个排序，首先是拥有智慧的人，最后是国王。最有趣的可能性是，文本有意含有歧义，这样诗人就可以坚持自己及同道的优先地位，而不致得罪国王，从而让后者想象自己处于荣耀地位。

阿克拉加斯（Acragas）①的恩培多克勒（活跃于公元前477至前432年）给出的体系略有不同，他以自己为例证，说明灵魂经受漫长的再生轮回以净化自身原罪的过程。[43] 这些生命在大约"3万个季节"（=1万年）中逐渐呈现[44]，他们穿越寰宇，先后托生为植物、鱼类和鸟类——分别与土地、水和空气等元素相关联。[45] 托生于每一种范畴中的不同生命，又依据其尊贵与纯粹程度做了等级区分：月桂（阿波罗的神圣植物）在植物中等级最高，狮子在动物中等级最高。[46]

在他看来，人类的一系列出生也要经历这一过程，并以托生为神而达到巅峰，由此灵魂将回到圣火环绕的最高天。恩培多克勒坚持认为，他本人处于这种神化的边缘，走完了他所认为的最崇高的人生：

> 亲爱的朋友——你们住在这个城市的最高端
>
> 在金色的阿克拉加斯之上，专注善行，
>
> 这里是深受陌生人向往的避难所，人们不知晓邪恶——
>
> 我不再是凡人，
>
> 而是作为不朽的神灵走过你们身边，
>
> 受所有人的尊敬，用鱼片和花环向我献祭。
>
> 我被遇见的所有人崇拜，不论男女，
>
> 当我走进他们繁华的城镇时。
>
> 他们跟随着我，成百上千的人连绵不断，
>
> 向我询问可行的路径。
>
> 有的想寻求占卜，有的想听
>
> 治疗疾病的良方，

---

① 地名，位于西西里岛南部。——译者注

他们被苦痛折磨得太久。[47]

尽管已接近神性，他仍在从事治疗和预言；借助诗体写作，他还隐晦地表明自己是一位诗人。一份密切相关的残片，强调的就是这一点：

> *（再生周期）结束时，灵魂化作先知、诗人、治疗师，*
>
> *以及地上居民中间的首领。*
>
> *由此，他们很快成为至尊的神。*[48]

这里最有趣的是恩培多克勒贬低国王权威的方式，他将其排在第四位，并且使用了一个不大寻常的术语（promoi，"首领"或"亲王"，而不是basileus）。此外，这是他唯一没有为自己标榜的化身，根据古代传记性传说，当被授予阿克拉加斯的王位时，他表示拒绝。[49]在这一点上，他对人类等级的划分显然是独创的，正如他史无前例地认为自己是神；但在其他方面，恩培多克勒给出了一份相当传统的名单，他们被认为是"古希腊真理的掌握者"，此时这些声称拥有灵感的人，其地位和权威尚未被书写技术与民主城邦削弱。[50]显而易见，柏拉图想将哲学家置于至高无上的精英地位，因而他将前辈们最为推崇的所有范畴都降了一些等级，以便为哲学家这一新的范畴让出顶层空间（见图7-2）。

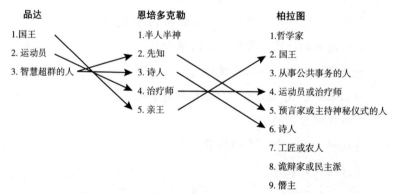

图7-2 品达、恩培多克勒与柏拉图作品中的出生等级（随着体系的不断调整，名单随之加长，首要位置被引入新的范畴，其他范畴则被降级以腾出空间）

与品达、恩培多勒克（可能还有其他人）一样，柏拉图提供了一个关于灵魂转世的神话变体，这一变体按卓越程度对人类的分类等级做了重新调整，借此重组社会秩序。其中最为大胆的是，他的神话试图确立一种新的精英阶层，与此相应，他将旧的精英阶层降级，并将新出现的对手——诡辩家或民主派——置于底端。不过在其他地方，柏拉图似乎没那么大胆，尤其是在他的叙事中所穿插的附带性意象中。尽管他对每一种意象做了一些新的加工，但有翼的战车[51]、天国的草地[52]、3000年或一万年的轮回[53]、"报应法则"[54] 以及记忆与遗忘的对照[55]，都是之前有关彼岸世界的描述中耳熟能详的内容。借助这些内容，柏拉图迎合了人们的传统期待，同时对这一传统在策略上的可能性与优势进行了探究。

在柏拉图的有生之年，主要由于他的推动，哲学家的确在才智与言语的地位等级中取代了诗人、先知等人物，尽管他们从未登上最高政治权力舞台，也无从实现柏拉图最远大的抱负。仔细考察柏拉图的论著，有助于我们理解神话的工具性，也有助于加深我们对公元前4世纪希腊所发生的事件的认知。

注　释

[1] 1998年6月，挪威特罗姆瑟大学（Tromsø University）希腊与拉丁研究所（Institute for Greek and Latin Studies）主办过一场题为"神话与象征"的研讨会，本文曾在这次会议上发表。

[2] 关于杜梅齐尔的著作，前一章已有总结。在他成熟期的著作中，最重要的有：*Mitra-Varuna: Essai sur deux représentations indoeuropéennes de la souveraineté* (Paris: Presses universitaires de France, 1940; English trans., Mitra-Varuna, Zone, 1988), *Jupiter, Mars, Quirinus: Essai sur la conception indo-européennede la société et sur les origines de Rome* (Paris: Gallimard, 1941), Les Dieux des indo-européens(Paris: Presses universitaires de France, 1952), *Heur et malheur du guerrier: Aspects de la fonction guerrière chez les Indo-Européens* [Paris: Presses

universitaires de France, 1956, Englishtrans., *The Destiny of the Warrior* (University of Chicago Press, 1969)], *L'Idéologie tripartitedes Indo-Européens* (Brussels: Collection Latomus, 1958), *Mythe et épopée*, 3 vols. (Paris: Gallimard, 1968–73). 最后所列多卷本著作也见：*The Destiny of a King* (Chicago: University of Chicago Press, 1973), *Camillus: A Study of Indo-European Religion as History*(Berkeley: University of California Press, 1980), *The Stakes of the Warrior* (Berkeley: University of California Press, 1983), *The Plight of a Sorcerer* (Los Angeles: University of California Press, 1986)。

[3] 关于列维－斯特劳斯，参见：Edmund Leach, ed., *The Structural Study of Myth and Totemism*(London: Tavistock, 1967), *Claude Lévi-Strauss* (New York: Viking Press, 1970); Howard Gardner, *The Quest for Mind: Piaget, Lévi-Strauss, and the Structuralist Movement* (Chicago:University of Chicago Press, 1973); E. Hayes and Tanya Hayes, eds., *Claude Lévi-Strauss: The Anthropologist as Hero* (Cambridge: MIT Press, 1970); Marcel Hénaff, *Claude Lévi-Strauss and the Making of Structural Anthropology* (Minneapolis: University of Minnesota Press, 1998). 他在神话学领域最重要的是 4 卷本系列著作：*The Raw and the Cooked* (New York: Harper and Row, 1969; French original,1964), *From Honey to Ashes* (New York: Harper and Row, 1973; French original, 1966), *The Origin of Table Manners* (New York: Harper and Row, 1978; French original, 1968), *The Naked Man* (New York: Harper and Row, 1981; French original, 1971)。此外值得注意的有以下两种最新著作：*The Jealous Potter* (Chicago: University of Chicago Press, 1988; French original, 1985), *The Story of Lynx* (Chicago: University of Chicago Press, 1995; French original, 1991)。

[4] 对于伊利亚德的讨论有很大分歧。最新持同情立场的论著，参见：David Carrasco and Jane Law, eds., *Waiting for the Dawn: Mircea Eliadein Perspective* (Boulder, CO: Westview Press, 1985); David Cave, *Mircea Eliade's Vision fora New Humanism* (New York: Oxford University Press, 1993); Bryan S. Rennie, *Reconstructing Eliade: Making Sense of Religion* (Albany: State University of New York Press, 1996). 持批评立场的论著见尾注 [14]。其最重要的神话学论著有：*Patterns in Comparative Religion* (London: Sheed and Ward, 1958; French original,

Traité de l'histoire des religions, with a preface by Georges Dumézil, 1949), *The Myth of the Eternal Return* (Princeton, NJ: Princeton University Press, 1954; French original, 1949), *The Sacred and the Profane* (New York: Harcourt, Brace and World, 1959; German original,1957), *Myth and Reality* (New York: Harper and Row, 1963), *A History of Religious Ideas*, 3 vols. (Chicago: University of Chicago Press, 1978–85; French original, 1976 –78)。

[5] 这个问题的重要性在约翰·布拉夫（John Brough）发起的一场颇具启发性的著名辩论中得到了说明，他主张"三功能"体系在希伯来《圣经》故事中也可以发现，杜梅齐尔则强烈反对这一说法。参见：John Brough, "The Tripartite Ideology of the Indo-Europeans: An Experiment in Method," *Bulletin of the School of Oriental and African Studies* 22 (1959): 68–86; Georges Dumézil, "L'Idéologie tripartie des Indo-Européens et la Bible," *Kratylos* 4 (1959): 97–118。

[6] *Myth of the Eternal Return*, pp. ix–x, 63–71, 102–112, 147–159.

[7] 如果就伊利亚德对杜梅齐尔的引用做一考察，会发现《半人半马怪问题》明显是他最偏爱的著作。笔者还可以证明，1972~1973 年，伊利亚德在芝加哥大学执教印欧宗教学研讨课，他在课堂上将杜梅齐尔这部著作作为该领域的最高成就和宗教史研究的典范。尽管如此，对于这位老朋友发现"三功能"体系，伊利亚德还是多次表示遗憾，因为他认为，在此之后，杜梅齐尔原本大胆而富有创造力的研究变得乏味而重复。关于他们之间的关系，参见："Ces Religions dont nous heritons: Un dialogue entre Mircea Eliade et Georges Dumézil," *Les Nouvelles littéraires*, 2 Nov. 1978, pp. 17–18. 另外参阅：Dario Cosi, ed., *Mircea Eliade e Georges Dumézil* (Padua: Sargon, 1994). 有些遗憾的是，后一著作中的文章，大多分别讨论两位作者，只是偶尔触及他们之间的关系。

[8] 这幅图只是想说明一些最重要的影响关系。其中遗漏了几位重要人物（例如，克鲁泽和谢林），被遗漏的还有人物之间的一些关联，比如列维－斯特劳斯对瓦格纳出乎我们预料的尊重，关于此问题，参见：Didier Eribon, *Conversations with Claude Lévi-Strauss*, trans. Paula Wissing (Chicago: University of Chicago Press, 1991), p. 176; James Boon, "Lévi-Strauss, Wagner, Romanticism: A Reading Back … ," in George Stocking, ed., *History of Anthropology*, Vol. 6: *Romantic Motives—*

Essays on Anthropological Sensibility (Madison: University of Wisconsin Press, 1989)。

[9] 关于荣格的民族主义倾向，参见：Richard Noll, *The Jung Cult* (Princeton, NJ: Princeton University Press, 1994), *The Aryan Christ* (New York: Random House, 1997). 尽管伊利亚德与荣格的关系众所周知，但前者与传统主义者以及自我标榜的神秘学大师雷内·格农、朱立欧·埃佛拉的关系鲜为人知。关于后两个人物，参见：Mircea Eliade, *Occultism, Witchcraft, and Cultural Fashions* (Chicago: University of Chicago Press, 1976), pp. 47–68, *Journal III: 1970–1978* (Chicago: University of Chicago Press,1989), pp. 161–163; Enrico Montanari, "Eliade e Guénon," *Studi e Materiali di Storia delle Religioni* 61 (1995): 131–149; Steven Wasserstrom, "The Lives of Baron Evola," *Alphabet City* 4 –5 (1995): 84 –89. 笔者有幸读到几份涉及这一主题的尚未发表的手稿，这些令我获益匪浅的手稿包括：Steven Wasserstrom, "Eliade and Evola"; Hugh Urban, "Religion for the Age of Darkness: 'Tantrism' in the Works and Lives, Methods and Paths of the History of Religions"; Cristiano Grottanelli, "Mircea Eliade, Carl Schmitt, René Guénon, 1942," in Natale Spineto, ed., *Interrompere il quotidiano: Lacostruzione del tempo nell' esperienza religiosa* (Milan: Editorial Jaca, forthcoming)。

[10] 关于凯卢瓦及其在这一短暂而重要的机构中的作用，参见：Denis Hollier, ed., *The College of Sociology, 1937–39* (Minneapolis: University of Minnesota Press, 1988)。

[11] 参见：Claude Lévi-Strauss, *Introduction to the Work of Marcel Mauss*, trans. Felicity Baker (London: Routledge and Kegan Paul, 1987); M. Merleau-Ponty, "De Mauss à Lévi-Strauss," in *Signes* (Paris: Gallimard, 1960), pp. 143–157; Dumézil, *Entretiens avec Didier Eribon*, pp. 47–50. 尽管杜梅齐尔承认莫斯的影响（pp. 62–64），但他认为主要是通过马塞尔·葛兰言（Marcel Granet）的中介作用，后者也受列维－斯特劳斯的敬重。参见：Eribon, *Conversations with Claude Lévi-Strauss*, p. 99。

[12] 饶有兴味的是，第二次世界大战前夕，特鲁别茨柯依试图重新解释印欧语系各语言之间的对应关系，以避免人们继续对所谓原初语言、原初民族、原初家园、原初亲缘谱系或迁徙与征服过程进行想象。参见："Gedanken über das Indogermanenproblem," *Acta Linguistica* 1 (1939):81–89。

[13] *Discours de réception de M. Georges Dumézil à l'Académie Française et réponse deM.*

Claude Lévi-Strauss (Paris: Gallimard, 1979), pp. 73–75.

[14] 对伊利亚德的批评，参见：Ivan Strenski, *Four Theories of Myth in TwentiethCentury History: Cassirer, Eliade, Lévi-Strauss, and Malinowski* (Iowa City: University of Iowa Press, 1987), pp. 70–159, *Religion in Relation* (Charleston: University of South Carolina Press, 1993), pp. 15– 40, 166 –179; Daniel Dubuisson, *Mythologies du XXe siècle* (Lille:Presses universitaires de Lille, 1993), pp. 217–303; Edmund Leach, "Sermons by a Man ona Ladder," *New York Review of Books*, 20 Oct. 1966, pp. 28–31; Jonathan Z. Smith, *Map Is Not Territory: Studies in the History of Religions* (Leiden: E. J. Brill, 1978), pp. 88–103, *To Take Place: Toward Theory in Ritual* (Chicago: University of Chicago Press, 1987), pp. 1–23;Vittorio Lanternari, "Ripensando a Mircea Eliade," *La critica sociologica* 79 (1986): 67–82;Norman Manea, "Happy Guilt: Mircea Eliade, Fascism, and the Unhappy Fate of Romania,"*New Republic*, 5 Aug. 1991, pp. 27–36, "The Incompatibilities," *New Republic*, 20 April 1998, pp. 32–37; Adriana Berger, "Mircea Eliade: Romanian Fascism and the History of Religions in the United States," in Nancy Harrowitz, ed., *Tainted Greatness: Antisemitism and Cultural Heroes* (Philadelphia: Temple University Press, 1994), pp. 51–74; Russell McCutcheon, *Manufacturing Religion: The Discourse on Sui Generis Religion and the Politics of Nostalgia* (New York: Oxford University Press, 1997); Steven Wasserstrom, *Religion after Religion: Gershom Scholem, Mircea Eliade and Henry Corbin* (Princeton, NJ: Princeton University Press, 1999). 部分学者试图在对伊利亚德的批评与肯定之间取得平衡，参见：Phillipe Borgeaud, "Mythe et histoire chez Mircea Eliade: Réflexion d'un écolier en histoire des religions," *Institut National Génévois:Annales* (1993): 33–48; Ulrich Berner, "Mircea Eliade (1907–1986)," in Axel Michaels, ed., *Klassiker der Religionswissenschaft von Friedrich Schleiermacher bis Mircea Eliade*(Munich: C. H. Beck, 1997), pp. 343–353。

[15] 对杜梅齐尔的批评，参见：Grottanelli, *Ideologie miti massacri*; Arnaldo Momigliano, "Introduction to a Discussion of Georges Dumézil," in *Studies on Modern Scholarship* (Berkeley: University of California Press, 1994), pp. 286 –301, "Georges Dumézil and the Trifunctional Approach to Roman Civilization," *History and Theory* 23 (1984):

312–30; Carlo Ginzburg, "Germanic Mythology and Nazism: Thoughts on an Old Book by Georges Dumézil," in *Clues, Myths, and the Historical Method* (Baltimore: Johns Hopkins University Press, 1989), pp. 126–145; Bruce Lincoln, *Death, War, and Sacrifice: Studies in Ideology and Practice* (Chicago: University of Chicago Press, 1991), pp. 231–268; Patrizia Pinotti, "La «Repubblica» e Dumézil: Gerarchia e sovranità," in Mario Vegetti, trans., *Platone, La Repubblica Libro IV* (Pavia: Dipartimento di fiolosofia dell' Università di Pavia, 1997), pp. 257–288. 对杜梅齐尔的辩护、同情与反批评，参见：Didier Eribon, *Faut-il brûler Dumézil? Mythologie, science, et politique* (Paris: Flammarion, 1992); Edgar Polomé, ed., *Indo-European Religion after Dumézil* (Washington, DC: Institute for the Study of Man, 1996); Guy Stroumsa, "Georges Dumézil, Ancient German Myths, and Modern Demons," *Zeitschrift für Religionswissenschaft 97* (1999): 即将刊出。

[16] 参见：Lucien Goldmann, "Structuralisme, marxisme, existentialisme," *L'Homme et la société* 2 (1966): 105–124; Lionel Abel, "Sartre vs. Lévi-Strauss," *Commonweal* 84 (1966): 364 –368; Maurice Godelier, "Myth and History," *New Left Review* 69 (1971):93–112; Stanley Diamond, "The Myth of Structuralism," in Ino Rossi, ed., *The Unconsciousin Culture: The Structuralism of Claude Lévi-Strauss in Perspective* (New York: E. P. Dutton,1971), pp. 292–335; Henri Lefebvre, *Au-delà du structuralisme* (Paris: Editions Anthropos,1971); Fredric Jameson, *The Prison House of Language: A Critical Account of Structuralismand Russian Formalism* (Princeton, NJ: Princeton University Press, 1972); Pierre Bourdieu, *Outline of a Theory of Practice* (Cambridge: Cambridge University Press, 1977); B. Scholte, "From Discourse to Silence: The Structuralist Impasse," in Stanley Diamond, ed., *Toward a Marxist Anthropology* (The Hague: Mouton, 1979), pp. 31–67. 在结构主义范式内部也有一些有趣的批评，参见：Terence Turner, "Narrative Structure and Mythopoesis: A Critique and Reformulation of Structuralist Concepts of Myth, Narrative and Poetics," *Arethusa* 10 (1977): 103–163; Roy Wagner, *Lethal Speech: Daribi Myth as Symbolic Obviation* (Ithaca, NY: Cornell University Press, 1978); Mark Mosko, "The Canonic Formula of Myth and Nonmyth," *American Ethnologist* 18 (1991): 126 –151。

[17] 列维－斯特劳斯对 1968 年事件的反应，参见：*Conversations with Claude Lévi-Strauss*, pp. 78–80, 92。

[18] 这句话是："每一种神话基本上都是一种分类，只不过它所依据的原则来自宗教信仰，而不是科学观念。"参见：Emile Durkheim and Marcel Mauss, *Primitive Classification*, trans. Rodney Needham (Chicago: University of Chicago Press, 1963; French original, 1901–2), pp. 77–78. 此外参见：Marcel Mauss, *Oeuvres* (Paris: Editions de Minuit, 1974), 2:79。

[19] 我所知的这类著作有：Gramsci, *Prison Notebooks* (New York: Columbia University Press, 1992–); Roland Barthes, *Mythologies* (London: Jonathan Cape,1972); Pierre Bourdieu, *Language and Symbolic Power* (Cambridge, MA: Harvard University Press, 1991)。

[20] 参见罗曼·雅各布森《语言论》[*On Language*, ed. Linda Waugh and Monique Monville Burston (Cambridge, MA: Harvard University Press, 1990)] 第 8 章 "标记的概念" （"The Concept of Mark"，pp. 134 –140）。以下观察尤其相关："在语言系统的任何层次上面，二项对立的概念都表现为标记的存在和不存在这两者之间的一种关系。这一概念合乎逻辑的结论就是在语言系统的所有细节和表现当中，潜藏着一个等级体系的序列。"（第 137 页）

[21] Emile Durkheim, *The Elementary Forms of the Religious Life*, trans. Karen Fields (New York: Free Press, 1995; French original, 1912), p. 149.

[22] Cecile O'Rahilly, ed. and trans., *Táin Bó Cúalnge from the Book of Leinster* (Dublin: Dublin Institute for Advanced Studies, 1967).

[23] *Táin Bó Cúalnge*, lines 71–74.

[24] 同上，第 4824~4825 行。

[25] 同上，第 4847 行。

[26] 最后一种意识形态行为（"想象性地调和现实生活中无法解决的对立与冲突"）在《夺牛长征记》的最后一个场景中可以观察到。这个场景中，两只公牛决斗，直到唐·奎尔恩格杀死了芬比纳赫。等级体系在这里再次被牢固确立，因为白色公牛与黑色公牛并不对等。然而，一旦上述结果发生，原本让艾利尔获胜的公牛死亡，便彻底颠覆了对等与等级的范畴。不仅两个不对等的公牛目前在死亡上是对等的，

梅芙和艾利尔原本不对等的财富也以意想不到的方式变得对等：尽管梅芙没有得到她所想要的公牛，艾利尔却也失去了最初拥有一头公牛的优势。

[27] 表述所具有的改变社会现实的力量，取决于两个因素：（a）能指与所指之间的间隙（这使得各种表述在初始时刻与其所指只是部分地相似）；（b）其意识（部分地）被表述所塑造的受众，同时也是社会秩序的构造者（这使得他们可以对现实进行重建，从而使现实与他们所相信的表述相一致）。

[28] 有关这个段落的早期讨论，参见：R. Bett, "Immortality and the Nature of the Soul in the Phaedrus," *Phronesis* 31 (1986): 1–26; Jacqueline de Romilly, "Les Conflits de l' âme dans le Phèdre de Platon," *Wiener Studien* 16 (1982): 100–113; Walter Nicolai, "Der Mythos vom Sündenfall der Seele (bei Empedokles und Platon)," *Gymnasium* 88 (1981): 512–24, "Du bon usage du règlement," in J.-P. Vernant, ed., *Divination et rationalité* (Paris: Seuil, 1974): 220–248; A. Lebeck, "The Central Myth of Plato's Phaedrus," *Greek, Roman, and Byzantine Studies* 13 (1972): 267–290; G. J. Vries, *A Commentary on the Phaedrus* (Amsterdam: Hakkert, 1969); E. Schmalzkriedt, "Der Umfahrtmythos des Phaidros," *Der allsprachliche Unterricht* 9 (1966): 60–99; D. D. McGibbon, "The Fall of the Soul in Plato's Phaedrus," *Classical Quarterly* 14 (1964): 56 –63; R. S. Bluck, "Phaedrus and Reincarnation," *American Journal of Philology* 79 (1958): 156 –164。

[29] 参见：R. Hackforth, *Plato's Phaedrus* (Cambridge：Cambridge University Press, 1952), pp. 3–7; Luc Brisson, *Platon, Phèdre* (Paris: Flammarion, 1989), pp. 33–34. 请比较《斐德若篇》（247c）与《理想国》（6:514a–517a）对天外之境的描述，或者比较《斐德若篇》（246ab）与《理想国》（4）有关三重灵魂的分析。斯洛博丹·杜萨尼克（Slobodan Dusanic）试图将这场对话置于公元前366~前365年，但似乎有些太晚，给出的证据也不那么令人信服；参见：Slobodan Dusanic，"The Political Context of Plato's Phaedrus," *Rivista storica dell' antichità* 10 (1980): 1–26. 更为可取的是以下讨论：Michael Morgan，"Philosophical Madness and Political Rhetoric in the Phaedrus," in *Platonic Piety: Philosophy and Ritual in Fourth-Century Athens* (New Haven, CT: Yale University Press,1990), pp. 158–187。

[30] *Phaedrus* 246ab. 对于这一意象的进一步发展，参见：253d–254e。

[31] *Phaedrus* 246e–247a.

[32] *Phaedrus* 247be.

[33] *Phaedrus* 248ac.

[34] *Phaedrus* 248de.

[35] *Phaedrus* 249a.

[36] *Phaedrus* 248e–249d，尤其是 249c。与之相关的还有：246de、248cd、250ac。

[37] *Phaedrus* 252c–253b，关于这段文字及其与这篇对话中其他部分的差异，参见：M. Dyson，"Zeus and Philosophy in the Myth of Plato's *Phaedrus*"，*Classical Quarterly* 32 (1982): 307–311。

[38] 请注意："philosophos"一词在《斐德若篇》（278d）中的出现方式，与较为陈旧的"sophos"一词形成鲜明对比。从历史层面对"philosophos"与"philosophiē"两个词的全面研究，参见：Monique Dixsaut, *Le Naturel Philosophe: Essai sur les dialogues de Platon* (Paris：Les Belles Lettres, 1985)。

[39] Morgan, *Platonic Piety*, p. 158.

[40] Pindar, Fragment 133 [Snell (127 Bowra)]，转引自：Plato，*Meno* 81bc. 恩培多克勒在同一谈话中也被论及，尽管是关于另一话题（76cd）。

[41] 这是因为它的主题与《奥林匹亚》（*Olympia*，2）非常相似。《奥林匹亚》（2）是品达为阿克拉加斯的僭主塞隆（Theron）创作的，以纪念公元前 476 年他在奥林匹克运动会上的胜利。鉴于西西里，更确切地说阿克拉甘廷（Acragantine）是品达和恩培多克勒作品的诞生地，一些研究者推断，柏拉图在首次旅居西西里期间了解到他们关于灵魂转世的观念。参见：Herbert Strange Long, "A Study of the Doctrine of Metempsychosisin Greece from Pythagoras to Plato" (Ph.D. diss., Princeton University, 1948); G. Zuntz, *Persephone* (Oxford: Clarendon Press, 1971); Nancy Demand, "Pindar's Olympian 2, Theron's Faith, and Empedocles' Katharmoi," *Greek, Roman, and Byzantine Studies* 16 (1975): 347–357。

[42] Pindar, Fragment 133 (Snell).

[43] 关于恩培多克勒及其《论净化》（*Katharmoi*）一诗，参见：Ava Chitwood, "The Death of Empedocles," *American Journal of Philology* 107 (1986): 175–191; S. Panagiotou, "Empedocles on His Own Divinity," *Mnemosyne* 36 (1983): 276 –285; M.

西方神话学：叙事、观念与学术

R. Wright, *Empedocles: The Extant Fragments* (New Haven, CT: Yale University Press, 1981); Zuntz, *Persephone*, pp. 179–274。

[44] Fragment 31B115.6 (Diels-Kranz).

[45] Fragment 31B117.

[46] Fragment 31B127.

[47] Fragment 31B112.

[48] Fragment 31B146.

[49] 第欧根尼·拉尔修 (Diogenes Laertius) 引用亚里士多德的话，将恩培多克勒描述成一位热情的民主主义者（8.63）。这一传说很难令人信服，但也不能完全摒弃。关于恩培多克勒在世时阿克拉加斯的政治斗争以及他在其中可能扮演的角色，参见：David Asheri, "Agrigento Libera: Rivolgimenti interni e problemcostituzionali, ca. 471–466 a.c.," *Athenaeum* 68 (1990): 483–501。

[50] Marcel Detienne, *The Masters of Truth in Archaic Greece*, trans. Janet Lloyd (NewYork: Zone, 1996; French original, 1967). 诗人与国王已被赫西俄德单独挑出，参见：*Theogony* 81–104（另见：*Odyssey* 17.384 –386）。先知与治疗师在希腊史诗中的地位也很崇高，这在卡尔克斯（Calchas）、忒瑞西阿斯（Teiresias）、墨兰普斯（Melampus）、玛卡翁（Machaon）等的身上均有体现，更不用说西比尔与皮提娅。参见：Cristiano Grottanelli, "Healers and Saviors of the Eastern Mediterranean in Pre-Classical Times," in Ugo Bianchi, ed., *Soteriology of the Oriental Cults in the Roman Empire* (Leiden: E. J. Brill, 1982), pp. 649–670。

[51] 参见：*Iliad* 5.837, 8.41, 13.23, 16.148; Parmenides, Fragment 28B1.1–10, Empedocles, Fragment 31B3.5. 另请注意：在《卡塔奥义书》（*Katha Upanisad*, 1.3.3–9）中，对灵魂也有类似的比拟。

[52] 参见：*Odyssey* 11.539; Empedocles, Fragment 31B121; *Republic* 10:614e, 616b. 另请参见：Paul Courcelle, "La Plaine de verité (Platon, Phèdre 248b)," *Connais-toi toi-même* 3 (1975):655–660。

[53] 关于千年或万年轮回，参见：Empedocles Fragment 31B115.6;Herodotus 2.123; Aeschylus, *Prometheus Bound* 94; 另见：B. L. van der Waerden, "Dasgrosse Jahr und die ewige Wiederkehr," *Hermes* 80 (1952): 129–155。

242

[54] 参见：Pindar, Fragment 133 (Snell); *Olympia* 2.60; Empedocles, Fragment 31B115.1.

[55] 关于记忆与遗忘神话，参见发现于彼得利亚（Petelia）等地的"俄耳甫斯"（"Orphic"）金箔（Fragment 32a, Kern），或是保萨尼亚斯描述过的特洛符尼乌斯（Trophonius）神谕（9.39）。此外参见：Bruce Lincoln, "Waters of Memory, Waters of Forgetfulness," in *Death, War, and Sacrifice*, pp. 49–61; Jean-Pierre Vernant, "Le Fleuve 'amêlès' et la 'mêlétè thanatou,'" in *Mythe et pensée chez les grecs* (Paris: Maspero, 1965), pp. 79–94; Karl Kerenyi, "Mnemosyne—Lesmosyne: Über die Quellen 'Erinnerung' und 'Vergessenheit' in der griechischen Mythologie," in *Die Geburt der Helena* (Zurich: Rhein Verlag, 1945), pp. 99–101。

第八章　普鲁塔克的西比尔 [1]

一

T. S. 艾略特让这则令人心痛的故事家喻户晓：库迈的（Cumaean）西比尔①最初被祝福、后来又被诅咒拥有神奇的长寿，随着她的身体和生命以极其缓慢的速度逐渐枯萎，她变得越来越老迈、衰弱、瘦小和悲惨。根据艾略特的引文，佩特罗尼乌斯（Petronius）描述了西比尔如何哀叹自己的命运，她渴望死亡，她萎缩的身躯蜷缩在一个细颈瓶中；[2] 也有人认为她的愿望终于实现，因为据保萨尼亚斯②讲述，他在库迈（Cumae）的几位向导曾向游客展示过一个容器，声称里面是女先知西比尔最后的遗骸。[3] 其他城市也声称藏有西比尔的遗物，一座又一座所谓西比尔的坟墓散布在整个古代地中海地区。[4] 同样常见的还有这则故事：西比尔将她写的一部预言集卖给罗马最后一位国王，之后便无影无踪。[5]

不过，关于西比尔的结局还有另一种说法，或许是所有传说中最为奇异的。这个传说在普鲁塔克（Plutarch）的《皮提娅的神谕》（*De Pythiae oraculis*）中得到了证实。《皮提娅的神谕》是一则对话录，大约写于公元95 年之后，由几个人物在德尔斐神庙前场地上散步时的谈话展开。[6] 有一天，几个同伴来到神庙南侧圣道上一块巨大的岩石旁。在普鲁塔克时

---

① 库迈为古希腊的殖民地，位于今意大利那不勒斯（Naples）境内；西比尔为日神的女祭司。——译者注

② 公元 2 世纪（罗马时代）的希腊地理学家、旅行家，著有《希腊志》（*Periegesis tes Hellados*）十卷。——译者注

代，这里被认为是该地区神谕活动的原初地点，其年代可以上溯至阿波罗战胜巨蟒皮同（Python）之前的传说时期。[7] 按照普鲁塔克的说法，"西比尔在赫利孔（Helicon）受到缪斯女神的培养，离开后到达此地，第一个坐在这块巨石上"，她在这里发表了自己的预言。[8] 然而，这是很久以前的事。站在这个曾经神圣、现在已被废弃的地方，对话人之一暂时陷入了沉思：

> 萨拉皮翁（Sarapion）回忆起西比尔所唱的关于她自己的诗章：[9] 如此一来，即便在她死后，她也不会失去预言的天赋，但她将在月亮上游荡，成为人们所说的月亮的面孔。她的呼吸融入空气，永远带来预言。她的身体变为泥土，上面长出药草和芳草，用来献祭的动物在上面吃草。它们的器官因此会呈现各种颜色、形状与特征，人们据此预测未来。[10]

如同其他许多文献中一样，死亡在这里被视作一个重要的时机与过程，在这一过程中，机体元素相互分离并重新组合；当它们联结在一起时，共同构成一个新的生命体。不过想象中的这一过程，具体细节非常复杂，也极其有趣。为了弄清楚它们，我发现将这个文本及其内容置于三个相互关联的语境中更为可取。简单来说，这三个语境，可分别称为欧亚语境、西比尔语境和普鲁塔克语境；或者更准确地说，宇宙创生论语境、分类学语境与地方性宣传语境。

二

就第一种语境而言，有一些神话我想提醒大家注意，这些神话在整个欧洲和亚洲均得到广泛证实。在这些神话中，世界的创造是在某个原初生物死亡之后进行的，其身体的各个部分为宇宙的形成提供了物质实体。"用伊米尔（Ymir）的肉体创造了大地，用伊米尔的血液创造了海洋"，正如斯堪的纳维亚的一则神话所说。其他变体遵循类似的模式，但在细节上有很大差异。[11] 例如，在有些变体中，罹难者是神；在另一些变体中，罹难者是恶魔或人类，有时则由动物充当这一角色。其中最著名的是伊朗的一个版本［见《扎德·斯普拉姆》（*Zad Spram*）与《班达希申》（*Greater Bundahišn*）］，在这则神话中，世界的创造是从最初的一个人与一头牛的身体开始的。然而，对于二者的处理截然不同，我在这里感兴趣的是后者，因为这只动物死后的命运在某些方面类似于西比尔。根据这则神话，最初的牛埃瓦格达（Evagdād）死后，身体分解为两部分，其中一部分变为月亮[12]，另一部分落到大地上并经历了进一步变化："埃瓦格达死后，由于它具有植物的性质与形态，身上长出五十七种谷物和十二种药草……从身体每一个部位生长出来的植物，都会促进相应部位的生长。" [13]

从身体到大地到植物再到身体，类似的过程在爱尔兰的弥亚奇（Miach）神话中亦有描述，尽管其中植物的来源是人类而非牛的身体。此外，神话中的人类是一位医师，他的职业性质反映在其身体所遭受的变化中。弥亚奇的故事［据《马格·图伊雷德之战》（*Cath Maige Tuiredh*）和《爱尔兰人侵记》（*Lebor Gabála Érenn*）］讲述了一场既属职业性又有俄狄浦斯意味的竞争，因为弥亚奇是诸神的医师黛安·凯特（Dian Cecht）之子，当弥亚奇治好了其父无法救助的病人时，父亲十分恼怒，以致连挥利剑杀死了儿子。然而，弥亚奇被安葬后，他的尸体上长出各种各样的药草。由于每一种药草来自身体的不同部位，因而可以治愈任何患者相应的身体部位。[14]

爱尔兰神话与伊朗神话，二者都认定身体与植物不仅同源、类似，而且存在一种同质关系，还表明物质可以从其中任何一方转移到另一方。正是这些观念，使它们为一种有关医疗、营养的"科学"（即一套严密、系统的话语与实践）奠定了基础，这种科学依据的是一套详尽的知识，即不同植物分别与身体的某些部位相互对应。[15] 在这两则神话中，原初罹难者的身份有所不同（牛与人），弥亚奇神话中的医师身上还带有几种有趣的暗示：第一，疗愈力量存在于他的身体之中；第二，药草之所以有效，是因为它们源自医疗者的身体，并且与医疗者的身体同质。

普鲁塔克的叙述，以类似的方式表明西比尔的预言力量——至少其中一部分——最初留驻于她的身体之中，然后接着讲述，当西比尔的身体在泥土中分解时，同一种预言力量如何传播到身上长出的药草和芳草中。关于这些植物在摄取者身上所产生的效应，这个故事与伊朗、凯尔特故事十分相像，尽管在某些方面略有差异。后两则故事虽未明言，但含蓄地表明食用者是人类；这则故事则强调上述植物被食草动物（尤其是注定成为牺牲品的动物）吞食时所发生的情形。因此，上述植物并未重塑这些精选出来的食用者的整个身体，而是浓缩在它们的器官中，结果，这些器官具备了西比尔此前所拥有的预言力量。如此一来，文本将这些器官描述为西比尔身体、力量的微观转化，从而阐明了古代占卜术中内脏占（extispicy，对祭牲内脏的解读）与肝脏占（hepatoscopy，对祭牲肝部的解读）的重要性。[16]

三

在普鲁塔克的叙述中，萨拉皮翁这一角色并未凭借自己的权威讲述故事，而是"回忆"甚或"引述"他所认为的西比尔本人的某些诗句。[17]不过，他所"回忆"或"引述"的段落是散体，而非诗体。宽容的读者可能认为这是对西比尔原文的一种意译，注意到后来的作者也会对这个段落进行意译。[18]那些持怀疑立场的人，会担心普鲁塔克是否亲自杜撰了这个故事。保存在一部颇为晦涩的著作中的一个片段，将我们从这一困境中解救了出来，这便是特拉勒斯（Tralles）的弗雷贡（Phlegon）①的《论长寿者》（Peri makrobiōn）。在这本书中，弗雷贡（与普鲁塔克大致同时代，喜欢收集奇闻轶事）罗列了一份百岁以上老人的名单。[19]弗雷贡的大多数例子来自人口调查资料[20]，但在最后一个例子中，他讲述了厄立特里亚（Erythraean）的西比尔，（据说）她活了1000年。[21]作为资料来源，弗雷贡引用了一首诗，在这首诗中，当西比尔接近那个致命的年龄时，她

---

① 弗雷贡，公元2世纪历史学家，出生于特拉勒斯（今土耳其境内）。主要著作除《论长寿者》外，还有《奥林匹克运动会》（Olympiads）、《论奇迹》（On Marvels）。——译者注

预言了自己的死亡：

> 为什么我这个最可悲的人，能为别人的苦难
> 做出神圣的预言，此时我自己却遭遇疯狂的命运？
> 为什么我尝到它的刺痛，
> 在我第十个百年，已到悲惨的晚年，
> 在凡人中胡言乱语，说着难以置信的话，
> 根据神示预见所有人的悲惨遭遇？
> 对我预言能力的嫉妒，充满其毁灭的心
> 勒托（Leto）远近闻名的儿子（阿波罗），
> 在向我射出令人皮开肉绽的利箭之后
> 将释放困在我悲惨身体里的魂魄。
> 然后我的魂魄，一旦在空中飞翔
> 并且与呼吸结合，便会将谜语般的预言
> 送进凡人的耳中。
> 我的身体将毫无掩饰地躺在大地母亲身上，
> 因为没有人将泥土撒在我的身体上面
> 也不会有人将它埋入坟墓。
> 我黑色的血液将在宽阔的大地上流淌，
> 最终随着时间而干涸。
> 血液漫过的地面，将长出各种各样的新苗，
> 食草动物吃掉后，新苗会沉入动物的肝脏，
> 并在预言中显示神灵的安排。
> 展翅飞翔的鸟儿，如果啄食了我的肉体
> 就会向人间如实地传达预言。[22]

这几行诗的内容，与前文所引普鲁塔克文本中的描述惊人的相似。依据语言、风格与内容，H. W. 帕克（H. W. Parke）认为，这几行诗很可能是一部失传的西比尔诗作的结尾段落，其年代可能在公元前 3 世纪，弗雷贡

与普鲁塔克均对这部诗作了如指掌。[23] 但是，如果这几行诗系普鲁塔克笔下人物萨拉皮翁"所忆"，普鲁塔克便会选择性地运用这些诗句，并在特定的几处地方修改其内容。

四

在普鲁塔克与弗雷贡的文本中，我们可以察觉到，他们不仅想记述西比尔的命运，在此过程中，还试图按照占卜实践的某种"统一场论"（unified field theory）构建某些东西。尽管这一理论以神话叙事的方式被提出，但它在结构上属于分类学，在倾向上属于唯物主义。从本质上说，它将某些占卜形式［言辞占（cledonomancy）、肝脏占、鸟类占（ornithomancy）］追溯到西比尔，从而解释了其有效性。通过这种方式，它将建立在精确观察与理性推论基础上的占卜实践，描述为从属于西比尔与众不同的灵感与迷狂行为。[24] 此外，它将理性推论行为之间的差异与导致这些差异的西比尔身体部位联系了起来，并进一步将这些差异与不同生命形式及宇宙的不同层次联系在一起。

因此，弗雷贡所引诗句提供了一种分析，它先是将死后的西比尔分解为三个部分（第 10~12 行）：魂魄、呼吸与身体；接着对此略微做了变动，魂魄与呼吸进入空气并相互混融（第 11~12 行），从这一混合体中产生了预言性的话语。对一般人来说，他们不过是碰巧听到了这些话语；但对内行人而言，这些话语透露了神的意志。[25] 根据上述诗句，这些声音具有启示性力量，因为它们由西比尔身体中最精妙的成分构成，同时也保留了这些成分。由于这个缘故，也由于它依赖于某种程度的灵感而不是训练与技巧，言辞占被视为占卜的最高形式，高于那些从西比尔身体残骸中获得启示的占卜行为。关于后几种占卜方式，诗中亦有描述（第 14~23 行）：西比尔的尸体倒在地上并分化为两个部分——肌肉与血液，每个部分各有不同的命运。她的肌肉被鸟类吃掉，影响到它们的飞行和习性，占卜师据此预测未来（第 22~23 行）。[26] 她的血液以我们熟悉的方式渗入土地，滋养各种可供动物食用的植物，然后积聚到动物的肝脏里面，因而为肝脏占提供了依据（第17~21行）。在其表层叙事之下，这个文本确立了四个分类模块之间的关系，分别涉及人的构成、宇宙分层、生物种类与占卜形式（见图8-1）。

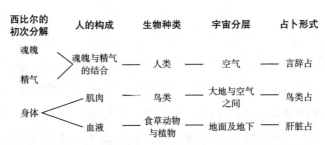

图8-1 西比尔的身体与由此衍生的占卜行为之间的关系（据弗雷贡所引诗段）

普鲁塔克的叙述采用类似的方式，在许多地方使用了几乎同一种术语。一方面，与在弗雷贡的版本中一样，在他的版本中，西比尔的呼吸融入空气，成为一种预言性力量；她的身体融入土壤、植物与用来献祭的动物的器官，从而为肝脏占与奠定了基础。不过，与弗雷贡所引诗句相比，肌肉、血液与鸟类在普鲁塔克的文本中并未提及。另一方面，普鲁塔克文本中的一些内容，与我们在弗雷贡文本中看到的截然不同：西比尔声称"她将在月亮上游荡，成为人们所说的月亮的面孔"[27]。这里人们肯定会问：如果西比尔的呼吸与身体都用于预测他人以后的命运，那么她生命中的哪个部分会飞向月亮？

凭着直觉，人们会不假思索地回答"魂魄"，这个词在普鲁塔克的文本中虽未出现，但可能隐含在其中。在一定程度上，这是十分合理的。但是我们也要注意到，在另外几个文本中，普鲁塔克追随柏拉图，阐述了一系列的末世论思想，这些思想比这个概念本身所体现的内容更为精妙、复杂。[28]此外，正如罗伯特·弗拉瑟利埃（Robert Flacelière）、伊冯娜·韦尼埃（Yvonne Vernière）等人所指出的，普鲁塔克末世论中最原创的一面是他赋予月亮的角色。此处无须赘言，尤其是考虑到对于这个话题已有一些专门论述。[29]笔者只想说，对于普鲁塔克而言，死后升入月亮的实体是灵气（daimōn）①，它经过一段预备期之后分化为两部分：留在月亮表面的魂魄（psykhē）与升入太阳的智慧（nous）。最后，普鲁塔克将阿波罗与太阳联系在一起，将皮提娅与月亮联系在一起，从而使阿波罗成为知识的源头——这些知识通过德尔斐神谕传递到人间，正如太阳是月光的源头一样。[30] 这些关系如图 8–2 所示。

图 8–2　西比尔的身体与由此衍生的占卜行为之间的关系〔据普鲁塔克《皮提娅的神谕》（398cd）〕

五

到此为止，我希望大家看到，在普鲁塔克的叙事脉络中，西比尔死亡神话隐含着一种分类体系，这一体系将多个分类模块联结在一起。更重要的是，一种等级秩序被巧妙地铭刻在这一分类行为之中，这才是它的重心所在。[31] 正如天空高于大地、魂魄高于身体、诸神高于动物、动物高于植物一样，这些文本同样含蓄地表明，一些占卜行为高于其他占卜行为，尽管上述两个文本在对它们的具体排序上有所不同。在弗雷贡引用的版本中，该体系的最高等级是与魂魄、空气密切相关的言辞占（即对预兆性话语的解释）。在三个案例中，普鲁塔克更胜一筹，他将智慧置于魂魄之上，将太阳、月亮置于空气之上，将阿波罗与德尔斐神谕置于言辞占之上（见图 8–3）。

---

① 古希腊文献中的 daimōn 一词模糊多义，早期常指代神明或某种神力，有时又等同于命运或是个人命运的守护精灵，还可以指介于人神之间的某种存在，甚至可指代灵魂，最终又有了魔鬼的身份。此处依据上下文译为"灵气"。参见潘亦婷《〈奥德赛〉中的 daimōn》，载《古典学研究》（第七辑），华东师范大学出版社，2021。——译者注

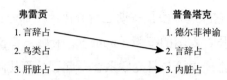

图 8-3　普鲁塔克对弗雷贡文本中的体系做了改动，重新调整了各占卜形式之间的等级关系

这里有必要做一回顾：普鲁塔克写作《皮提娅的神谕》时是德尔斐的一名祭司，其写作动机是，在这座著名的遗址失去昔日的荣光之后，他希望捍卫它的尊严并重振它的未来。[32] 德尔斐的西比尔——如果曾经有过的话——早就消失了，皮提娅不再用诗来讲述；我们被告知，盛况已经不再。尽管如此，普鲁塔克告诉我们：在他的时代，一项重建计划已经开始，他个人对此也有一些功劳。[33]

这些思考有助于我们理解为什么普鲁塔克对西比尔的死亡传说感兴趣，为什么他会这样讲述，他是如何利用手中的材料的。我希望现在可以清楚地看到，他的文本大致是对一则西比尔故事的改写，这则故事本身又是对一个古老且广泛传播的宇宙起源传说（tradition）的改写。为了重振德尔斐事业，普鲁塔克的确修改了现存神话分类学（mythico-taxonomic）话语的某些细节，这一点也可以从另外两个细节中看出，他的版本与弗雷贡所保存的版本在两个细节上有所不同。第一个问题是，这个神话描述的是哪个西比尔？因为古代有很多西比尔。[34] 普鲁塔克很精明地回避了这一问题，未对此发表意见，但通过让他的人物萨拉皮翁站在德尔斐的"西比尔之石"前回忆她的诗篇，诱使人们认为他所说的是德尔斐的西比尔。与之相对，弗雷贡直接表明他所描述的是哪个西比尔以及他依据的是哪些传说（traditions）："正如她自己在这些神谕诗中所说，厄立特里亚的西比尔活了差不多 1000 岁。"[35]（着重号系笔者所加）。

第二个问题是，西比尔是如何——具体说是在谁的手中——死去的。根据弗雷贡所引诗篇，西比尔预知自己将被阿波罗杀死，因为他嫉妒她的预言能力（第 7~10 行）。其他女性与这位危险的神有过类似交易，他赋予她们神谕的力量，期望得到性的回报，当这些期望落空时，他会变得穷凶极恶。最著名的例子是卡珊德拉（Cassandra），阿波罗对她充满欲望，因而赋予她预言能力，当她违背与阿波罗同床的承诺时，阿波罗对她进行了严厉的报复。第一，让她永远被误解或不被信任，无论她说出的是多么完美的真理。[36] 第二，将她送往死亡，对此她可以预见，但无法避免，只好将它视为介于谋杀与牺牲之间的事情：一种既罪恶又神圣的谋杀——她知道幕后推手是阿波罗。[37]

　　阿波罗与库迈的西比尔交易的故事与此类似，因为奥维德（Ovid）告诉我们，作为诱奸计划的组成部分，阿波罗赐给她一个心愿。她天真地要求，给予她与握在手中的沙粒一样数量的寿命，这些沙粒——正如后来所证明——恰好是 1000 粒。然后阿波罗以永恒的青春为条件，想换取与她同床的机会。遭到拒绝后，阿波罗使她陷入一种极其漫长的衰老过程。700年后，她还是处女，但已枯萎，她期盼自己衰亡消失的那一天。更确切地说，是几乎消失，因为她身上的一个成分将永远存在：

　　　　这个时刻终会来临：
　　　　岁月使我的身体变得如此渺小
　　　　以致我的肢体因年老萎缩殆尽。
　　　　我将不会再为人所爱，
　　　　也不会得到阿波罗的欢心。
　　　　或许阿波罗再也认不出我
　　　　也不会承认他曾对我仰慕。
　　　　我的变化如此之大，以致有一天：
　　　　我将在人们的视野中消失。
　　　　尽管如此，我的歌声会为人所知，
　　　　命运女神将留住我的声音。[38]

　　德尔斐的传说表明阿波罗与西比尔之间存在类似的紧张关系。例如，本都（Pontus）的赫拉克利德斯（Heraclides），在其已失传的著作大纲"论神谕诸中心"（On oracle centers）的一份残篇中，将西比尔描述为年长于俄耳甫斯（Orpheus）的唯一凡人，说她曾到过德尔斐并歌唱道：

> 哦，德尔斐人，光芒四射的阿波罗的仆人，
> 我来预言携带神盾的宙斯的心思，
> 因为我对我的兄弟阿波罗感到愤怒。[39]

这里，西比尔声称她的预言直接来自宙斯，没有通过阿波罗的中介，她对阿波罗感到愤怒，并称阿波罗为自己的兄弟，意味着他们是同辈。与保萨尼亚斯一样，赫拉克利德斯也说她的名字叫"阿尔忒弥斯"。[40] 保萨尼亚斯还补充说，她有时被认为是阿波罗的妻子，有时被认为是阿波罗的姐妹或女儿。[41] 我们在这里感受到的也许是一种很深的困惑，或者更可能是对一种中心悖论的揭示：西比尔是阿波罗最可能得到的女人，又是阿波罗最不能接近的女人。普鲁塔克似乎知道这个故事中的大部分，但他掩盖了任何关于阿波罗的负面迹象，即他的情欲、狡诈、恶毒，以及他对于西比尔的苦难与死亡的责任，因为所有这些主题都会威胁到普鲁塔克将阿波罗、皮提娅与西比尔一道弘扬的计划。[42]

六

我们看到，普鲁塔克的介入不仅重塑了故事的表层细节，而且调整了故事的潜在结构与含义，因为在所有预言智慧中，他将阿波罗与德尔斐提到了无以复加的地步，为此还掩盖了几种容易引起麻烦的片段，这些片段在弗雷贡所引神话版本以及其他相关叙事中均曾出现。从根本上讲，这些片段构成了一种思想实验，它试图探究两个问题：第一，拥有强大的神谕力量，是否赋予一个女人足够的自主权，使她能将自己从所有两性关系中解脱出来？第二，如果她这样做了，她的状况会和诸神一样吗？第一种情况给出的答案是肯定的，第二种情况的答案则是否定的。在后一种情况下，只有她的声音被认为是永生的；相比之下，她的身体仅仅在量上而非质上接近永生状态。此外，她与神的差异通过下述方式被戏剧性地强化：西比

尔日复一日地遭受折磨，不断变得衰朽、虚弱、枯萎，直到度完貌似漫长、实则有限的残生。

在故事结尾，叙述者进一步探讨了这些问题，暗示读者尽管西比尔完全没有过性行为，但其身体仍具有惊人的生殖能力。这一点在她死亡后被揭示出来，此时身体分解为不同部分，有些属精神方面（智慧、魂魄与精气），有些属物质方面（肉体与血液），它们散布在宇宙的不同层次并因此呈现不同的等级形态。无论如何，她的预言性声音和力量将永世长存。

讲述或聆听同一故事的各种异文，是探究诸多问题的一种手段，这些问题包括女性是否有权渴求一种独立的声音和独立的身体，或者这种代价是否过于高昂。根据这个神话提供的观点，很少有人——我怀疑——愿意冒这种风险。尽管如此，还是有一些敢于冒险的人，她们之中，在德尔斐神庙担任皮提娅职责的处女们无疑是最重要的。[43] 普鲁塔克对这个故事的修改，意图之一是想实现一个矛盾的目标：一方面将这些女性树立为独立自主的西比尔的主要继承人，另一方面又让她们服从于自己所反抗的神灵。

注　释

[1] 本文最初以意大利语在一次西比尔研讨会上提交［意大利马切拉塔（Macerata），1994 年 9 月］；后以"西比尔之死"（Sibyllens død）为题，在《混沌》（Chaos）第30 卷发表（1998 年 10 月），丹麦语译者为莫顿·瓦斯敏德（Morten Wasmind）。经该刊编辑允许，重新收入此书。

[2] Petronius, *Satyricon* 48.8. 艾略特在《荒原》（*The Wasteland*）"题词"中引用了这段文字。另见塞尔维乌斯（Servius）对《埃涅阿斯纪》（*Aeneid*）的注释（6.321），以及奥维德《变形记》（*Metamorphoses*，14.130）。

[3] Pausanias 10.12.8.

[4] H. W. Parke, *Sibyls and Sibylline Prophecy* (London: Routledge, 1988), pp. 117, 124 n. 30.

[5] 参见：Dionysius Halicarnassus 4.62.2– 4; Aulus Gellius, *Attic Nights* 1.19.

[6] 这篇文献较好的版本有：Stephen Schröder, *Plutarchs Schrift De Pythiaeoraculis: Text,*

Einleitung und Kommentar (Stuttgart: B. G. Teubner, 1990); Ernesto Valgiglio, *Plutarco, Gli oracoli della Pizia* (Naples: M. D'Auria, 1992); Robert Flacelière, *Plutarque, Dialogue sur les oracles de la Pythie* (Paris: Les Belles Lettres, 1962). 本书所述写作时间依据以下论文：C. P. Jones, "Towards a Chronology of Plutarch's Works," *Journal of Roman Studies* 56 (1966): 61–74, esp. 65, 72. 另一些学者则认为，这一时间要晚至公元120年，参见：Yvonne Vernière, "La Théorie de l'inspiration prophétique dans les*Dialogues Pythiques* de Plutarque," *Kernos* 3 (1990): 359–366, esp. 364.

[7] 关于这一传说以及对其准确性的质疑，参见：Christiane Sourvinou-Inwood, "Myth as History: The Previous Owners of the Delphic Oracle," in Jan Bremmer, ed., *Interpretations of Greek Mythology* (London: Routledge, 1988), pp. 215–241. 关于阿波罗战胜巨蟒皮同的神话，参见：Joseph Fontenrose, *Python: AStudy of Delphic Myth and Its Origins* (Berkeley: University of California Press, 1959).

[8] *De Pythiae oraculis* 398c. 在一段说明性文字中，普鲁塔克注意到了另一种传说，它使马利亚（Malia）成为西比尔的故乡。不过普鲁塔克显然更倾向于前一种传说，这一传说讲述西比尔从缪斯女神那里直接来到德尔斐。

[9] 萨拉皮翁是一位有着斯多葛派倾向的阿提卡诗人，也是普鲁塔克的朋友。根据《皮提娅的神谕》（402f），在普鲁塔克的同辈中间，只有萨拉皮翁继续以诗歌形式撰写哲学论文，效法俄耳甫斯、赫西俄德、巴门尼德、恩培多克勒等人的风格。除了这些对话外，对他的了解相对较少，参见：Robert Flacelière, "Le Poète stoïcien Sarapion d'Athènes, ami de Plutarque," *Revue des etudesgrecques* 64 (1951): 325–327.

[10] De Pythiae oraculis 398cd.

[11] *Grímnismál* 40. 我对这些神话已有研究，参见：*Myth, Cosmos, and Society: Indo-European Themes of Creation and Destruction* (Cambridge, MA: Harvard University Press,1986). 其他涉及这一主题的研究有：Jaan Puhvel, "Remus et Frater," *History of Religions* 15 (1975): 146–157; Alfred Ebensbauer, "Ursprungsglaube, Herrschergott und Menschenopfer: Beobachtungen zum Semnonenkult (Germania c. 39)," in M. Mayrhoferet al., eds., *Antiquitates Indogermanicae: Gedenkschrift für Hermann Güntert* (Innsbruck:Innsbrucker Beiträge zur Sprachwissenschaft, 1974), pp. 233–249; Hoang-son Hoang-šyQuy, "Le Mythe indien de l'homme cosmique dans son contexte culturel

et dans son évolution," *Revue de l'histoire des religions* 175 (1969): 133–154; Walter Burkert, "Caesar und Romulus-Quirinus," *Historia* 11 (1962): 356–376; G. Bonfante, "Microcosmo e macrocosmonel mito indoeuropeo," *Die Sprache* 5 (1959): 1–8; A. W. Macdonald, "A propos de Prajâpati," *Journal asiatique* 240 (1953): 323–328; Adam Frenkian, "Purus.a—Gayomard—Anthropos," *Revue des études indo-européennes* 3 (1943): 118–131. 对于这类神话的研究，里程碑式的著作仍推：Hermann Güntert, *Der arische Weltkönig und Heiland* (Halle: Max Niemeyer, 1923). "印欧" 语境之外，我们还要注意以下有关尸体化生（creative dismemberment）的叙事；美索不达米亚的金固（Kıngu）与提亚玛特（Tiamat）、中国的盘古（P'an-ku）与混沌（Huntun）、埃及的奥西里斯（Osiris）、塞兰岛（Ceram）的海努韦莱（Hainuwele），等等。在处理这些材料时，我希望避免枯燥乏味的普遍主义，也避免印欧优越论主张。

[12] 《扎德·斯普拉姆》(3.50)："然后他带着牛的精液来到了月亮。牛的精液中有光芒，他把光芒交给了月亮女神。"神话继续讲述这些精液（即牛的生命原质）在月亮上如何被净化，然后回到地球，其他所有动物均从中创造。该神话见：Ph. Gignoux and A. Tafazzoli, eds., *Anthologie de Zādspram* (Paris:Association pour l'avancement des études iraniennes, 1993).

[13] 同上，3.43–44. 参见：*Greater Bundahišn* 13.0–4.

[14] *Cath Maige Turedh* 33–35; *Lebor Gabála Érenn* 7.310.

[15] 这则神话接着讲述，弥亚奇的妹妹艾尔梅德（Airmed）对兄长尸体上长出的药草进行分类，以创立药草医学，但这一努力遭到嫉妒的黛安·凯特的阻挠（*Cath Maige Turedh* 35）。在伊朗，这种知识被编入一部现已失传的文献《达姆达·纳斯克》（Damdād Nask）中，前文所引巴列维语资料便出自这部文献。可以确信，在《荷马史诗》的程式化表述中，将大麦形容为 "人类精华的源泉"，表达的也是类似观念（*Odyssey* 2.290, 20.108）。

[16] 关于希腊人、罗马人与伊特鲁里亚人（Etruscans）的内脏占与肝脏占，参见：Cicero, *De divinatione* 1.131, 2.28–37、42；A. Bouché-Leclercq, *Histoire de la divination dans l'antiquité* (Paris: Ernest Leroux, 1882), 4:61–74; H. Hagen, *Die physiologische und psychologische Bedeutung der Leber in der Antike*; F. Lisarrague, "LesEntrailles de la cité: Lectures de signes—propositions sur la

hieroscopie," *Hephaistos* 1 (1979):92–108; J. M. Lawrence, *Hepatoscopy and Extispicy in Greco-Roman and Early Christian Texts*; L. B. van der Meer, *The Bronze Liver of Piacenza: Analysis of a Polytheistic Structure*(Amsterdam: J. C. Gieben, 1987). 关于一般性占卜，参见：Jean-Pierre Vernant, ed., *Divination et rationalité* (Paris: Editions du Seuil, 1974); Friedrich Pfeffer, *Studien zurMantik in der Philosophie der Antike* (Meisenheim am Glan: Anton Hain, 1976); Raymond Bloch, *La Divination dans l'antiquité* (Paris: Presses universitaires de France, 1984); Dario Sabbatucci, *Divinazione e cosmologie* (Milan: Il Saggiatore, 1989); "La Divination dans le monde étrusco-italique," 52, 54, 56 *Caesarodunum* (1985–86).

[17] 这里所说的动词是 emnēsthē。施罗德（Schröder）倾向于认为表示"回忆"，但他同时指出，有几个段落中，这个词似乎表示"引述"（p. 206）。

[18] 例如，亚历山大的克莱门特（Clement），他错误地声称自己引用了萨拉皮翁的诗句（*Stromateis* 1.70.3f）。

[19] 关于弗雷贡的生平与著作，参见：Pauly-Wissowa, 20:261–264. 弗雷贡明显对西比尔的资料感兴趣，而且可能接触过这方面资料，因为在他的《论奇迹》一书中，对西比尔的神谕有大量引用，这种做法在当时极为少见。参见：Hermann Diels, *Sibyllinische Blätter* (Berlin: Georg Reimer, 1890)。

[20] 普林尼（Pliny）的《自然史》（*Natural History*）一书也继承了类似做法（7.162–64）。另可参阅被认为是琉善（Lucian）所著的《论长寿者》（*Peri makrobiōn*）。

[21] 下文所引的这个片段，开头是对西比尔的描述，称她已经活了"差不多一千年"。参见：Heraclitus, Fragment 92 (Diels-Kranz)。

[22] Felix Jacoby, *Die Fragmente der griechischen Historiker* (Berlin: Weidmann, 1929), Fragment 257f37, p. 1188.

[23] Parke, *Sibyls and Sibylline Prophecy*, pp. 114 –118. 尤其要注意，这个段落与《西比尔神谕》（*Sibylline Oracle*）第七篇（7.151–162）的结尾很相似。

[24] 这种对照由柏拉图做出（*Phaedrus* 244cd）。《斐德若篇》中的这段文字，将西比尔的预言方式与德尔斐神庙皮提娅的预言方式明确联系在一起，并将这两种方式与鸟类占之类的技术进行了对比。西塞罗（Cicero）也对"自然的"和"人工的"占卜形式做了等级区分：前者与神圣灵感相关，后者依赖于理性技巧（*De divinatione*

2.26 –27；参阅：1.4、12、34、109–110、113、127–130，2.42）。

[25] 比如，《荷马史诗》提供了两个言辞占的例子。奥德修斯先是偶然听到那些求婚者的话（*Odyssey*18.117），后来又偶然听到一位女仆的话（20.120），他从这些话语中察觉到宙斯已允诺自己取得胜利。后一场景尤为复杂，因为奥德修斯请求宙斯让人给予他预兆性话语，宙斯从晴空发出雷鸣作为回应。听到雷声，磨坊里的一位女仆称这是求婚者们失败的征兆，奥德修斯很感激这一预言（18.95–121）。参见：John Peradotto, "Cledonomancy in the Oresteia," *American Journal of Philology*90 (1969): 1–21; Cristiano Grottanelli, "Bambini e divinazione; 7, Cledonomanzia conbambini," in Ottavia Niccoli, ed., *Infanzie* (Florence: Ponte alle grazie, 1993), pp. 52–57. 感谢弗里茨·格拉夫（Fritz Graf）为这些讨论中的诸多方面提供帮助！

[26] 请注意：在最著名的鸟类占卜（它决定了罗马的创建）中，罗慕路斯与雷慕斯（Remus）观察的是秃鹫，即食肉性鸟类（Plutarch, *Romulus* 7.1）。

[27] *De Pythiae oraculis* 398c.

[28] 关于普鲁塔克的末世论在其宗教思想中的地位以及普鲁塔克在柏拉图传统中的地位，参见：Frederick E. Brenk, *In Mist Apparelled: Religious Themes in Plutarch's Moralia and Lives* (Leiden: E. J. Brill, 1977); Yvonne Vernière, *Symboles et mythesdans la pensée de Plutarque* (Paris: Les Belles Lettres, 1977); Ioan Culianu, "Inter lunamterrasque . . . Incubazione, catalessi, ed estasi in Plutarco," in Giulia Piccaluga, ed., *Perennitas: Studi in onore di Angelo Brelich* (Rome: Ateneo, 1980), pp. 149–172.

[29] 参见：Robert Flacelière, "La Lune selon Plutarque," in *Mélanges d'histoire ancienneet d'archéologie offerts à Paul Collart* (Lausanne: E. de Boccard, 1976), pp. 193–195; Y. Vernière, "La Lune, réservoir des âmes," in François Jouan, ed., *Mort et fécondité dans lesmythologies* (Paris: Les Belles Lettres, 1986), pp. 101–108. 最重要的原始资料是：Plutarch, *De facie in orbe lunae*, esp. 942ef, 943a, 945cd; 参阅：*De Pythiae oraculis* 397c, *Dedefectu oraculum* 416de.

[30] *De Pythiae oraculis* 404e. 参阅：*De sera numinis vindicta* 566 bc, *De Pythiae oraculis* 400d, 404d; 另可参阅：Giulia Sissa, "Lunar Pythia," in *Greek Virginity* (Cambridge, MA:Harvard University Press, 1990), pp. 25–32.

[31] 关于各种分类体系的等级性，参见：Bruce Lincoln, *Discourse and the Construction*

of Society (New York: Oxford University Press, 1989), pp. 131– 141.

[32] 普鲁塔克约从公元90年起担任这一职务，直到公元125年去世为止。参见：Guy Soury, "Plutarque, prêtre de Delphes, l'inspiration prophétique," *Revue des etudesgreques* 55 (1942): 50–69; Robert Flacelière, "Plutarque et la Pythie," *Revue des etudesgreques* 56 (1943): 72–111, "Plutarque, apologiste de Delphes," *L'Information littéraire* 5(1953): 97–103; M. L. Danieli, "Plutarco a Delfi: Note sulla religiosità plutarchea," *Nuovo Didaskalion* 15 (1965): 5–23.

[33] 普鲁塔克讲述了自己一生所经历的德尔斐神庙的变故（*De Pythiaeoraculis* 397d, 402b, 407d, 408bc；*De defectu oraculorum* 414b），他自豪地提到这项重建计划（*De Pythiae oraculis* 409a）以及自己对此的贡献（*De Pythiae oraculis* 409bc）。

[34] 最早的资料只提到一位西比尔。本都的赫拉克利德斯首次提到多位西比尔，他分别命名为厄立特里亚的西比尔、马尔佩索斯（Marpessus）的西比尔与德尔斐的西比尔。瓦罗（Varro）列出的十位西比尔是公认的，不过还有人列出更多。参见：Parke, *Sibyls and Sibylline Prophecy*, pp. 23– 46.

[35] 257f37 (Jacoby).

[36] Aeschylus, *Agamemnon* 1201–1212. 对于卡珊德拉的详细讨论，参见：J. Davreux, *La Légende de la prophétesse Cassandre d'après les textes et les monuments* (Paris: E. Droz, 1942).

[37] Aeschylus, *Agamemnon* 1256 –1294. 卡珊德拉谴责阿波罗，见第1072~1087、1136~1139、1256~1257行；毁掉自己身上预言者的标志，见第1264~1268行；将自己的死亡视为对阿波罗的献祭，见第1275~1278行；接受自己的命运，见第1290~1294行。

[38] 原诗见：*Metamorphoses* 14.130–153. 笔者引用的是其中第147~153行。

[39] Fragment 130, in Fritz Wehrli, *Herakleides Pontikos* (Basel: Benno Schwabe, 1953), p. 40.

[40] 同上。

[41] Pausanias 10.12.2.

[42] 普鲁塔克至少知道，是阿波罗赋予西比尔预言的能力，也是阿波罗带给西比尔无尽的哀伤和长达千年的生命。因为在现存最早的一篇提到西比尔的文献中，这些

主题均有涉及。普鲁塔克在《皮提娅的神谕》（397a）中曾援引这篇文献："根据赫拉克利特的说法，西比尔语无伦次地说着忧郁、朴素的话，她的声音持续了一千年，这多亏了阿波罗。"（原文见：Diels-Kranz, Fragment 12B92）

[43] 关于皮提娅的童贞与其预言能力之间的关系，参见：Sissa, *Greek Virginity*, pp. 7–70.

第九章 《高特雷克萨迦》中的
礼物交换 [1]

一

许多讨论过"船的象征性"的学者主要从宗教层面看待其象征意义，一旦船出现在常规功能语境之外（船葬是一个尤其令人着迷的问题），他们便将船首先理解为一种象征符号。不过我打算以一种更为宽泛的方式来处理这个问题。在我看来，象征主义不仅是一个宗教问题，而且是一种无所不在的文化现象。就船而言，无论它们出现于仪式性或神话性语境，还是作为普通的旅行、战争与贸易工具，都可能是象征性话语的一部分。说到底，我想指出船在三个古诺尔斯语（Old Norse）文本中如何发挥不同的象征功能，这三个文本都是围绕海洋与陆地的对立组织起来的。其中两个文本我仅做简要论述，另一个文本则做更为全面的探讨。

第一个是斯诺里对尼约尔德（Njorð）与斯卡蒂（Skaði）错误联姻的叙述：

> 亚萨神族（Aesir）中的第三位名叫尼约尔德。他住在天堂中一个名为"诺欧通"[Nóatún，即"船城"（Ship town）]的地方。他能向风发号施令，能平息大海和火焰。人们捕鱼、航海时，会召唤他的名字……尼约尔德有个妻子叫斯卡蒂，是巨人夏基（Thjazi）的女儿。斯卡蒂想住在她父亲那里，一个名叫索列姆海姆（Thrymheim）的地方，

但是尼约尔德想住在海边。他们最终决定在索列姆海姆住九个夜晚，然后在诺欧通住九个夜晚。可当尼约尔德从群山之中的索列姆海姆回到诺欧通时，他说道：

> 我讨厌群山。
>
> 我待了整整
>
> 九个晚上。
>
> 狼的嚎叫
>
> 还有天鹅的歌唱
>
> 令我心烦意乱。

斯卡蒂接过话头：

> 我在海边的床上
>
> 无法入睡，
>
> 因为鸟儿的叫声
>
> 每天清晨吵醒我
>
> 还有海鸥的叫声
>
> 不断从林中传来。

于是斯卡蒂回到山上，住在索列姆海姆。她乘着滑雪板四处旅行，还用弓箭射击猎物。人们称她为"雪鞋女神"（Snowshoe goddess）或"雪鞋神"（Snowshoe deity）。[2]

显而易见，这段文字建立了一组二元对立，对立的双方不仅有尼约尔德与斯卡蒂，还有海洋与陆地、港湾与山脉、船只与雪鞋、海鸟与野兽、捕鱼与狩猎、歌唱与嚎叫。值得注意的还有男性与女性之间的对立，这意味着通过婚姻制度可以调和两性之间的差异。不过这一解决方案又会引发另一个问题：他们在哪里居住？随着叙述的推进，对婚后从母居与从父居两种模式进行调停的尝试失败了。在海边与山上各住了九天之后，所有的对立又回到原点，尼约尔德与斯卡蒂认定他们就像船与雪板、夏与冬、海鸥与狼一样无法相容。

二

类似的对立在《奥克尼萨迦》（*Orkneyingasaga*）中也很明显，其开头如下：

> 有一位国王名叫佛恩尤特（Fornjotr）。他统治着人称芬兰（Finland）与克文兰（Kvenland）的土地，这片土地位于通往甘德维克（Gandvik）①的海湾以东。这就是赫尔辛加湾（Helsinga Bay）。佛恩尤特有三个儿子：一个叫"赫勒尔"（Hlerr，"海洋"），我们称他为"埃吉尔"（Ægir，"大海"）；一个叫"洛基"（Logi，"火焰"）；第三个叫卡利（Kari）。卡利是"弗罗斯蒂"（Frosti，"冰霜"）的父亲，弗罗斯蒂又是"斯奈尔"（Snaer，"冰雪老人"）的父亲。他的儿子被称为"托里"（Thorri，"一月"）。托里有两个儿子，一个叫诺尔（Nór），另一个叫戈尔（Gór）。他的女儿被称为"戈伊"（Goi，"二月"）。托里是一位伟大的献祭者。他每年在仲冬献祭，人们称之为"一月祭"（January sacrifice）。这个月的名字即来源于此。有一年冬天，戈伊在"一月祭"中不见了。他们去追寻她，但没有找见。一个月后，托里举行了一场献祭，目的是让他们知道戈伊可能在哪里安息。他们称之为"二月祭"（February sacrifice）。但他们对她仍然一无所知。三个冬天之后，兄弟俩发誓要找到她，他们这样分头寻找：诺尔在陆地上搜寻，戈尔在礁石和岛屿上搜寻。他乘船旅行。[3]

在这段文字及其所描述的谱系（见图9-1）中，一系列对立被引入其中，这些对立包括火与水、男性与女性、在场与缺席、一月与二月、土地与海洋，还有以不同方式寻找妹妹的诺尔与戈尔兄弟。后面的段落详细讲述了上述最后一个主题，描述诺尔如何乘滑雪板向北，然后向西，最后向

---

① 在北欧神话中，甘德维克是一片十分凶险的海洋。——译者注

南，其间靠射杀鸟类和捕猎其他动物为食；戈尔则乘船向南，然后向西，穿越波罗的海与丹麦海峡，其间在岛屿上停留，大概以鱼类为食。最终，弟兄两个在松恩（Sogn）附近相遇，并在他们之间划分了两个王国，诺尔获得他所穿越的斯堪的那维亚大陆，戈尔拥有岛屿和海洋。[4]

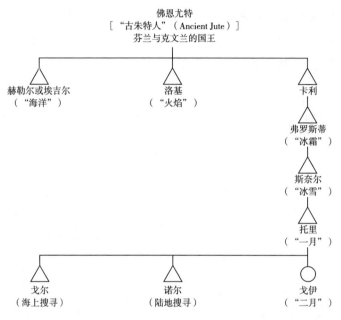

图 9–1 《奥克尼萨迦》（2）所述谱系

在叙述的结尾，另一组元素被加入这一模式化的对比系统（海洋对土地、船只对雪橇、岛屿对大陆、鱼类对猎物、南方对北方）。因为当他们继续搜寻时，诺尔前往阿普兰兹（Uplands），找到了失踪的妹妹，她已被比亚格（Bjarg）国王赫罗夫（Hrolf）绑架。诺尔与赫罗夫随后单打独斗，但双方不分胜负，两人决定和解，各自娶了对方的妹妹（见图9–2）。[5]因此，这个故事将大陆——诺尔现在以自己的名字命名［"挪威"（"Nor-way"），Nór-vegr］——构想成一个和平的异性空间，在那里，婚姻交换使得家庭的形成成为可能。与之相对，戈尔没有娶妻，他作为"海上之王"统治着一个动荡、好战、似乎全是男性的王国，这一王国与他在船上生活的同性社

265

会经验相关。然而，这个文本最终认为诺尔的生存方式不如他兄弟的生存方式，因为和平与性放纵导致他的王国繁衍过度，致使王国走向毁灭。故事如此讲述："诺尔一生统治着这个王国，他的儿子们在他死后继续统治。他们瓜分了土地。随着国王数量的增加，他们的王国开始缩小。"[6] 此后不久，诺尔的儿子们与他们日益缩小的王国从故事中彻底消失。相比之下，戈尔尽管没有娶妻，还是想方设法生了两个儿子，他们也成为暴力、专横的海上之王。奥克尼群岛（Orkneys）后来的统治者，也是这部萨迦的主要英雄，便是他们的后代。

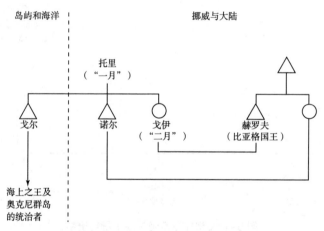

图 9-2 《奥克尼萨迦》（2）中陆地与海洋的对立

三

另一个文本是《高特雷克萨迦》（*Gautrek's Saga*），这是形成于 13 世纪（也可能是 14 世纪）的传奇萨迦（Legendary Sagas）之一。[7] 在这部萨迦中，船也作为象征符号出现于海洋与大地的结构性对立之中。该萨迦的第一个片段，有时被称为"高蒂的故事（Gauti's Story）"，背景为公元 8 世纪。该故事发生于陆地，并且是一种极端形态的陆地：斯堪的那维亚南部

西约塔兰（West Götaland）的内陆边境。故事开端如下：

> 那时候，边境地带的森林里有许多人居住，因为人们已经让边境变得平静，这里远离人口密集的地区，他们在这里建立了自己的家园。其中一些人由于不法行为而逃到这里；有些人则因为个人的癖好或追求冒险而来到这里。他们认为，如果远离其他人，自己就不会受到嘲笑与奚落，因此他们在这里离群索居，这样便不会遇到任何人，除了那些与他们生活在一起的人。许多人都去了远离社会的地方，没有人来拜访他们，除非偶尔有人在边境迷路并误打误撞地到他们家里。但从没有人自愿去那里。[8]

正如这段描述所表明的，边境被理解成一个远离社会的空间，以至于缺乏最基本的人际交往与商业形式。不难想见，故事开始时，一位外来者——狩猎时迷路的国王高蒂（King Gauti）——走近一间房子寻找食物。但这间房子的主人，他被名副其实地称作斯卡夫纳图恩［Skafnartúngr，意即"守财奴"（Pinchpenny）或"铁公鸡"（Skinflint）］，以前从未招待过客人，生怕家中的粮食有丝毫减少。[9]因此他立即躲了起来，国王并未气馁，闯进房子，扑通坐在桌子旁，自己动手找东西吃。当天夜晚，他和这家三个女儿中最年轻、最聪明的斯诺特拉（Snotra）同床而眠。

第二天一早，国王高蒂离开这个地方前，邀请斯诺特拉又见了一面，他已预料她怀上了自己的孩子。然而，她的父亲——此前未对国王说过一句话——郁郁寡欢。[10]文中讲述："斯诺特拉回到家里时，她的父亲正坐在财物上，说道：'一个伟大的奇迹降临到我们身上。一位国王来到我们家，当着我们的面吃光了我们的食物，拿走了我们最不能失去的东西。鉴于我们很贫困，我不知道我们怎样才能维持这个家。因此，我将所有的财产集中在一起，打算分给我的儿子们。然后我将带着妻子和奴隶到瓦尔哈拉（Valhalla）。'" [11]

我们得知，在这些人群中间，自杀是一种根深蒂固的传统，因为每当他们担心自己的家庭变得太大或财产变得太少时，年长者会从"家庭岩"

（Family Rock，屋子后面一道陡峭的悬崖）上纵身跳下。[12] 在将财产分给子女之后，"守财奴"与妻子从悬崖上一跃而下。不过随后，对于年轻一代来说事情变得很糟：老大夫妇发现自己的金子上有一个污点，误认为是一种损失，便效法父母跳下悬崖。老二夫妇因一只鸟吃了唯一的一捆谷物，也照例而行。这便剩下最后一对夫妻：吉尔林（Gilling）与斯诺特拉，他们约束自己保持贞操，以免家中人多嘴杂。因此，当斯诺特拉怀孕的迹象越来越明显时，吉尔林对事情的变化既困惑又沮丧，也朝"家庭岩"走去。

上述故事构成这部萨迦的第一部分，它为后面的情节奠定了基础。[13] 在叙事层面，其高潮是斯诺特拉之子高特雷克（Gautrek）的诞生。从其他资料可知，高特雷克是公元 8 世纪耶特人（Geatish）①的国王，正是他将前后情节关联在一起，并以他的名字来命名这部萨迦。[14] 从主题看，它描述了一种极端陆地型（hyperterrestrial）生存方式，与萨迦结尾出现的极端海洋型（hypermaritime）生存方式形成对比。②

四

在"守财奴"所在的远离社会（asocial）的内陆世界中，"家庭岩"是最为坚固、最难撼动的地点。如果说这个地点是"高蒂故事"的中枢的话，那么与之相反，船是这部萨迦后一部分［也称"吉夫特－雷夫萨迦"（Gift-Ref）］的中枢。故事开始于远离挪威海岸的伦尼赛（Rennisey）岛，一个富农与他的妻子、儿子住在那里。他的儿子雷夫（Ref）——这个名字的字面意思是"狐狸"——是一个典型的好吃懒做、游手好闲的傻小子（Ashboy）："小时候，雷夫躺在壁炉旁边，往炉火中扔着柴火和树皮。他长得人高马大，却从不清理自己身上的污垢，也从不伸出手去帮助别人。他的父亲是一个很富有的人，儿子的大手大脚与游手好闲让他很不高兴。雷夫之所以出名，不是因为他的智慧或勇气，而是因为他让自己成为亲朋好友的笑柄。

---

① 耶特人（Geat）系瑞典南部斯堪的纳维亚人中的一支，传说中的英雄贝奥武夫即属该民族。——译者注

② 关于这两种生存方式，本章第五节第一段有进一步论述，可参阅。——译者注

他父亲认为他不大可能完成其他年轻人所能完成的任务。"[15]

与"守财奴"一样，雷夫最初居住在一个远离社会、远离生产的地方，只要风平浪静，一切便很舒适。在某些方面，他的主要空间——岛屿上的火炉边——与大海形成对比，但它也靠近大海。与"守财奴"不同的是，雷夫不被允许留在这个有限的场所，因为他父亲对他失去了耐心，将他逐出了家门。离开前，雷夫要求父亲送给他一头贵重的牛，牛角镶嵌着黄金。于是他来到海边，开始了冒险之旅："他将那头漂亮的牛牵到岸边，驾驶一艘船前往大陆。"[16]

此时此刻，雷夫获得一种前所未有的流动性，借助这种流动性他接触到另一个人物，后者在某些方面与"守财奴"十分相似，在其他方面则形成鲜明对比。这便是内里伯爵（Earl Neri），他以聪明、吝啬著称，从不接受任何礼物。尽管如此，雷夫还是将这头贵重的牛送给了他：

> 伯爵说："你没听说我从不接受礼物，因为我不想回馈任何东西吗？"
>
> 雷夫回答："我听说过你的吝啬。即便有人给了你一些东西，他也不要奢望会换来一分钱。尽管如此，我还是希望你收下这件珍贵的礼物，说不定你会用你的言语而不是金钱来帮助我。让它成为对我的回报吧。"
>
> 伯爵说："考虑到你的说明，我得收下这头牛。进来在这里过夜吧！"[17]

在雷夫的提议下，伯爵接受了一种奇怪的现代交易形式（即一种有偿的顾问服务，只要双方愿意），在这种交易中，物质性的东西被用来换取非物质性的东西：伯爵的金玉良言。表面来看，这种约定是为了让内里伯爵不承担任何负担和义务，从而使他凭空获利。然而，在这场交易中占便宜的还是雷夫，因为正如伯爵很快认识到的那样，（由于言语与实物并不等价），他必须不断给雷夫提出一条又一条的建议，后者的财富迅速增加。每当雷夫回来报告他的巨大成功时，伯爵都会重复那句老调："不过，对于牛来说这只是个小小的回报。"[18]

不平等交换这一主题，在内里伯爵给出的建议中也很突出。比如，他先解释说，他的朋友高特雷克阁下（他此时已长大成人并登上了父亲的王位）因妻子去世而郁郁寡欢。他每天都坐在她的墓地上，他在那里唯一的乐趣是看着他的鹰飞翔。然而到了下午，这只鸟已筋疲力尽，因此伯爵解释说，雷夫应当带上一块磨刀石去墓地。[19]到了那里，他应该耐心等待，直到国王想给鸟儿喂点东西让它恢复精力，这个时候，他应当将磨刀石递给高特雷克。

计划一举成功。心存感激的高特雷克送给雷夫一只金手镯，雷夫回到内里伯爵那里。伯爵再次热情招待他过冬，到了春天，他问雷夫有何计划。"卖掉手镯换钱"，雷夫答道。但是内里劝他驾船前往英格兰，与国王埃拉（Ælla）进行类似的交易。雷夫欣然应允。

> 国王问这个人是谁，他回答道："我叫雷夫，我希望你能接受我这只金手镯。"他把它放在国王面前的桌子上。
> 国王看了看，说："这件东西很值钱，是谁给你的？"
> 雷夫回答："高特雷克国王给了我这只手镯。"
> 国王问："你给他什么？"
> 雷夫回答："一块小小的磨刀石。"
> 国王说："如果高特雷克国王用黄金换取石头，那他的确非常慷慨。"[20]

经过一番考虑，埃拉接受了雷夫的金手镯，让他整个夏天在自己这里做客。离别时，他送给雷夫两只华丽的狗，配有金项圈和金锁链。这还不是全部。"有一天国王备好一艘船，让雷夫跟他一起前往。国王说：'我想将这艘船给你，船上有最适合你的货物和你需要的全部人手。我不希望你成为另一个人的旅客，我想让你去任何你想去的地方。不过，这与高特雷克国王对你的报答相比，仍然微不足道。'"[21]

第二年春天，还是同样的模式。雷夫想以商人或维京人的身份出航，但遵照内里伯爵的建议，他起航前往丹麦。这次不等他到达，名声已传入丹麦。丹麦国王赫罗夫·克拉基（Hrolf Kraki）问道："你是不是叫吉夫特－雷夫［Gift-Ref（字面意思为"礼物－狐狸"）］？"他回答说："我接受过人们的礼物，有时也送给他们礼物。我想将这两只小狗连同它们的装备一起送给阁下。"接下来是可以预见的对话：

> "谁送给你的？"
>
> "埃拉国王。"
>
> "你给他什么？"
>
> "一只金手镯。"
>
> "谁给你的？"
>
> "高特雷克国王。"
>
> "你给了他什么？"
>
> "一块磨刀石。"
>
> "如果高特雷克国王用黄金换取石头，那他的确非常慷慨。"[22]

接下来也是可以预见的结果："秋天，雷夫准备好他的船。国王说：'我已经想好如何回赠你了。你会从我这里得到一艘船，就像从英格兰国王那里得到的一样，它里面有最好的货物和船员。'"[23]除此之外，赫罗夫国王还送给他一套华丽的头盔和铠甲，全是用红金制成的。第二年春天，在与内里伯爵再次过冬后，雷夫将盔甲交给了强大的海上国王奥拉夫（Olaf），正如内里所预见的那样，奥拉夫让他选择想要的回报。按照内里的建议，雷夫请求借用奥拉夫的舰队两个星期。当雷夫带着借来的80艘战舰进入耶特人的水域时，内里前去警告高特雷克国王即将有人进攻。在说服高特雷克求和后，内里进行了一场巧妙的虚假谈判，不仅让雷夫获得了伯爵爵位，而且得到高特雷克唯一的女儿。

五

将"高蒂故事"与"吉夫特－雷夫萨迦"进行比较，会得到一组对立

271

和一种意义体系——这一点再清楚不过了。前者发生在内陆，位于偏僻的森林和危险的悬崖地带。这是一个远离社会、人情冷漠、缺乏交流的空间，在这里，经济行为和价值均以积聚为导向，人们最为关心的是防止发生任何损失。因此，这是一个静止的世界，但这种静止又很脆弱：按照它的运行法则，单身客人的到来可能导致灾难。第二种叙事截然不同。情节开始于一座海岛，又经由大海转移到约塔兰、英格兰、丹麦和挪威的沿海地区。流动性与社会交往始终相互伴生，就像在季节性的礼尚往来以及隆重的迎来送往仪式中一样，在这些场合，人们会慷慨地赠送、接受礼物。经济活动以交换为中心，它可能包含风险，但也会带来巨大收益。

如果意义是在这组对立中形成的，那么价值也是如此，因为倾向被嵌入其中。然而，这些倾向并不是绝对的，因为在某种程度上，雷夫的船只以及它们所带来的超流动性，只比"家庭岩"的超稳定性略微不那么令人不安。当我们从高特雷克（或其他国王）的角度思考这种行动时，还有当我们详细考察雷夫的交易时，这个问题变得一清二楚。首先，我们可能注意到，每次发起交易的礼物与结束交易的礼物明显不对称，这是高特雷克用黄金换取石头时确立的一种模式。所有人都认为这一事件非同寻常，它之所以发生，是因为精明的内里伯爵意识到，高特雷克国王的绝望隐含着经济上的种种可能性，因此组织了一个可以最大限度地利用这些可能性的局面。更重要的是，内里的天才——更恰当地说，一种属于文本本身及情节构思者的天才——使他走得更远并构建了一个不折不扣的系统，以便在所有后续交易中复制这些相同的经济优势。

内里与雷夫实现上述目标的一些方式十分明显，它们标志着巨大的社会与历史变化：从交换经济向商业资本主义的转变。[24] 因此，他们将交易作为获取经济利益而不是维持人际关系的手段。与之相应，他们将交易伙伴视为在完成一次有利可图的交易之后便可轻易抛弃，而不是必须长期保持互惠往来的人。此外，他们将利润作为从事进一步投机的资本，而不是在消费过程中被囤积或挥霍的东西。[25]

除此之外，我们还应当注意到，与高特雷克国王的最初交易不仅使雷夫获得黄金，还有关于这块黄金的叙事，这一叙事又被他讲述给随后的交易伙伴，从而使高特雷克的慷慨成为衡量这些交易伙伴的标准。如此一来，雷夫便不会与他的任何交易伙伴直接竞争，而是为他们创设了一种局面，在这种局面中，他们实际上被迫根据以下规则相互竞争：雷夫在财富经济中的收益越高（即他的礼物与他们的回馈在物质上的不平衡性越大），他的王室合伙人在声望经济中的损失就越小（也就是说，与高特雷克及其他国王相比，他们显得更为慷慨）。[26]

当雷夫获准借用奥拉夫的船舰，从而实现财富向权力的转化时，这一系列交易达到了巅峰。更准确地说，财富被欺骗性地转化为权力的幻影，后者被证明与权力本身一样有效。在我看来，雷夫借来舰队——舰队既是他的又不是他的，既是威胁又是虚张声势和恶作剧——正好与"家庭岩"形成两极对照。因为作为流动性的最高表现，这支舰队是将一个穷小子转变成一位伯爵暨国王继承人的关键性工具。

这种从一无所有到富甲天下的童话故事虽然鼓舞人心甚至令人着迷，却也让另一些人感到不安，他们将对流动性的肯定视为对自身利益的威胁与挑战。因此，文本不仅在叙事过程中揭示了早期资本主义严重威胁稳定的可能性，而且在结尾部分做出最后的草率努力来加以遏制，这有两种方式。首先，它为雷夫提供了一个荣耀的宗谱，通过说明这一宗谱压根并未上升，从而使雷夫的上升合法化。你配得上我的伯爵爵位，内里伯爵告诉他，因为——令人大吃一惊！——你的祖父是一位伯爵。[27]然后，在雷夫可以行使任何进一步的流动性之前（一旦他成为一位无子嗣的国王的女婿，这一切极有可能），文本急忙了结了他：高特雷克国王准备了一场宴会，雷夫与他的女儿赫尔加（Helga）完了婚。随同女儿，高特雷克国王还赐给他伯爵头衔，他的英勇似乎出类拔萃。他的家族地位显赫，他的父亲是一位伟大的维京卫士。雷夫管理着这片领地，直到英年早逝。[28]

《高特雷克萨迦》通过在以下两个部分之间设置明显对立，来构建一种意义体系："高蒂故事"与"吉夫特－雷夫萨迦"。在很大程度上，这也被处理为陆地与海洋的对立，"守财奴"及其家庭所处的内陆边境与雷夫频繁出没的岛屿及沿海城镇形成对立。前一地域远离社会、人情冷漠的风气与后一地域的社会性相并列，而"守财奴"的固执积聚同样与雷夫的交换活动相对峙。"家庭岩"作为超稳定性的重要象征，与雷夫的船舰所体现的超流动性形成鲜明对立。

除此之外，我认为这个文本还在过去与非过去（或者说当下与未来）之间建立了对比。[29]通过回顾 500 多年前的事（即高蒂与高特雷克的统治，他们与埃拉和其他国王一样，都是 8 世纪的著名统治者），它讲述了一种前商业性的经济秩序。它将这种经济秩序与"守财奴"联系在一起，并以蔑视乃至嘲笑的态度对待这种经济秩序，认为它的组织原则是如此有限和愚蠢，以致最终毁灭了自己。然而，在讲述雷夫与内里伯爵的冒险活动时，文本描述了一个重要时刻，此时某种新的、充满活力的事物赫然问世。这也是一个出现巨大机遇的世界，因为：（1）海上旅行极大地扩展了空间流动性；（2）将人类交易行为视为实现经济意图的手段成为可能——相比之下，以前的经济往来仅仅是为了服务人类。其结果是商业资本主义世界的出现，在这个世界中，精明的交易商一直在四处搜寻，运用各种操纵策略从他们遇到的人身上获利：这是一个文本作者夹杂着敬畏与不安进行观照的世界。

注　释

[1] 本文最初发表于学术会议"斯堪的那维亚史前与中世纪的船象征"（"The Ship as Symbol in Scandinavian Prehistory and Middle Ages"，哥本哈根，1994 年 5 月），后收入奥勒·克拉姆林－佩德森（Ole Crumlin-Pedersen）与比吉特·蒙克－赛伊（Birgitte Munch-Thye）合编的会议论文集《史前与中世纪斯堪的那维亚的船象征》（*The Ship as Symbol in Prehistoric and Medieval Scandinavia*，哥本哈根：丹麦国家博物馆，1995），第 25~33 页。经编者同意，现收入本书。

[2] *Gylfaginning* 23.

[3] *Orkneyingasaga* 1 (Nordal ed., 1.1–2.4).

[4] 戈尔的事迹见：*Orkneyingasaga* 1 (Nordal, 2.3–13)；诺尔的事迹见：*Orkneyingasaga* 1–2 (Nordal, 2.13– 4.22)。

[5] *Orkneyingasaga* 2 (Nordal, 4.11–16).

[6] *Orkneyingasaga* 2 (Nordal, 4.19–22).

[7] 这部萨迦的标准版本是：Wilhelm Ranisch, *Die Gautrekssaga in zwei Fassungen* (Berlin:Mayer and Müller, 1900). 早期研究主要有：Lee Hollander, "The Gautl and Cycle of Sagas," *Journal of English and Germanic Philology* 11 (1912): 61–81, 209–217, "The Relative Age of the Gautrekssaga and the Hrólfssaga Gautrekssonar," *Arkiv for Nordisk Filologi* 25 (1913): 120–134; Stig Wikander, "Från Indisk Djurfabel till Isländsk Saga," *Vetenskapssocieteten i Lund, Årsbok* (1964): 89–114; E. Paul Durrenberger, "Reciprocity inGautrek's Saga," *Northern Studies* 19 (1982): 23–37. 最近的译本有：Robert Nedoma, *Gautreks saga konungs: Die Saga von König Gautrek* (Goppingen: Kummerle,1990); Hermann Pálsson and Paul Edwards, *Gautrek's Saga and Other Medieval Tales*(London: University of London Press, 1968). 萨克索·格拉玛提库斯的著作以及《定居者之书》（*Landnámabók*）中对高特雷克国王的记述，使得人们将他追溯至公元 8 世纪。有关高特雷克与雷夫交易的不同叙述，参见：Saxo 8.296 –297。

[8] *Gautrek's Saga* 1 (Ranisch, 1.10–2.9).

[9] 同上 (Ranisch 4.16 –19)。

[10] 文中明确提到高蒂走进房子时的静默（*Gautrek's Saga* 1, Ranisch 3.15–22）："国王心想，他自己不准备睡在外面，如果请求住进去，不知会受到什么对待，因此他大胆地走到门口。一个奴隶来到门前，不想让他进入。国王推开他，走了进去。国王进入起居室，里面有四男四女。没有人招呼国王高蒂。于是他坐了下来。"

[11] *Gautrek's Saga* 2 (Ranisch 7.10–17).

[12] 关于这一母题，参见：James Milroy, "The Story of Ætternisstapi in Gautreks Saga," *Saga Book of the Viking Society* 17 (1967/68): 206 –223。

[13] 《高特雷克萨迦》有两种校订本。第一种是手稿 K、E、L、M，拉尼什（Ranisch）认为更加古老，它由两个主要片段组成：高蒂的故事和雷夫的故事。第二种是手稿 A、b、C，拉尼什认为比较晚近，里面增加了第三个片段：维卡尔（Vikarr）与斯塔卡德（Starkaðr）的故事，这个片段与目前的讨论关系不大。

[14] 参见：Hollander, "The Gautland Cycle of Sagas," in Ranisch, pp. xl–lii。

[15] *Gautrek's Saga* 6 (Ranisch 26.22–27.5).

[16] *Gautrek's Saga* 9 (Ranisch 36.22–37.1).

[17] 同上 (Ranisch 37.21–38.3)。

[18] 同上 (Ranisch 42.1–2)。

[19] 内里伯爵将这块磨刀石交给了雷夫。从表层叙事来看，这块磨刀石之所以令人感兴趣，正是因为它毫无价值，尤其是如此微不足道的物品如何能变成一笔巨大财富。不过有几位学者注意到，在萨顿胡（Sutton Hoo）墓葬中，磨刀石是王权的一种标志，他们做出有趣的判断：这块磨刀石已经预示着，由于内里伯爵的斡旋，雷夫将获得财富和权力。参见：Jacqueline Simpson, "The King's Whetstone," *Antiquity* 53 (1979): 96 –100; Stephen A. Mitchell, "The Whetstone as Symbol of Authority in Old English and Old Norse," *Scandinavian Studies* 57 (1985): 1–31。

[20] *Gautrek's Saga* 9 (Ranisch 40.24 – 41.6).

[21] 同上 (Ranisch 41.10–17)。

[22] *Gautrek's Saga* 10 (Ranisch 42.13– 43.1).

[23] 同上 (Ranisch 43.5–8)。

[24] 关于维京时代及之后的贸易模式，参见：Erik Lönnroth, "Communications, vie économique et modèles politiques des Vikings en Scandinavea," in *I Normanni ela loro espansione in europa nell' alto medioevo* (Spoleto: Centro Italiano di studi sull' altomedioevo, 1969), pp. 101–115; Regis Boyer, "Les Vikings: Des guerriers ou des commerçants," in R. Boyer, ed., *Les Vikings et leur civilisation* (The Hague: Mouton, 1976), pp. 211–240; Bruce Gelsinger, *Icelandic Enterprise: Commerce and Economy in the Middle Ages* (Columbia: University of South Carolina Press, 1981); Ross Samson, ed., *Social Approaches to Viking Studies* (Glasgow: Cruithne Press, 1991), pp. 87–133; Birgit Sawyer and Peter Sawyer, *Medieval Scandinavia* (Minneapolis: University of Minnesota Press, 1993), pp. 144 –165。

[25] 关于这些问题，我认为以下论著很有帮助：Marshall Sahlins, *Stone Age Economics* (New York: Aldine, 1972); Jacques Le Goff, *Time, Work, and Culture inthe Middle Ages* (Chicago: University of Chicago Press, 1980); Aaron Gurevich, *Categoriesof Medieval Culture* (London: Routledge and Kegan Paul, 1985), pp. 211–285, *Historical Anthropology of the Middle Ages* (Chicago: University of Chicago Press, 1992), pp.

177–189; William Ian Miller, "Gift, Sale, Payment, Raid: Case Studies in the Negotiation and Classificationof Exchange in Medieval Iceland," *Speculum* 61 (1986): 18–50; E. Paul Durrenberger, "Reciprocity in Gautrek's Saga," *The Dynamics of Medieval Iceland* (Iowa City: University of Iowa Press, 1992), pp. 65–74; Ross Samson, ed., *Social Approaches to Viking Studies* (Glasgow: Cruithne Press, 1991), pp. 87–133。

[26] 关于财富与声望经济的相互关系，参见：Pierre Bourdieu, *Distinction: A Social Critique of the Judgement of Taste* (Cambridge, MA: Harvard University Press, 1984); Richard Leppert and Bruce Lincoln, eds., "Discursive Strategies and the Economy of Prestige," *Cultural Critique* 12 (Spring 1989)。

[27] *Gautrek's Saga* 11 (Ranisch 47.21–22).

[28] 同上 (Ranisch 48.28– 49.6)。

[29] 保罗·鲍沙茨（Paul Bauschatz）已经令人信服地证明，这种二元区分（而非"过去—现在—未来"的三元模式）是古斯堪的纳维亚语言与意识形态的特点。参见：Paul Bauschatz, *The Well and the Tree* (Amherst: University of Massachusetts Press, 1982)。

第十章　牛的再度哀鸣[1]
——纪念伊万·库利亚努

一

我想援引公元 9 世纪巴列维语典籍《班达希申》中的一段话作为开端，这段话描述了死后穿越天界的迷人之旅。其中最有趣的一点是，这场旅行的主人公并非人类，也非神的化身，而是一种动物——原初之牛（Primordial Ox）——的灵魂。这段话如下：

> [《阿维斯塔》（Avesta）] 中也说："当原初之牛死亡时，它从右侧倒下；当伽约马德 [Gayōmard，即原初之人（Primordial Man）] 死亡时，他从左侧倒下。"
>
> 灵魂从原初之牛的身体中钻了出来，站在牛的跟前。就像成百上千的人异口同声一样，它向英明的主奥尔玛兹德（Ohrmazd）哀鸣："当大地颤抖，植物干枯，河流干涸时，谁带领众生走出灾难？你曾说过，'我要创造他，让他来保护'，你说的这个人在哪里？"
>
> 奥尔玛兹德回答道："你病了，牛的灵魂。你身上有恶灵（Evil Spirit）的疾病与魔鬼的恶意。如果有人能在这个时候创造出那个人，那么现在就不会有邪灵带来的这种苦楚。"
>
> 牛的灵魂前往星辰驿站（Star Station），他以同样的方式哀鸣。他去了月亮驿站（Moon Station），以同样的方式哀鸣。他在太阳驿站

（Sun Station）以同样的方式哀鸣。

然后，奥尔玛兹德向他们展示了查拉图斯特拉生前的灵魂，说道："我会赋予他肉体，他将宣告来保护。"

于是牛的灵魂欣然应允，说："我会让众生繁衍生息。"他同意重返家畜的形态。[2]

正像人们普遍认为的那样，这段文字利用了印度—伊朗的一组古老神话，在这组神话中，牛类的一位代表大声抗议它们所遭受的暴力。[3]被鞭打、偷窃、危害并吃掉，这是我们在另一则伊朗异文中所看到的抱怨。[4]还有一则异文提到人类的"暴怒，袭击，残忍，粗鲁与暴力"[5]。不过，这些异文并未将抗议行为与宇宙创生的事件联系起来，也没有让牛来到天上表达不满。[6]

诚然，《班达希申》其他章节中的创世故事告诉我们，原初之牛死后进入天堂，但即使在这里，一些重要的差异也应当引起注意。[7]首先，没有提到哀鸣。其次，升天旅行的不是牛的灵魂，而是牛的身体；或者根据大多数版本，是牛身上的关键部位，尤其是它的精液。据说，牛身体中的这种精华被奥尔玛兹德挽救出来放在月亮上保管，以用来创造优良、多产的动物物种，因此所有这些物种被称为"慈悲的牛"。最后，牛并未穿越多重天界，只是前往月亮。

这个故事实际上成为一个更为宏大的叙事的一部分，该叙事开始于奥尔玛兹德创造了六种原初事物，依次为天空、水、大地、植物、原初之牛和原初之人，随后每一种事物依上述顺序受到阿里曼（Ahriman）的攻击。大多数资料从混乱、颓败的角度描述这次袭击的结果，讲述原本纯洁完美的事物如何被邪恶所玷污；因而——举例来说——世界上许多淡水变成了盐水，许多大地变得沟壑纵横、荒芜贫瘠。[8]然而，《班达希申》（7）中的叙述与此不同，内容如下：

经文里说：阿里曼跑起来时，用不了一年、一月或一天，因为他速度很快。第一次他经过了大地的三分之一，第二次是三分之二，第三次是整个大地。然后他来到奥尔玛兹德所创造的植物旁边。他抓住它们的躯干，把它们带到了星辰驿站，交给了星辰。星辰反射到世界的正是它们的光芒。

正如（《阿维斯塔》中）所说："各个星座实质上由水、土或植物构成。"那些本质上由水构成（或含有水的种子）的，有提斯塔尔星（Tištar，天狼星）、塔拉哈格星（Tarahag）、帕德瓦尔星（Padēwar）、佩斯帕韦星（Pēšparwēz）以及他们称之为帕韦星（Parwēz）的六颗星辰［昴星团（Pleiades）］。它们是水星（Water Stars）。那些本质上由泥土构成（或含有泥土种子）的，有大熊座（Great Bear）与北极星（North Star）。它们是土星（Earth Stars）。其他星座本质上是植物状的（或含有植物的种子）。

这时阿里曼来到牛的身边。牛朝向南方卧在右侧。一开始，它的腿是蜷起来的。

英明的主收起了牛的形体，把它交给了月亮，因为月亮的光芒可以照射到世界。

正如（《阿维斯塔》中）所说："月亮是牲畜的种子。"也就是说，牛和牲畜的形体是在月亮驿站中。

然后他来到伽约马德（原初之人）的身边。伽约马德睡在南边，在他的左侧。他的左腿一开始也是蜷起来的。

英明的主（Wise Lord）收起了他的身体，把它交给了太阳，因为太阳的光芒照耀着世界。牛变得像月亮一样，伽约马德变得像太阳一样。[9]

这些细节看上去令人困惑，但它们是以一种井然有序的模式组织起来的。因此，我们在这段文字中可以看到一种充满雄心的尝试，即在原初事物的创造次序与各个天体的垂直秩序（或"驿站"）之间建立关联，其所遵循的原则是：事物被创造的时间越早，在遭遇阿里曼的攻击后，其尸体所归属的天体越低（见图10-1）。

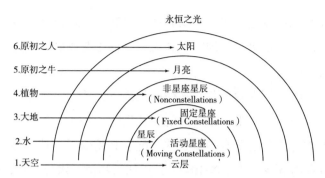

图 10-1　六种原初创造物与天体层次的关系（据《班达希申》）

在这个系统中（其中一些细节来自《班达希申》的其他章节），最高领域［即"永恒之光"（Endless Light）所在的领域］是为造物主（Creator）保留的，较低的范围则被划分为不同部分以利于他的创造。[10] 其中，创造最晚、最受重视的原初之人占据了最高的驿站，即太阳驿站，而他的伙伴原初之牛（第五个被创造）位于次一级的驿站，即月亮驿站。先于牛而创造的植物，去了月亮下方的星辰驿站。但是不同于前两个驿站，星辰驿站被分为三个部分。其中最高的是那些不属于任何星座的星辰，这是植物的所在。较低的是固定星座领域：那些在北方全年可见的星座，因此与坚固性、稳定性相关联。在这里大地（第三个被创造）找到了自己的家园。更低的则是活动星座领域，即那些位于黄道以东的星座，它们在雨季开始时出现，原初之水被置于此处。最后是天空，它第一个被创造，出现在最低的驿站，即云层驿站。

在这个系统中——其中大部分也在《阿维斯塔》中得到了证实——我们找到了原初之牛死后升天这一传说的最佳证据。[11] 不过在这里，牛被指配到一个稳固且特定的位置——月亮。[12] 此外，这个位置标志着牛与其他原初创造物的关系：高于首先创造的四种事物（天空、水、大地、植物，它们与云层及星辰驿站相关），但明显从属于原初之人，后者唯一被指配到太阳层。宇宙的空间秩序与宇宙演化的时间秩序因此相互对应，更重要的是，它们以一种等级编码的方式被组织在一起：编码中的每一个事物既高于又依赖于那些先于它创造且居其下驿站的事物；与此同时，每个事物从属于在它之后创造、居于较高驿站的事物，且被这些事物所利用。例如，植物既高于又依赖于土地、水和天空，而牛与植物、土地、水和天空也是同样的关系。

上述系统将人类视为奥尔玛兹德的最高创造物，与此相应，赋予他们至高无上的地位——太阳驿站。其他所有生物均处于从属位置。用这种方式，它使人类对于其他所有创造物的支配、利用变得自然、合法。隐含于其中的还有食物链观念（见表 10-1）：正如植物消耗水分一样，牛吃植物、喝水，人类也同样食用牛肉、植物和水。如此看来，每一种生物都可以理所当然地消耗掉等级更低的生物。

表 10-1　琐罗亚斯德教原初创造物中食者与被食者关系

食者	被食者				
	人类	牛	植物	土地	水
人类	-	+	+	+	+
牛	-	-	+	+	+
植物	-	-	-	+	+
土地	-	-	-	-	+
水	-	-	-	-	-

尽管如此，这一系统仍存在一些漏洞，使反对意见的提出具有可能。例如，人与动物的关系，并不像动物与植物的关系那么简单。如果说牛对植物的侵害是一种有知觉的生物与另一种无知觉的生物之间的对立，那么人对牛的侵害便是一种有知觉的生物与另一种有知觉的生物之间的对立："如果你一定创造我，至少让我没有生命力，这样我对痛苦就不那么敏感了。"牛在另一则异文中哀求道。[13] 此外，牛不仅有意识与知觉，而且还能四处活动；更重要的是，它们还会用声音表达自己的感受。

最后，我们已有足够的信息来提出并回答一个重要问题：如果琐罗亚斯德教的宇宙观将原初之牛归到了月亮驿站，为什么在我们开始时所引"牛的哀鸣"（Bovine's Lament）中，牛的灵魂会超越月亮而上升到太阳驿站？在这一变化中，牛的灵魂是否弄错了位置？的确如此，而且我相信，这正是问题的症结所在，因为正如我们已经认识到的那样，这个系统既是宇宙学意义上的，也是意识形态性质的，它被建立起来以便为人类保留最高的驿站。根据这一系统，人类高于牛和其他所有创造物，其结果是，人类可能以牺牲其他创造物、有利于自己的方式行事：以它们为食，从而给万物带来死亡，给有知觉的生命带来痛苦。

因此，牛在发言中，对一种助长暴力的等级体制及其后果进行了谴责，并且代表所有深受其苦的创造物发出了呼声——在这一系统中，它们被定义成比较低等、原始的成员。在与英明的主、伟大的创造者奥尔玛兹德的交谈中，牛替这些"低等"生物请求获得安全与保护，对那些"高等"生物进行了谴责："当大地颤抖，植物干枯，河流干涸时，谁带领众生走出灾难？你曾说过，'我要创造他，让他来保护'，你说的这个人在哪里？"[14]实际上，牛在呼唤一种不同的人类：他是所有创造物的保护者，而不是破坏者；他认为自己是受委托照看这些创造物，而不是剥削、支配它们。此外，在步入太阳层（通常为人类保留的驿站）的那一刻，牛违反了该系统的组织原则。事实上，它不仅公开反对，而且主动挑战一种等级体制，尽管它的敌人宣称这种体制源自宇宙本身。

二

大卫·西克（David Sick）最近的研究，使我注意到一个与伊朗这些材料有趣的相似之处。他将"牛的哀鸣"这一主题与《奥德赛》中的相关情节做了比较；在后一作品中，奥德修斯的同伴们——以一种表面上伪装成献祭的暴行——抓住、杀死、屠宰并吃掉赫利俄斯（Helios）的牛，从而引发众神的愤怒。[15]西克的分析集中于太阳在两种传统中的功能，这一问题我想留给他来阐述。不过，《荷马史诗》中还有一个被西克忽略的细节，我认为有必要做一番讨论。这便是牛被杀死之后的叙述：

此时众神明立即向同伴们显示征兆，

> 牛皮四处爬动，叉上的牛肉——
>
> 无论生肉或已被炙熟——都像牛一样发出哞叫（memukei）。[16]

在这里，正如在伊朗的材料中一样，我们听到牛在人类手中遭受暴力死亡后发出的叫声。在上面的译文中，我将动词 mūkáomai 翻译得相当平实，符合它的词源及在阿提卡希腊语（Attic Greek）中的用法，即"哞叫、吼叫"的意思。[17] 但是考虑到它在整部《荷马史诗》中的使用，这个词的翻译还可以更精确。除了上面引用的段落外，这个词还出现了七次。其中有四次，无生物承担了这一动词的主语，但即使在这里，mūkáomai 描述了对暴力行为做出反应时发出的声音。比如，它在《伊利亚特》的所有战斗场面中被使用过——但仅限于一种情形：当被最锋利的长矛击打、刺穿时，最坚固的盾牌发出的声音。这里的盾牌系赫菲斯托斯（Hephaestus）为阿喀琉斯所锻造，长矛则属于埃涅阿斯（Aineias），后者如此有力地挥掷长矛，以致阿喀琉斯一度感到恐惧，相信长矛会轻松刺穿自己身上的盔甲。尽管盾牌被握得很紧，它仍然"在长矛尖端发出凄厉的哀鸣（mega ... mūke）"[18]。

除此之外，这个动词两次被用于下述情形：当雅典娜的战车即将经过，天国大门被迅速打开时铰链发出的刺耳的声音（"尖叫"）。[19] 与此相关的情形是赫克托尔站在希腊防御墙前，举起一块其他人都无法挪动的巨石：

> 他来到垒门前，叉开双腿牢牢站稳，
>
> 将石块砸向门中央，使打击更有力量，
>
> 一下砸坏了两边的门键，重量使石块
>
> 顺势飞向门里，垒门轰隆作响（mega ... mūkon），
>
> 门闩支撑不住，门扇倒向两边。[20]

其余三次出现 mūkáomai 的地方，生物承担了这一动词的主语。其中之一是牛，它在生死关头痛苦地呼叫，面对凶险徒劳地寻求帮助：

> 两头凶猛的狮子从前侧袭击牛群，
> 逮住一头公牛拖走，任凭牛狂哞（makra memūkōs），
> 猎狗和年轻牧人追过去挽救那头牛。
> 两头狮子一起疯狂地撕开牛腹，
> 贪婪地吞噬牛的暗红色鲜血和内脏。
> 年轻的牧人催促猎狗追击猛狮，
> 但那些猎狗不敢上前与狮子厮斗，
> 它们跑上前吠叫，又立即恐惧地跑回。[21]

　　最后，这个动词有两次被用在其他生物身上，它们痛苦的叫声被明确比作牛的声音。比如，奥德修斯的伙伴们在经历了变身为猪的遭遇后，第一次见到他时失声痛哭，根据史诗的描述，这个时候——回想起他们作为动物所遭受的痛苦以及从这种状态获救时的宽慰——他们如同与母牛分开太久的牛犊一样发出"哞叫"（mūkáomai）。[22] 同样，当河神斯卡曼德罗斯（Scamander）对阿喀琉斯造成的屠杀做出回应时，史诗这样写道：

> 河神掀起巨浪扑来，
> 喧嚣着鼓起所有急流滚滚席卷，
> 泛起被阿喀琉斯杀死在河道的层层残尸，
> 公牛般吼叫着（memūkōs ēute tauros）把尸体远远地抛上河岸，
> 一面挽救活着的人免遭屠戮，把他们
> 卷进清澈的流水，藏进渊深的大旋流。[23]

　　最后三个例子中一以贯之的是：当神或人 mūkáomai 时，会用一种不太清晰的声音来表达超越语词边界或人类经验的痛苦。事实上，他们在像动物一样说话：就像处于痛苦之中或濒临死亡的动物。物品也可以 mūkáomai，但仅在它们承受极大的外力时——在它们像这些神、人及牛一

285

样，对所遭受的极端暴力行为做出反应时。有时它们会幸免于难，就像奥德修斯的伙伴或阿喀琉斯的盾那样；但有时又像烤叉上的肉、被狮子捕猎的公牛或希腊的垒门一样，它们会大声抗议这些毁灭性的行为。

三

20世纪70年代中期，我与伊万·库利亚努（Ioan Culianu）一起学习过一段时间，直到1980年前后，我们还保持着联系。在我们最为相知的那些岁月里，我一直想证明伊朗神话"牛的哀鸣"与《荷马史诗》中赫利俄斯的牛之间有一种内在关联，试图将它们理解为一些假想的"原初印欧人"神话的共同遗留。[24] 最近我的兴趣发生了变化，重建原初神话或原初文明的尝试，不再让我觉得是一项特别有趣或有价值的努力。[25]

我现在认为，这些神话材料之间是否存在一些历史联系，其重要性远不如它们所反映出的某种共同问题：这一问题植根于这些故事的讲述者与聆听者共同具有的社会现实。这个问题也不局限于希腊与伊朗的古代人口；相反，它在其他许多社会也很常见，了解它的人能够带着敏感与理解聆听这些故事。正是这一点给予它们持续的趣味和长久的吸引力。

很明显，我所说的是暴力问题：这种暴力往往以致命的力量，落在更弱小、更温和、更和平的生命身上；这是人对动物的暴力，也是那些自视高等的人对于那些他们成功界定为低等的人的暴力。这些神话告诉我们，这种暴力是真实的，同样真实的是受害者的反应，他们在痛苦中也在抗争中呼喊。他们在属于自己的地方呼喊，也在通常留给侵略者的地方呼喊。他们在自己所谈论的事件之前、之中和之后呼喊，就像天堂中的灵魂（"牛的哀鸣"）、大地上死去的肉体（赫利俄斯的牛），或者仅仅像我们所认识的那些人的记忆一样。在这种时刻，我们有责任倾听并尊重这些声音；此外，我们有责任在他们的声音中加入我们的声音，在悲痛和抗议中一起呼喊。

注 释

[1] 本文首次发表于为纪念伊万·库利亚努举办的"灵知学研讨会"（Colloque Psychanodia；巴黎，1993 年 9 月），后收入阿拉·西斯马尼安（Ara Sismanian）主编的会议论文集。

[2] *Greater Bundahišn* 4A.1–6 (TD Manuscript 46.3– 47.6. 该 文 献 见：Ervad Tahmuras Dinshaji Anklesaria, ed., *The Bundahišn. Being a Facsimile of the TD Manuscript No. 2* (Bombay: British India Press, 1908)。

[3] 也请注意以下文献：*Yasna* 29（约成书于公元前 1000 年）；*Yašt* 10.38, 10.84 –87, 15.1。此外请注意杜梅齐尔讨论过的奥塞梯语故事，参见：Georges Dumézil, "A propos de la plainte de l'âme du boeuf(Yasna 29)," *Bulletin de l'Académie royale de Belgique, Classes des Lettres* 51 (1965): 42– 43. 二次文献数量很多，主要有：Herman Lommel, "Yasna29: Die Klage des Rindes," *Zeitschrift für Iranologie und Iranistik* 10 (1935): 96 –115; J. C. Tavadia, *Indo-Iranian Studies* (Santiniketan: Visva-Bharati, 1952), 2:27–75; Marijan Molé, *Culte, mythe et cosmologie dans l'Iran ancien* (Paris: Presses universitaires de France,1963), pp. 193–202; Georges Dumézil, *Les Dieux souverains des indo-européens* (Paris: Gallimard, 1977), pp. 127–131; Jacques Duchesne-Guillemin, "On the Complaint of the Ox Soul," *Journal of Indo-European Studies* 1 (1973): 101–104; Bruce Lincoln, "The Myth of the 'Bovine's Lament,'" *Journal of Indo-European Studies* 3 (1975): 337–362; W. W. Malandra, "The Brahman's Cow," *Studi e materiali di storia delle religioni*（即将刊出）。有一派学者认为，这里所说的牛只不过是隐喻。对于这一立场的反驳，参见：Helmut Humbach, "Zarathustra und die Rinderschlachtung," in *Wortund Wirklichkeit: Eugen Ludwig Rapp zum 70. Geburtstag* (Meisenheim am Glan: 1977),2:17–29, "Der metaphorische Gebrauch von av. *gau-*'Rind' und die Jatakas," *Münchener Studien zum Sprachwissenschaft* 41 (1982): 103–117。

[4] *Dēnkard* 9.29.1 (Sanjana). 牛对于被吃的怨恨，该书 9.29.10 有单独讨论。这段文字的完整译本见：Molé, *Culte, mythe, et cosmologie*, pp. 196 –198。

[5] *Yasna* 29.1b.

[6] 我发现的具有这些特征的唯一其他资料是：*Zad Spram* 2.13–14. 这份资料似乎是对《班达希申》所述内容的缩写。

[7] *Greater Bundahišn* 6E.2–3, 7.4 –6, 13.4.

[8] 参见：*Greater Bundahišn* 1A.4–21, 4.10–19, 4.27–28, 5.3, 6B–D. 至少有一个阿维斯塔语文本（*Yašt* 13.86），里面按顺序列出了六种最初的创造物。

[9] *Greater Bundahišn* 7.1–9 (TD MS. 71.12–73.4).

[10] 参见：*Greater Bundahišn* 2.1–19、3.7。其他巴列维语文献中有关宇宙学和宇宙起源的讨论也有一定帮助，比如：*Zad Spram* 1.31–33, 2.1–12, *Mēnōg i Xrād* 7.9–12, 44.7–11、49, *Dēnkard* 3.123, *Ardā Wirāz Nāmag* 12.5–14.20。

[11] 参见：*Yašt* 12.29–33, *Sirozē* 1.12.–13、2.12–13。如果在这部经文中可以看到查拉图斯特拉谴责将牛与太阳关联起来的企图，认为它违背了正常的宇宙结构，即"人类：牛类：：太阳：月亮"，那么费解而备受争议的《亚斯纳》（*Yasna*，32.10ac）可能也是如此。

[12] 我怀疑，通过将月牙解读为动物的角，为这种联系提供了倾向性的和伪经验的证据，尽管我没有找到任何文本证据来支持这一点。

[13] *Dēnkard* (Sanjana) 9.29.3.

[14] *Greater Bundahišn* 4A.2 (TD MS. 46.8–11).

[15] David Sick, "Cattle, Sacrifice, and the Sun: A Mythic Cycle in Greece, Iran, and India," Ph.D. diss., University of Minnesota, Dept. of Classics (1996). 这里所说的是《奥德赛》（12.260– 402），对于这个片段的讨论，主要有：Pierre Vidal-Naquet, "Valeursreligieuses et mythiques de la terre et du sacrifice dans l' *Odysée*," *Annales E.S.C.* 25 (1970):1278–1297, esp. 1288–89; Jean-Pierre Vernant, "Manger aux pays du soleil," in J.-P. Vernantand M. Detienne, eds., *La Cuisine du sacrifice* (Paris: Gallimard, 1979), pp. 239– 249; Alfred Heubeck and Arie Hoekstra, eds., *A Commentary on Homer's "Odyssey"* (Oxford: Oxford University Press, 1989), 2:132–140. Enrico Campanile, "I bovi del sole iperione," *Incontri Linguistici* 11 (1986): 25–30. 最后一篇论文令人想起麦克斯·缪勒饱受诟病的神话理论"语言疾病说"，因而不值得参阅。

[16] *Odyssey* 12.394 –396.

[17] Henry George Liddell and Robert Scott, *A Greek-English Lexicon* (Oxford: Oxford University Press, 1968), p. 1151. 这个词源自原初印欧语 *mū-k-，是舌根喉音的一种延伸，发音时双唇并拢且向前突出，接近拟声词（比较立陶宛语中的 mūkiù、mūkti，俄语中的 mycát'，中古高地德语中的 mūhen）。参见：Julius Pokorny, *Indogermanische etymologisches Wörterbuch* (Bern: Francke Verlag, 1959), pp. 751–752。

[18] *Iliad* 20.260.

[19] *Iliad* 5.749、8.393. 这两处用的是同一程式。

[20] *Iliud* 12.45 /– 462.

[21] *Iliad* 18.579–586. 这段文字是对阿喀琉斯盾牌图案的描述。

[22] *Odyssey* 10.410– 415.

[23] *Iliad* 21.234 –239.

[24] 关于伊万·库利亚努的著作及其不幸遇害，参见：Ted Anton, *Eros, Magic, and the Murder of Professor Culianu* (Evanston: Northwestern University Press, 1996)。

[25] 我在以下著作中对这种转变的原因有讨论：*Death, War, and Sacrifice* (Chicago: University of Chicago Press, 1991), pp. xiii–xxi, 119–127.

第十一章　班智达与威廉·琼斯

一

1783 年，威廉·琼斯爵士甫一抵达印度，便致力于三项任务：履职孟加拉最高法院（Supreme Court of Bengal）法官；开展一项充满雄心的研究计划（我在第四章对此有过讨论）；积累足够的财富以便在英国过上舒适的退休生活。除此之外，在他创立皇家亚洲协会（Royal Asiatic Society）并担任主席期间，很快又增加了第四项任务。不过学习梵语并未在他的日程之中，尽管他是那个时代最重要的东方学家。波斯语、阿拉伯语、希伯来语以及他所熟悉的其他二十多种语言已足以应付各种问题，他宁愿把梵语留给别人。[1]

然而，在司法活动中遇到的困难很快迫使他改变了主意。像多数法官一样，他担心证人是否诚实可靠，但他希望能在印度本地一劳永逸地找到解决这一难题的办法。于是，他写信给正在学习梵语的同事，询问他们或其导师是否知道，哪些誓言会迫使印度教证人提供可靠的证词，否则会犯下不可饶恕的罪孽。[2] 不难想见，他可能已向法庭雇用的班智达提过这个问题，这些人物担任印度教法的顾问，因为按照英国政策，大多数涉及印度人的民事案件都是按照当地人的原则解决。然而遗憾的是，他的不信任已波及这些人物。"在班智达中很难找到纯粹的诚实"，他有一次写道："如果当事方能够接近他们，他们很少有人给出完全公正的意见。因此，我总是让他们出示原文，并在他们自己的书上找到它。"[3]

如果说易犯错误的人是问题所在，那么琼斯设想文本会提供解决方案，因为文化与职业价值导致其（错误地）视文本为法律诉讼唯一稳固、客观的准则。于是，他将法庭上的婆罗门顾问视为恶棍，"当他们找不到现成的条文时，便随心所欲地援引印度教法律，并为它做出合理的解释"[4]。不难想象，在一些案件中，班智达会贪图省事或保护自己同胞免受英国法院惩处。毫无疑问，这些因素在琼斯的不信任中起到了一定作用，但这只是一种催化作用，而非终极原因。他的不信任既非个人偏见，也非基于当时的客观环境，而是一种更为深远的根本性不信任，即一个以书籍为中心的社会对于一个基于口头惯例（oral practice）的社会的不信任，前者未能理解：在这里享有特权的不是文本，而是人文知识的传承者和诠释者，他们在记忆中保存了法律传统，选择并解释其中的相关部分来应对每一种新出现的复杂情形。

然而，琼斯想要一份文本，他想不借助其他人来查阅。"婆罗门律师的恶行使我有必要学习梵文"，他遗憾地总结道。[5]1785 年 3 月，他获得印度最著名的法律文献《摩奴法论》的一份手稿，但他花了几个月时间才找到一位语言私教，因为他所接触到的婆罗门不愿意将自己的神圣语言传授给他。[6]最终，1785 年 9 月，他在纳迪亚大学（University of Nadia）找到"一位医师阶层（medical caste）的令人愉快的老人"：班智达拉马洛卡纳（Rāmalocana），"他将他所知道的所有梵语语法教给了我"。[7]

琼斯与拉马洛卡纳密切合作，掌握了梵文，阅读各种类型的文本，讨论印度教哲学与神话。逐渐地，他赢得这位老人及其纳迪亚大学同人的尊重，他们（恭维地？半开玩笑地？）称赞这位英国法官为"班智达"，并吸收他为"军事部族（military tribe）的印度教徒，其等级仅次于婆罗门"[8]。在两年多的时间里，琼斯感到他的梵文知识以及他对史诗与《往世书》的熟悉，使他能够在一定程度上重建印度的过去。

二

1788 年 1 月，在为亚洲协会所写的《论印度教的年代学》（On the

Chronology of the Hindus）一文中，琼斯承担了上述任务，文章反映出作者的大胆、天才与严重矛盾。[9] 琼斯认为印度教文献准确保存了许多古老知识，但在时序上存在错乱。面对如此随意混淆事实与想象的文献，他将自己定位为科学与理性的化身，要从知识渊博但冥顽不化乃至奸诈狡猾的证人那里获得可靠的证词。在开篇第一句话中，他庄重地宣布了这一目标。这句话整整由 111 个单词构成，其中包含了启蒙时代人们最喜欢使用的陈词滥调：

> 他们自己如此坚定地相信印度教的古老，欧洲人一直以来也津津乐道于印度教的古老，以至于对于那些不带偏见地接受各种意见、从不考虑自己的调查会产生何种后果、一心寻求真理的人来说，关于他们年代体系的这种浅陋看法（某些权威人士尚未公开表达这种看法）是可以接受的；的确，真理的结果是令人向往的，任何理性的人都不会担心真理之光的广泛传播会给社会带来危险；但我们绝不能让自己被虚假的光焰迷惑，也不能将谜团和寓言误认作历史真实。[10]

在上述宏大原则确立之后，论文第二句（同样冗长）引入另一个方案，它与第一句格格不入：

> 我想向各位简要介绍一下印度的年代学，这些年代学摘自梵文书籍，或采自与班智达的对话，并在他们的体系中增补了一些评论；这种年代学不依附于任何体系，也有异于摩西式的（Mosaic）历史，即便它被证明是错误的，就像人们相信它一样，即便它被可靠的推理从不容置疑的证据中证实；我并未试图解答一个问题，尽管我不揣冒昧地提出这个问题："它事实上是否与我们自己的并非同类，而是裹挟在他们诗人的奇思妙想与他们天文学家的晦涩谜题中的一种类型？"[11]

自然，"我们自己的"是指希伯来《圣经》中的年代学，或者更准确地说，是当时流行的解经学中的年代学，它将创世时间设定在公元前4004年。[12] 于是，下述游戏就此开始：在这场游戏中，结果已被注定，其性质便是造就这场特殊活动的动因，正如琼斯所做的那样：这位理性主义学者与刚正不阿的法官、亚洲的狂热爱好者与正在成长中的班智达，着手让《往世书》与《圣经》中的年代学保持一致，以确保它们讲述的是同一则真实发生过的历史故事。

　　琼斯将这项任务分为两个阶段，每个阶段包括不同的工序。第一个阶段处理最为紧要的叙事，琼斯在这里运用了他的语文学技巧，但以言不由衷的轻描淡写来消除潜在的批评。"我提出这些问题，但什么也不肯定"，他谦逊地说，"让别人来提出他们的意见"。接着，他进一步提出，亚当与梵天（Brahma）之子摩奴是同一个人，亚当的名字来自梵文adi-m（"第一位"）。[13] 紧接着，他将另一位摩奴，即太阳之子、大洪水的幸存者，又与诺亚联系在一起，认为这位摩奴的名字源于希伯来语Nuh（"族长的真名"）。[14] 他以同样艰涩、似是而非的论述，附以同样言不由衷的免责声明，将拉玛（Rāma）、那罗辛哈（Narasimha）与《创世纪》（10.7-9）中古实的两个儿子拉玛（Ramah）、宁录（Nimrod）联系在一起。[15]

　　完成上述工作之后，琼斯进入第二阶段的论证。在该阶段中，他要应对的是《往世书》中国王的详细名录。他在这里的任务不是打造等式，而是压缩国王们过于漫长的任期，使之处于他所认为的合理范围之内并方便他的论证。他先是对印度教有关世界历史前三个世代（Yugas）的叙述进行了驳斥，认为这些叙述"主要是神话性的"，然后大幅修改了第四个世代国王之间的时间跨度。如此一来，他终于可以将印度帝国的建立时间追溯到公元前2000年前后。[16] 将摩奴/亚当的创造设定在约2000年前，这使它几乎完全符合公认的《圣经》年表。[17] 这项任务便大功告成！在威廉爵士和他的同胞们眼中，这是一场来之不易的胜利，它得益于学识、智慧与意志。科学、宗教以及人类的统一性，更不用说《圣经》与《摩奴法论》的权威性，都从这场胜利中受益。

三

然而，琼斯论文中有一个段落，其重要性作者本人或西方读者均未意识到。这段文字的总体背景是，琼斯试图追溯并确定两个分别以太阳、月亮命名的王室世系的年代，这两个王室据说起源于遍照者（Vivasvat）之子、大洪水的幸存者摩奴——琼斯将他等同于诺亚：

> 在月亮世系中，我们遇到另一个荒诞之处，它对于印度教体系的信誉同样致命：就摩奴以降的二十二级世系而言，太阳与月亮世系的同步性还算有规律，除了月亮的孩子们并不都是长子；因为迅行王（YAYATI）任命他五个儿子中最小的一个在印度继承他的王位，将较差的王国分配给冒犯过他的其他四个儿子：南部分给了克里希纳（KRISHNA）的祖先雅度（YADU）；北部给了阿努（ANU）；东部给了德鲁尤（DRUHYA）；西部给了杜尔婆薮（TURVASU）——班智达们相信，或为恭维我们而假装相信，我们是杜尔婆薮的后裔。但是他们对月亮世系中接下来的几代知之甚少，以致不能在巴拉塔（BHARATA）与维塔塔（VITATHA）之间提供一定的间隔——他们称后者为前者的儿子和继承人，他们必须声称，坚战王（YUDHISHTHIRA）的伟大祖先实际上统治了两万七千年。[18]

在整篇论文中，琼斯将诸如巴拉塔统治了2.7万年这样的数字视同"荒诞"而不屑一顾，他以夸大其词甚至幸灾乐祸的口吻宣布了这一判断。[19] 不过在这个段落中，作者一再偏离主题，从中可以听到其他种种温和而微妙的声音。它们提供了一种简明清晰而意蕴丰富的神话隐喻（mythic allusion）——这不仅仅是一时兴起。

在琼斯的文章中，当他从年代学问题中暂停下来，转而关注律法与朝代上的一处异常时，第一次离题便出现了。他和读者知道，在印度，就像在英格兰（很可能包括所有头脑清醒的民族）一样，长子继承制是王室传承的通行规则，王位应该属于长子。然而在印度传说中，月亮王朝出现了一个著名的例外。这便是迅行王的传位情形，他在相当特殊的情形下，未将王位传给长子，而是交给五个儿子中最小的一位。琼斯一笔带过的这个故事，在好几种资料中都有详细叙述，其中最著名的是《摩诃婆罗多》（1.76–80）。[20] 像大多数这样的叙事一样，其内容波澜起伏而微妙复杂，情节与纠葛涉及前后几代人。

　　故事开始于两位年轻女性之间的争吵：一位是黛瓦雅妮（Devāyanī），她的父亲苏克拉查亚（Šukra Kāvya）是阿修罗（Asura）神的祭司、古鲁（guru）和巫师；另一位是莎尔弥施塔（Šarmisth），她的父亲弗萨帕尔瓦（Vrsaparvan）是国王。当莎尔弥施塔不小心捡起一条属于黛瓦雅妮的裙子时，她们的争吵便在不经意间爆发了。黛瓦雅妮大声抗议，骄傲地宣称自己出身优越，因为她的父亲是一位婆罗门，莎尔弥施塔则属于第二等级的刹帝利（ksatriya，"武士"）种姓。莎尔弥施塔很快对此做出刹帝利式的反击，声称多数祭司——尤其黛瓦雅妮的父亲——只是强大的国王的仆人。这样说着，她将对方推入一口枯井，然后扬长而去，将这位地位高贵、心高气傲的女孩真正降到了很低的位置。

　　就在此时，一位人间的国王进入了故事，他便是迅行王，也是月亮世系中友邻王（Nahusa）的儿子、摩奴的后代。在外出打猎时，他遇到了黛瓦雅妮。由于史诗遵循的是一条更为直接有趣的叙事线索，他从井里救出黛瓦雅妮后便转身离开了。愤怒的女孩将发生的一切告诉了父亲，苏克拉查亚为女儿的遭遇义愤填膺，同时也对自己的身份进行了必要捍卫。为证明谁的地位更高、谁在依赖对方，他来到弗萨帕尔瓦国王那里，威胁要离开，不再承担祭司与巫师。为避免这场灾难，弗萨帕尔瓦将自己所有的财富给了他，但苏克拉查亚并未回心转意，除非女儿得到补偿。于是弗萨帕尔瓦转而向黛瓦雅妮求情，承诺给她任何想要的东西。黛瓦雅妮要求将莎尔弥施塔——这位冒犯过她的女孩、国王的亲生女儿——交给她做奴隶。弗萨帕尔瓦毫不犹豫地同意了，莎尔弥施塔也一口答应，她接受了自己的新主人，承诺跟随她到其丈夫家里。

短暂中断之后，故事又转到了迅行王，回到他的狩猎场。由于偶然，也出于情节需要，他在这里遇到了黛瓦雅妮和莎尔弥施塔。看到两个女孩都楚楚动人，他询问她们的名字与血统，当黛瓦雅妮解释说，莎尔弥施塔是国王的女儿也是自己的奴隶时，他追问原因。然而，黛瓦雅妮岔开了他的问题，将谈话转移到了自己关心的问题上。与迅行王一样，她正在寻思这种情形下的婚姻可能性，为此她询问他的种姓身份，因为他的外表看上去是一位刹帝利，而从言语看，她认为是婆罗门。作为回应，他解释说，虽然自己研习过吠陀经，但并非婆罗门：我是迅行王，是一位国王，也是国王的儿子。黛瓦雅妮毫不气馁地切入正题：你会成为我的丈夫吗？

面对此问题，迅行王有些退缩，因为女孩的冒昧提议违反了最基本的种姓要求。所有律法方面的文献都明确规定，最佳婚配是男子娶同种姓女子。不过一般来说，传统也允许与较高阶层联姻，在这种结合中，丈夫的种姓可以高于妻子，因为在此情形下，种姓等级与性别等级互为补充。这种婚姻被称为"阿努洛玛"（anuloma），字面意思是"顺其自然的结合"。与之相反，若丈夫的家长权威受到妻子高种姓的挑战、削弱，这种婚姻则被指为"普拉蒂洛玛"（pratiloma），即不自然的或"违背常规"的结合。法律文献一致认为这种婚姻应受谴责，但是对于这种不适当联姻生下的孩子，会赋予不同的地位。所有文献认为他们应被降级，禁止他们继承父母的职业、特权与种姓。有些文献认为他们是非法的，有些文献给予他们一个低于父母任何一方的种姓，还有一些文献将他们贬黜到最低种姓，即作为奴仆的首陀罗（Śudras）。[21]

迅行王深知律法的种种要求，拒绝了黛瓦雅妮在面前的诱惑，黛瓦雅妮则滔滔不绝地予以应对，声称刹帝利与婆罗门向来是盟友；此外，他的家族中有先知。最后，她回忆起井里发生的事，以独出心裁的方式解释它，一本正经地坚持，当他抓住她的手时，无论如何都是在与她结盟。鉴于她的坚持不懈，国王最终调整了自己的立场。他不再断然拒绝，转而声称若无她父亲允许，便不能娶她。他显然自信这种许可绝不会实现，但结果证明大错特错：

迅行王说：

"不要让冒犯律法的事打动我，

种姓混杂会导致僭越。我恳求你，啊，婆罗门。"

苏克拉查亚说：

"我会宽赦你对律法的冒犯。选择自己想要的！

不要反对这桩婚姻，我将除去你身上的污点。

娶苗条的黛瓦雅妮做你的妻子，这符合法律

你们一起将拥有无比的乐趣。

国王啊，这位少女也必须永受你的尊重——

莎尔弥施塔，弗萨帕尔瓦的女儿——不要把她叫到你的床上！"[22]

　　有了如此浓墨重彩的伏笔，情节自然按照预定的方向发展。迅行王与黛瓦雅妮的婚姻十分美满，若干年后，他们有了两个儿子：雅度与杜尔婆薮。然而，莎尔弥施塔的种姓身份，使她既是女主人不适当的仆人，又是女主人丈夫更为合适的新娘。当她看到这些漂亮的孩子并渴望自己也有孩子时，麻烦便出现了。为了实现这一愿望，她来到迅行王面前，迅行王再次显示出良好的律法意识，就像黛瓦雅妮向他求婚时那样，他用几乎同样的决心抵制莎尔弥施塔的魅力。"我是黛瓦雅妮的奴隶，将听从您的吩咐"，莎尔弥施塔说道。接着她更进一步："她和我都是您要关顾的眷属与累赘。拥有我吧，国王！"[23]迅行王像上次一样最终妥协。这场露水情缘又留下三个孩子：德鲁尤、阿努与补卢（Pūru）——后者是所有儿子中年龄最小的（见图11-1）。

　　黛瓦雅妮得知丈夫的不忠，便回到父亲身边，哀叹自己所受的伤害。苏克拉查亚诅咒迅行王反复无常，将他变成一个步履蹒跚的老人，迅行王只好请求宽恕。然而，一旦受到婆罗门的诅咒，效力便永远无法消除，因为他的话语已然应验，人们顶多能改变诅咒的对象。幡然悔悟的迅行王于是抓住了这一漏洞。他问道：难道不可以将我的老迈转移到另一个人（比如我的一个儿子）身上，只要他愿意？苏克拉查亚对此表示同意。

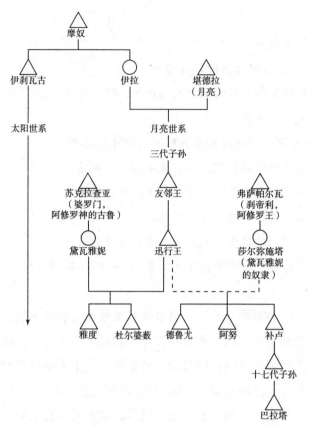

图 11-1　迅行王故事中的人物谱系 [《摩诃婆罗多》(1.76-80)]

于是迅行王找到长子，要求雅度承担早衰的痛苦，让父亲摆脱烦恼和负担。作为回报，他将赐予他王位，同时让他分享自己的极乐与荣誉。此外，迅行王承诺一千年后将返还雅度失去的青春，到那时，他希望通过善行来清偿自己的孽债（karmic debts），同时享受年轻人才有的快乐。尽管迅行王循循善诱，雅度还是拒绝了，杜尔婆薮接着也拒绝了。于是迅行王向他与女奴莎尔弥施塔的儿子提出请求。他按出生次序找到他们，先是遭到德鲁尤的拒绝，接着阿鲁也拒绝了；最后，最小的儿子补卢慷慨应允。为此，补卢继承了王国，月亮王朝的其他国王都是从他那里传衍下来的，尽管他的继承性质很奇异。

在提出"普拉蒂洛玛婚"难题之后，文本由此找到了下述问题的原因：

作为这种婚姻产物的孩子，其继承权缘何被剥夺。此外，它还权衡了长子继承制与子女孝道之间的轻重，这在雅度与补卢各自对王国的所有权中体现了出来。当迅行王准备任命补卢为继任者，而他的臣民在婆罗门的领导下，对他这样做的权利提出质疑时，上述问题被直截了当地提了出来。"雅度是你的长子"，他们说，"弟弟怎么能越过兄长而继承王国呢？"[24] 对此问题可以有多种应对。不难想见，年迈的国王可以援引《摩奴法论》中的话："普拉蒂洛玛婚"出生的孩子，不能继承父王的地位。或者，他可以利用这一叙事的某些方面，使通常联结的对于年龄资历与出生顺序的考量产生裂痕。由于补卢用自己的青春与父亲异乎寻常的老迈做了交换，他因此变得比雅度和所有兄弟甚至比迅行王本人都要年长。其结果是：虽然雅度仍是第一个出生的，但他比补卢年轻；补卢虽然仍是最后出生的，但他突然奇迹般地成为弟兄中年龄最大的。

与之相反，迅行王采取了一种截然不同的反驳思路，他的理由受到许多希望剥夺自己长子继承权的人的支持。其反驳始于下述观点：父子关系不仅取决于出生，而且取决于行为；然后接着强调这样那样的特定冒犯：

> 迅行王说：
> "以婆罗门为首的全体种姓，请听我说！
> 我绝不能将王国传给长子。
> 长子雅度没有听从我的命令。
> 圣哲有言：忤逆父亲者，不该被视为儿子。
> 听从父母之命者，才是合格的孩子；
> 在父母面前像儿子一样行事者，才是儿子。"[25]

迅行王的理由很清楚：那些在他亟须帮助时拒绝他的请求的人，其行为与儿子的身份不符。雅度与其他几个儿子做出的选择，切断了联结他们与父亲的忠诚、服从等纽带，由此放弃了对于父亲王位的要求。文本希望我们被说服，为此目的，又调用刚才那些还在替雅度说话的人的回答：

臣民们说：

"具备各种美德、永远为父母谋福利的儿子，

应该得到一切好处，即使他年龄最幼。主公啊！

补卢对您有恩——他应该继承王位。

既然苏克拉查亚准许了您的愿望，那就无须多说。"[26]

迅行王还要惩处这些不忠的儿子，他们曾是自己的后代，但现在已然不是。迅行王在遭到拒绝时诅咒过他们中的每一位，现在将他们派往异国他乡，每人到达一个地方，在那里分别创建了自己的国家和民族，其不足与弱点、卑贱与羞耻都是他们自身的投射。与之相对，正直、高贵的补卢仍留在完美的中心地域进行统治，这个地域被认为在印度北部（见图11-2）。[27]

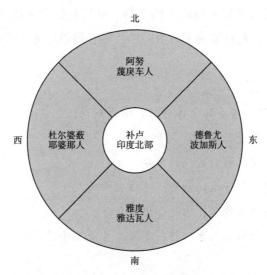

图11-2　迅行王之子在四方的分布 [《摩诃婆罗多》(1.80.26-27)]

以上便是琼斯论文中的离题之处。琼斯在讲述迅行王次子杜尔婆薮时还提到，班智达认为（"或假装认为"）琼斯和其他英国人都是这个传说人物的后裔，此时原本离题的地方又出现离题。当得知他们赠予西方人的名

号耶婆那（Yavanas）出自并用于爱奥尼亚希腊人（Ionian Greeks），而西方人又源自杜尔婆薮时，琼斯认为这种关联是"对我们民族的恭维"[28]。

琼斯从事研究的时间，是在普拉西战役（Battle of Plassey，1757）之后约30年，正是这场战役让英国控制了印度。尽管他对亚洲的同情远远超过大多数同胞，但共同的认知模式依然在"东方"与"西方"之间设置了二元对立。虽然琼斯对这种模式的改变，使他比大多数学者赋予东方更多的文化、智慧与艺术尊严，但毫无疑问，这种改变依然隐含着一种观念，即在政治、战争、经济等关键领域，西方现在仍然占据着优势（这便解释了印度何以既是他管理的对象，又是他学习的对象）。不过值得注意的还有这篇论文中提到的班智达：拉马洛卡纳、戈瓦德哈纳·考尔（Govardhana Kaul）与拉达坎塔·萨尔曼（Rādhākānta Sarman），他们的学识与正直深受琼斯尊重，琼斯正是从他们那里获得文献与资料[29]。对于上述对立，这些班智达更愿意做出不同阐释，他们往往用各种传统叙事来解释不同民族间的关系，借助这些叙事，他们谈到了两种文明实体，二者从一开始就有着根本不同的道德与本体地位：不是东方与西方，而是西方与中心。无论西方人曾经拥有何种优势，他们仍然是野蛮人。因此，最初用来指称亚历山大时期希腊人的"耶婆那"一词，后来被用于穆斯林，再后来又被用于欧洲人。此外，根据一些学者的考察，这个词还可用作种姓名称来指代地位较低的人，他们是"阿努洛玛婚"的产物，父亲属刹帝利，母亲属吠舍（vaiśya）。[30]琼斯对这些细微差别浑然不知，他似乎将这些班智达的作为当成一种毫无恶意甚至温厚仁慈的奇思妙想，对此他以迷惑不解、屈尊俯就的态度做出回应。然而在这件事上，琼斯爵士显然误解了这些印度同行的意图与心思。

尤其要指出的是，琼斯未能理解迅行王之子神话中隐含的复杂分类。这个神话将地理、民族、血统等问题相互关联了起来。此外，这个神话不仅按照等级秩序对他们进行排列，还基于我所确认的三个标准为这一等级秩序赋予道德合理性：最重要的是子女的孝道，体现为儿子是否顺应父亲的要求牺牲自己的青春；其次是长子身份；最后是父母联姻的性质，根据上述神话，同一种姓内的通婚比"普拉蒂洛玛婚"更可取，即使后者属合法婚姻而前者不是。这些因素有助于区分五个儿子的序列，如表11-1所示。

表 11-1　迅行王之子的分类与等级

	雅度	杜尔婆薮	德鲁尤	阿努	补卢
出生次序	1	2	3	4	5
方位	南方	西方	东方	北方	中央
是否孝顺	–	–	–	–	+
长子身份	+		(+)		
同种姓婚配	–		+	+	+
后裔	雅达瓦人	耶婆那人	波加斯人	蔑戾车人	保拉瓦人
族属	（印度人）	（蛮人）	（蛮人）	（蛮人）	（印度人）
等级	2	5	3	4	1

注：德鲁尤生于雅度与杜尔婆薮之后，在绝对意义上缺乏长子身份。不过，他是莎尔弥施塔为迅行王所生的第一个儿子，因此与阿努、补卢相比，一定意义上又有长子身份。

　　当这种等级秩序表现在空间上时，排名居首的补卢位于中央；然后是排名第二的雅度，他被置于南方。这两个儿子是印度两个民族［分别为保拉瓦人（Pauravas）和雅达瓦人］的祖先。接下来是印度人之外的野蛮人，按逆时针排序如下：波加斯人，他是位于东方、排名第三的德鲁尤的后裔；蔑戾车人（Mlecchas），系位于北方、排名第四的阿努的后裔；最后是耶婆那人，源自居于西方的杜尔婆薮。在迅行王对拒绝其请求的儿子们的诅咒中，也可以发现同样的价值区分。正如引发每一种诅咒的叙事程式所显示，前四个儿子构成一组，但在各自所招致的后果严重性上他们有显著差异。其中最轻的是雅度的命运：

> 迅行王说：
> "你是从我心中生出的，却不愿将你的青春给我。
> 因此，儿子，你的后代将不会享有王国。"[31]

　　因此，对于雅度的诅咒，最大后果是剥夺了他的王位，即使这一点，也因知晓他的后代将在黑天（Kṛṣṇa）时代达到巅峰而有所缓和，后者是毗湿奴（Viṣṇu）神的化身，他在摩诃婆罗多战争中为补卢的后代提供了无与伦比的帮助。略微黯淡的是德鲁尤的命运，他的后代不仅被禁止登上王位，而且被发配到与世隔绝的地方：

迅行王说：
"你是从我心中生出的，却不愿将你的青春给我。
因此，德鲁尤，你的愿望在任何地方都将不能实现。
你永远不会成为国王，你和你的子孙，将得到一个名为安乐国，
实则只靠木筏和小船摆渡的地方。"[32]

阿努支系的命运显然更加严酷，其中包括宗教性惩处和一系列早夭：

迅行王说：
"你是从我心中生出的，却不愿将你的青春给我。
你所说的老年的那种坏处，因此会降到你的身上。
你的后代一到青年就要夭折，阿努！
你最终也将受到圣火的惩治。"[33]

然而，没有谁比得上悲惨的杜尔婆薮所受的诅咒，他的客观行为并不比他的兄弟和同父异母的兄弟差，但不幸的是，他是迅行王的儿子，在各方面都阴差阳错：第二个出生，系刹帝利与婆罗门错位婚姻的产物，拒绝了父亲的请求。

迅行王说：
"你是从我心中生出的，却不愿将你的青春给我。
因此，杜尔婆薮，你的后代将走向毁灭。
蠢货！你将成为那些人的王：他们戒律混乱，
不断缔结'普拉蒂洛玛婚'，成为最卑微的食肉者，
他们勾引上师的妻子，与动物通奸，
你将统治这些邪恶的野蛮人，他们遵从畜生的律法。"[34]

这便是班智达对威廉爵士与英国殖民者的"恭维"。他们的神话隐喻如此微妙，以致这位18世纪最博学的西方人也会产生误解。其中所隐含的观念是：英国人是一个堕落、不道德的民族，是最为卑贱的祖先的后裔，祖先的过失使他们自古以来便居于遥远的地域，他们在那里注定要犯下无数令人震惊的恶行。这个民族希望返回流放前那个更为公正合理的空间与王国，以此扭转他们的沦落。这种愿望可以理解，但仍然事与愿违，因为他们无法消除古老事件的影响，也无法摆脱他们的本性。这些后来返回中心地域（即印度，这是由甘于自我牺牲、恪尽职守的补卢的后裔统治的一片土地）的当代耶婆那非但没有净化自身，反而破坏了这片土地的纯净与完美；英国人只有撤退到符合他们习性的更为偏远的西方，上述情形才有可能改变。

四

我们所考察的这个事件与其说包含了一则神话，不如说是对神话的一种隐喻：一段悄然潜入主要论题的弦外之音（reference）——更能理解这段弦外之音的不是它的受众，而是它的那些制作者。世界不会开启这样的对话时刻，但这些时刻并非毫无趣味或无关紧要。在班智达对迅行王叙事的引述中，我们可以体会到令人欣喜的颠覆性政治与极其巧妙的文化抵抗，尽管它们的规模很小：这是史诗意义上逻各斯的一个例子。

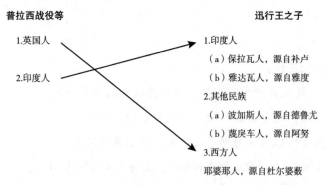

图 11-3　班智达用迅行王神话颠覆了英国人所喜爱（且有利于英国人）的故事

班智达有关迅行王、补卢和杜尔婆薮的故事，或许应当与英国人所讲述的无数故事一道考量，这些故事如《大宪章》（Magna Carta）、普拉西战役、科学上的进步以及"白人责任论"（white man's burden）等，它们用来颂扬大英帝国的辉煌卓著。迅行王叙事的意识形态性当然不亚于这些故事，但它提供了一种不同的意识形态。具体而言，它所提出并予以合法化的民族等级，是对外国人故事中所出现的民族等级的颠倒（见图 11-3）。通过让这位卓越的英国法官对他们的故事微笑点头，这些班智达不仅开了一个玩笑并赢得小小的胜利，他们还成功拒绝了统治者希望强加于他们的种种故事与关系。通过记住有关过去的另一种解释，他们不仅开启了对于当下的另一种理解，而且有助于想象另一种未来。

注 释

[1] 关于威廉·琼斯，参见第四章尾注 [24]。

[2] 琼斯在书信中表达了他对誓言问题的担忧。这些书信见：Garland Cannon, ed., *The Letters of Sir William Jones*, 2 vols. (Oxford: Clarendon Press, 1970), 2:677–678 (6 June 1785, to Charles Wilkins), 2:682 (17 Sept. 1785, to Charles Wilkins), 2:685–686 (28 Sept. 1785, to Thomas Law). 与此相关的还有 1785 年 2 月 5 日致小威廉·皮特（William Pittthe Younger）的一封信。

[3] Cannon, *Letters of Sir William Jones*, 2:720–721 (24 Oct. 1786, to C. W. Boughton Rouse).

[4] 同上，2:683–684 (28 Sept. 1785, to Charles Chapman). 参阅：2:742 (22 July 1787, to the second Earl Spencer)；2:795 (19 March 1788, to Lord Cornwallis).

[5] 同上，2:686 (30 Sept. 1785, to Arthur Pritchard). 参阅：2:717–718 (23 Oct. 1786, to Warren Hastings).

[6] 就在去世前夕，琼斯出版了这部文献的第一个译本，为此他在东方学界和印度的英国殖民当局获得特殊地位：*Institutes of Hindu Law; or, the Ordinances of Menu* (1794).

[7] Cannon, *Letters of Sir William Jones*, 2:682 (17 Sept. 1785, to Charles Wilkins). 坎农（Cannon）表示，拉马洛卡纳属于韦迪亚［Vaidya，即韦代赫（Vaideha）］种姓，但

这很难与标准种姓观念相一致，按照这种观念，韦代赫属于吠舍父辈与刹帝利母辈的后代，其职责是伺候妇人 (*Mānava Dharmaśāstra* 10.11, 47)。行医者（Medical practice）则被归入地位更高的安伯什特（Ambastha）种姓，他们据说是婆罗门父辈与吠舍母辈的后代 (*Mānava Dharmaśāstra* 10.8、47)。在其他地方，琼斯说拉马洛卡纳 "虽然不是婆罗门，却是一位优秀的学者，也是一位非常明智、没有偏见的人"。参见：Lord Teigenmouth, ed., *Works of Sir William Jones* (London: J. Stockdale and J. Walker, 1807), 4:19。

[8] Cannon, *Letters of Sir William Jones*, 2:748 (12 Aug. 1787, to the second Earl Spencer), 2:813 (19 Sept. 1788, to the second Earl Spencer)。

[9] Sir William Jones, "On the Chronology of the Hindus," in *Collected Works* 4:1– 47。这篇论文完成不久，琼斯又写了下述论文："A Supplement to the Essay on Indian Chronology," 4:48–69.

[10] 同上，4:1.

[11] 同上，4:2.

[12] 参见：S. N. Mukherjee, *Sir William Jones* (Cambridge: Cambridge University Press, 1968), pp. 97–104. 琼斯的宗教虔诚，他对调和印度教与《圣经》年代学的兴趣，在此书第 188~189 页有清晰呈现；此外，在其 1784 年的论文《论希腊、意大利与印度诸神》（On the Gods of Greece, Italy, and India）以及与《论印度教的年代学》一文约略同时的几封通信中，亦有明显体现。上述论文见：*Collected Works* 4:319–397，该论文受雅各布·布莱恩特 1775 年著作《古代神话解析》的激发；通信见：Cannon, *Letters of Sir William Jones*, 2:758 (26 Aug. 1787, to the second Earl Spencer), 2:784 (8 Oct. 1787, to Lady Spencer), 2:785 (5 Jan. 1788, to Henry Ford).

[13] Cannon, *Letters of Sir William Jones*, 2:12.

[14] 同上。

[15] 同上，2:29–30。

[16] 同上，2:42。参阅其结语："如此一来，我们对印度历史上相当长的一段时期做了简要描述，追溯了印度帝国迄今 3800 多年的建立过程。但是，对于一个本身如此模糊晦涩且被婆罗门的虚构所蒙蔽的问题（他们为了抬高自己，有意极度夸大其古老性），我们必须满足于从最易获得的资料中得出可能的推测和公正

的推理。"（2:45）

[17] 在结语部分的表格中（2:47），琼斯十分精确地将亚当 / 摩奴的创造定于"距离我们当下的公元 1788 年有 5794 年"。如果我们稍做计算，便会得出公元前 4006 年这一时间，这比他所采用的标准《圣经》年代早了两年。为了解释这种与预期结果之间的偏差，我做出两种假设：(1) 这位语言学大师不擅长减法；(2) 他想用这两年的差异来证明他的研究结果的独立性、原创性和可靠性。

[18] Jones, "On the Chronology of the Hindus," 4:27–28 (对几处拼写与命名失误略有修改)。

[19] 参见该论文第 4:22 节："印度教所公认的年代学，其开端是如此荒诞，以致其整个体系被彻底颠覆。"类似评论见第 4:33、35、42、43 节。

[20] 这个故事的经典版本见《摩诃婆罗多》(1.76 –80)。其他变体参见：*Agni Purāna* 274.21–23, *Bhāgavata Purāna* 9.18–19, *Brahma Purāna* 10.4 –38, *Brahmānda Purāna* 2.3.68.14 –107, *Kūrma Purāna* 1.22.6 –11, *Linga Purāna* 66.63–67.14, *Vāyu Purāna* 2.15–103, Mhb. 5.147. 对此问题的讨论参见：Georges Dumézil, *Mythe et epopée* (Paris: Gallimard, 1971), 2:239–71, English trans. by Alf Hiltebeitel, *The Destiny of a King* (Chicago: University of Chicago Press, 1973), pp. 9–27. 琼斯论文中的故事版本出自《摩诃婆罗多》或《薄伽梵往世书》(*Bhāgavata Purāna*)，这从五兄弟各与一个方向相联系可以看出，其他各种变体有所不同。

[21] 参 见：P. V. Kane, *History of Dharmasāstra* (Poona: Bhandarkar Oriental Research Institute, 1941), 2:50–58. 相 关 文 献 包 括：*Apastambha Dharma Sūtra* 2.6.13.1–5, *Mānava Dharma Sāstra* 10.5, 41, *Kautilya Dharma Sāstra* 3.7, *Gautama Dharma Sāstra* 4.25.

[22] Mhb. 1.76.31–34.

[23] Mhb. 1.77.23.

[24] Mhb. 1.80.14 –15.

[25] Mbh. 1.80.16 –18.

[26] Mbh. 1.80.22–23.

[27] 在《梨俱吠陀》中，这些人物已与主要方位联系在一起，尽管他们在此并未被视作兄弟。参见《梨俱吠陀》第 1.108.8、8.10.5 节。

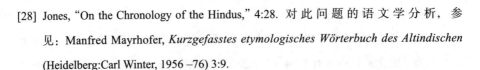
[28] Jones, "On the Chronology of the Hindus," 4:28. 对此问题的语文学分析，参见：Manfred Mayrhofer, *Kurzgefasstes etymologisches Wörterbuch des Altindischen* (Heidelberg:Carl Winter, 1956 –76) 3:9.

[29] Jones, "On the Chronology of the Hindus," 4:13, 15, 16, 19. 琼斯的主要资料是他在 1787 年 3 月获得的一份《往世书》摘要。这份资料显然是拉达坎塔为他的学生约翰·肖尔（John Shore）所准备，正是后者将拉达坎塔介绍给了琼斯。查尔斯·威尔金斯（Charles Wilkins）及其导师卡辛斯（Kāsināth）向琼斯推荐了戈瓦德哈纳。在琼斯的帮助下，戈瓦德哈纳与拉达坎塔在英国政府获得报酬丰厚的职位，前者成为隶属于法庭的班智达，后者成为负责编纂《印度法摘要》（*Digest of Indian Law*）的权威之一。有关琼斯与这些人物之间的关系，参见：Rosane Rocher, "Weaving Knowledge:Sir William Jones and Indian Pandits," in Garland Cannon and Kevin R. Brine, eds., *Objectsof Enquiry: The Life, Contributions, and Influences of Sir William Jones, 1746 –1794* (NewYork: New York University Press, 1995), pp. 51–79; Abhijit Mukherji, "European Jonesand Asiatic Pandits," *Journal of the Asiatic Society* 27 (1985): 43–58. 以下资料尤为重要：Cannon, *Letters of Sir William Jones*, 2:666 (15 Mar. 1785, to Charles Wilkins), 2:735 (25 Mar. 1787, to John Shore), 2:737 (12 May 1787, to John Shore), 2:762 (16 Aug. 1787, to John Shore), 2:802 (13 April 1788, to Lord Cornwallis).

[30] Sir Monier Monier-Williams, *A Sanskrit-English Dictionary* (Oxford: ClarendonPress, 1899), p. 848.

[31] Mhb. 1.79.7.

[32] Mhb. 1.79.18–19.

[33] Mbh. 1.79.22–23.

[34] Mhb. 1.79.11–13.

结语　作为神话的学术

一

在过去的几年中，当构成此书的各篇论文相继发表时，一个问题经常被提出，这个问题往往是对我将神话视为"叙事形式的意识形态"的回应。在多数情况下，发出挑战的是一个学生，一个坐在教室后排的大学本科生——这个位置表明她的疏远：不仅是对讲座的疏远，而且是对学术机构的疏远。这些机构带着同样的自负与悲怆，不遗余力地让讲座显得有趣而重要。"但学术不也是如此吗？"她反问道，"学术不正是另一种叙事形式的意识形态吗？学者们讲述故事不就是为了重新调整等级秩序，将他们自己、他们最喜欢的理论、最喜欢的民族置于优先位置吗？"此语一针见血！

还有一次，一个特别淘气的学生以略微不同的方式提出这个问题。"逻各斯不就是一个重新包装过的秘索斯吗？"她问道，言语中流露出重重反讽。她的问题本身就是一个逻各斯，但这是史诗意义上的逻各斯：一种精明、狡猾、极具策略性的话语，借助这种话语，结构性弱者打败了那些有权用秘索斯（又一次是在史诗意义上，即结构性强者的傲慢、威慑性话语）发言的人。通过将二者等同起来，她其实在说："你和我说的是同一种语言，仅有的差别是：你的语言比我的更虚夸。"又是一针见血！

遇到此类问题时，起初我感到一种威胁，后来感到一种挑战、困惑和好奇。我不知道自己是否成功地回答了这些问题，尽管我已经尽力了。无一例外地，我给出的答案总是一句蹩脚的套话："嗯，是的……不是……" 在这个套话中，表示妥协的部分很容易给出理由，尤其是在举出雅各布·布莱恩特、威廉·琼斯爵士、尼采、杜梅齐尔、麦克斯·缪勒、H.F.K.京特、让·豪德利等人之后。否定的部分则更难回答，但我发现它至关重要，这不只是为了挽回一些千疮百孔的个人自尊，更重要的，是为了维护一种集体性的正直感和使命感。我不仅承认而且坚持认为：学术如同一般意义上的人类言语一样，涉及兴趣、视角和偏好；学术的意识形态维度必须被承认，在必要时应当翻出来并做批判性审视。但我不想走得太远。相反，我坚持认为学术研究（再一次像其他形式的言语一样）并不仅限于意识形态性的一面。意识形态是学术研究的一部分，但并非全部，学术研究的其他维度也值得关注。

朝着这一目标，我与其他人一样，也强调学术研究中批评性、反思性的一面，我还吁请注意学术文本中最少叙事性、可能也因此最少意识形态性的部分。我指的是直观地将学术文章（scholarly prose）与其他文类区别开来的段落：脚注。它们挤在页面底端或藏在书籍后面有何作为？它们是无足轻重、受人轻视的事后补充，还是其他思考赖以立足、生根的基础和土壤？添加脚注的做法在哪些方面制约了学术研究并成为其标志？

理想地说，脚注标志着这样一种事实：学术文本不是一套可以自由虚构的话语，其中的意识形态兴趣也并非不受任何控制。相反，脚注明显是在提醒读者：学术文本源自一种辩证性交锋，其中一方是有利害关系的探究者和大量证据，另一方是由过去、现在与未来其他称职的、有利害关系的研究者所组成的共同体。所有参与者均投身于资料之间、彼此之间的一种持续交锋，他们的交锋受到共同的理论与方法原则的调停，这些原则正像证据以及对证据的解释一样，在其文本与对话空间中将接受再度考量。学术研究意味着有赖于论争，在此过程中，研究者受到他人的审查与批评，这些批评者能够指出资料中的问题并援引既定的方法原则。如此一来，他们起到遏制意识形态操控的作用。这种遏制很重要，尽管它从来不会完全有效，因为批评者也有他们的意识形态兴趣，他们自己必须经受审查与批评。

对上述问题的反思使我产生了一个古怪念头：脚注是对小学老师在

算术测验中经常提出的那种要求的回应："请写出你的计算过程。"这句话表达了多种复杂的假设，它让我在脊梁发冷的同时，仍给我带来一丝微笑。我不确定自己是否能对这些假设全部进行剖析，也不确定它们是否密切相关。但是三种观念在它们中间尤为突出。首先，那些投身于以严格、规范著称的研究领域的人，是在真诚地如此行事。他们承诺自己的工作是诚实的，其标志是他们"写出了自己的计算过程"或"交代了资料出处"。其次，他们不仅在向普通读者呈现自己的研究结论，还向潜在的批评者展示自己获得这些结论的过程，后一种读者支配着构成该领域的知识与各项原则，因而被视为同辈乃至上级。最后，他们同意，如果他们的资料、方法或结论面临任何挑战，他们将仔细斟酌这些资料、方法或结论，必要时捍卫或改变自己的立场，并在这一过程中学到什么且／或给他人以教益。

可以肯定的是，这并不是学术研究的全部，事情也并不总是以这种理想化的方式进行。但是脚注及其所隐含的一切，都是学术努力的一部分，这些价值准则已牢固地嵌入其中。在我看来，它们代表了学术研究中最好的一些东西：勤勉、诚实与同行问责。然而，与此同时，它们也为歪曲事实、故弄玄虚、阿谀奉承、人身攻击、虚张声势乃至彻头彻尾的欺诈提供了机会。即便如此，它们为前述后排学生提出的挑衅性问题提供了答案，我现在对此做出回应："如果神话是叙事形式的意识形态，那么学术便是带有脚注的神话。"

二

神话学者似乎尤其习惯于制造神话性（即意识形态性）叙事，也许是因为他们所讲述的关于讲故事的故事反衬出他们自身也是故事讲述者。他们的研究对象在核心问题上也存在关键性分歧。在第二章和第三章，我试图探明在对神话文类的描述与评价中出现的两次主要逆转。第一次逆转出现于柏拉图时代，他指责这一范畴，给它贴上幼稚、非理性的标签；第二次逆转与赫尔德相关，他致力于恢复这一范畴的声誉，认为神话是一个民族原初的和真正的声音。每一种立场都与另一种立场保持着紧张关系，每一种立场都为不同意识形态取向的叙事、元叙事及自我指涉性元叙事（self-referential metanarratives）提供了基础。

如此一来，柏拉图对于神话的轻视态度在启蒙运动中大行其道，它还生产出自称为"西方文明"的这一共同体的宏大叙事（master narrative）。这俨然是一种创世神话，它使一切美好的事物来自希腊，将"从秘索斯到逻各斯"的过渡主题化为活力、进步、科学与理性的典范，这些典范此后永远被认为是欧洲的特征和标志。有趣（且时序有些错乱）的是，由上述故事追溯到雅典的这些理想，也可以被理解为资本主义的各个方面——在一般人的观念中，这些方面最具吸引力且问题最少。

柏拉图的态度也影响到早期人类学家的工作，后者使神话成为"原始心智"的集中体现。诸如安德鲁·兰、詹姆斯·弗雷泽、列维·布留尔等人，他们从秘索斯到逻各斯的进步叙事，有助于证明殖民者之于其殖民对象的优越性。这些看法在去殖民化时期受到克洛德·列维－斯特劳斯的驳斥，其有关神话的著作比他的前辈更为丰富、精深、敏锐、智慧、礼貌和人道，但在意识形态性上同样没有丝毫减弱。确切地说，他讲述的故事在接受旧的分类系统的同时，颠倒了其中的等级关系，从而对旧的叙事造成挑战。因此，列维－斯特劳斯与弗雷泽一样，也将神话视为"野蛮人心智"的特定产物。不过，他在神话中发现的精巧的逻辑结构，为他的下述论点提供了初步证据：野蛮人的智慧虽然不同于现代西方的技术理性，但并不比后者逊色。

沿着赫尔德的足迹，浪漫主义运动中的主要人物欣然接受了神话。他们这样做，部分是为了拒绝启蒙运动的价值准则，但他们也发现，将这一新近受到热捧的范畴与民族主义方案相结合是有益的。自此以后，研究者和爱好者普遍将神话与特定的种族、语言群体联系起来，大谈所谓"希腊神话"、"北欧神话"、"纳瓦霍（Navajo）神话"等。这种取向理所当然地认为，民族、"文化"与／或民众（Völker，取决于讲述者的话语）是原初的、确定的、不成问题的实体（entities），神话同样是各个群体原初的声音、精髓与遗产。在他们看来，神话与群体以一种象征性的共生关系相联结，其中一方同时是另一方的生产者与产物。

这些理论体现并强化了诸如瓦格纳、格林兄弟等人的兴趣，他们诉诸种种叙事，以此动员人们创建民族国家。然而，这一极其现代的话语建构与政治行动计划，被他们包裹在一套理论中，这套理论将他们所渴望的新型民族国家主题化为对某种古老、永恒和本真事物的再度呈现，如此一来，这一计划受到他们的误识和歪曲。以同样方式并出于同样目的，他们将自己塑造并使用的工具——即已被恢复、浪漫化的神话范畴——误识为某种基本的和原初的事物。他们的神话理论追随麦克弗森的"莪相"那样的骗局，创造出隆洛德（Lönnrot）的《卡勒瓦拉》那样的人工制品，并引发对《尼伯龙根之歌》之类文本的崇拜。

尽管麦克弗森在人们的记忆中永远是一个骗子，但将他视为一个夹在两种不断转换的真理体制（regimes of truth）之间的作者可能更为准确且更有启示：学术真理体制与神话真理体制。尽管麦克弗森基于吟游诗人传统与诗歌神授的权威性，声称自己的故事出自莪相之口，但他本人向往的则是另一种权威。为此目的，他设计了一则框架故事（frame story），并用这则故事为自己构建了一个不亚于莪相的虚假角色：学术研究者。两种权威的结合为麦克弗森带来了他所期望的关注，但这种学术上的矫揉造作（scholarly affectations）也导致他的失败。那些神话真理体制中的质疑者会通过重新讲述、重新解释或干脆忽略吟游诗人传说来提出异议，而那些学术真理体制中的质疑者则会审核作者的引文并要求检查其证据。麦克弗森面对挑战未能出示自己的手稿与田野笔记，证明了他的失败，这是脚注战胜神话的一个例子。

从民族精神（Volksgeist）入手讨论神话，是赫尔德从麦克弗森的"莪相"那里学到的做法，也是他以一则伪造的神话为榜样拓展出来的关于神话的神话。他的思想影响至深，远远超出了浪漫主义与民族主义圈子；每当神话与民族被理所当然地视为彼此相辅相成时，他的思想便隐约浮现。神话并不总是一个民族的产物和反映；一个民族讲述故事时，其实并不总是在讲述自己。有时，神话是一些民族所讲述的有关其他民族的故事；有时，其他民族的存在本身就是神话话语的产物。

三

当学术成为特权叙事并将这些叙事与同样享有特权的民族或民众联系起来时，意识形态兴趣便显而易见。如果这个民族在历史上未经证实，因此为学者们投射自身的恐惧与欲望提供了一个相对空白的屏幕，上述做法会更加明显。"雅利安人"（又称"印欧人"）的发现或者说话语建构，就属这种情况。从威廉·琼士爵士直到当下的学者，均将这个群体想象成自己最古老的祖先，并为这个群体创造了一套起源叙述，在这套叙述的许多变体中，或多或少带有《圣经》、民族主义、殖民主义、种族主义、东方主义、反犹主义、反基督教乃至军国主义的成分。

可以肯定的是，这个神话是建立在坚实的语言学研究之上的，从 1786 年到现在的这段时期，语言学已从一门杂乱的事业发展成一门严谨的科学——如果不是数学的话。考虑到目前我们对于印欧语音学、词法学与词汇学的认知，任何通情达理的人都不会否认印欧语系诸语言之间存在牢固、系统的关联。[1] 问题是如何解释这种关联，还有如何将这种关联与讲述者的生存经历联系起来。最常见的一直是遗传学或谱系学（Stammbaum）模式的解释。这便是以下假说：梵语、日耳曼语、希腊语等均源自史前某个时期的同一祖先语言，但这种语言尚未形诸文字，因此在任何现存的记载中均未得到证实。这种假说或隐或显地借鉴了我们对罗曼语之间关系的理解，其共同点可以通过它们起源于拉丁语来解释，其地理分布则可以通过罗马军队的征服来解释。[2]

谱系学理论是我们可以想到的合适解释，然而它的逻辑包含一些值得商榷的跳跃。首先，按它的解释，印欧语言之间的关系是一种假定的原初语言分化的结果。不过在理论上，正如 N. S. 特鲁别茨柯依在二战前夕发表的一篇著名文章中所谈到的，我们也可以将其解释为逐渐融合而非分化的结果。[3] 与谱系学相对，特鲁别茨柯依提出一种波动模式。按照这种模式，每一个族群都有自己的语言，与邻近族群在社会、语言上会有互动。许多年后，语言 A 影响到语言 B，语言 B 影响到语言 C，如此一来，语言 A 通过语言 B 的中介影响到语言 C。最终，语言 A 与语言 N（比如凯尔特语与印地语）相互产生影响，结果它们在呈现出一定差异的同时，又有显著的相似之处。与谱系学理论相比，也许这种理论的可能性更小，也更难被广泛接受，但它并非没有可能，而且——在这一点上我坚持认为——较前一种理论的意识形态或神话色彩淡薄。不同于纳粹所支持的雅利安人迁徙与征服的叙事，特鲁别茨柯依将同样的证据运用到了一个明显具有和平色彩的叙述中，为了其当下的目的重新想象了遥远的过去。

其他作者基于另外的理由对谱系学模式发起挑战，认为即使历史证实印欧语的确是从一种单一的原初语言演变而来，这种祖先语言的存在绝不意味着一个讲述这种语言的单一种族的存在。因此，佛朗哥·克雷瓦廷（Franco Crevatin）提出，斯瓦希里语（Swahili）——一种作为长途贸易的便利工具在非洲大部分地区使用的人工通用语——可能比拉丁语更适合解释原初印欧语。[4]与特鲁别茨柯依一样，他的愿望似乎是要想象一个更加和平、更为多样化的过去，以此为手段抵御种种隐含着种族主义与好战心理的学术叙事。在克雷瓦廷看来，曾有一种原初印欧语，有一些人出于某种特定目的讲述它，但不存在原初印欧共同体。斯特凡·西默（Stefan Zimmer）的立场与此类似，出于对种族主义理论的谴责，他假定一种原初语言的存在，但讲述这种语言的并非某个种族意义上的原始部落（ethnically pristine Urvolk），而是一群变动不居、处于游牧状态的乌合之众（colluvies gentium），一种"乌烟瘴气的群氓集合"。[5]

西默的观点以公元前 6 世纪中叶多瑙河北岸的状况为模型，这一状况在普洛科皮乌斯（Procopius）《汪达尔战争》（*Vandalic War*）第 1.2.2–1.2.5 节有过描述。这段文字尤其值得注意，因为它是用语言和其他证据来重建（即假定或想象）现已消失的史前原初民族的最早尝试之一：

先前和现在一样，有许多哥特人和其他人的民族。其中最大、最重要的是哥特人、汪达尔人、西哥特人（Visigoths）和盖帕伊狄人（Gepaides）。但在古代，他们被称为萨尔马特人和美兰克莱那伊人；还有些人称这些民族为盖提人。所有这些人，如上所述，虽然他们的名称有所区别，但是在所有其他方面没有任何差异。因为他们的身体都是白色的，他们的头发都是金色的，他们的外貌魁梧高贵，他们奉行同样的习俗且以同样的方式崇奉上帝。他们都信奉阿里乌教（Arian），使用同一种语言即哥特语。在我看来，他们最初都源自一个民族，后来因每一群体领导者的名字才有所区分。这个民族定居在伊斯特（Ister）河北岸。[6]

这里，普洛科皮乌斯从当下复杂、混乱、动荡、暴力的局面，转向对稳定、简单、统一、年代不明的过去的描述。首先，他将哥特人、汪达尔人、西哥特人和盖帕伊狄人与盖提人、萨尔马特人和美兰克莱那伊人（斯基泰人的最后两个北方邻居）联系起来。接着，他断言所有这些差别都是新近才出现的，因为所有族群最初都是同一个部落、人种或民族的成员。其原因何在？答案便是贯穿于印欧研究史的那些陈词滥调：他们有相同的语言；他们有相同的文化；他们有相同的宗教。哦，是的，他们也都是身材高大、金发碧眼、皮肤白皙、外表高贵，这表明他们属于同一个（极其优秀的！）世系。尽管历史上的偶然事件导致他们分道扬镳并采用不同名称，但很明显，他们最初来自同一个地方。它在哪里？好吧，为什么不是伊斯特河（亦即多瑙河）北岸？这是将北欧与南欧分隔开来的传统边界。[7]哥特人、盖提人、萨尔马提亚人等因此全部融合成一个北欧原始民族。

今天看来，普洛科皮乌斯的论证很愚蠢。他从自己的立场出发看待上述族群，并按自己的兴趣将他们归到一起。他假定这些族群在公元4世纪时皈依同一种宗教［即基督教中的异端阿里乌派（Arian heresy）］，而不是继承了久远的祖先遗产。此外，金发碧眼等体质特征并非准确无误的种族标记，而是许多人对于北方民族的一种古老而刻板的印象，正如我们在第五章所看到的，它在理论上被视为在寒冷潮湿环境中生活的结果。最后，这些族群的语言是用各种方法关联在一起的。有些语言在形态和词汇上很接近（例如哥特语和西哥特语），另一些语言则相当遥远（例如萨尔马特语和盖提语）；还有一些语言，普洛科皮乌斯很可能与我们一样知之甚少（例如盖帕伊狄语和美兰克莱那伊语）。

普洛科皮乌斯试图对一种充满变数、令人困惑的多元情境进行认知上的控制，他通过假定（"重建"）一种"原初哥特人"的语言、家园、宗教、文化与民族来实现这一目标。考古学家及其他学者也在永不停歇地尝试确定印欧人原初家园，这一过程中，他们也遇到了类似的问题。威廉·琼斯爵士想把它置于伊朗（我们在第四章已经述及），弗里德里希·施莱格尔则选择了印度。19世纪多数学者紧随其后，将这个家园定位于亚洲，同时宣扬有关"光从东方来"（*lux ex oriente*）[①] 的种种叙事，因为欧洲列强正在寻找新的途径来获取更多传说中的亚洲财富。1880年之后，学界态度发生转变，卡尔·彭卡（Karl Penka，1847~1912）、古斯塔夫·科辛纳（Gustaf Kosinna，1858~1931）、马托伊斯·穆赫（Matthäus Much，1832~1909）及赫尔曼·希尔特（Hermann Hirt，1865~1936）等学者发表主张，认为征服世界的雅利安人起源于他们自己的土地，即德国北部。20世纪20~30年代，当将雅利安人与北欧人（The Nordic）混为一谈的激进趋势引起恐慌时，诸如西格蒙德·法伊斯特（Sigmund Feist，1865~1943）、戈登·柴尔德（V. Gordon Childe，1892~1957）、威廉·科佩斯（Wilhelm Koppers，1886~1961）等因各自原因反对纳粹的学者，主张这一家园位于俄罗斯大草原。[8] 纳粹及其观点被击溃后，马丽加·金芭塔丝（Marija Gimbutas）自1956年起发表的一系列论著，为这一命题赢得相当大的支持。然而，在后来的几十年中，她对自己的思想进行了充实，此时问题变得很明显：她有一个更为复杂的故事要讲。她的颠覆性叙事，使印欧侵略者与令人钦慕的古欧洲人之间形成了鲜明对比：前者源自俄罗斯大草原上的"库尔干文化"（Kurgan culture），好战成性，由男性统治，过着游牧生活，艺术匮乏；后者位于中欧，爱好和平，以女性为中心，过着农耕生活，审美发达，历史更为古老。[9]

　　当金芭塔丝的观点几乎成为权威时，科林·伦弗鲁（Colin Renfrew）向这些观点提出了挑战，主张在安纳托利亚（Anatolia）有一处家园，其年

---

① 据一些学者研究，这句话最初可能只是对自然现象的描述（"太阳从东方升起"），后来被移用到基督教中，指上帝的智慧来自东方。至浪漫主义时期，这句话被重新诠释，指人类的文化、知识来自东方。——译者注

代远远早于其他学者的判断。[10] 这使他将印欧人的扩散与缓慢、和平的农业传播，而不是与军事力量的快速扩张联系起来。近年来，其他理论层出不穷，其中大部分受到狭隘民族主义的推动。格鲁吉亚人（Georgians）选择高加索（Caucasus），印度人选择兴都库什（Hindu Kush），亚美尼亚人（Armenians）选择亚美尼亚（Armenia），其他人则仅坚持自己民族的原生性，拒绝任何有关扩散或入侵的理论。[11]

所有这些学术行为（＝神话＋脚注）面临同样的问题。他们试图回溯到史前时代，这个时代是如此遥远，以致没有任何文献资料可以控制上述研究，只有考古学提供了有关这个时代的大量资料。在实践中，整个欧亚大陆所发现的数千年遗迹均可作为证据来精心炮制最终叙事，但往往是研究者的愿望决定了他们选择遗迹的原则。[12] 当这些资料与同行批评无一能够阻止欲望驱使下的编造时，学术作为神话的时机便得以成熟。"史前"（Prehistory）在这里彻底变成了"之前"（pre-）：这是一个充满挫折与机遇的领域，历史学家暨神话讲述者可以在此提供各种起源叙述——其中包括英雄、冒险、伟大的航海和失落的原初乐园——所有这些叙述反映并强化了讲述者的兴趣。这是一种叙事形式的意识形态。

尽管存在诱惑，我不会嘲笑这些争论，也不会认为它们无关紧要。是否有必要回想一下，北方原初家园的鼓吹者们只是在挥洒笔墨吗？自然，以狭隘的目的论回顾历史是错误的——基于这种目的论，我们认为威廉·琼斯爵士及其同道要为雅利安旗帜下所犯的所有暴行负责。不过，由于我们对以下问题深感遗憾，即我们所知道的这套话语与那些事件之间的关联，以及这套话语现在看上去显而易见的裂痕与缺陷，我们必须下决心做得更好。记忆、行为准则与学术上的审慎表明，当我们对现在被委婉地称为"印欧人"的问题进行理论探讨时，我们应当格外谨慎。

我的立场和主张如下：首先，我们同意的确存在一种语系，该语系包括吐火罗语（Tocharian）、印地语、伊朗语（Iranian）、亚美尼亚语、安纳托利亚语（Anatolian）、希腊语、意大利语、弗里吉亚语（Phrygian）、色雷斯语（Thracian）、波罗的海语（Baltic）、斯拉夫语（Slavic）、日耳曼语和凯尔特语。其次，我们承认这些语言之间的各种关系可以用不同方式来描述。在现有的假说中，谱系学模式是最流行的，但绝非唯一模式。只要其他模式存在，它就不该被接受；我们不应放弃其他模式，除非有令人信服的理由这样做。在缺乏这种令人信服的理由时，我们可以坚持不可知论，认识到多种假说的存在，对那些带有种族主义历史和潜台词的假说尤其要保持怀疑。最后，我们认识到，一种语系的存在并不必然意味着一种原初语言（protolanguage）的存在。进一步说，一种原初语言的存在并不必然意味着一种原初民族（protopeople）、原初神话（protomyths）、原初观念（protoideology）或原初家园（protohomeland）的存在。

在某种层面上，我想我正在主张将原初家园又一次重新定位，不过不是定位到地球上的任何角落，而是定位于一套特定话语。对这套话语从中得以成形并持续繁荣的各种文本进行发掘，同时将这些文本置于合适的语境之中，我们便能阐明它们的内容，建立它们之间的联系，探究其中或隐或显的意识形态等维度。这一切的实现，都可能伴随着偶然的钦佩与偶然的恐惧；伴随着批判性的严谨、视角和距离，还有相当多的遗憾。作为神话研究者，我们可以将自己的注意力转向学术先辈以及其他先辈的神话创造，确信我们的后代有一天会对我们有所回报。简而言之，与所有其他故事一样，我要讲的故事也具有意识形态性的一面，受作者兴趣和愿望的制约。这是一则重新调整范畴与重新分配特权的故事，它激励人们远离各种"重建"性研究而转向批判性研究。

注　释

[1] 对于这一问题研究现状的总结，参见：J. P. Mallory, *Encyclopedia of Indo-European Culture* (London: Fitzroy Dearborn, 1997); Thomas V. Gamkrelidze and Vyacheslav V. Ivanov, *Indo-European and the Indo-Europeans: A Reconstructionand Historical Analysis of a Proto-language and a Proto-culture*, trans. Johanna Nichols, ed. Werner Winter (Berlin: Mouton de Gruyter, 1995); R. S. P. Beekes, *Comparative Indo-European Linguistics: An Introduction* (Amsterdam: J. Benjamins, 1995); Françoise Bader, ed., *Langues indo-*

européennes (Paris: CNRS Editions, 1994); Winfred Lehmann, *Theoretical Bases of Indo-European Linguistics* (London: Routledge, 1993); Oswald Szemerényi, *Einführung in die vergleichende Sprachwissenschaft* (Darmstadt: Wissenschaftliche Buchgesellschaft, 1989)。

[2] 另一种类推也为印欧语扩散理论做出了潜在贡献，这便是"蛮族入侵"或"民族大迁徙"时期，日耳曼部落在西欧与北非的扩张。但这种情形要薄弱得多，因为这些日耳曼部落并未改变所征服民族的语言。

[3] N. S. Trubetzkoy, "Gedanken über das Indogermanenproblem," *Acta Linguistica* 1(1939): 81–89, repr. in Anton Scherer, ed., *Die Urheimat der Indogermanen* (Darmstadt: Wissenschaftliche Gesellschaft, 1968), pp. 214–223.

[4] Franco Crevatin, *Ricerche sull'antichità indoeuropea* (Trieste: Edizioni LINT, 1979).

[5] Stefan Zimmer, *Ursprache, Urvolk und Indogermanisierung: Zur Methode der indogermanischen Altertumskunde* (Innsbruck: Institut für Sprachwissenschaft, 1990).

[6] Procopius, *Vandalic War* 1.2.2–5.

[7] 关于伊斯特河，参见：Strabo 2.5.30, 7.1.1, 7.3.13–15; Pliny, *Natural History* 4.79–81; Diodorus Siculus 4.56.7, 5.25.4; Horace 4.15.12; Procopius, *VandalicWar* 3.1.10, *De Aedificationes* 4.5.9–10, 4.6.11–14。

[8] 较早的各种理论，在以下论著中有深入讨论：Sergent, *Les Indo-européens* (Paris: Payot, 1995), pp. 54–64; J. P. Mallory, *In Search of the Indo-Europeans: Language, Archeology and Myth* (London: Thames and Hudson, 1989), "A Short History of the Indo-European Problem," *Journal of Indo-European Studies* 1 (1973): 21–65. 早期许多作者的论著选辑，参见：Scherer, *Die Urheimat der Indogermanen*。

[9] 金芭塔丝的文章已收入以下著作：*The Kurgan Culture and the Indo-Europeanization of Europe* (Washington, DC: Institute for the Study of Man, 1997). 另可参阅金芭塔丝反印欧文化（anti-Indo-European）的著作：*Goddesses and Gods of Old Europe* (Berkeley: University of California Press, 1974)。

[10] Colin Renfrew, *Archaeology and Language: The Puzzle of Indo-European Origins* (Cambridge: Cambridge University Press, 1987).

[11] 上述各种立场，参见：Gamkrelidze and Ivanov, *Indo-European and the Indo-*

Europeans; Mario Alinei, Origini delle lingue d'Europa: Vol. 1: *La teoria della Continuità* (Bologna: Il Mullino, 1996); George Feuerstein, Subhash Kak, and David Frawley, *In Searchof the Cradle of Civilization: New Light on Ancient India* (Wheaton, IL: Quest, 1995); David Frawley, *The Myth of the Aryan Invasion of India* (New Delhi: Voice of India, 1994); Shrikant Talageri, *The Aryan Invasion Theory: A Reappraisal* (New Delhi: Aditya Prakashan, 1993);Martiros Kavoukjian, *Armenia, Subartu, and Sumer: The Indo-European Homeland and Ancient Mesopotamia* (Montreal: M. Kavoukjian, 1987)。

[12] 笔者对此问题的进一步讨论，参见：*Priests, Warriors, and Cattle: A Study in the Ecology of Religions* (Berkeley: University of California Press, 1981), pp. 179–184。

索　引

一　人名

阿波罗（Apollo） 10, 13, 29, 34, 35, 36, 50, 79, 81, 106, 231, 245, 248, 251, 252, 253, 254, 256, 260, 261

阿达尔伯特·库恩（Adalbert Kuhn） 81, 110, 132

阿道夫·希特勒（Adolf Hitler） 192

阿德里安·施里基乌斯（Adrian Schriekius） 121, 123

阿蒂尔·德·戈比诺（Artur de Gobineau） 78

阿兰·德·伯努瓦（Alain de Benoist） 178, 196, 199

阿纳克莱托·维尔雷基亚（Anacleto Verrecchia） 156

阿纳尔多·莫米利亚诺（Arnaldo Momigliano） 182

阿诺尔德·范·热内普（Arnold van Gennep） 88

阿尔弗雷德·罗森堡（Alfred Rosenberg） 94, 115, 183, 191

阿尔芒·德·卡特勒法热（Armand de Quatrefages） 154

爱德华·诺登（Eduard Norden） 160

爱德华·赛义德（Edward Said） 127

埃里克·哈夫洛克（Eric Havelock） 21

埃米尔·邦弗尼斯特（Emile Benveniste） 132

埃米尔·涂尔干（Émile Durkheim） 88

埃内斯特·勒南（Ernest Renan） 86

安德烈亚斯·耶格尔（Andreas Jäger） 124

安德鲁·兰（Andrew Lang） 88, 91, 114, 312

安德斯·雷丘斯（Anders Retzius） 154

安尼乌斯（Annius） 64, 65

安托万·梅耶（Antoine Meillet） 91, 132, 185

奥丁（Óðinn） 70, 186, 187, 190, 191, 192, 193, 194, 195, 208

奥古斯特·施莱格尔（August Schlegel） 81

奥古斯特·施莱歇（August Schleicher） 132, 217

奥洛夫·鲁德贝克（Olof Rudbeck） 121

奥托·霍夫勒（Otto Höfler） 92

巴门尼德（Parmenides） 40, 41, 50, 57, 256

保罗·亨利·马雷（Paul Henri Mallet） 66

保萨尼亚斯（Pausanias） 243, 244, 254

贝罗索斯（Berosus） 64, 65, 71, 96

毕阿斯（Bias） 36, 57

柏拉图（Plato） 3, 20, 28, 35, 48, 49, 50, 52, 53, 54, 59, 63, 66, 91, 156, 225, 226, 227,

三　地名

四　关键词

译后记

　　多年前的情景依然历历在目：考博复试结束后，叶舒宪老师交给我一份马丽加·金芭塔丝（Marija Gimbutas）的著作复印件，让我权作翻译练习。几年后，在叶老师的帮助下，这份译稿得以出版。因为这个机缘，我有幸认识了社会科学文献出版社高雁老师。2021年9月，高雁老师微信留言，想继续组织翻译神话学方面的著作，问我能否承担一本。恰好自己手头无琐事，便贸然接受了邀约。具体选题上，原想继续翻译金芭塔丝的著作，因版权问题只好作罢。后来想到布鲁斯·林肯的这本书，在中国社会科学院读博期间曾有涉猎，印象颇为深刻，于是提议翻译出来，高雁老师欣然应允。

　　在当下的学术生产中，或许没有比翻译更令人诚惶诚恐了。一部学术著作，只要资料、观点无太大瑕疵，通常不会招致过多批评。译著则不然，因为是对源文本的"临摹"，任何"失真"或错漏之处都一目了然，被同行问责也在所难免。不过对我而言，挑战恐不止于此，更为棘手的是，此书作者布鲁斯·林肯学识极其渊博，掌握东西方多种语言，知识体系涉及宗教学、古典学、历史学、神话学、人类学等众多领域，著作中不时出现的古今人名、书名与语言，令我目不暇接。现在想来，当时选择翻译此书，的确有些无知者无畏的勇气。好在有诸多师友的热心相助，翻译工作勉强得以完成。

　　在我着手翻译之前，得知刘宗迪老师已译出此书第一、二章。翻译开始后，由于"影响的焦虑"，也为保持译文风格的一致，我先自行翻译，待到初稿完成后，才与刘宗迪老师沟通。宗迪老师知晓后不仅热心鼓励，还发来已译出的稿件供我参考，不但补正了我的许多失误，而且使译文增色不少。尤其需要说明的是，本书第二章第五节所引克里提阿斯（Critias）的诗篇（见第45~46页），征得宗迪老师同意后，全部采用了他的译文。因原诗末尾已有引文序号，不便再加注释，只好在此补充说明。另外，此书正标题直译应为"神话理论化"或"神话的理论建构"，表述颇为生硬，请教宗迪老师后改为现名。在此谨向宗迪老师表示衷心感谢！

叶舒宪老师作为我的学术引路人，不仅在学业上时时鞭策激励，而且一直关心此书的翻译出版。初稿完成后，我曾求助于叶舒宪老师，请他拨冗审阅，叶老师审读后提出许多中肯的建议。尤其值得一提的是，应我的请求，叶舒宪老师专为此书写了一篇"代序"，终因篇幅太长（两万多字），不易从中截取，出版时只好割爱。借此机会，谨向叶舒宪老师表示衷心感谢！

此书从商谈版权到最终出版，得到社会科学文献出版社高雁老师的全力支持。我每遇到比较费解的词汇，屡屡求助于她，总能得到及时回复，有时还辗转烦扰她在国外的友人。原本约定一年内交稿，因翻译工作较为繁重，导致一再延期，高雁老师给予最大的耐心与宽容。翻译开始后，高雁老师曾致信本书作者，想请他为中译本写一篇序言。无奈布鲁斯·林肯年事已高，已从芝加哥大学荣休，仅寄来一篇新近发表的论文作为代序，因体例问题只好放弃。在此谨向高雁老师表示衷心感谢！

需要感谢的还有中国社会科学院李川兄、华中师范大学胥志强兄！原著中的希腊语、德语文献和术语，我曾求教于二位学兄，得到了热情相助。此外，西安外国语大学李洋、罗怀日、徐佳鹏、姚浩元、王亦濛以及远在英国的陈昊、法国的刘悠悠等同学，亦曾协助我查阅资料，为书中的疑难问题以及法、德等语汇的翻译尽了不少力，在此谨表谢意！

原著征引文献十分丰富，据我粗略统计，仅成段摘引就多达八十余处。在翻译过程中，凡所引文献有中译本，我尽可能予以采用或借鉴。因种种原因，有些中译本未能直接采用，而是根据布鲁斯·林肯原文做了改动。

如第一章第一节所引赫西俄德《神谱》中缪斯女神的话,张竹明、蒋平先生以及吴雅凌女士的译文均十分流畅,本可直接采用,但如此一来,与表1-1中的结构分析很难对应,便依据布鲁斯·林肯的英译做了直译处理。无论如何,这些中译本为我的翻译工作带来很大便利,谨向以下著作的译者致以谢意:

〔古希腊〕荷马:《伊利亚特》,罗念生、王焕生译,人民文学出版社1994年版。

〔古希腊〕荷马:《奥德赛》,王焕生译,人民文学出版社1997年版。

〔古希腊〕赫西俄德:《工作与时日·神谱》,张竹明、蒋平译,商务印书馆1991年版。

〔古希腊〕希罗多德:《历史》,王以铸译,商务印书馆2009年版。

〔古希腊〕柏拉图:《斐德若篇》,朱光潜译,商务印书馆2018年版。

〔古希腊〕柏拉图:《理想国》,郭斌和、张竹明译,商务印书馆2015年版。

〔古罗马〕维特鲁威:《建筑十书》,陈平译,北京大学出版社2012年版。

〔古罗马〕塔西佗:《阿古利可拉传·日耳曼尼亚志》,马雍、傅正元译,商务印书馆2009年版。

〔拜占庭〕普洛科皮乌斯:《战争史》,王以铸、崔妙因译,商务印书馆2010年版。

〔德〕费尔巴哈:《基督教的本质》,荣震华译,商务印书馆1984年版。

〔德〕尼采:《悲剧的诞生》,孙周兴译,商务印书馆2012年版。

〔德〕尼采:《敌基督者》,余明锋译,商务印书馆2016年版。

〔德〕尼采:《论道德的谱系》,赵千帆译,孙周兴校,商务印书馆2018年版。

〔德〕尼采:《偶像的黄昏》,李超杰译,商务印书馆2013年版。

〔法〕爱弥尔·涂尔干:《宗教生活的基本形式》,渠东、汲喆译,商务印书馆2011年版。

〔法〕爱弥尔·涂尔干、马塞尔·莫斯:《原始分类》,汲喆译,渠敬东校，商务印书馆 2012 年版。

〔法〕迪迪耶·埃里邦:《神话与史诗——乔治·杜梅齐尔传》，孟华译，北京大学出版社 2005 年版。

〔美〕罗曼·雅柯布森:《雅柯布森文集》，钱军选编、译注，商务印书馆 2012 年版。

〔美〕爱德华·W. 萨义德:《东方学》，王宇根译，生活·读书·新知三联书店 2007 年版。

〔瑞士〕费尔迪南·德·索绪尔:《普通语言学教程》，高名凯译，岑麒祥、叶蜚声校注，商务印书馆 2015 年版。

吴雅凌:《神谱笺释》(内收吴雅凌译《神谱》)，华夏出版社 2010 年版。

本书的出版，得到我所供职的西安外国语大学资助，三位参与资助评审的匿名专家提出了中肯的修改建议，在此谨向西安外国语大学及各位评审专家表示衷心感谢!

最后要说明的是，本书第九章标题原为 "*Gautrek's Saga* and the Gift Fox"，因 Gift 与 Fox 在此隐含双关，很难译出其全部含义。考虑到法国社会学派对本书作者有一定影响，本章内容亦与马塞尔·莫斯《礼物》一书有较大关联，再三斟酌后改译为《高特雷克萨迦》中的礼物交换"。此外，译稿交付出版社后，由于一些原因，个别内容有所删节，尤其原著副标题中的 Ideology 一词，不得已未按常规翻译。因译者水平所限，翻译中可能存在许多错漏。上述种种，敬请各位同人批评指正!

苏永前

2023 年 11 月于西安

图书在版编目(CIP)数据

西方神话学：叙事、观念与学术 / (美) 布鲁斯·
林肯 (Bruce Lincoln) 著；苏永前译. -- 北京：社会
科学文献出版社, 2023.12
（文明起源的神话学研究丛书）
书名原文：Theorizing Myth: Narrative, Ideology,
and Scholarship
ISBN 978-7-5228-2298-3

Ⅰ.①西…　Ⅱ.①布…　②苏…　Ⅲ.①神话－研究－
西方国家　Ⅳ.①B932

中国国家版本馆CIP数据核字（2023）第168546号

·文明起源的神话学研究丛书·

西方神话学：叙事、观念与学术

著　者 / 〔美〕布鲁斯·林肯（Bruce Lincoln）
译　者 / 苏永前

出 版 人 / 冀祥德
责任编辑 / 高　雁
责任印制 / 王京美

出　　版 / 社会科学文献出版社　（010）59367226
　　　　　　地址：北京市北三环中路甲29号院华龙大厦　邮编：100029
　　　　　　网址：www.ssap.com.cn
发　　行 / 社会科学文献出版社　（010）59367028
印　　装 / 三河市东方印刷有限公司

规　　格 / 开　本：787mm×1092mm 1/16
　　　　　　印　张：21.75　字　数：330千字
版　　次 / 2023年12月第1版　2023年12月第1次印刷
书　　号 / ISBN 978-7-5228-2298-3
著作权合同
登 记 号 / 图字01-2022-3451号
定　　价 / 98.00元

读者服务电话：4008918866

▲▲ 版权所有　翻印必究